Tim Severin

Expedition China

Mit dem Bambusfloß über den Pazifik

Aus dem Englischen
von Klaus Berger

Aufbau Taschenbuch Verlag

Mit 41 Abbildungen

ISBN

1. Auflage 2001

Die Originalausgabe unter dem Titel
»The China Voyage. A pacific quest by bamboo raft« erschien bei
Little, Brown and Company, London.

Umschlaggestaltung Preuße & Hülpüsch Grafik Design
unter Verwendung eines Fotos von R. Jan Lloyd/Severin Archiv
Druck Ebner Ulm
Printed in Germany

www.aufbau-taschenbuch.de

Dragom bratu
Paji za 63 rođen-
dan od
Bebe, Kinje i
Keke

AtV

TIM SEVERIN, geboren 1940, hat in Oxford studiert. Er segelte mit einem Boot aus Tierhäuten auf den Spuren des heiligen Brendan über den Atlantik, fuhr mit dem Nachbau einer antiken Galeere die Routen von Jason und Odysseus nach, war monatelang mit Nomaden in der Mongolei unterwegs, wanderte auf den indonesischen Gewürzinseln auf den Wegen des britischen Pioniers Alfred Russel Wallace und begab sich auf der Suche nach Spuren von Moby Dick, dem legendären weißen Wal, auf eine abenteuerliche Reise in den Südpazifik.

Seine Bücher über diese Reisen wurden mit vielen Preisen ausgezeichnet. Ihm wurde die Goldmedaille der Royal Geographical Society und die Livingstone-Medaille der Royal Scottish Geographical Society verliehen.

Im Verlag Rütten & Loening erschien zuletzt *Der weiße Gott der Meere. Auf der Suche nach dem legendären Moby Dick.*

Dies ist der packende Bericht über eines der bemerkenswertesten Seeabenteuer – die Reise über den Pazifik mit einem Bambusfloß. Das Ziel: die Überprüfung der Theorie, daß asiatische Seefahrer vor 2000 Jahren auf Flößen Amerika erreichten.

Tim Severin und seine Crew bauten aus 220 mit Rattan zusammengezurrten Riesenbambusstäben ein 18 m langes hochseetüchtiges Floß und schifften sich in Hongkong ein. In der Formosa-Straße von Stürmen gebeutelt, beinahe von Handelsschiffen überrannt und von einer kräftigen Strömung an Taiwan vorbeigetrieben, verpaßte das Floß die dort geplante Zwischenlandung. Nachdem das historische Gefährt um ein Haar von Piraten geentert worden wäre, ging die Besatzung schließlich auf der idyllischen Pazifikinsel Miyako an Land, um den gebrochenen Fockmast zu ersetzen. Dann segelten sie nordwärts zu den japanischen Hauptinseln und begannen von dort ihre gefährliche Überfahrt im ständigen Kampf gegen Nebel, Sturm, Bruch in der Takelage und gefräßige Bambuskäfer.

Inhalt

Asien

Antike Floßreisen auf dem Pazifik

Das Piratenschiff kam aus der Dunkelheit. Wir konnten nur seine Positionslichter sehen – grün, rot und weiß – ein kleines Fahrzeug, das von hinten direkt auf uns zuhielt. Die Lichter näherten sich sehr schnell. Bald hörten wir das Dröhnen der Maschine über den Seegangsgeräuschen und sahen die weiße Bugwelle vor den dunklen Umrissen eines Fischkutters, wie es schien. Die Nacht war schwarz und mondlos, nur ein paar Sterne standen am Himmel, und die See war schwach bewegt. Nina, die japanische Künstlerin, und ich gingen allein Wache. Die übrige Besatzung – Mark, Joe und Loi – lagen in ihren Schlafsäcken in den Kajüten. Das unbekannte Schiff mußte uns per Radar ausgemacht haben, es interessierte sich offensichtlich für uns. Es holte uns ein, drosselte dann die Maschine und wälzte sich dicht neben uns in der See. Ein Scheinwerfer leuchtete auf, und sein blendend heller Strahl tastete unser Gefährt von vorn bis achtern ab. Die Leute auf dem »Trawler« werden nicht schlecht über den Anblick gestaunt haben: Eine leicht durchgebogene Bambusplattform, die kaum aus dem Wasser ragte, darauf zwei Kajüten mit Mattendächern wie Hütten im tiefsten Dschungel. Darüber standen drei chinesische Dschunkensegel mit ihrer typischen Fächerform. Wir machten kaum Fahrt, waren also eine leichte Beute. Einige Augenblicke noch, dann erlosch der Scheinwerfer, das Motorgeräusch schwoll an, und das fremde Schiff verschwand.

»Möchte wissen, was die wollten?« fragte ich Nina ahnungslos. »Da! Sie haben gestoppt und kommen zurück.« Ja, das schemenhaft sichtbare Schiff hatte gedreht und hielt wieder auf uns zu, jetzt an der anderen Seite. Diesmal passierte es noch dichter und beschrieb einen engen Vollkreis, so daß seine Heckwelle bei uns an Deck schwappte. Ich leuchtete unseren aufdringlichen Besuch mit einer Taschenlampe an und sah einen grünen Rumpf mit einem umlaufenden breiten weißen Streifen. Eine Gruppe von Männern, nur als dunkle Schatten zu erkennen, stand auf dem Mitteldeck. »Vielleicht wollen sie uns ein Stück schleppen«, murmelte ich zu Nina. »Das wäre ganz nützlich. Wir sind jetzt in japanischen Gewässern. Versuch' du mal, rüberzurufen.« Aber noch bevor Nina eine Frage rufen konnte, entschied sich das unheimliche Fahrzeug, uns zu verlassen. Mit schäumendem Kielwasser nahm es Fahrt auf und verschwand im Dunkeln. Drei Tage später, als wir die nahegelegene japanische Insel Miyako erreicht hatten, erfuhren wir die Wahrheit. Ein Offizier der japanischen Küstenwache befragte Nina über den Verlauf unserer Reise. Als sie den Besuch des merkwürdigen Fischerbootes schilderte, horchte er sofort auf.

»Können Sie das Schiff beschreiben? Welche Farbe hatte es?« fragte er. Nina sagte es ihm. »Das sind Piraten, wir kennen das Schiff. Wir haben seit Wochen versucht, es aufzubringen. Normalerweise dringen die Piraten nicht in japanische Gewässer ein, aber die hier sind so unverschämt, daß sie sogar auf einer unserer Inseln an Land gegangen sind und eine Menge Ärger gemacht haben. Das Floß schien ihnen wohl keine lohnende Beute. Sie hatten verdammt viel Glück.« Und ich dachte daran, daß wir die Piraten beinahe um einen Schlepp gebeten hatten.

Der Gedanke an Seeräuber hatte mich nicht besonders beunruhigt, als ich drei Jahre vorher die Bambusfloßexpedition vorbereitete. Damals kreisten meine Gedanken mehr um Dinge wie die Taifungefahr, das Finanzierungsproblem oder die Frage, ob ein Bambusfloß lange genug schwimmen würde, um fünf oder sechs Menschen von China bis nach Amerika über die Weite des Pazifiks zu tragen. Vor allem mußte ich mir darüber klarwerden, ob eine so gefahrvolle Reise gerechtfertigt war. Seit ich in Oxford die Geschichte der Entdeckungsfahrten studiert hatte, kannte ich die Theorie, daß asiatische Seefahrer Amerika lange vor Kolumbus besucht und die dort bestehenden Hochkulturen beeinflußt hätten, besonders die der Mayas. Aber ich hatte diese Möglichkeit bezweifelt.

Der Pazifik ist doppelt so breit wie der Atlantik und kann Sturmsysteme mit 3000 Meilen Durchmesser hervorbringen. Ich konnte mir nur schwer vorstellen, daß im Altertum irgend jemand diese gewaltige, stürmische Wasserwüste überqueren konnte, und wenn, dann höchstens unter seltenen Ausnahmebedingungen.

Die Beweise für Verbindungen zwischen den frühen amerikanischen und asiatischen Kulturen waren auch nicht überzeugend. Mehr als zwei Jahrhunderte lang hatten immer wieder unkonventionelle Gelehrte Ähnlichkeiten in Architektur, Kunst, Kalendersystem, Sprache und anderen Merkmalen der frühen Kulturen Asiens und Amerikas zu entdecken geglaubt. Die angeführten Belege reichten von hochwissenschaftlichen Argumenten wie z.B. behaupteten Ähnlichkeiten der (für das Erbgut verantwortlichen) DNS-Struktur der Ureinwohner Amerikas und Asiens bis zu äußerst subjektiven und absonderlichen Gedankengängen. So erregte in den zwanziger Jahren Sir Grafton Elliot Smith besonderes Aufsehen, als er steif und fest behauptete, daß eine Steinskulptur der Maya, die man in Honduras (Mittelamerika) gefunden hatte, die Köpfe und Rüssel zweier Elefanten zeige, auf denen Treiber ritten. Elefanten waren aber in der Neuen Welt seit Jahrtausenden ausgestorben. Daher wurde behauptet, daß die Urheber der Abbildungen nur durch Kontakt mit Asien Elefanten gekannt haben könnten. Eine erbitterte Fehde brach zwischen denjenigen aus, die in der Abbildung Elefanten mit langen Rüsseln erkannten, und ihren Gegnern, die darin nichts anderes sehen wollten als langschnäblige Aras, also Vögel, die in Amerika nichts Besonderes sind. Der Gelehrtenstreit wogte jahrzehntelang hin und her, während die Steinskulptur selbst allmählich so verwitterte, daß es heute schwerfiele, darin Aras, Elefanten oder überhaupt irgend etwas zu erkennen. Die Debatte dreht sich jetzt nur noch um Skizzen, die vor langer Zeit von dem geheimnisvollen Original angefertigt worden waren.

So blieb denn die Diskussion, ob es frühe Verbindungen über den Pazifik hinweg gegeben hat, ein Dauerbrenner. Nichts stand fest, die Vielfalt des Für und Wider war verwirrend. Dann las ich die wissenschaftliche Meinung eines Orientalisten von überragendem Ruf: Professor Joseph Needham von der Universität Cambridge galt als größte lebende Autorität für die Geschichte der chinesischen Kultur und Wissenschaft. Sein siebenbändiges, 25teiliges Buch über das Thema ist als das umfassendste geisteswissenschaftliche Einzelwerk der Neuzeit bezeichnet worden. Darin vertritt Professor Needham mit Bestimmtheit seine Überzeugung, daß es im Altertum kulturellen Austausch über See zwischen Asien und Amerika gegeben hätte. Und noch wichtiger: Needham stellte die These auf, daß die Chinesen für Ozeanüberquerungen höchstwahrscheinlich Bambusflöße benutzt hätten. Er hielt Flöße für die wirklichen Vorfahren der chinesischen Dschunken, in deren Form sich mit den hochgezogenen, stumpfen Enden (Vorder- und Achterspiegel) typische Floßmerkmale wiederholen. Daher war die winzige Abbildung von einer Art Floß auch eines der frühesten chinesischen Bildsymbole für »Boot«.

Meine Neugier war geweckt, nicht nur auf die Flöße, sondern auch auf Needham selbst. 30 Jahre zuvor hatte ich als Student meine allererste Expedition vorbereitet, eine Motorradfahrt nach China auf der Route Marco Polos. Schon damals war Joseph Needham einer der hervorragendsten Orientalisten seiner Zeit, und ich hatte ihn schriftlich um Rat gebeten. Zu meiner Überraschung hatte er geantwortet und mich eingeladen, ihn in seinem Institut in Cambridge zu besuchen. Dort lernte ich als noch sehr junger Student einen hochgewachsenen, eindrucksvollen Mann kennen, der entgegenkommend und hilfsbereit war und sich die Zeit nahm, mich, den Studienanfänger, zur historischen Feldforschung zu ermuntern. Seine Freundlichkeit hatte mich sehr beeindruckt, und nachdem meine Marco-Polo-Expedition gelungen war, freute ich mich, ihm als Dankeschön ein Buch schicken zu können.

Jetzt, 30 Jahre später, konnte ich kaum glauben, daß eben dieser Joseph Needham noch lebte. Aber so war es: Er war 92 Jahre alt, weißhaarig und gebrechlich, aber noch genauso liebenswürdig und scharfsinnig wie früher, obwohl Arthritis seinen einst stattlichen Körper gebeugt und in den Rollstuhl gezwungen hatte. Diesmal erläuterte ich ihm meinen Plan, herauszufinden, ob ein Bambusfloß den Pazifik überqueren kann, und daß ich dazu ein solches Floß aus überlieferten Materialien nachbauen und versuchen wollte, von Hongkong aus über Formosa und Japan die kalifornische Küste zu erreichen. Ich fragte ihn, was er davon hielte, und ob mein Vorhaben nach seiner Ansicht etwas Nützliches zum Theorienstreit über transpazifische Verbindungen beitragen könnte. Und wieder ermutigte Joseph Needham mich. Er verfocht noch immer die Ansicht, daß asiatische Seefahrer die Neue Welt lange vor Kolumbus erreicht hätten. Er hatte sogar eine umfangreiche Monographie über dieses Thema veröffentlicht. »Die Reise«, so erklärte er, »ist äußerst wichtig, nicht nur für die Erforschung der Entdeckungen, sondern ganz allgemein für die Geschichte der Zivilisation.«

Es lag auf der Hand, daß ich als Nächstes feststellen mußte, wo es in Asien noch Segelflöße aus Bambus gab. Wenn es noch welche gab, mußte ich versuchen, zu erfahren, wie sie gebaut und gesegelt wurden. Als Needham das Material für seine 1971 veröffentlichte meisterhafte Studie über die chinesische Seefahrtskunst gesammelt hatte, gab es noch Tausende von Bambusflößen an der Westküste Taiwans gegenüber dem chinesischen Festland. Sie wurden dort zur Fischerei und Küstenschiffahrt benutzt. Früher waren solche Fahrzeuge anscheinend sogar über die 90 Meilen breite Formosa-Straße zum Festland gesegelt, denn Needham zitierte alte chinesische Aufzeichnungen, die von Raubzügen taiwanesischer Seeräuber berichteten, die mit Booten aus zusammengeschnürten Bündeln auf dem chinesischen Festland einfielen und wieder entkamen. Im 19. Jahrhundert hat ein japanischer Reisender namens Hata, der auf einem Dampfer an Formosa vorbeifuhr, ein weit draußen auf See segelndes Bambusfloß skizziert, das von einem alten Herrn gesteuert wurde, der in einer Art Bambushütte auf dem Heck saß. Das war aber die einzige Abbildung, die ich finden konnte, und als ich nach Taiwan reiste, war es dort bereits zu spät für meine Forschungen.

Nicht, daß es dort keine Flöße mehr gegeben hätte. Tatsächlich existierten Hunderte davon, und das am selben Abschnitt der Westküste wie früher. Die letzten 20 Jahre hatten aber zwei bedeutende Umwälzungen gebracht. Erstens: Die Flöße wurden jetzt von Motoren angetrieben, Masten und Segel hatten ausgedient. Zweitens: Die Rümpfe wurden nicht mehr aus Bambus gebaut, sondern aus dicken Kunststoffabflußrohren, die man sorgfältig bog, um die Form des herkömmlichen Bambusfloßes nachzuahmen. Bambus, so erklärte mir ein fröhlicher taiwanesischer Floßbauer am Strand, sei schwierig zu bekommen, verrotte schnell und sei nicht stark genug, um schwere Maschinen zu tragen. Tatsächlich hatten einige dieser Plastikrohrflöße so starke Motoren, daß ich sie als Schmuggelfahrzeuge in Verdacht hatte. Niedrig, schnell und auf dem Radarbild kaum zu erkennen, eigneten sie sich bestens, um mit Konterbande zwischen dem heimischen Strand und der Fischerflotte in der Formosa-Straße zu pendeln. Immerhin ermutigte es mich, daß die Form der alten Bambusflöße mit dem neuen Baustoff exakt nachgeahmt wurde, bis hin zu dem eigentümlich hochgebogenen Bug – so schlecht konnte der alte Entwurf also nicht sein. Ich mußte aber eine Gegend finden, wo noch echte Bambusflöße benutzt wurden, und wo es Menschen gab, die sie bauen konnten.

Da kam mir ein glücklicher Zufall zur Hilfe. Ein anderer

Freund, der Kurator des »Exeter Maritime Museum« in England, rief mich an und erzählte mir von geplanten Neuerwerbungen für die zu seinem Museum gehörende Sammlung frühgeschichtlicher Wasserfahrzeuge. Er war gerade in Vietnam gewesen, um ein Bambuskorbboot zu kaufen, ein sonderbares Gebilde in der Form einer übergroßen Puddingschüssel. Ich fragte ihn auf gut Glück, ob er dort Segelflöße gesehen hätte. Zu meiner freudigen Überraschung bejahte er! Er hatte welche in Sam Son, einer kleinen Küstenstadt etwa 160 km südlich von Hanoi im ehemaligen Nordvietnam entdeckt, wo sie noch immer zum Fischfang benutzt wurden.

Er bereitete mich aber auch darauf vor, daß es schwierig werden könnte, eine Einreiseerlaubnis für das Gebiet zu bekommen, weil Vietnam noch immer sehr wenig Verbindung zur nichtkommunistischen Welt hatte. Bei seinem Besuch hatten die Behörden westliche Reisende außerhalb der großen Touristenzentren argwöhnisch beobachtet. Das konnte mich aber nicht abschrecken. Ich schrieb an das vietnamesische Kultusministerium und erklärte, daß ich traditionelle vietnamesische Boote sehen wolle. Nach zwei Monaten bekam ich ein Visum. Im Oktober 1991 saß ich also in einem angejahrten vietnamesischen Linienflugzeug russischen Typs und wußte nicht, was mich in diesem Land, einem der ärmsten Asiens, erwartete. Neben mir saß ein etwa 30jähriger ernster Japaner. Er erklärte, daß er bei einer großen japanischen Firma beschäftigt sei, sein Hobby aber sei die Insektenkunde. Vietnam interessierte ihn, weil die Entomologen dort seit den fünfziger Jahren, als das Land französische Kolonie war, nicht mehr geforscht hatten. Er hatte für diese Reise Geld gespart und Urlaubszeit angesammelt. Gerade als er geendet hatte, fiel eine große Kakerlake aus dem Gepäcknetz direkt in seinen Schoß. Die Bemerkung: »Ihr erstes echt vietnamesisches Insekt«, konnte ich mir einfach nicht verkneifen.

Auf dem Flughafen von Hanoi stand ich zusammen mit

anderen Fluggästen – meist Diplomaten mit ihren Familien – in einer Schlange, dazwischen einige Vietnamesen, die von Arbeitsaufenthalten im Ausland zurückkehrten. Sie trugen billige Baumwollregenmäntel und die im Ostblock verbreiteten, hier etwas sonderbar wirkenden Filzhüte. Nach einiger Wartezeit wurden unsere Pässe von grün uniformierten Sicherheitspolizisten mit ernster Amtsmiene minutiös geprüft. Das heruntergekommene Empfangsgebäude machte nicht viel her. Seine Ärmlichkeit zeigte deutlich, daß Vietnam kein Geld erübrigen konnte, um auf ankommende Ausländer einen guten Eindruck zu machen.

Mein Blick schweifte zu der Glaswand, die die ankommenden Passagiere von dem staubigen Gepäckbereich trennte, wo wir bald unsere Koffer abholen würden. Gleich hinter den schmutzigen Scheiben stand ein kleiner, gedrungener Vietnamese von ungefähr 35 Jahren. Sein zerknittertes, gelbkariertes Hemd hing über die schlecht sitzende Hose. An den nackten Füßen trug er Zehensandalen. In einer Hand hielt er eine Zigarette, deren Asche auf den Boden krümelte. Er hatte einen wirren, dünnen Schnurrbart, und die hervortretenden Augen gaben seinem leicht pickeligen Gesicht etwas Froschartiges. Er musterte die Schlange der Ankömmlinge. Mein Mut sank, als genau dieser Mann ein ausgefranstes Stück Pappe hochhielt, auf das mein Name gekritzelt war. Ich nickte ihm zu. Ein breites Begrüßungslächeln zog über sein pausbäckiges Gesicht und entblößte seine unregelmäßigen, braunen Zähne. Wie ich später erfuhr, nachdem ich die Formalitäten erledigt hatte, hieß er Truc und war vom Informationsministerium als Fremdenführer für mich hergeschickt worden. Daß er statt »ministry of information« immer »military information« sagte, war auch nicht gerade beruhigend. Kaum jemand anders hätte einen so ungünstigen ersten Eindruck machen können. Es hätte sich aber auch niemand als zuverlässigerer Verbündeter erweisen können. Während der kommenden 18 Monate sollte Truc von meinem offiziellen Fremdenführer und Aufpasser zum Kollegen, Verbündeten, Mädchen für alles und guten Freund werden. Für eine Gesellschaft, in der man noch immer auf Schritt und Tritt von der Bürokratie gegängelt und von Vorschriften geknebelt wurde, war er erstaunlich unverfroren. Er fürchtete nichts und niemanden. Mit List, Schmeicheleien, Einschüchterungen oder geduldiger Überredungskunst meisterte er jede Lage, ohne jemals seinen Humor zu verlieren. Ob wir nun schmutzig und übermüdet waren oder einfach nach irgendeiner besonders fürchterlichen Geschichte die Nase voll hatten, etwa auf dem langen Marsch durch die Amtsstuben, um irgendeine behördliche Erlaubnis zu ergattern – immer sah Truc die lustige Seite der Situation, warf den Kopf zurück und zeigte mit einem glucksenden Lachen seine grauenhaften Zähne. Als er mich zum Wagen begleitete, einer heruntergekommenen russischen Limousine, die vor dem Flughafen unter einem zerzausten Baum parkte, während der Chauffeur quer auf den Rücksitzen lag und schlief, erklärte Truc mir, daß sein Name eine bestimmte Bambusart bedeute. Wie passend!

Wir machten uns auf den etwa 65 km langen Weg vom Flugplatz Noi Bai nach Hanoi, mehr als eine Stunde Fahrt nach Süden über das flache Schwemmland des roten Flusses. Es war zwischen 17.00 und 18.00 Uhr abends, und die Straße, wenn auch voller Schlaglöcher und nur anderthalb Spuren breit, war offensichtlich eine Hauptverkehrsader. Sie war voller Radfahrer, dazwischen ab und zu ein Lastwagen, der, schwarze Qualmwolken ausstoßend, kaum schneller vorankam als die Fahrräder. Die Lastwagen waren in einem so unsäglichen Zustand, daß man sich wunderte, wie solche Klapperkisten überhaupt vom Fleck kamen. Kein Wunder, daß man hier und da am Straßenrand liegengebliebene LKW sah, die auf Steinstapeln aufgebockt waren, als sei es für immer. Manchmal sah man, wie der Fahrer oder ein Autoschlosser sich mit Hammer oder Schweißbrenner bei irgendeiner provisorischen Reparatur abmühte. Es war offensichtlich, daß es weder Material noch Ersatzteile gab. Ich wußte, daß Vietnam noch immer einem von den USA verhängten Wirtschaftsembargo unterlag, und an jeder Ecke erkannte man, daß selbst die einfachsten Dinge fehlten. Trotzdem war der erste Eindruck, daß jedermann fleißig und gelassen seiner Arbeit nachging, obwohl es überall an Werkzeug und Material mangelte.

Die Straße verlief auf einem erhöhten Fahrdamm. Beidseits erstreckten sich Reisfelder, die durch kleine Erddämme voneinander getrennt waren. Die Bauern auf den Äckern arbeiteten ruhig und beständig, einige hackten Erdschollen weg, um Dämme zu öffnen, andere wieder schöpften Wasser mit einem Gerät hoch, das aussah wie eine an einem Dreibein aufgehängte große Schaufel. Damit arbeiteten meist Frauen, sie schwangen die hängende Schöpfkelle rhythmisch vor und zurück und warfen mit jeder Bewegung eine Schaufel voll Wasser aus dem Bewässerungsgraben auf das höherliegende Feld. Alles war sauber und ordentlich, kein Müll am Straßenrand, kein Gestank. Wenn wir durch die kleinen Dörfer mit ihren ordentlichen zweistöckigen Backsteinhäusern fuhren, sahen wir am Straßenrand Verkaufsstände mit kalten Speisen und gekochtem Essen, Gemüse, Stapeln von Bambusmatten und sogar einigen Konsumartikeln – an einem Stand waren strahlend weiße Klosettbecken aufgestapelt!

Währenddessen plauderte Truc liebenswürdig, doch es fiel manchmal schwer, seinem Englisch zu folgen. Seine Frau, erzählte er, war Übersetzerin in einer Statistikbehörde der Regierung. Sie hatten sich bei einem Englischlehrgang kennengelernt und hatten einen dreijährigen Sohn, den Truc abgöttisch liebte. Aber wozu ich nach Vietnam gekommen war, schien Truc nicht ganz verstanden zu haben. Niemand im Ministerium hatte ihn darüber aufgeklärt. Ich sagte, daß ich Bambussegelflöße sehen wollte, und gehört hätte, daß man das in einem Ort mit dem Namen Sam Son noch könnte. Trucs Gesicht hellte sich auf. Ja, ja, er wüßte genau, was ich meinte. Zufällig hätte er den Sommerurlaub mit Frau und Kind in Sam Son verbracht. Als wir in Hanoi angekommen waren, dirigierte Truc den Wagen zu seinem eigenen Haus. »Warten Sie eine Minute«, sagte er und stürmte hinein. Wenige Augenblicke später kam er wieder heraus und hielt das Mitbringsel in der Hand, das er in Sam Son für seinen Sohn gekauft hatte – ein kleines, grob gearbeitetes Modell eines Bambussegelfloßes mit zwei Masten und roten Segeln. Anscheinend war ich auf der richtigen Fährte.

In Hanoi schien die Zeit stehengeblieben zu sein. Vor allem durch das Handelsembargo waren die Entwicklungshilfe und die industrielle Entwicklung der letzten 30 Jahre, die die meisten Großstädte in Asien bis zur Unkenntlichkeit verändert hatten, spurlos an Hanoi vorbeigegangen. In den Vororten standen die üblichen Plattenbauten sowjetischer Art, aber das Stadtzentrum sah im wesentlichen so aus, wie die Franzosen es 40 Jahre vorher verlassen hatten, wenn auch stark heruntergekommen. An den breiten Hauptstraßen spendeten prächtige afrikanische Mahagonibäume Schatten, und an beiden Seiten standen Villen im französischen Kolonialstil mit kleinen Vorgärten, die blaßgelben Wände waren schimmelfleckig, die grüne Farbe von den Fensterläden abgeblättert. Aber am stärksten fühlte man sich dadurch in die Vergangenheit versetzt, daß es praktisch keine Autos gab. Die Vietnamesen konnten sich diesen Import einfach nicht leisten. Daher füllten Ströme von Radfahrern die Boulevards von Hanoi. Gemächlich radelten sie die breiten, ebenen Straßen entlang. Da war nichts von dem Lärm und Gestank der Personen- und Lastwagen, wie in den meisten anderen asiatischen Hauptstädten. Das durchdringendste Geräusch war noch das »Biep-Biep« der kleinen Motorroller, die immer beliebter wurden. Sie schlängelten sich zwischen den langsameren Fahrradrikschas hindurch, in denen Vietnamesen mit khakifarbenen Tropenhelmen saßen, was den Eindruck, in die Vergangenheit geraten zu sein, komplett machte. Diese Helme waren noch immer eine übliche Kopfbedeckung und wurden in der Hutfabrik Nr. 1 am Stadtrand hergestellt.

Ebenso unberührt von modernen Entwicklungen waren die Märkte und die älteren Wohnviertel der Stadt. Dort standen die selten mehr als zweigeschossigen Häuser dichtgedrängt. Auf den roten Ziegeldächern sprossen überall Fernsehantennen, die nicht an Metallstangen, sondern an Bambusstäben befestigt waren – auch das ein Zeichen für die bedrückende Materialknappheit. An einer Straße wurden von Hand Fahrräder angefertigt. Die Leute schweißten Rohre zusammen und lackierten das Ganze anschließend. Anderswo wurden Elektroteile angeboten, aber das auf Verkaufstischen und auf dem Bürgersteig ausgebreitete Sortiment war total veraltet und nutzlos: Riesengroße, schwere 10 bis 15 Jahre alte ostdeutsche Teile, gebrauchtes Kupferkabel, Ersatzteile für Kühlschränke oder Klimaanlagen, die im Westen und in den aufstrebenden Städten Südostasiens schon lange nicht mehr in Gebrauch waren. Die Durchgangswege auf dem Marktplatz waren zu schmal für Autos, so daß man auch hier nur Fahrräder und Motorroller sah. Menschen kamen aus Hauseingängen, um auf der Straße zu schwatzen oder Essen auf kleinen Holzkohleherden zu kochen, die sie auf den zerbrochenen Platten des Fußwegs aufstellten. Sie saßen auf kleinen Hockern, die überdimensionalen Garnrollen glichen, und aßen über kleine Tische gebeugt Nudeln und Suppe aus Schüsseln, während ringsum Radfahrer klingelten und Motorrollerfahrer quäkend hupten – nicht um den Weg frei, sondern einfach, um auf sich aufmerksam zu machen. Dafür, daß der Markt so eng gedrängt war, war er erstaunlich sauber. Truc erklärte, daß jeden Abend ein Gongschlag die Ankunft des Müllwagens, einer Handkarre, ankündigte, und daß jeder auf dem Markt seinen Abfall dann zur Abholung sauber aufhäufte. Truc hatte versprochen, mich an meinem Hotel abzusetzen. Der Wagen hielt vor einem Gebäude, das sich nicht von den kleinen Wohnhäusern der Straße unterschied. Es stand an der Ecke zwischen einem Eisenwarengeschäft, in dem man handgetriebene verzinkte Eimer kaufen konnte, und einem

Laden, in dem es verschiedenfarbige Pulver gab, mit denen man sich selbst Farbe anrühren konnte. Ich wurde über eine enge Hintertreppe zu einem kleinen weißen Zimmer geführt, in dem in einer Ecke ein sehr hartes Bett stand. Gegenüber war das Badezimmer mit einem Eimer, einem Brausehahn und Zementfußboden. Die Elektroinstallation bestand aus einem Durcheinander der verschiedensten Anschlüsse europäischer, britischer, amerikanischer und sowjetischer Bauart mit unterschiedlichsten Steckerformen und Nennspannungen. Alle Stromleitungen lagen frei, teilweise war die Isolierung durchgescheuert. An der Decke krabbelten kleine Eidechsen.

Beim Abendessen im Erdgeschoß saß zu meiner Überraschung ein Franzose mit an meinem Tisch, außer mir der einzige ausländische Gast, ein Buchhalter aus Dijon. Wie er berichtete, hatte er vor, Vietnam, die einstige französische Kolonie, kennenzulernen. Die vietnamesische Botschaft in Paris hatte ihm aber das Visum zur Alleinreise verweigert. Daher war er zunächst nach Bangkok gefahren, wo er über ein Reisebüro an ein Einzelreisevisum gekommen war. Während wir aßen, mußten wir zwei oder drei Barmädchen abwimmeln. Sie waren offenbar von dem farblosen jungen Mann, anscheinend einem Neffen des Hotelbesitzers, herangeholt worden, der an der Rezeption saß, während seine Schwestern und Cousinen im Aufenthaltsraum die Zeit totschlugen, indem sie sich die Nägel lackierten und Fernsehzeitschriften lasen. Plötzlich hörte ich von draußen das unverwechselbare durchdringende Pfeifen einer Dampfmaschine. Neugierig geworden, trat ich hinaus. Die Bahnstrecke ging quer über die enge Straße, und über die Gleise schnaubte gemächlich eine echte Dampflokomotive. Düster überragte ihr schwarz-grauer Leib die Radfahrer, die abgestiegen waren, um die Lok vorbeizulassen, deren Schornstein weiße Dampfwolken ausstieß. In der abendlichen Dunkelheit kam mir die Szene vor, als hätte ich mich in einen Schwarzweißfilm aus den dreißiger Jahren verirrt.

Am nächsten Morgen mußte Truc die Beamten im Innenministerium überreden, uns eine offizielle Erlaubnis für die Reise nach Sam Son zu geben. Das hielt uns mehrere Stunden lang auf. Dann brachen wir mit derselben Rostlaube auf, die uns vom Flugplatz abgeholt hatte. Diesmal fuhren wir nach Süden aus der Stadt hinaus entlang der Straße Nr. 1, die Hanoi, die nördliche Hauptstadt, mit der im Süden gelegenen Ho-Tschi-Minh-Stadt verbindet, die von den meisten Leuten immer noch versehentlich Saigon genannt wird. Es war unmöglich, schnell zu fahren. Die Reisernte war gerade eingebracht worden, und die Bauern nutzten den Verkehr, indem sie Reishalme auf der Straße ausbreiteten, so daß die darüberrollenden Reifen die letzten Körner herausdroschen. Trotz ihres bedeutungsvollen Namens hatte die Straße Nr. 1 nur anderthalb Spuren. Dadurch kam es oft zu haarsträubenden Situationen, wenn unser Wagen über den Teppich aus Reishalmen sauste und sich zwischen den an beiden Straßenseiten selbstmörderisch vorgebeugten Bauern und Bäuerinnen hindurchschlängelte, die immer wieder todesmutig auf die Fahrbahn flitzten, um ihre Ernte zurechtzulegen. Dabei waren sie mit dem Kopf oder den Händen nur wenige Zentimeter von den vorbeirollenden Rädern entfernt.

Auch hier wieder liegengebliebene Lastwagen, nur wenige Personenwagen oder Jeeps und ab und zu Karren, die von Wasserbüffeln gezogen wurden, deren Hufeisen auf dem Straßenasphalt klapperten. Mindestens zu neun Zehnteln bestand der Verkehr aus Fahrrädern, mit denen sogar beträchtliche Lasten transportiert wurden. Zweimal überholten wir Kolonnen von 100 oder mehr Männern und Frauen, die mit festem Schritt ihre Räder schoben. Jedes Fahrrad trug einen sorgfältig verladenen dicken Sack voller Getreide oder ein großes Bündel Gestrüpp, das zerhackt als Dünger dienen sollte. Es verstärkte noch den Eindruck von ameisenhaftem Fleiß, den diese eigenartigen Kolonnen machten, daß die meisten der Frauen und Männer beim Schieben ihrer schweren Lasten nicht etwa keuchten, sondern lächelten. Mir wurde klar, daß hier einfach niemand untätig war. Es gab keine Müßiggänger, niemand stand bloß herum, niemand saß zuschauend am Straßenrand. Wie es schien, war jeder bei der Arbeit oder eilte zumindest irgendwohin, und das selten, ohne etwas zu tragen. Die Atmosphäre emsiger Geschäftigkeit beeindruckte mich sehr. Und wieder fiel der einschneidende Materialmangel auf. Die Straße Nr. 1, immerhin die wichtigste im ganzen Land, hatte nicht einmal eigene Brücken, sondern teilte sie mit der parallel laufenden Bahnlinie. Daher wurde der Straßenverkehr vor jedem Fluß auf die Bahnstrecke geleitet, um diesen auf den Bahngleisen zu überqueren.

Wir brauchten vier Stunden für die ungefähr 160 km von Hanoi bis zur Abzweigung nach Sam Son. Als wir im Ort ankamen, war die Dämmerung schon hereingebrochen. Unser Wagen bog in den Hof des Büros des Volkskomitees von Sam Son ein. Dort hatte man aber schon geschlossen, es war weder Licht zu sehen, noch kam jemand, um uns zu begrüßen, bis ein sportlich wirkender Mann von Ende Vierzig oder Anfang Fünfzig mit einem Moped auf den Parkplatz kam und abstieg. Er trug einen Trainingsanzug. Truc stellte ihn als Herrn Khiem, den Vorsitzenden des Volkskomitees vor. Herr Khiem war mir gleich sympathisch – alles andere als ein verstockter Bürokrat. Er entschuldigte sich sogar für seine Verspätung, er hätte gerade mit der örtlichen Mannschaft Fußball gespielt. Er hatte ein kantiges, intelligentes Gesicht, und seine ganze Art strahlte Selbstvertrauen aus. Während des »amerikanischen Krieges«, wie er dort hieß, hatte der örtliche Parteiapparat ihn zur Ausbildung nach Moskau geschickt. Von dort aus war Khiem nach Kuba gegangen, um drei Jahre Landwirtschaft zu studieren, bis er dann nach Hanoi zurückgekommen war, um ein zweites Hochschulexamen abzulegen. Herr Khiem war kein rückständiger Parteibonze, sondern tatkräftig, aufgeschlossen und sehr darauf bedacht, die Wirtschaft seiner kleinen Stadt auf jede erdenkliche Weise voranzubringen. Darüber hinaus waren sein Vater und sein Großvater Fischer gewesen, und als ich ihn über die Bambusflöße ausfragte, konnte er ohne lange zu überlegen detailliert Auskunft geben. Ja, in Sam Son gab es noch Bambusflöße. Es war die größte Ansammlung von Flößen in ganz Vietnam. Vielleicht 300 oder 400 verteilten sich auf die nahegelegenen Küstenorte, die größte Flotte aber hatte das Fischerdorf am langen Bergrücken am Stadtrand von Sam Son. In der Regel gehörte jedes dieser Flöße mehreren Fischern gemeinsam, die damit auch zusammen fischten. Kurz vor Tagesanbruch segelten sie mit der frühen Morgenbrise etwa eine Meile hinaus, fischten ungefähr bis mittags und segelten dann mit dem auflandigen Nachmittagswind zurück. Der Fang war meist sehr gering, er reichte gerade für die Kochtöpfe der Fischerfamilien und vielleicht, um eine Handvoll Krabben oder kleiner Fische an die Marktfrauen zu verkaufen, die zum Strand kamen. Am nächsten Morgen wollte Herr Khiem sich darum kümmern, daß ich einige Fischer kennenlernen und vielleicht mit einem der Flöße hinausfahren konnte.

Truc und ich übernachteten in einem der fünf oder sechs häßlichen halbfertigen Strandhotels von Sam Son. Sie waren nach sowjetischen Plänen aus Beton gebaut, verrotteten aber schon, bevor sie fertig waren, überall sah man Roststreifen und bröckelnden Beton. Dazwischen standen die viel hübscheren kleinen Pensionen mit ihren roten Ziegeldächern und hier und da die einfachen Fischerhäuser, die nur zwei Räume hatten und im Sommer oft auch als Café oder Restaurant dienten. Am nächsten Morgen sah ich kaum Menschen auf den breiten Straßen, denn es war Winter, und in dieser grauen, kalten und regnerischen Jahreszeit kamen keine Gäste nach Sam Son. Alle Hotels waren leer und feucht, die kleinen Geschäfte verlassen und ihre Fensterläden geschlossen. Aber was ich draußen auf See erblickte, war atemberaubend. Der Horizont war mit den dreieckigen Segeln von Hunderten von Fischerflößen gesprenkelt. Obwohl die Flöße nicht groß waren, führte jedes drei Segel, so daß die gesamte Wasserfläche von Segeln bedeckt schien, die sich wie in einem Menuett hin und her und aneinander vorbei bewegten. Keines der Flöße hatte auch nur den kleinsten Außenbordmotor, sondern sie wurden ausschließlich durch den Wind angetrieben oder gerudert. So schienen sie mit ihren wechselnden Kursen beim Fischen auf der Wasserfläche herumzuschweben wie ein Schmetterlingsschwarm auf der Futtersuche. Die meisten Segel waren schmutzigweiß, aber der eine oder andere Fischer hatte eine blaue oder rote Bahn in seine Segel genäht. Das waren dann bunte Farbtupfer in der Fischerflotte.

In meinem ganzen Leben hatte ich noch nicht so viele Arbeitsboote unter Segeln auf einmal gesehen, und ich bezweifelte, daß es irgendwo anders auf der Welt ein ähnliches Bild gab.

Gegen Mittag machte die Fischerflotte sich auf den Rückweg zur Küste, und ich erkannte, warum es in Sam Son noch immer Bambussegelflöße gab. Der Strand war so flach und stieg so allmählich an, daß kein normales Boot in der Lage gewesen wäre zu landen, ohne schon weit draußen auf Grund zu laufen. Die Bambusflöße aber brauchten weniger als 30 cm Wassertiefe und kamen daher ohne Schwierigkeiten bis an den Strand. Von weitem sahen die Flöße so niedrig aus, daß sie manchmal zwischen den kleinen Wellen verschwanden, so daß die Fischer scheinbar auf dem Wasser standen. Wenn das Floß auf den Sand stieß, konnten die Fischer im gerade knietiefen Wasser an Land waten. Dort warteten schon ihre Familien, die ihnen halfen, Netze, Masten und Ausrüstung an Land und zu den Hütten zu tragen, die zwischen den den Strand säumenden Pinien standen. Dann stellten sich sechs Leute um das Floß herum, zogen Leinen unter ihm durch, die an Schulterjochen befestigt waren, und hoben damit das ganze Floß aus dem Wasser, um es den Strand hinaufzutragen und oberhalb der Hochwasserlinie abzusetzen. Ich ging zu einem der an Land liegenden Flöße, um es mir anzusehen. Die Konstruktion war einfach und elegant. 18 dicke Bambusstäbe waren parallel zusammengelascht und bildeten eine längliche Plattform. Angekohlte Stellen am Bambus zeigten, daß man die Stäbe mit Feuer gebogen hatte, um die typisch hochgezogene Bugform zu schaffen. Die drei Masten standen in grob bearbeiteten Holzklötzen, die auf der Bambusplattform festgezurrt waren. Alle Teile waren mit einem Material zusammengebunden, das aussah wie Bambusfasern. Kein einziger Nagel oder anderes Metallteil war zu sehen. Das Interessanteste aber waren drei schmale, in den Floßrumpf geschnittene Schlitze. Durch diese Schlitze steckten die Fischer schmale herausziehbare Bretter ins Wasser. Diese Steckschwerter gaben dem Floß erst Halt auf der Wasseroberfläche. Sie verringerten die Abdrift und verhinderten somit, daß das Floß beim Segeln seitwärts wegtrieb. Solche Schwerter waren eine Erfindung, die sich in alter Zeit nur bei Fahrzeugen aus Asien und von der südamerikanischen Pazifikküste nachweisen läßt, also auf verschiedenen Seiten des Ozeans. Entweder hatten die beiden Kulturen das Steckschwert unabhängig voneinander entwickelt, oder eine Kultur hat es von der anderen übernommen. Vielleicht hat ein Segelfloß aus Asien oder eines aus Südamerika diese Technik in der einen oder anderen Richtung über den großen Ozean gebracht. Mit Trucs Hilfe bombardierte ich die Fischer mit Fragen. Woher bekamen sie den Bambus für die Flöße? Er kam aus dem Dschungel ungefähr 160 km landeinwärts. Es war eine bestimmte Art von Riesenbambus, die sich für den Floßbau eignete. Womit banden sie die Bambusstäbe zusammen? Normalerweise mit schmalen Bambusstreifen, die vorher in Kalk gekocht wurden, um sie weicher und haltbarer zu machen. Manchmal benutzten sie für die Verbindungen aber auch Rattan, eine Dschungelpflanze, deren lange Ranken sich dafür eigneten. Dann kam meine wichtigste Frage: Wie lange würde sich ein Bambusfloß nach ihrer Meinung über Wasser halten? Die Fischer blickten zweifelnd. Aus eigener

Erfahrung konnten sie mir darauf keine Antwort geben, denn sie holten ihre Flöße jeden Nachmittag aus dem Wasser. Sie wußten aber, daß Bambus mindestens drei Monate schwimmt, und schätzten, daß es vielleicht noch länger über Wasser bleiben könnte. Ebenso wichtig aber war die Stärke der Verbindungen. Die Fischer mußten ihre Flöße alle drei Monate auseinandernehmen, um sie mit neuen Bambusstreifen zusammenzulaschen, neuerdings benutzten sie dazu auch Nylon-Angelschnur. Und schließlich, was hielten sie von der Idee, ein großes Bambusfloß quer über den Pazifik zu segeln? Die Fischer blickten erstaunt. Dann antworteten sie: »Ja, warum nicht?« Vielleicht auch nur, um nicht ängstlich zu erscheinen und aus Stolz auf ihre eigentümlichen Fahrzeuge.

Die nächsten beiden Tage ging ich am Strand von Sam Son umher, vermaß Segelflöße, sammelte Bambusstreifen, wie sie zum Binden benutzt wurden, und Bambusreste als Proben. Ich beobachtete die Fischer beim Reparieren ihrer Flöße, stellte noch mehr Fragen und machte mir Notizen für den englischen Schiffbauingenieur Colin Mudie. Er hatte meine drei vorangegangenen historischen Fahrzeuge konstruiert: ein lederbespanntes Boot, mit dem ich 1976/77 über den Nordatlantik gesegelt war, um zu zeigen, daß irische Mönche Amerika 1000 Jahre vor Kolumbus erreicht haben könnten; den Nachbau eines arabischen Handelsschiffs aus dem 8. Jahrhundert, dessen Planken mit Kokosfaserleinen zusammengenäht waren, und die Kopie einer kleinen bronzezeitlichen Rudergaleere. Mit dem arabischen Schiff war ich 1980/81 auf den alten arabischen Handelsrouten, die zu den Erzählungen von Sindbad dem Seefahrer geführt haben, von Maskat an der Küste Omans nach China gesegelt. Mit der bronzezeitlichen Galeere waren 20 Ruderer 1984 von Griechenland nach Georgien an der Schwarzmeerküste gerudert und gesegelt, um die Fahrt Jasons und der Argonauten nachzuvollziehen. Diesmal wollte ich Colin bitten, etwas völlig anderes zu entwerfen: ein Floß, das in der

Lage sein sollte, 6500 Meilen Ozean zu überqueren, eine Strecke, wie von Europa über den Nordatlantik nach Amerika und zurück.

Schließlich machte Truc mich mit zwei Fischern bekannt, die mich auf eine Fahrt mit ihrem Fischerfloß mitnehmen wollten. Ich begleitete die beiden Fischer, als sie, nur mit T-Shirts und Baumwollshorts bekleidet, ihr Floß durch das flache Wasser hinausschoben, bis sie oberschenkeltief im Wasser standen. Dann kletterten wir alle drei an Bord, und die beiden Fischer begannen, das Floß mit langen federnden Riemen zum Brandungsgürtel hinauszurudern, der uns von der offenen See trennte. Ein normales Boot hätte in der Brandung unangenehm gebockt und gestampft. Das Bambusfloß aber pflügte ruhig hindurch. Statt von jeder See angehoben zu werden, verschluckte es die Wellenkämme einfach. Sie spülten geradewegs durch das Floß. Das Seewasser stieg durch die Fugen zwischen den Bambusstäben nach oben, so daß der obere Teil jeder Welle buchstäblich über das Floß hinweglief. Es war ein eigenartiges Gefühl. Einerseits war das »Deck« des Floßes unter Wasser, und wir hatten alle drei nasse Füße, andererseits spürte man keinerlei Seegangsbewegungen, weder Schlingern noch Stampfen. Als wir die Brandungszone hinter uns gelassen und die drei Segel gesetzt hatten, war der Eindruck noch seltsamer. Der hochgebogene Bug des Fahrzeugs ragte aus dem Wasser, ebenso die leicht erhöhten Seiten des Floßes. Die Hauptfläche aber schwamm direkt auf der Wasseroberfläche oder sogar darunter. Ich sah, wie ein kleiner Fisch, nicht größer als eine Elritze, an einem Ende des Floßes an Bord kam, seinen Weg über das ganze Floß fand, indem er sich zwischen zwei Bambusstäben hindurchschlängelte, um uns am anderen Ende des Fahrzeugs wieder zu verlassen.

Die beiden Fischer segelten ihre halb getauchte Arbeitsplattform mit größter Selbstverständlichkeit und Gelassenheit. Je nach Kurs und Windrichtung trimmten sie die fadenscheinigen, aus alten Zuckersäcken genähten Segel und justierten die Schwerter, während das Floß ein feinmaschiges Schleppnetz durchs Wasser zog. Mit dem Fang – kaum mehr als eine Tasse voll winziger Krabben – schienen sie ganz zufrieden zu sein. Diese Krabben, so erfuhr ich später, würden in Hanoi einen Spitzenpreis bringen, genug Geld, um die Fischerfamilie einen Tag lang zu ernähren. Das Mittagessen, das die Männer sich mitgenommen hatten, war nur eine Handvoll kalter Reis in einem wasserdichten Behälter, der geschickt aus einem Stück Bambus hergestellt worden war, dessen oberen Teil man abgeschnitten und dann als Deckel aufgesetzt hatte. Ein anderes Bambusrohr enthielt das Trinkwasser. Nach einigen Stunden kehrten wir zum Strand zurück. Wir segelten bis zur Brandung und steuerten das Floß dann mit den Riemen hindurch, um es mit dem Heck zu den Seen zu halten, die wieder mitten durch das Floß liefen und bis an unsere Knie hochspülten. Die Fischer machten sich nichts daraus, denn das Wasser war auch jetzt im Oktober noch warm. Ich bemerkte, daß sie durch dieses amphibische Leben und das Rudern kräftige muskulöse Schultern und breite Füsse, fast wie Greiforgane, bekommen hatten, mit denen sie auf dem nassen Bambus Halt fanden.

Als ich durch den feuchten Strandsand dorthin ging, wo Truc auf mich wartete, stand mein Entschluß fest: Das Land, wo ich mein hochseetüchtiges Floß bauen würde, um Needhams Theorie transpazifischer Floßreisen zu überprüfen, war Vietnam. Es gehörte zum chinesischen Kulturkreis. Die Menschen waren arbeitsam und zuverlässig, und in Sam Son gab es Fischer und Floßfahrer mit den einzigartigen Fähigkeiten und Kenntnissen, das Fahrzeug zu bauen. Wenn Herr Khiem einverstanden wäre, würde ich nach Sam Son zurückkehren, sobald ich einen richtigen Entwurf für das ozeantüchtige Floß hätte. Dann würde der nächste Schritt des Vorhabens folgen.

»Flöße«, warnte Colin Mudie mich, »sind berüchtigt für Stabilitätsprobleme bei hohen Krängungswinkeln, und ein gekentertes Floß ist schwer wieder aufzurichten, weil es auch kieloben eine große Anfangsstabilität hat.« Unverhüllt gesagt: Die vietnamesischen Segelflöße waren zwar vertrauenerweckend stabil, aber um einen gefährlichen Preis: Bei einem bestimmten Krängungswinkel (Schräglage) kentert ein Floß unweigerlich und ist praktisch nicht wieder aufzurichten, wenn es erst einmal auf dem Kopf liegt. Passierte das weit draußen auf dem Ozean, so wäre die Besatzung ernsthaft in Schwierigkeiten. Ich hatte den Schiffbauingenieur in seinem Haus in Südengland aufgesucht und Bambusproben aus Sam Son mitgebracht sowie einige Stücke der Bambusbänder, mit denen die Flöße zusammengelascht werden. Colin liebte alle außergewöhnlichen technischen Herausforderungen, seine Fähigkeiten und Interessen waren erstaunlich weitgefächert. Als führender Konstrukteur von Segelschulschiffen hatte er auch ein umfassendes Wissen über historische und traditionelle Segelschiffe und -boote. Auf seinem Zeichentisch waren Pläne für jedes erdenkliche Fahrzeug entstanden, von der chinesischen Dschunke bis zum Nachbau eines Handelsschiffs des 17. Jahrhunderts. Jetzt war er bereit, gestützt auf meine in Sam Son und Taiwan gesammelten Daten und Angaben und auf chinesische Berichte über frühe Flöße und Segelfahrzeuge, einen Vorentwurf für ein hochseetüchtiges Segelfloß zu zeichnen. Als Vorsichtsmaßnahme würde er zusammen mit seiner Frau Rosemarie ein Computerprogramm entwerfen und durchlaufen lassen, um die rechnerische Stabilität des Floßes in verschiedenen Beladungszuständen zu ermitteln. Colin hatte große Hochachtung vor der in Jahrhunderten angehäuften Erfahrung und Entwicklung, die in den überlieferten Wasserfahrzeugen der Völker steckten. Deshalb einigten wir uns darauf, Schritt für Schritt vorzugehen und die Floßbauer von Sam Son fest einzubeziehen.

Colin würde zunächst den Vorentwurf zeichnen, nach dem ich ein detailgetreues 46 cm langes Modell anfertigen lassen wollte. Das Modell würde ich dann zu den Fischern von Sam Son mitnehmen und sie bitten, nach dieser Vorlage das geplante große Floß in halber Größe zu bauen. Durch diese Übung hofften wir, etwas von den Techniken zu lernen, die der Bau eines Floßes erforderte, das erheblich größer war, als die kleinen Exemplare in Sam Son. Mit der im Maßstab 1:2 verkleinerten Version wollten wir auch Probefahrten unternehmen. Erst nachdem Colin die Änderungen aufgrund der dabei gewonnenen Erfahrungen in seinen endgültigen Entwurf eingearbeitet hätte, wollte ich mit dem Bau des ozeangängigen Floßes in voller Größe beginnen.

»An welche Länge denkst du ungefähr?« fragte Colin mich. »Etwa 18 m, für eine Besatzung von fünf oder sechs Leuten«, antwortete ich. Colin überschlug die Sache schnell im Kopf. »Nach dem, was du bei den Fischerflößen in Sam Son gesehen hast, scheint das ungefähr richtig zu sein. Ich schätze, daß dein ozeantüchtiges Floß so zwischen 16 und 18 m lang sein und aus drei Lagen Bambus bestehen sollte, um genügend Auftrieb für die Besatzung und ihre Ausrüstung zu haben.«

Bis dahin hatte ich mir kaum Gedanken gemacht, wer zur Besatzung gehören sollte. Fest stand für mich nur, daß ein Fischer aus Sam Son dabei sein sollte, der wußte, wie man mit Bambus umgeht und uns die Technik des Floßsegelns mit Schwertern beibringen konnte. Er müßte aber bereit sein, sein Dorf zu verlassen – nicht, um ein paar Meilen hinauszufahren, sondern um Tausende von Meilen auf dem Ozean zu segeln und bis zu sechs Monaten mit Ausländern zusammengepfercht zu verbringen, die nicht seine Sprache sprechen. Die Auswahl der übrigen Mannschaft hatte Zeit bis zum Bau des Hauptfloßes. Daher war ich überrascht, als ich – wieder zu Hause in Irland – einen Anruf bekam, und eine Frauenstimme mit ausländischem Akzent mich fragte, ob ich eine Crew für eine Segelexpedition in asiatischen

Gewässern suchte. Anfangs hatte ich Mühe, den Akzent einzuordnen.

»Es tut mir leid, wenn ich Sie störe«, begann die Stimme sehr höflich. »Wäre es möglich, mit Mr. Tim Severin zu sprechen?«

»Am Apparat.« Kurzes Schweigen in der Leitung, dann: »Oh, es tut mir sehr leid, ich hatte geglaubt, mit seinem Sekretär zu sprechen. Mein Name ist Nina Kojima, ich rufe aus Tokio an.« Woher um alles in der Welt wußte diese Frau von meiner geplanten Floßfahrt? Ich konnte es mir nicht erklären, aber es war eine Gelegenheit. »Der Kapitän eines japanischen Segelschulschiffes hat mir von Ihnen erzählt«, fuhr Nina fort. »Ich bin Künstlerin, und es war schon immer mein Traum, als Besatzungsmitglied an einer Expedition teilzunehmen und dabei zu zeichnen und malen.«

»Nun ja, wie es der Zufall will, könnte ich tatsächlich auf eine Pazifikreise gehen«, sagte ich vorsichtig. »Aber die Fahrt wird frühestens in einem Jahr beginnen und sehr schwierig sein. Das Fahrzeug dafür, ein Floß, ist noch nicht einmal gebaut.«

»Ich habe schon etwas Segeln gelernt und bin bereit, noch mehr zu lernen und mich vorzubereiten«, sprach Nina entschlossen weiter. Später sollte ich erfahren, daß Nina kein Mensch war, den man leicht von etwas abbringt. Sie war sehr zielstrebig, und am Schluß des Gesprächs erklärte ich mich einverstanden, mit ihr in Vietnam zusammenzutreffen, wenn Truc ein Visum für sie bekommen könnte. Sie sollte dort in Sam Son einige Zeichnungen als Proben ihrer Kunst machen und zugleich mehr über die geplante Reise erfahren.

Wir trafen uns Anfang Juni auf dem Flughafen Bangkok beim Einchecken für den Flug nach Hanoi. Ich wußte gleich, daß die kleine Japanerin, die vor dem Flugschalter stand, die Künstlerin sein mußte, mit der ich telefoniert hatte, denn sie hielt einen braunen Segeltuchrucksack in der Hand, aus dem eine Rolle Zeichenpapier ragte. Nina war kaum über 1,55 m groß, zierlich gebaut und sehr lässig gekleidet. Ihr langes, zerknittertes weißes Hemd, an dessen Kragen ein Schreibstift klemmte, hing über einer geflickten, sackartigen Baumwollpluderhose. Die Hose war blau mit einem weißen Sternenmuster und endete auf halber Wadenhöhe. Die hübschen braunen Füßchen steckten in Sandalen. Ich erfuhr später, daß diese unförmigen Hosen äußerst altmodisch waren – Arbeitshosen, die japanische Frauen auf dem Lande vor 40 Jahren trugen, und in Tokio nur noch Großmütter.

Ich stellte mich vor, und während wir auf den Aufruf unseres Fluges warteten, versuchte ich, Ninas Alter zu erraten. Es war fast unmöglich. Nina hatte ein rundes Gesicht, blasse Haut und kurzgeschnittene Haare. Sie hätte knapp 20 sein können, Ende 20 oder vielleicht auch Anfang 30. Ihr Verhalten erschwerte die Schätzung erst recht: Sie hatte eine völlig unbefangene Art zu sprechen und sich zu geben, und sie schien etwas geistesabwesend und naiv wie in einer anderen Welt zu leben. Sie starrte mit unverhohlener Neugier die anderen Fluggäste an, ließ ihren Paß fallen, verlegte ihren Flugschein, vergaß ihren Rucksack und mußte zurückgehen, um ihn zu holen. Sobald wir im Flugzeug Platz genommen hatten, streifte sie ihre Sandalen ab und reckte den Hals, um aus dem Fenster zu sehen. Alles schien für sie aufregend und interessant zu sein, und es war ihr höchst gleichgültig, wie sie auf die Mitmenschen wirkte. Woher dieses leicht bohemehafte Benehmen kam, wurde mir bald klar. Ninas Vater, so sagte sie mir, war ebenfalls Künstler und hatte sein einziges Kind sehr liberal erzogen. Er hatte seine Tochter völlig frei von Zwängen aufwachsen lassen. Als kleines Mädchen durfte Nina mit ihm kommen, wenn er malen ging. Er hatte ihr Zeichenmaterial gegeben, mit dem sie spielerisch ihre eigenen Skizzen machen konnte. Sie durfte sich ohne die in der japanischen Erziehung üblichen strengen Konventionen entwickeln. Wie man sich gut vorstellen kann, hatte es Nina mit der geregelten japanischen Schulausbildung ziemlich schwer gehabt, aber später erfolgreich

Englisch studiert. Sie hatte dann ein paar weitere Jahre an der Kunsthochschule verbracht. Anschließend hatte sie als Dolmetscherin und Fremdenführerin gearbeitet und war in Englischlehrsendungen des japanischen Fernsehens aufgetreten, bevor sie sich als freischaffende Buch- und Zeitschriftenillustratorin niederließ, um ihrer Lieblingsbeschäftigung nachzugehen, dem Malen und Zeichnen. Das war, wie sie mir damals noch nicht erzählte, eine sehr unsichere Art, den Lebensunterhalt zu verdienen. Um das Ticket nach Vietnam bezahlen zu können, hatte sie einen zusätzlichen Job als Kellnerin in einer Sushibar annehmen müssen.

In Hanoi trafen wir auf einen müde aussehenden Truc. Er entschuldigte sich für seine Müdigkeit, er hätte die letzten vier Tage eine nordkoreanische Delegation durch Hanoi begleitet. Aber er hatte es geschafft, mit Herrn Khiem, dem Vorsitzenden des Volkskomitees von Sam Son, zu telefonieren, dem sehr viel daran lag, mein Vorhaben zu unterstützen. Er hatte dafür gesorgt, daß eine Gruppe von Fischern bereitstand, um das verkleinerte Probefloß zu bauen, und wir würden am nächsten Morgen mit dem Zug nach Sam Son fahren. Wir gingen um 6.00 Uhr morgens zum Bahnhof Hanoi, wo Truc eine halbe Stunde brauchte, um die Bahnpolizei zu überzeugen, daß ich tatsächlich eine offizielle Erlaubnis hatte, mit dem Zug zu reisen. Die Polizei schien Nina dagegen überhaupt nicht zu beachten. Als wir in den Waggon eingestiegen waren, mußten wir noch eine Stunde lang geduldig auf harten Holzlattenbänken warten, da sich die Abfahrt durch Signalausfälle und Verspätungen wichtigerer Züge verzögerte. Schließlich setzte sich der Zug doch noch in Bewegung und wäre beinahe ohne Nina abgefahren. Sie war auf den Bahnsteig hinausgegangen, um einige Skizzen zu machen, und hatte alles um sich herum vergessen. Gedankenverloren zeichnete sie den langsam abfahrenden Zug, ohne daran zu denken, daß sie eigentlich darin sitzen sollte. Truc, der im Halbschlaf am Waggonfenster lehnte, erfaßte die Situation, sprang heraus, packte Nina und zerrte sie wie ein Bündel in den Zug, damit sie nicht zurückblieb.

Mir wurde klar, daß es zu diesem kleinen Zwischenfall nicht gekommen wäre, wenn man Nina nach ihrem Aussehen nicht für eine Vietnamesin hätte halten können. Während ich offenkundig ein westlicher Ausländer war und von der Bahnpolizei am Fotografieren oder Zeichnen gehindert worden wäre, kümmerte sich niemand um die skizzierende Nina, weil man sie für eine Landsmännin hielt. Zu diesem Irrtum kam es in den nächsten Monaten noch viele Male. Für mich sah Nina sehr japanisch aus. Aber ihre eigenwillige, bäuerliche Bekleidung und ihr asiatisches Aussehen ließen viele Vietnamesen, die nie zuvor Japaner gesehen hatten und sie alle für wohlhabend und modisch gekleidet hielten, glauben, daß Nina irgendwo aus Vietnam käme. Sie waren sehr verdutzt, wenn sie feststellten, daß Nina kein Wort Vietnamesisch sprach und wiederholten die Worte immer wieder, sprachen langsam und überdeutlich, während Nina nur höflich lächeln und den Kopf schütteln konnte.

»Sie versuchen immer wieder, sich bei dir verständlich zu machen, weil sie glauben, du gehörtest zu einem der Bergstämme von der laotischen Grenze, die ihre eigene Stammessprache sprechen«, gluckste Truc.

Die Bahnfahrt war noch anstrengender als die Autofahrt nach Sam Son. Auf halbem Weg gab es eine ähnliche Verwechslung, die Truc in neuem Licht erscheinen ließ. Während der Zug voranschaukelte, kam ein betrunkener Polizist schwankend den Gang entlang, sah Nina und mich und ließ sich auf den Sitz gegenüber fallen, wobei er den Fahrgast, der dort schon saß, grob zur Seite schob. Der Polizist schwitzte stark, war ziemlich benebelt und trug eine Waffe. Er lehnte sich nach vorn und versuchte uns, betrunken wie er war, in ein Gespräch zu verwickeln. Verlegen blickten wir aus dem Fenster oder lächelten höflich und hofften, daß er wieder gehen würde. Er wurde aber dadurch nur noch aufdringlicher und begann, an uns herumzufummeln und uns anzustoßen. Ein Eisenbahnschaffner erschien, sah die Uniform und die Waffe, fand es offenbar klüger, nicht einzugreifen und verschwand wieder. Errettet wurden wir von Truc, der ein Stück weiter in dem offenen Waggon versucht hatte, seinen versäumten Schlaf nachzuholen. Zu meinem Erstaunen platzte der gutmütige, rundliche Truc plötzlich herein, packte den betrunkenen Polizisten am Kragen und zerrte ihn aus dem Sitz, obwohl er selbst einen Kopf kleiner war. Dann schob er ihn den Gang entlang ans andere Ende des Wagens, wo er ihn auf einen Sitz schmiß. Ich sah, wie Truc eine Plastikkarte aus der Tasche zog und damit vor den Augen des Mannes herumfuchtelte, während er ihn wütend anschrie. Der Polizist schien ganz klein zu werden.

»Vielen Dank, Truc. Das hat uns gerettet«, sagte ich, als er zurückkam. »Was hast du ihm da gezeigt?«

Truc lachte. »Meinen Presseausweis«, sagte er. »Darauf ist ein schöner dicker roter Streifen, ich habe ihm damit weisgemacht, ein hoher Parteifunktionär zu sein. Er war zu besoffen, um es zu merken. Ich fühlte mich wie ein Fußballschiedsrichter, der die rote Karte für Foulspiel zeigt!« Dann warf er wieder den Kopf zurück, lachte und zeigte seine braunen und schwarzen Zähne.

Als wir in Sam Son ankamen, fanden wir einen ganz anderen Ort vor als die ruhige, ziemlich öde Seestadt unseres letzten Besuchs im Spätherbst. Jetzt war Sommer und Ferienzeit. Gäste aus den der Fabriken und Büros von Hanoi genossen ein oder zwei Wochen Strandurlaub. Sie drängten sich in den schäbigen, staatlichen Hotels oder mieteten Zimmer in den kleinen Pensionen. Auf dem langen Sandstrand, der im Winter, abgesehen von ein paar herumliegenden Booten, leer gewesen war, standen jetzt in einer Reihe mindestens hundert kleine zerlegbare Kioske aus Bambusmatten, wo man Erfrischungsgetränke und heißen grünen Tee kaufen oder aufgeblasene LKW-Schläuche mieten konnte. Sie waren mit weißen aufgemalten Nummern gekennzeichnet und dienten den Badegästen als einfache Schwimmringe. Es gab ein eigenartiges Nebeneinander von Arbeit und Erholung. Während die Fischer ihrer alltäglichen Arbeit nachgingen, Flöße zu Wasser brachten, Netze auf den Strand holten und Seegras sammelten, spazierten die Familien aus der Stadt um sie herum, planschten im flachen Wasser oder saßen mit Blick auf den Horizont in Liegestühlen. Beliebt war bei den Besuchern ein Spaziergang bis zum Südende des Strandes, am Bereich der Fischer vorbei und dann die lange Steintreppe hinauf, die zum Tempel auf dem felsigen Hügel führte. Der Tempel hatte ein rotes Ziegeldach mit geschnitzten Drachen auf dem First. Er stand zwischen Papayas und Pinien. In ihm wohnte Sam Sons Schutzgottheit. Selbst im streng kommunistischen Vietnam dröhnte die große Tempelpauke alle paar Stunden, um böse Geister zu verjagen und die Aufmerksamkeit des Gottes zu erregen. Unterhalb des Tempelhügels am anderen Ende des Strandes wartete ein Dutzend älterer Arbeitsleute auf uns. Es war die Arbeitskolonne, die Khiem für den Bau des Probefloßes vorgesehen hatte.

Herr Khiem hatte die ältesten Fischer des Ortes wegen ihrer Erfahrung ausgewählt, aber wohl auch, um diesen greisen Beinahe-Rentnern etwas bezahlte Arbeit zu verschaffen. Es war eine unterhaltsame, bunt gemischte Gruppe. Der älteste, Herr Luong, war in den Achtzigern und sah aus wie eine der aus Elfenbein oder Knochen geschnitzten Miniaturen eines chinesischen Fischers, der mit seiner Angelrute auf einem Felsen steht. Er trug einen ausgefransten kegelförmigen Strohhut, ein ausgeblichenes rotes Fischerhemd und hatte seine Fischerhosen bis zum Knie aufgerollt. In seinem verrunzelten Gesicht wuchs ein weißer, zauseliger Mandarinbart. Ein anderer Mann, Herr Luoc, dem ich den Spitznamen »der Komiker« gab, war ungefähr 10 Jahre jünger, trug eine Brille und machte ständig irgendwelchen Ulk, um die anderen zum Lachen zu bringen. Zu meiner Überraschung erfuhr ich, daß er mindestens die Hälfte seiner Arbeitszeit als Gehilfe des Priesters im Tempel auf dem Hügel tätig war. Sein älterer Bruder, Herr Nhieu, der auch bei uns mitarbeitete, war früher zweiter Vorsitzender des Volkskomitees gewesen, aber es war klar, daß man dort froh war, ihn los zu sein, weil er als Organisator ein hoffnungsloser Fall war. Herr Nhieu hatte immer und überall ein Notizbuch bei sich, in das er umfangreiche amtliche Vermerke eintrug. Wenn er sie dann aber später las, konnte er sich nie einen Reim darauf machen. Beim Blättern kratzte er sich am Kopf und kam völlig durcheinander, bis er überhaupt nicht mehr weiter wußte. Unglücklicherweise hatte Herr Khiem ausgerechnet ihm die Leitung des Arbeitstrupps übertragen, so daß unsere Arbeit oft stockte, wenn Herr Nhieu versuchte, zu einer Entscheidung zu kommen. Nichts konnte bei dem Versuch, ein Dutzend älterer Männer an einem Strang ziehen zu lassen, schädlicher sein, denn natürlich hatte jeder von ihnen eine fest verwurzelte Meinung über jeden Handgriff und war sich völlig sicher, daß seine Methode die einzig richtige sei. Wegen ihres Alters waren sie auch sehr schnell dabei, ihre Meinung entschieden zu verfechten und die Ideen der anderen niederzumachen. Ich verstand allmählich, warum die Stadtbevölkerung von Sam Son über ihre Fischer sagte: »Sie haben Mägen wie das Meer und Stimmen wie der Wind.« Es bedeutete, daß sie sehr viel aßen und sich immer anschrien, so laut sie konnten, selbst wenn sie kaum einen Meter auseinander standen. Das ging sehr auf die Nerven. Zuerst dachte ich, daß die Alten sich gleich prügeln würden. Es war aber einfach ihre Art zu diskutieren, wie sie das kleine Modellfloß, das ich mitgebracht hatte, nachbauen sollten.

Trotz allem brauchten sie dann nicht lange, um das Probefloß zu bauen. Nur drei Wochen vergingen bis zum Stapellauf. Trotz ihres Alters waren die Männer erstaunlich gewandt. Zur Vereinfachung beschlossen sie, drei einzelne Flöße in der gewohnten Größe zu bauen und diese dann aufeinander zu setzen, um den von Colin Mudie vorgesehenen Auftrieb von drei Schichten Bambus zu erreichen. Sie begannen damit, die glänzende Außenschicht der Rinde mit eisernen Buschmessern von den Bambusstäben abzuziehen. Dann gaben sie den Stäben mit Feuer die nötige Biegung für die vorgesehene Form des Floßes. Früher hatte man den Bambus gebogen, indem man den Stab mit einem brennenden Reisigbündel an bestimmten Stellen heiß machte und gleichzeitig unter Spannung hielt, so daß die erhitzten Fasern sich zusammenzogen und der Bambus eine bleibende Biegung erhielt. Jetzt benutzte man statt des Zweigbündels aber einen brennenden Fahrradreifen. Die gebogenen Bambusstangen wurden dann zum Wasser gebracht und der Ruß mit Sand und Seewasser abgeschrubbt. Dann wurden sie nebeneinander auf eine Bauhelling gelegt, die die Männer am Strand errichtet hatten und die aussah wie ein großes Bett. Auf diesem Untergestell zurrten sie die nebeneinander liegenden Bambusstangen mit Streifen von Bambusrinde, die sie in einer Kalkmilch gekocht hatten, an einem Dutzend leichter Querhölzer fest. Die Methusalems arbeiteten paarweise. Ein Mann lag im Sand unter der Bauhelling auf dem Rücken, während ein anderer oben auf dem Floß hockte und dem Untermann den Bambusrindenstreifen zwischen zwei Stäben hindurch zuschob. Die Zurrung wurde dann dichtgeholt, während ein Mann mit einem Holzhammer auf den Bambusstab klopfte, um ihn durch das Rütteln so dicht wie möglich an den danebenliegenden Stab heranzutreiben. Das Gehämmer machte einen furchtbaren Lärm, als ob die Alten wie wahnsinnig ein gigantisches Xylophon traktierten.

Während wir ihnen bei der Arbeit zusahen, lernten Truc und ich einige wertvolle Lektionen. Die wichtigste Lehre war, daß wir das endgültige Floß in einer anderen Arbeitsfolge bauen mußten. Es war an sich nicht schlecht, das Probefloß in drei einzelnen Schichten zu bauen, aber als wir die einzelnen Schichten übereinander zusammenzurren wollten, stellte sich heraus, daß sie sich kaum sicher verbinden ließen. Es war zu schwierig, Bambusstreifen durch alle drei

Lagen zu führen und fest genug zu ziehen. Auch lagen die Bambusstangen der einzelnen Schichten nicht genau übereinander, so daß die Schwertschlitze durch den Rumpf gesägt werden mußten, was das Floß schwächte. Die zweite Lektion hatte mit der Organisation der Arbeit zu tun. Der Anblick von drei aufeinander gestapelten Flößen war so ungewöhnlich, daß er Floßfischer von weit her anlockte. Wenn sie Feierabend hatten, kamen sie angeschlendert, um zu gaffen, Zigaretten zu rauchen, Tee zu trinken und gute Ratschläge anzubieten. Sobald die alten Männer, die das Floß bauten, diese Ratschläge hörten, legten sie natürlich ihre Holzhämmer weg oder kamen unter dem Floß herausgekrochen, um auf die Kritik zu antworten und mit den »Seeleuten« über ihre Verbesserungsvorschläge zu diskutieren. Die Floßbauer genossen ihre neu errungene Wichtigkeit sehr, und die immer im Brüllton geführten Unterhaltungen brachten jedesmal die Arbeit zum Erliegen. Truc und ich beschlossen, daß das große Floß auf einem abgezäunten Platz gebaut werden sollte, um die Zuschauer auf Abstand zu halten. Sonst würde es nie fertig werden. Truc schlug vor, über das Eingangstor des Zauns ein Schild mit den Worten zu hängen: »Kein Zutritt! Keine Besuche! Keine Ratschläge!«

Nina war ganz in ihrem Element. Wie vereinbart zeichnete und malte sie den Floßbau, aber das Leben der Fischer von Sam Son und ihrer Familien fesselte sie ebenso. In ihrer Bauernhose und dem weiten Hemd wanderte sie den ganzen Strand entlang und skizzierte Fischerfrauen, die Netze zogen, Männer, die mit Booten hinausfuhren, und alles, was ihre kindlich neugierige Aufmerksamkeit erregte. Man wußte immer, wo Nina gerade war, selbst zwischen vielen Feriengästen, denn sie bildete immer den Mittelpunkt einer dichten Traube von Kindern, die um sie herumstanden und ihr beim Skizzieren zusahen. Wenn sie fragten, ob sie auch einmal einen Stift oder Pinsel benutzen dürften, erlaubte Nina es ihnen natürlich, und mit der Zeit akzeptierten die Kinder sie als eine von ihnen. Später, als sie Nina besser kannten, begannen die älteren Kinder, die kleineren fernzuhalten, so daß Nina ungestörter arbeiten konnte. Abends lieferte eines der Kinder mit seinem Fahrrad Nina buchstäblich wieder bei uns ab: Nina hockte hinten auf dem Fahrrad, während das Kind im Stehen die Pedale trat.

In seiner Eigenschaft als unser offizieller Führer hatte Truc Nina und mich aufgefordert, in der Nähe des Floß-Bauplatzes zu bleiben und nicht ohne Begleitung in der Stadt herumzulaufen. Zur Begründung verwies er auf »Sicherheitsauflagen« der Polizei und Militärverwaltung von Sam Son. Wie zu erwarten war, vergaß Nina diese Anordnung, oder kümmerte sich einfach nicht darum und ging häufig mit den Kindern, die sie an der Hand nach Hause mitnahmen oder ihr irgend etwas zum Zeichnen zeigten, in den Ort. Wo Nina auf ihren verbotenen Ausflügen überall gewesen war, wurde uns klar, als ich mit ihr später in Begleitung eines Fremdenführers die Innenstadt besichtigte. Als wir durch verschiedene Gassen in dem offiziell verbotenen Bezirk kamen, kamen aus jedem zweiten oder dritten Haus Kinder oder ihre Eltern heraus, um »Nina! Nina!« zu rufen und sie hereinzubitten.

Das hatte aber keine bösen Folgen. Überhaupt schien niemand die Verstöße besonders ernst zu nehmen, bis Nina zu einem kleinen Naturhafen drei oder vier Kilometer weiter an der Küste vorgedrungen war. An dieser malerischen Stelle begann sie zu zeichnen. Obwohl der Hafen völlig unbedeutend war, war dort eine Abteilung des vietnamesischen Grenzschutzes stationiert und verhaftete Nina kurzerhand wegen Spionageverdachts. Truc und ich erfuhren davon erst am späten Abend, als wir benachrichtigt wurden, daß Nina festgenommen worden sei. Truc rollte die Augen gen Himmel und bat mich, Ninas japanischen Paß zu holen und dann mit ihm zur Grenzschutzkaserne zu kommen. Dort trafen wir eine nach fünfstündiger Haft teils verwunderte, teils ungeduldige Nina an, die überhaupt nicht begriff, was sie falsch gemacht hatte. Wir erklärten ihr, daß sie verbotenes Gebiet betreten hatte, und baten sie dringend, Geduld zu bewahren, während Truc eine langwierige, höfliche Diskussion mit dem ranghöchsten Offizier des Stützpunktes begann. Truc erklärte, daß Nina Ausländerin sei und die Bestimmungen nicht verstehe. Sie hätte einen echten Fehler begangen, der ihr sehr leid tue. Selbst dem mißtrauischen Kommandeur des Grenzpostens fiel es schwer zu glauben, daß Nina eine Spionin sei, als Truc ihren Skizzenblock vorblätterte und Bilder von alten Fischern, die Bambusstangen zusammenbanden, Kinderportraits und Abbildungen von Dorfbewohnern auf Fahrrädern zeigte. Aber es dauerte noch zwei Stunden, bis der Offizier überredet war, Nina freizulassen und in unsere Obhut zu geben. Wir mußten aber versprechen, in Zukunft besser auf sie aufzupassen. Nina war natürlich wütend und begriff nicht, was der ganze Wirbel sollte.

Etwa zehn Tage später kehrten wir dennoch zu der Hafenbucht zurück. Diesmal hatte Herr Khiem uns aber im voraus bei der Grenzwache angemeldet. Wir hatten das Testfloß zu Wasser gebracht, und der kleine Hafen war die einzige Stelle, wo es zwischen unseren Probefahrten sicher liegen konnte. Ich vergaß auch nicht, dem Kommandanten des Grenzpostens einen Höflichkeitsbesuch abzustatten, bevor wir mit einer zusammengewürfelten Mannschaft hinaussegelten, zu der Truc gehörte, zwei vietnamesische Fischer und der alte Herr Nhieu (der Vermerkschreiber). Dieser hatte darauf bestanden, mit an Bord zu sein, weil die örtlichen Arbeitskräfte ihm unterstanden.

Er hatte aber keinerlei Vertrauen in die Seetüchtigkeit des dreischichtigen Floßes. Obwohl ich ihm versprochen hatte, daß wir uns nur ein paar hundert Meter vom Strand entfernen würden, erschien Herr Nhieu mit Reserveproviant und mehreren Litern Trinkwasser für den Fall, daß wir hinausgetrieben und eine Woche lang auf See sein würden. Es stellte sich heraus, daß unser dreilagiges Floß sogar noch steifer war als die normalen Fischerflöße. Als wir es absichtlich zum Kentern brachten, kippte es erst bei einem Krängungswinkel von fast 80 Grad. Mit dieser Stabilität waren wir sehr zufrieden. Sie machte die enttäuschende Geschwindigkeit wett: Das Floß war durch nichts zu bewegen, schneller als 1½ Knoten zu segeln, gerade eben Schrittempo.

Zur Besatzung gehörte auch ein Zimmermann aus Sam Son, der die hölzernen Querriegel des Floßes angefertigt hatte. Er war mir schon am ersten Tag in Sam Son aufgefallen, weil er ganz so aussah wie der Schurke in einem italienischen Western. Durch das schmale Gesicht mit den hervortretenden Backenknochen und den ruhelosen Blick wirkte er finster und wolfsartig. Sein schwarzer Hut unterstrich diesen Eindruck noch. Er arbeitete hervorragend, denn bei der Herstellung der verschiedenen Holzteile hielt er ganz allein mit der Arbeitsgruppe Schritt, die den Bambus zusammenzurrte. Dabei war seine Werkzeugausstattung recht dürftig. Sie bestand nur aus drei Stechbeiteln, einer alten Bügelsäge und einem Stück Holz als Hammer. Dieser Zimmermann, er war Ende Dreißig, hatte sich auf die Brust geklopft und dann auf den Horizont gezeigt, und mir damit zu verstehen gegeben, daß er gern mit auf die Reise gehen würde. Jetzt, als er auf dem Testfloß mitsegelte, bemerkte ich, daß er auch ein guter Seemann war und sich dabei genauso begeistert einsetzte. Truc erklärte mir, daß der Zimmermann Loi hieße, was »Gewinn« bedeute. Er war verheiratet, hatte drei Kinder und wollte trotzdem sehr gern die Expedition mitmachen, obwohl er vorher noch nicht einmal bis nach Hanoi gereist war. Als Loi auf dem Probefloß herumwieselte, gekonnt die Segel bediente, Leinen verknotete und mit seinem Knüppelhammer und den Stecheisen die Holzverbindungen nacharbeitete, kam es mir ganz so vor, als hätte ich mein vietnamesisches Besatzungsmitglied für die Reise schon gefunden.

Es war mir auch klargeworden, daß der Umgang mit Bambus Fachleute erfordert. Die Botaniker unterscheiden Hunderte verschiedener Bambusarten, aber nur die Floßbauer wußten genau, wozu sich jede einzelne Art eignet.

Eine Sorte Bambus lieferte z. B. die geschmeidige Rinde für die Verbindungen, aus einer anderen Art machte man die Dübel oder Dollen, die alle Holzverbindungen zusammenhielten, eine dritte Art wurde für Masten und Spieren genommen, und so ging es weiter. Am wichtigsten war für die Floßbauer aber eine Bambusart, die sie *Luong* nannten. Es war der Riesenbambus, der die langen Stäbe für den Floßrumpf ergab und mit seinen dünnen Wandungen und großen Luftkammern besonders viel Auftrieb hatte. Die Botaniker hatten diese Art nach der vietnamesischen Provinz Thanh Hoa benannt, in der auch Sam Son liegt. Die Sorte wächst im Dschungel etwa 160 km landeinwärts, dicht an der laotischen Grenze. Wohlmeinende und skeptische Kritiker gleichermaßen hatten mich immer wieder gewarnt, daß der Bambus für eine Pazifiküberquerung auf keinen Fall lange genug schwimmen würde. Die hohlen Stäbe würden Risse bekommen und voll Wasser laufen, von Bohrwürmern aufgefressen werden, sich vollsaugen und weich werden oder, aus welchen Gründen auch immer, untergehen. Ich beschloß, direkt im Dschungel mehr über die Pflanze zu erfahren, der ich das Leben mehrerer Menschen anvertrauen wollte.

Auch der Dschungel war für Ausländer verbotenes Gebiet. Um dorthin zu kommen, mußte Truc also extra eine Genehmigung in Hanoi und eine weitere bei der Provinzregierung von Thanh Hoa beantragen. Auch waren die Bergbewohner, die den Bambus ernteten, keine vietnamesischen Volksangehörigen, sondern Mitglieder eines Stammes, der zu einer Thai sprechenden Minderheit gehörte. Glücklicherweise gab es bei den Leuten, die Herr Khiem unter sich hatte, einen Armeehauptmann, der aus einem dieser Bergdörfer stammte. Er war bereit, uns als Führer und Dolmetscher in den Dschungel zu begleiten und uns mit der dortigen Bevölkerung bekannt zu machen. Es gab keinen Zweifel, daß der Hauptmann sich rassisch von den meisten Vietnamesen unterschied, die ich bis dahin kennengelernt hatte. Er hatte ein flacheres, mehr chinesisch aussehendes Gesicht mit glatter, unbehaarter Haut, so daß seine tiefsitzenden Augen weder Augenbrauen noch Wimpern hatten. Wenn er lächelte, verschwanden die Augen fast vollständig in Schlitzen. Sein Körperbau war breiter und gedrungener als bei den Vietnamesen des Nordens. Selten zuvor habe ich einen so widerstandsfähig aussehenden Menschen gesehen. Er hätte aus Hartgummi geformt sein können und schien gegenüber Hitze, Kälte oder Unbequemlichkeit völlig unempfindlich zu sein.

Auf einer siebenstündigen Holperfahrt saß er so entspannt im Jeep wie unsereiner zu Hause im Sessel, während der Wagen sich bockend und springend über schlechte Straßen zwischen den Zuckerrohrfeldern des Vorgebirges voranquälte und schließlich auf einem steinigen Pfad bis ins Gebirge rumpelte. Sein ganzes Gepäck bestand aus einem Reißverschlußbeutel mit einem einzelnen Blatt Papier (unserer offiziellen Reiseerlaubnis), einer billigen Taschenlampe und einer Pistole, die in seinem Hosenbund steckte. Obwohl es kalt wurde und zu regnen begann, hatte er weder einen Regenmantel mit noch sonst etwas, um es über sein dünnes Khakihemd zu ziehen. Anscheinend brauchte er auch nichts. Was er alles abkonnte, wurde besonders deutlich, als Bewohner einer kleinen Ansiedlung an der Straße ihn erkannten und uns zu einer Erfrischung einluden. Wir hatten die Wahl zwischen grünem Tee und einer klaren Flüssigkeit, die wie Wasser aussah. Aber schon der erste Schluck verriet, daß es sich um Alkohol handelte, der so stark war wie Branntwein. Der Hauptmann kippte ganz locker drei große Gläser von dem Zeug herunter und kehrte dann im Paradeschritt zum Wagen zurück.

Spät abends hatten wir endlich sein Heimatdorf erreicht. Es hätte eine Kulisse für »Shangri-La« sein können.* Ein flacher Fluß hatte in den Kalksteinbergen ein fruchtbares Tal

* Schauplatz des Romans »Lost Horizon« von James Hilton (Anm. d. Übers.)

ausgehöhlt. Blaßgrauer Nebel zog in Schwaden und Fetzen an den Talhängen entlang, die von dichtem Tropenwald bedeckt waren. Nur an Steilhängen und großen Felsblöcken zeigte sich das graue Gestein. Dort hingen nur Kletterpflanzen und Lianen. Hier und dort ragte das unbelaubte Skelett eines Feuerbaums hoch über das niedrige Buschwerk hinaus. Die Steilhänge des Tals warfen jedes Geräusch als Echo zurück. Als der Motor des Jeeps verstummt war, hörte man nichts außer Hahnenschreien, dem Geräusch wie jemand Feuerholz hackte und den Rufen spielender Kinder. Die Langhäuser des Stammes waren massiv aus Holz gebaut und standen erhöht auf starken Pfählen. Büffel und Hängebauchschweine suhlten sich darunter im Schlamm. Auf den steilen, mit Palmblättern gedeckten Dächern gab es weder Schornsteine noch Rauchlöcher. Daher quoll der blaugraue Rauch der Kochfeuer zwischen den blaßbraunen Palmwedeln des Daches hindurch oder kräuselte sich an den langen Traufen vorbei nach oben, so daß die Häuser sachte zu dampfen schienen. Jedes Langhaus hatte seinen eigenen Garten, in dem Arecapalmen, Papayas, Bananen und Kassavas wuchsen und stellenweise Pandanuspalmen mit ihren unverkennbar strahlenförmig angeordneten Blättern. Es gab keinen elektrischen Strom, kein fließendes Wasser, nirgendwo konnte ich Plastik oder Metall entdecken. Das Dorf sah aus, als hätten die Häuser der Eingeborenen dort schon seit Anbeginn der Zeit gestanden. Ebenso im Einklang mit der Umgebung stand das Innere der Häuser – ein einziger riesiger Raum unter dicken rußgeschwärzten Sparren. Große Fenster ließen Licht und Luft herein und waren bei schlechtem Wetter mit leichten Bambusblenden zu verschließen. Der mit der Zeit blank gewordene Fußboden bestand aus gespaltenen Bambuslatten. Dadurch war das Innere des Langhauses sehr sauber. Staub und Schmutz wurden einfach durch die Ritzen gefegt und fielen auf das Vieh unter dem Haus.

Am nächsten Morgen erkundeten wir den Wald. Die

Gruppen von Riesenbambus waren leicht zu erkennen, weil sie nicht weniger als 12 bis 15 m hoch waren und damit den übrigen Bewuchs weit überragten. Die Spitzen wogten als silbrig helle Büschel im Wind. Um zum Bambus zu kommen, mußten wir erst durch das jadegrüne Wasser des seichten Flusses waten und dann auf einem schmalen Fußpfad den Berghang ersteigen. Waldarbeiter kamen an uns vorbei, kleine drahtige Männer mit Macheten, einer von ihnen trug eine Armbrust für die Vogeljagd. Plötzlich hallte über uns ein eigenartiger Schrei durch den Wald. Der Hauptmann zog mich abrupt zur Seite. Man hörte ein fernes Rumpeln und Krachen, das von den Berghängen verstärkt und zurückgeworfen wurde. Und dann sahen wir oberhalb von uns einen 6 m langen, schweren Baumstamm, der wie ein Bob den Weg herunterrutschte. Er donnerte an uns vorbei, während wir uns seitwärts in die Büsche drückten, und verschwand krachend bergab zum Fluß in einer Wolke von Blättern und Zweigen. Unser Fußweg diente anscheinend auch als Holzrutsche, und der seltsame Schrei war ein Warnruf gewesen, daß man aus dem Weg gehen sollte.

Das schwere Holz des Waldes wurde von Männern gefällt und abtransportiert, aber Bambus ernteten meist die Frauen. Fünf von ihnen begleiteten uns. Sie waren auffallend schön, hatten hübsche goldbraune Haut und trugen das lange glatte Haar nach hinten gebunden, mit einer leuchtend roten oder rosa Blume geschmückt. Durch und durch fit, wie sie waren, stiegen sie mit Anmut und Eleganz den steilen Weg hinauf. Sie trugen weite weiße Blusen und lange, enge schwarze Röcke, die am Saum mit einem Streifen aus Seidenstickerei in braun, dunkelblau, rot und gelb geschmückt waren. Jede Frau trug um die Taille einen Kummerbund aus leuchtend bunter Seide und einen breiten silbergeschmückten Gürtel, der die schlanke Figur und die schmale Taille betonte. Die Gürtel gaben den Frauen aber auch etwas Verwegenes, denn darunter steckte ihr Arbeitsgerät – eine lange, rasiermesserscharfe Machete.

Als wir die erste Bambusansammlung erreichten, begannen die Frauen damit, das Unterholz zu entfernen, indem sie mit sausenden Messerhieben die niedrigen Büsche und die Schlingpflanzen zerteilten. In ihrer bunten Kleidung glichen sie einer Gruppe von exotischen Waldgeschöpfen, die in ihrem natürlichen Lebensraum grasen. Dann fingen sie an, den Bambus zu fällen, indem sie die turmhohen Pflanzen mit wenigen, gekonnt plazierten Hieben umlegten. Das war eine behutsame Ernte, kein Kahlschlag, denn die Frauen achteten darauf, nur die ausgewachsenen Bambusstäbe zu schlagen, die zu mehreren aus halb unterirdischen Wurzeln wuchsen. Sie vermieden es sorgfältig, die aus dem Boden kommenden kurzen Halme der Jungpflanzen zu beschädigen. Bambus wächst nicht wie Bäume, sondern mehr in der Art riesiger Grasbüschel. Aus der Wurzel wachsen jedes Jahr Triebe, die erstaunlich schnell aufschießen, sie erreichen in nur zwei oder drei Monaten ihre volle Länge. Für den Floßbau, sagte man mir, sollte der Bambus zwei Jahre alt sein, weil er dann noch jung und geschmeidig genug sei, um ihn über dem Feuer zu biegen. Für den Haus- oder Gerüstbau eigneten sich die steiferen drei Jahre alten Pflanzen besser. Die Bambusfällerinnen ernteten jedes Jahr über 11 000 Stäbe und legten sie an den schnellfließenden Oberläufen der Flüsse ab. Die frisch gefällten Pflanzen wurden dann zu Flößen gebündelt und von Berufsflößern stromabwärts gesteuert, eine gefährliche Arbeit mit oft tödlichen Unfällen. Bei Hochwasser mit starker Strömung wurden die schwer zu steuernden Flöße oft unter überhängende Ufer gedrückt, und nicht selten ertranken die Flößer dabei. Eine Stelle nannte sich die Geisterhöhle, weil dort so viele Flößer ihr Leben verloren hatten.

Colin Mudies Entwurf des 18-m-Floßes erforderte ungefähr 220 erstklassige je 9 m lange Bambusstäbe. Außerdem brauchte ich 36 gekrümmte Hölzer als Querbalken für das große Floß. Das Krummholz sollte aus natürlich gebogenen Ästen gesägt werden. Der Hauptmann versprach, dafür zu sorgen, daß Männer aus seinem Dorf im Dschungel Holz mit der richtigen Krümmung suchen würden. Er sagte, daß sie dazu Zeit genug hätten, weil die Frauen den Bambus für das Floß erst in vier oder fünf Monaten fällen könnten. Ich fragte, warum. Der Grund war, daß Bambus bester Qualität, den ich brauchte, nur im November oder Dezember gefällt werden konnte, weil er dann am wenigsten Saft führte. Der Hauptmann hob ein kurzes Stück Bambus auf, das vor weniger als einer Minute geschlagen worden war. Klebriger Saft sickerte aus der Schnittfläche, und schon jetzt hatte sich ein halbes Dutzend Fluginsekten daraufgesetzt, um den Saft aufzusaugen. Der Hauptmann erklärte mir, daß ein bestimmtes Insekt für Bambus verhängnisvoll sei. Ich erfuhr, daß dieser Käfer sich auf dem gefällten Bambus niederläßt, sich von dem Saft ernährt und Eier legt, aus denen winzige Larven werden, die sich in die Bambuswandungen hineinfressen und sie aushöhlen wie Bienenwaben. Wenn ich das Floß aus befallenem Bambus baute, würde es innerhalb von Wochen zu Pulver zerfallen. Als wir zum Dorf zurückgingen, riß er beiläufig ein altes, trockenes Stück Bambus von einem Gartenzaun ab, zeigte mir einige nadeldünne Löcher in der Oberfläche und brach das Rohr dann entzwei. Die Wandung sah aus wie ein vom Holzwurm zerfressenes Möbelstück. Er sagte, daß die hungrigen Larven diese Verwüstung in nur drei oder vier Wochen anrichten könnten. Das Material werde so schnell zerstört, daß man die Insekten tatsächlich kauen hören könne, wenn man in einer stark befallenen Bambushütte sitze. Damals wollte ich das nicht glauben, später mußte ich aber entdecken, daß er die Wahrheit gesagt hatte.

An jenem Abend lernte ich auch noch eine andere, besonders angenehme Verwendung für Bambus kennen. Die Familie des Hauptmanns feierte in ihrem Langhaus ein Dorffest. Schweine wurden geschlachtet, quakende, flügelschlagende Enten herbeigebracht, und auf den schweren Steinplatten, die im Haus als Herd dienten, wurden große

Feuer entfacht. Während das Fleisch brutzelte und die Kochtöpfe dampften, erklärte der Hauptmann mir, wozu ein bestimmter großer Tonkrug diente. Er war ungefähr 90 cm hoch, hatte einen weiten Hals und faßte gut 90 Liter. Gefüllt war er mit etwas, das aussah wie dunkle Holz- oder Rindenschnipsel. Darin steckte ein halbes Dutzend langer, dünner Bambusröhren. Sie sahen aus wie übergroße Trinkhalme, und genau das waren sie auch, wie sich später herausstellte. Als das Mahl fast fertig war, gingen zwei Frauen zum Fluß und holten Wasser mit einem dicken Bambusrohr, das als Eimer diente. Das Wasser wurde dann behutsam in den Tonkrug gefüllt, bis er randvoll war. Der Hauptmann erklärte, daß er als Gastgeber und ich als sein Ehrengast die Feier mit einem Zug an den hohlen Bambusröhren eröffnen sollten. Um sicherzugehen, daß wir beide richtig tranken, hielt er ein mit Flußwasser gefülltes Kuhhorn über den Krug. Die Spitze des Horns hatte ein Loch, das er mit dem Daumen zuhielt. Während wir beiden tranken, nahm er den Daumen weg, so daß das Wasser aus dem Horn in den Krug lief. Wir mußten also so schnell an den Bambushalmen saugen, damit der Krug nicht überlief.

Schon der erste Zug am Trinkrohr bestätigte meine Vermutung: Der Krug enthielt Alkohol, das gleiche Getränk, das uns bei unserem Halt an der Straße angeboten worden war. Aber es gab kein Entkommen. Die gesellschaftliche Verpflichtung war unerbittlich. Unter dem Klatschen und den Anfeuerungsrufen von ungefähr 30 Familienmitgliedern und Freunden des Hauptmanns tranken wir gemeinsam die erste Hornfüllung von dem einheimischen Gebräu. Dann löste eine andere Gruppe uns ab und so weiter und so fort, bis alle im Langhaus einschließlich der Frauen und Kinder sich an den Trinkhalmen abwechselten und die Stimmung stieg und stieg. Der Krug schien eine unbegrenzte Menge Alkohol hervorzubringen. Als der Flüssigkeitspegel gefallen war, wurde neues Wasser vom Fluß geholt, so daß ich beim besten Willen nicht erkennen konnte, was da unten im Krug das Wasser im Handumdrehen zu Alkohol verwandelte. »Dschungelkräuter und gehäckselte Kassavawurzeln«, mehr verriet man mir nicht.

Das Getränk war kühl, angenehm würzig und wirkte stark benebelnd. Das war von Vorteil, als das Essen aufgetragen wurde. Tabletts mit allen möglichen Schüsseln wurden auf den Boden gestellt, und wir hockten uns in Gruppen darum. Auch dabei wurde von mir als Ehrengast erwartet, den Auftakt zu machen, und ein ganz spezielles Vorgericht zu kosten, ein undefinierbares wabbeliges Zeug, das wie dunkle Kirschmarmelade aussah. »Was ist das?« erkundigte ich mich unvorsichtigerweise und erfuhr, daß es das Blut der Enten sei, die ich vorher gesehen hatte. Das Blut hatte man beim Schlachten der Tiere sorgfältig aufgefangen. Die Entenfüße waren gekocht, kleingehackt und als Würze heiß in die Schüssel mit frischem Entenblut gegeben worden. Auch jetzt gab es kein Entrinnen. Bei dem Versuch, nur mit Stäbchen Klumpen geronnenen Entenbluts zu essen, sah ich mit roten Streifen am Kinn bald aus wie Graf Dracula und versuchte daran zu denken, daß auch Gänseleberpastete roh gegessen wird.

Bambuskäfer und Lack

Wie sollte das hochseetüchtige Floß heißen, wenn es fertig wäre? Needhams Buch brachte mich auf den passenden Namen: HSU FU. Dieser chinesische Seefahrer, den der erste Kaiser Chinas ausgesandt hatte, im Pazifik nach Inseln zu suchen, unternahm zwei Fahrten. Von der zweiten Reise kehrten weder er noch seine Gefährten zurück. Frühe chinesische Geschichtsschreiber vermuteten als Grund, er müsse ein so angenehmes Land gefunden haben, daß er keinen Grund gesehen hätte, nach China zurückzukehren. Offenbar dachten sie nicht daran, daß Hsu Fu und die 3000 Menschen, die ihn begleitet hatten, ertrunken sein könnten.

Die Geschichte von Hsu Fu stammt aus einer tadellosen

Quelle und wird zusätzlich durch Indizien erhärtet. Die beiden Reisen werden im *Schi-ki* erwähnt, einem klassischen Werk der chinesischen Geschichtsschreibung, das im Jahre 91 v. Chr. von dem Eunuchen Sse-ma-Tsien, dem großen Historiker der Han-Dynastie, vollendet wurde. Sse-ma-Tsien arbeitete 19 Jahre an seinem genauen Bericht über den Aufstieg und die Herrschaft des despotischen ersten Kaisers von China. Dieser Kaiser Ts'in Schi-huang-ti ist heute am besten durch sein enormes Grab bekannt, in dem eine Armee von fast 6000 Terrakotta-Kriegern als Ehrenwache für sein Leben nach dem Tode steht. Im Jahre 219 v. Chr. aber, dem Jahr der ersten Fahrt des Hsu Fu, glaubte der Kaiser noch, es so einrichten zu können, daß er nicht sterben müsse, sondern ewig leben könne. Er war damals 40 Jahre alt und hatte seit seiner Thronbesteigung mit 13 Jahren eine ununterbrochene Kette von Erfolgen gehabt, so daß er vollkommen größenwahnsinnig geworden war. Er hatte mindestens 20 Kinder gezeugt und auf wundersame Weise ein gut geplantes Attentat überlebt; seine Armeen hatten alle Nachbarstaaten überrannt und die Grenzen seines einstmals binnenländischen Königreichs bis an die Küsten des chinesischen Meeres vorgeschoben. Dann glaubte er, nach der Unsterblichkeit greifen zu können. Bei diesem ehrgeizigen Plan ermutigten ihn die Zauberer, Wahrsager und Geisterbeschwörer, von denen es am Kaiserhof nur so wimmelte. Sie bestärkten den Kaiser in seinem Glauben, den er mit den meisten seiner Untertanen teilte, daß die Welt von Geistern bevölkert sei und von Göttern und Göttinnen besucht werde. Im chinesischen Volk war seit langem überliefert, daß es eine wunderbare Pflanze gäbe, aus der man eine Medizin zur Verlängerung des Lebens gewinnen könne. Ts'in Schihuang-ti setzte beträchtliche Kosten und Mühen daran, diese Zauberpflanze aufzuspüren, um sie sich selbst zunutze zu machen. Er schickte Forscher nach Westen und Süden, um die Wüsten und Gebirge abzusuchen, wo nach einer Volkssage Götter wohnten. Dort sollten die Abgesandten des Kaisers die Pfirsiche der Unsterblichkeit suchen, eine Götternahrung, die 3000 Jahre gereift war. Bessere Aussichten, das lebensverlängernde Elixier aufzustöbern, gab es in der entgegengesetzten Richtung, im Osten. Irgendwo auf dem weiten Meer, so wollte es die Sage wissen, lagen die drei gesegneten Inseln – Pheng-Lai, Fang-Chang und Ying-Chou –, deren Berge von goldenen Terrassen und Türmen bedeckt waren und die ein Labyrinth von Grotten und Höhlen aus Jade durchzog. Die Vögel und anderen Tiere dort waren schneeweiß, und niemand, der von den Früchten dieser Inseln aß, wurde je alt oder starb. Die gesegneten Inseln waren außerordentlich schwierig zu erreichen, weil sie entweder frei herumschwammen und ihre Position änderten, im Nebel verborgen oder auf den Rücken großer Schildkröten befestigt waren. Auf jeden Fall würden die Entdecker sich vor den feuerspeienden Wachen hüten müssen, die ihre Runden um die Inseln machten. Das *Schi-ki* berichtet, daß der Kaiser Ts'in Schi-huang-ti, der sich durch all das nicht im mindesten abschrecken ließ, Hsu Fu über das Meer schickte, auf daß er wunderbare Wesen und seltsame Dinge fände. Nach seiner Rückkehr mit leeren Händen erfand Hsu Fu Ausreden und sagte: »Mitten auf dem Ozean begegnete ich einem großen Hexenmeister, der zu mir sprach ›Bist du der Abgesandte des westlichen Kaisers?‹, was ich bejahte. ›Wozu bist du gekommen?‹ fragte er. Ich antwortete, daß ich auf der Suche nach den lebensverlängernden Arzneien sei. ›Die Opfergaben deines Königs Ts'in sind nur kümmerlich‹, sagte er, ›Du darfst die Medizin sehen, aber nicht mitnehmen.‹ Dann segelten wir nach Südosten und kamen nach Pheng-Lai, wo ich die Tore des Chih-Chheng-Palastes erblickte. Davor stand als Wache ein messinggelber Drache, der den Himmel mit seinem Glanz erhellte. Dort huldigte ich dem Meereszauberer zweimal und fragte ihn, welche Opfer wir ihm darbringen sollten. ›Bringe mir wohlerzogene Jünglinge von guter Abkunft mit ebenbürtigen Jungfrauen, dazu Arbeitsleute aller Berufe. Dann bekommst du die Arzneien.‹« Hocherfreut stellte der Kaiser Hsu Fu 3000 junge Männer und Mädchen zur Verfügung, gab ihm Saatkörner der fünf Getreidearten und alle möglichen Handwerker mit. Dann setzte Hsu Fu die Segel. Er fand eine ruhige und fruchtbare Ebene mit weiten Wäldern und fetten Marschen, wo er sich zum König einsetzte – jedenfalls kehrte er nie nach China zurück.

So wie die Kaiser vergangener Zeiten richteten sich auch die Fischer von heute nach den Ratschlägen der Wahrsager. Die Floßbauer von Sam Son befragten vor jedem größeren Vorhaben die Priester des Tempels auf dem Hügel. Der Priester studierte dann seine Bücher der chinesischen Astrologie und wählte einen glücklichen Tag oder »Goldtag«, an dem die Arbeit in Angriff genommen werden konnte. Für den Bau des großen Floßes war das der Tag, an dem die Fischer von Sam Son ihres gemeinsamen Vorfahren gedachten, eines namenlosen Seefahrers ferner Zeiten, der, wie sie behaupteten, ihr Dorf gegründet hatte und dann auf dem Meer verschwunden war. Zufällig fiel der erwählte Tag auf Weihnachten. Obwohl der 25. Dezember scheußliches Wetter brachte und Regenböen kalt und grau über den flachen ungeschützten Strand fegten, erschienen die Fischer von Sam Son, um wenigstens symbolisch mit der Arbeit zu beginnen. Sie trugen nur dünne Baumwolljacken, hatten Schals über den Kopf gezogen, und gegen den Regen hatte sich jeder nur ein Stück Plastikfolie mit Bindfaden umgebunden. Zitternd arbeiteten sie ungefähr eine Stunde, um mit dem Projekt am ausgewählten »Goldtag« anzufangen, dann trotteten sie nach Hause. Ich machte mir keine Sorgen um die Verzögerung, denn inzwischen hatte ich völliges Vertrauen zu den Männern, mit denen ich arbeitete. Ob es nun die Waldarbeiter im Bambusdschungel waren oder die Fischer von Sam Son, alle Vietnamesen, mit denen ich zusammenarbeitete, hielten Wort, wenn sie versprochen hatten, etwas an einem bestimmten Tag zu erledigen. 350 Riesenbambusstäbe – mehr als genug – waren schon aus dem Dschungel herbeigeschafft worden, wie es der zähe Hauptmann versprochen hatte. Der Bambus prangte – noch mit seiner Haut – als grün glänzender Stapel am Strand. Die Stäbe waren so groß und von so guter Qualität, daß die Floßbauer anerkennend darauf klopften und sich gegenseitig die größten Stäbe zeigten, die über 9 m lang und bis zu 15 cm dick waren. Als die Lieferung von Krummholz für die Querriegel stockte, fuhr der Hauptmann selbst auf dem Lastwagen mit, der das Holz aus den Bergen heranbrachte, und bedrohte einen unglücklichen Beamten mit der Pistole, um die Fuhre durchzubekommen.

Heiligabend stellte ich den Leuten am Strand von Sam Son ein neues Gesicht vor. Nick Burningham war der »Ingenieur«, nach dem die Floßbauer verlangt hatten. Sie hatten die Verantwortung für den Bau eines Floßes, das so viel größer war als ihre üblichen Fahrzeuge, nicht allein tragen wollen und mich gebeten, einen Experten zu suchen, der sie anleiten sollte. Nick war der ideale Mann dafür. Er war mir von einem Schiffsarchäologen empfohlen worden, der an der arabischen Expedition, der Sindbadreise, teilgenommen hatte und jetzt in Australien lebte. Dort hatte er Nick, einen Experten für die Erhaltung urtümlicher Boote, kennengelernt. Nick hatte in den australischen Nordterritorien als Museumskurator gearbeitet. In Ostindonesien hatte er traditionelle Segelboote gebaut und war damit nach Australien gesegelt. Nick wußte sehr viel über traditionellen Bootsbau. Nicht zuletzt sah er für mich und wohl auch in den Augen der Floßbauer von Sam Son wie das Urbild des befahrenen Seemanns aus. Er war Ende 40, groß und hager, hatte rötliche Haut und strahlend blaue Augen. Er trug meist eine abgewetzte Schiffermütze auf dem Hinterkopf, und sein grauer Kräuselbart machte ihn älter, als er wirklich war. Wie er so am Strand von Sam Son umherging, Holz und Bambus abmaß und anriß und seine Anweisungen mit schwungvollen Gesten verdeutlichte, schien er geradewegs einem Roman von Joseph Conrad entstiegen zu sein. Er hatte auch sehr viel Sinn für Literatur, einen hintergründigen Humor und konnte es mit dem einheimischen Reisschnaps ebenso gut aufnehmen wie die Fischer.

Nick kam gerade zur rechten Zeit nach Sam Son. Heiligabend luden einige Fischer ihn und mich zu einem abendlichen Umtrunk ein. Sie boten uns ein teefarbenes Getränk an, nach dem Etikett auf der Flasche war es in Taiwan hergestellter Whisky. Dann beichteten sie uns aber, daß sie die halbvolle Flasche mit einheimischem Sprit aufgefüllt hatten. Das Ergebnis war ein teuflisches Gesöff, das entsetzlich roch. Nach einer Stunde zog ich mich zurück, mir war furchtbar übel. Nick dagegen hielt durch und verließ das Gelage später auf einem geliehenen klapprigen Fahrrad mit einem betrunkenen Fischer auf dem Gepäckträger. Nick schaffte die kurze Fahrt bis zu unserem Quartier, aber der Fischer fiel herunter und landete mit dem Gesicht nach unten in einer Pfütze, wo er mit seinem Rausch fast ertrunken wäre. Nicks Ruf war gefestigt. Als der nächste Morgen mit fürchterlichem Wetter graute, berichtete Nick, daß die hartgesottensten Männer unserer Arbeitsgruppe Bier und Reiswein zum Frühstück tranken und ihn zum Mitmachen aufforderten.

Auch diesmal mußten wir als erstes den Riesenbambus abschälen. Macheten wurden als Zugmesser benutzt, um die glänzende Außenschicht abzuziehen und die vorstehenden Ränder der Knoten abzuschaben, damit sich die Rohre dichter zusammenbinden ließen. Jetzt arbeiteten fast 40 Mann mit, alles Fischer. Zwar gehörten auch die Methusalems dazu, die das Probefloß gebaut hatten, aber eine Reihe jüngerer, kräftigerer Männer war hinzugekommen. Als ich fragte, was aus dem Testfloß geworden wäre, das ich nach den Probefahrten in dem Naturhafen der Grenzwache zurückgelassen hatte, zeigte man mir den Zaun, der unseren Bauplatz umschloß. Er bestand aus verflochtenen Bambuslatten. Man hatte das kleine Floß zerlegt und auseinandergehackt, um daraus den Zaun zu machen. In Sam Son kam wirklich nichts um. Selbst die abgeschälte Bambusrinde wurde zum Feueranmachen gehortet und lockte die Lausebengel an, die um den Bauplatz herumschlichen und durch den Zaun lugten. Jedesmal wenn der mürrische Alte, den Herr Khiem zum Platzwächter gemacht hatte, in die andere Richtung blickte, schoben die Kinder lange, selbstgemachte Harken durch den Zaun, zogen damit die Späne heraus und machten sich mit einem Arm voll aus dem Staub, sobald der Wächter sie gesehen hatte und die Verfolgung aufnahm. Schließlich fanden wir eine bessere Lösung: Wir stellten den frechsten und schnellsten Bengel gegen Tagelohn dazu an, seine einstigen Komplizen zu verscheuchen.

Die Gefahr, daß Insekten ihre Eier auf den frisch geschlagenen Bambus legen könnten, beunruhigte die Floßbauer, obwohl die Stangen im Herbst gefällt waren und daher nur sehr wenig Saft enthielten. Zum Schutz überzogen die Fischer deshalb alle Stäbe, sobald sie entrindet waren, mit einem natürlichen Abwehrmittel. Sie stellten es her, indem sie die leuchtend grünen Blätter des japanischen Flieders in eine Grube warfen und zu einem groben Brei zerstampften, den sie dann mit Seewasser und Kalk zu einer abscheulich aussehenden gelbgrünen Flüssigkeit verrührten. Die Mixtur wurde dann auf alle 350 Stangen gestrichen und schien zu wirken. Jetzt kam etwas Entscheidendes: Die Stangen mußten die nötige Biegung erhalten. Die 9-m-Stäbe waren für das 18-m-Floß nicht lang genug, so daß sie gestoßen (zusammengestückt) werden mußten. Damit die Stöße nicht alle in der gleichen Ebene lagen, hatte Nick unterschiedliche Krümmungen vorgesehen. Die Fischer gaben den Stangen mit Fackeln aus brennenden Fahrradreifen die richtige Biegung. Als die erste Partie Bambus gebogen wurde, klappte irgend etwas nicht. Eine Stange nach der anderen brach oder knickte ein und mußte weggeworfen werden. Zuerst meinten die Fischer, es läge daran, daß der Bambus noch zu grün sei und ließen ihn noch weitere zwei Tage trocknen. Danach ging es schon besser, aber die Floßbauer waren noch immer nicht zufrieden. Sie konnten die Stäbe nicht genau genug biegen. Sie besprachen das Problem untereinander und kamen zu dem Schluß, daß der Seewind, der jeden Tag gegen Mittag aufkam, schuld sei. Der Wind erschwerte es, die Flammen der brennenden Reifen genau auf die richtige Stelle zu richten. Die Männer schickten Truc zu mir, um die Schwierigkeit zu erklären. »Sie sagen, daß sie den Bambus unter solchen Bedingungen nicht richtig biegen können«, erklärte Truc. »Der Wind läßt die Flammen zu sehr hin und her flackern.« Der Mut verließ mich. Waren das nur Ausflüchte, um aufzugeben, bevor die Arbeit noch richtig begonnen hatte? Aber Truc hatte noch mehr zu berichten. »Sie fragen, ob du ihnen eine andere Arbeitszeit erlauben würdest. Der Wind kommt immer erst am späten Vormittag auf, und sie schlagen vor, mit der Arbeit früher anzufangen, um ihr Tagessoll zu erfüllen, solange es noch windstill ist.«

»Wieviel früher?« fragte ich.

»Sie möchten um 4.00 Uhr morgens anfangen und versprechen dir, termingerecht fertig zu werden.« Noch nie zuvor hatte ich von Arbeitern gehört, die sich danach drängen, vor Sonnenaufgang die Arbeit aufzunehmen. Am nächsten Tag ging ich vor Morgengrauen zum Strand und sah eine Szene wie aus der Hölle: Innerhalb der Umzäunung waren 30 Mann jeweils paarweise eifrig bei der Arbeit. Einer von zweien hielt im Knien die brennende Reifenfackel unter den Bambusstab, während der zweite das Ende des Stabes herunterzog, um ihn zu krümmen. Die lodernden Flammen, die rußgeschwärzten Hände und angespannten Gesichter, der Widerschein des Feuers in den Augen der Arbeiter und die dicken Rauchwolken, die im Mondschein zum Nachthimmel stiegen, ergaben ein eindrucksvolles Bild.

An dem nächsten Schritt wäre beinahe das ganze Vorhaben gescheitert. Ich hatte die Warnungen, daß der Schiffsbohrwurm den Bambus anfressen würde, sehr ernst genommen. Der Teredo oder Bohrwurm kann die Rümpfe von Holzschiffen im Seewasser zerstören. Ähnlich wie die Larven des Bambusschädlings dringen die schwimmenden Larven des Bohrwurms durch ein winziges Loch ins Holz ein und fressen sich dann in Längsrichtung durch die Planke. Dabei höhlen ihre langen Fraßgänge das Holz aus, bis es zerbricht. Ich hatte das traurige Schicksal der nachgebauten chinesischen Dschunke TAI KI in unangenehmer Erinnerung. Dieses Schiff war 20 Jahre zuvor in Hongkong gebaut worden und dann in See gestochen, um auf der gleichen Route, die ich plante, nach Amerika zu segeln. Die TAI KI war mitten auf dem Ozean buchstäblich von Teredos zerkaut worden. Niemand weiß, ob der zerstörerische Bohrwurm schon im Hafen von Hongkong in die Planken eingedrungen war oder erst auf See. So oder so wurde dadurch aber einer der kühnsten und anstrengendsten Versuche zunichte gemacht, den Pazifik auf einem historischen Schiff zu überqueren. Die Besatzung der TAI KI hatte Tag und Nacht geschuftet, um die Larven herauszuziehen und die Löcher zu verpfropfen.

Als nach 16 Wochen aber schon ganze Plankenstücke herausgefallen waren und das Seewasser in den Laderaum der Dschunke strömte, mußten sie sich geschlagen geben. Die Besatzung fügte sich in das Unvermeidliche und gab das Schiff mitten im Pazifik nach halber Strecke auf. Die tapfere Unternehmung war an kleinen Tieren gescheitert, die so ähnlich aussehen wie Maden in einem faulen Apfel.

Deshalb versuchte ich herauszubekommen, ob es einen überlieferten Schutz gegen Bohrwurmbefall gab. In Sam Son konnte mir darüber niemand etwas sagen. Die Flöße dort wurden täglich aus dem Wasser genommen, so daß sie kaum von Teredos befallen werden konnten. Ich fand aber einige Hinweise darauf, daß die Chinesen ein Öl benutzten, das aus der Frucht eines Baums gepreßte Tungöl, das als Konservierungsmittel und als natürliches Antifouling (bewuchsverhindernde Schiffsbodenfarbe) galt. Aber ich war skeptisch. Die unglückliche Crew der TAI KI hatte sich vergeblich auf mehrere Schichten Tungöl verlassen. Dann fand Nick in einem kleinen Buchladen an einer Nebenstraße Hanois den Nachdruck eines Buchs aus der französischen Kolonialzeit, in dem traditionelles vietnamesisches Handwerk beschrieben wurde. Darin war pflanzlicher Lack als Schutzanstrich für Bootsrümpfe erwähnt. Lack war eines der vielseitigsten und bekanntesten Erzeugnisse des alten China, daher überlegte ich, ob er auch den Bohrwurm abhalten würde. Zufällig brachte Truc mich auf eine Spur. Er erzählte mir, daß in Vietnam und Südchina noch immer Lack gewonnen werde. Der Saft des Lackbaums sickert heraus, wenn man den Baum anschneidet, und wird ähnlich wie Kautschuk gesammelt. Truc erinnerte sich an seine Militärzeit. Als seine Einheit einigen Lackbäumen zu nahe gekommen war, litten die Kameraden seines Zuges und er an Juckreiz und Schwellungen. Mir wurde klar, daß Lackharz ein natürliches Gift sein müsse, das dem Baum zur Abwehr von Insekten dient. Wenn das so wäre, könnte Lack vielleicht auch den Schiffsbohrwurm fernhalten.

Ich beschloß deshalb, alle Bambusstangen vor dem Zusammenzurren mit rohem Lack anpinseln zu lassen. In dem Handbuch des Franzosen fand sich eine kleine Skizze, die den Querschnitt eines Sammelkorbs voller Lacksaft zeigte. Der klare Lack oben im Korb wurde in der Kunst und für feine Lackartikel benutzt. Zum Anstrich von Bootsrümpfen diente der zähflüssige Lack, der sich unten im Korb absetzte. Mit Trucs Hilfe konnte ich die 150 Kilo Lack, die wir brauchten, beschaffen und nach Sam Son holen. Die Flüssigkeit wurde in sorgfältig zugebundenen Plastikbeuteln geliefert. Ich machte mir keine Gedanken, als wir den ersten Beutel öffneten, eine Tasse voll Lack, der aussah wie dickes Maschinenöl, abfüllten und ein Stück Bambus zur Probe damit einstrichen. Truc stand in der Nähe und erklärte, daß er lieber nicht dichter herankommen wolle, denn als er das letzte Mal frischen Lack berührt hätte, sei sein Arm so angeschwollen, daß der Arzt ihm eine Spritze gegen die Allergie geben mußte. Ich spürte nur ein leichtes Jucken. Dennoch bat ich Truc, die Floßbauer zur Vorsicht zu mahnen.

Am nächsten Tag begannen die Leute damit, den Bambus

einzustreichen, was dramatische Folgen hatte. Fünf oder sechs Fischer schwollen in wenigen Stunden an wie Ballons und mußten Injektionen bekommen. Die anderen zeigten während der nächsten Tage nacheinander dieselben Symptome und klagten über Juckreiz im Gesicht sowie Hautausschläge, die meisten von ihnen arbeiteten aber dennoch weiter. Nur zwei von 40 Männern zeigten gar keine allergischen Reaktionen. Sie übernahmen schließlich den gesamten Anstrich, wobei sie Gesichtsmasken und Handschuhe trugen. Selbst Nick, der sich vom Lack fernhielt, so gut er konnte, bekam einen heftigen Hautausschlag und wunde Stellen und klagte über Benommenheit. Das Ganze war mir ein Rätsel, denn ich hatte nirgendwo etwas von einer Lackallergie gelesen und fragte mich schon, ob ich irgend etwas Wichtiges übersehen hätte. Nina erklärte mir aber, daß das nicht der Fall sei. Als Kunststudentin in Japan hatte sie auch an einem Kurs über Lackarbeit teilgenommen. Die Teilnehmer dieser Lehrveranstaltung wurden ausgelacht, weil ihre Gesichter anschwollen und weil sie mit Kopfverbänden herumlaufen mußten. Das war ganz normal, und der Professor hatte gesagt, daß es kein Mittel dagegen gäbe, aber auch keine Dauerfolgen zu befürchten seien. Einige Menschen würden nach längerem Kontakt mit Lack immun gegen die Krankheit, das Beste sei aber, bei der Arbeit Gesichtsmasken, Schürzen und lange Handschuhe zu tragen, um die Flüssigkeit nicht direkt an die Haut zu lassen. Das erklärte aber noch nicht, warum die Symptome bei unseren Arbeitern so heftig waren. Später bekam Truc heraus, daß die Fischer versucht hatten, sich durch Zauberei zu schützen. Morgens bei Arbeitsbeginn hatte jeder den Finger in einen Lacktopf gesteckt und daran mit den Worten geleckt: »Lack, ich fürchte dich nicht. Du kannst mir nichts anhaben.« Das Ergebnis war natürlich katastrophal. Wie Nina sagte, mußte man mit allen Mitteln vermeiden, Lack direkt zu berühren. Ich hoffte nur, daß es jedem hungrigen Bohrwurm, der an dem Lack knabberte, ähnlich ergehen würde.

Glücklicherweise führte der getrocknete und ausgehärtete Lack nicht mehr zu Allergien. Er gab dem Riesenbambus einen hübschen honigbraunen Glanz. Und wieder errichteten wir eine Bauhelling. Diesmal war sie aber viel länger und breiter als die des Probefloßes. Statt drei einzelne Bambuslagen nachträglich zu verbinden, bauten wir das Floß jetzt von der Mitte nach außen und verzurrten die Stäbe mit Rattan statt mit Bambusrinde. Die Floßbauer freuten sich, Rattan verwenden zu können, die Dschungelranke, die oft auch im Möbelbau benutzt wird. Früher hatten sie beim Floßbau Rattan verarbeitet, aber es war immer schwieriger zu bekommen und teurer geworden als die einheimische Bambusrinde. Jetzt besorgte Truc bündelweise Rattan von der Küste nördlich Hanois, wo die Seeleute noch immer Tauwerk daraus machten. Das bleistiftdicke Rattan wurde der Länge nach gespalten und die Bambusstangen damit wie mit steifem Bindfaden zusammengeschnürt. Zum Schluß versahen die »eisernen Männer«, die beiden einzigen, die nicht unter der Lackallergie litten, die Rattanlaschungen mit einem Lack-Schutzanstrich.

Der Bau ging erstaunlich schnell voran. Anfang Februar sah das Floß aus wie das Gerippe eines riesigen Herings mit einem Rückgrat aus Bambus und den seitlich herausstehenden Querbalken als Gräten. Schon drei Wochen später war der Rumpf des Floßes fertig. Darin steckten 46 Kilometer Rattan mit 3000 Knoten. Aber trotz der vielen Zurrungen war das Floß sehr flexibel. Wenn man hinaufkletterte und auf und ab sprang, bebte und federte das ganze 18 m lange und wohl vier Tonnen schwere Gebilde wie eine gewaltige Angelrute aus Bambus. Genau das hatte der Konstrukteur Colin Mudie beabsichtigt: Nur durch elastische Nachgiebigkeit würde das Floß die Gewalt der Seen aushalten können. Ich hoffte, daß die 3000 Rattanlaschungen nicht durch dieses Biegen und Verwinden des Rumpfes brechen würden. Kopfschmerzen machte uns die Unterbringung der Besatzung. Der Aufenthalt auf dem Floß würde sicherlich sehr naß sein. Wasser würde überall herkommen, Regen von oben, Gischt von der Seite, Wellenkämme würden über den ganzen Rumpf laufen und mit größeren Seen würde grünes Wasser zwischen den Bambusstäben durchschlagen. Wenn Seeleute im Altertum Ozeane auf großen Bambussegelflößen überquert hatten, wie waren sie dann damit fertig geworden? Niemand könnte längere Zeit auf einer Plattform überlebt haben, auf der man bei jeder größeren Welle bis zu den Knöcheln oder sogar knietief im Wasser steht. Unter solchen Bedingungen würde jede Besatzung bald an Unterkühlung sterben. Ich hatte gelesen, wie die Fahrgäste auf den kleinen Bambusflößen trocken blieben, die in Taiwan früher als Flußfähren benutzt wurden: Die Passagiere saßen in einem hölzernen Waschzuber, der an Deck verzurrt war, während die Mannschaft außerhalb des Zubers mit nackten Beinen arbeitete. Warum sollte das nicht in größerem Maßstab mit leichten Zubern aus geteertem Bambusgeflecht funktionieren?

Jeden Tag sah ich in Sam Son Fischer mit ihren kleinen Korbbooten hinauspaddeln. Die schüsselförmigen Rundboote sahen aus wie eine halbe Walnußschale, sie hüpften und tänzelten wie verrückt auf den Wellenkämmen. Das brachte mich auf den Gedanken, daß wir so etwas Ähnliches als Aufbauten für das Floß nehmen könnten. Wenn wir zwei oder drei geteerte und dadurch wasserdichte Bambuskörbe auf das Floß setzten, hätten wir eine Zuflucht für die Mannschaft. Schließlich erzählt auch eine Geschichte von Sindbad dem Seefahrer, daß er nach einem Schiffbruch einen hölzernen Waschzuber als Rettungsboot benutzt hätte. Mit geteerten Körben anstelle von Waschzubern würde ich ihm das vielleicht sogar nachmachen können, obwohl der Gedanke daran unangenehm an Seefahrt mit einem Sieb erinnerte.

So flochten die Arbeiter also drei flache Körbe, bestrichen sie mit klebrigem schwarzen Teer und laschten sie auf dem Floß fest. Zwei Körbe waren als Unterbau für die Kajüten vorgesehen, während der dritte Korb als primitives Cockpit dienen sollte, in dem die Crew das Fahrzeug steuern und bedienen würde.

Meine erste Idee für die Kajüten selbst war ein grandioser Fehlschlag. Ich bat die Arbeiter, die Aufbauten aus dem gleichen geteerten Flechtwerk zu machen. Dieser Plan mußte aber fallengelassen werden, als sich herausstellte, daß die »Deckshäuser« ihre Form nicht hielten und traurig zusammensackten, bis sie mehr wie teertriefende halb aufgepumpte Fußballblasen aussahen. Der Stapellauftag rückte jetzt immer näher, und die Zeit wurde knapp. Die schnellste und einfachste Lösung war, in den Deckskörben ein paar niedrige palmblattgedeckte Hütten zu bauen. Einige Leute radelten zum ortsansässigen Bambushändler. Als sie zurückgestrampelt kamen, balancierten sie Bambusstäbe auf den Schultern, aus denen das Fachwerk der Hütten werden sollte. Ein paar alte Männer brachten Bündel getrockneter Palmblätter. Sie weichten die Blätter in Seewasser ein, falteten sie dann zusammen und banden sie auf leichte Rahmen aus gespaltenem Bambus. Das wurden die Wand- und Dachflächen. Darauf kam noch eine Deckschicht aus Bambusgeflecht. Die ganze hastige Arbeit dauerte nicht länger als zwei Tage. Danach standen zwei ziemlich geduckte Palmhütten in ihren Korbsockeln. Sie sahen aus, als hätte man sie geradewegs aus dem tiefsten Dschungel dorthin verpflanzt. Aus unerfindlichen Gründen war der First der einen Hütte nach oben gekrümmt wie der Rücken eines gewöhnlichen Schweins, während der andere durchhing wie der Rücken eines vietnamesischen Hängebauchschweins. Bei diesem entschieden unseemännischen Anblick machte ich mir so meine Gedanken, wie diese Laubhütten wohl der See widerstehen würden, und ob ihre Befestigung am Mutterschiff halten würde. Wenn nicht, würden die beiden Hütten auf ihren schwarzen Unterteilen aus Korbgeflecht wegschwimmen und dabei ganz so aussehen wie eine doppelte Arche Noah.

Wir mühten uns ab, einen bestimmten Stapellauftermin einzuhalten, denn der Tempelpriester hatte selbstverständlich schon einen besonders verheißungsvollen Tag ausgewählt, an dem das Floß den Strand heruntergezogen und zu Wasser gebracht werden sollte. Der festgesetzte Tag war der 16. März. Auf dieses Datum fiel in jenem Jahr der Gedenktag für den örtlichen Gott Doc Cuoc, was »Einfuß« bedeutet. Wie man sagte, war diese Gottheit vom Himmel herabgestiegen, um das Dorf gegen einen feindlichen Angriff zu verteidigen. Die Angreifer waren gleichzeitig von der Landseite und von See her gekommen. Deshalb hatte Doc Cuoc sein Schwert genommen und sich selbst von oben nach unten in zwei Teile gespalten. Eine Hälfte hatte auf See gekämpft, die andere an Land. Im innersten Raum des Tempels lag, durch vergoldete Götterbilder, Buddhastatuen und Bündel von Räucherstäbchen fast verdeckt, der Felsen, auf dem Doc Cuoc gelandet war. Darauf sah man den Abdruck eines einzelnen Fußes.

Der Stapellauf des Floßes sollte ein bedeutendes Fest für den ganzen Ort werden. Mit dem festgelegten Datum hatte der Priester diesmal eine bessere Wahl getroffen als mit dem erbärmlich kalten Tag, an dem die Arbeit 12 Wochen vorher begonnen hatte. Der 16. März zog hell und sonnig herauf, es war der erste wirklich schöne Tag des Jahres. Beim ersten Tageslicht traf ich an der Fischerhütte ein, wo sich ungefähr 30 Frauen aus dem Dorf für das Fest zurechtmachten und vor dem Spiegel ihre Kostüme und Frisuren ordneten. Sie trugen weite vietnamesische Seidenhosen und lockere Kasacks aus gelbem und karmesinrotem Brokat. Die Frauen sollten die Opfergaben zum Tempel tragen, Tabletts mit Obst und klebrigem Reis, Blumengebinde und als Krönung das flach ausgelegte Gesicht eines sehr großen Mastschweins, das die Arbeiter bei einem Festessen am Vorabend verspeist hatten. Man hatte das Schweinegesicht gekocht, abgeschrubbt, vom Kopf abgezogen und aufgeschnitten. Jetzt lag es rosig glänzend mit feuchter Schnauze auf einem Haufen Reis, von einem Ohr zum anderen muß es fast 90 cm gemessen haben. Als die Morgenröte dem strahlenden Blau eines wunderbaren Tages gewichen war, war es Zeit für den Gang zum etwa 800 m entfernten Tempel. Von der Pauke, die die Prozession anführte, dröhnten zwei Ankündigungsschläge, und die Frauen stellten sich in Zweierreihen auf, jede von ihnen balancierte ein Tablett mit Essen oder einen Blumenkorb auf dem Kopf. Ich bemerkte, daß die jüngeren Frauen Lippenstift benutzt hatten, aber die Lippen der älteren zeigten ein sehr viel kräftigeres Rot. Es kam von den Betelnüssen, die sie gekaut hatten. Hinter der Pauke ging eine Gruppe von vier Musikern mit weiten, schwarzen Kittelblusen und schwarzen, randlosen Hüten. Sie spielten im Gehen klassische vietnamesische Instrumente, eine kleine Trommel, eine kurze Flöte mit lieblichem Klang und eine tremolierende zweisaitige Geige. Das vierte Instrument war ein Holzstück, ausgehöhlt wie eine große Muschel, das der Spieler mit zwei Stöcken schlug, wodurch ein Ton wie mit Kastagnetten erzeugt wurde. Offiziell war ich es, als Eigner und Kapitän des neuen Fahrzeugs, der dem Gott Doc Cuoc die Opfer brachte. Daher mußte auch ich mich in den Zug einreihen. Ebenso wie die Musikanten trug ich einen kleinen, schwarzen, randlosen Hut.

Unsere Prozession zog oberhalb des Strandes entlang und an dem Floß vorbei, das seinen Stapellauf erwartete. Der Bambuszaun war zur Vorbereitung schon abgerissen worden, und das Floß sah seltsam nackt und verwundbar aus, so als wäre es gerade aus dem Ei geschlüpft. Der große Stapel Riesenbambus, der auf dem Strand gelegen hatte, war verschwunden, es war alles im Floß verbaut. Die letzten beiden übriggebliebenen Stangen steckten jetzt als Flaggenmasten mit der vietnamesischen und der irischen Flagge nebeneinander im Sand. Ich war ein wenig traurig bei dem Gedanken, daß ich diesen Ort bald verlassen würde, der mir während der vergangenen 18 Monate so viel bedeutet hatte. Der Zug kam an der kleinen Strandhütte vorbei, wo die Frau eines Fischers Tee in Gläsern, Obst und Zigaretten verkaufte und auch Feuerwerk in purpurrotem Papier für die Tempelpilger.

Hier hatten die Floßbauer während der Mittagspause immer Karten gespielt, hier hatten sie während der Arbeit ihre Fahrräder abgestellt. Neben der Hütte stand ein Gestell, an dem sonst die Fotos ausgestellt waren, die der Strandfotograf mit seiner uralten Kamera von den Touristen gemacht und zu Hause am Waschbecken entwickelt hatte. Jetzt hingen an dem Gestell Gruppenbilder der Floßbauer, die am letzten Tag der Bauzeit für ein Erinnerungsfoto posiert hatten. Sie trugen alle braune Baumwollkittel. Dahinter steckte ein Versprechen, das ich ihnen am ersten Tag des Floßbaus gegeben hatte. Bambus, Teer und – wie sich ergab – auch Lack würden ihre Kleidung ruinieren. Ich hatte mein Wort gegeben, daß jeder nach Abschluß der Arbeit eine neue Arbeitsbluse und eine neue Hose bekommen würde.

Die Prozession erreichte den Fuß der langen Treppe, die zum Tempel hinaufführte. Die Frauen rückten die Tabletts und anderen Lasten zurecht, die sie auf dem Kopf trugen, um sie besser balancieren zu können, und begannen bei klingendem Spiel den Aufstieg. Die Pauke war vorangetragen worden und stand wohl schon an ihrem gewohnten Platz im Tempel, denn ich konnte ihr tiefes »Bumm, Bumm, Bumm« hören. Das Geräusch war ohrenbetäubend, als wir den kleinen Hof erreichten und uns bückten, um den Hauptraum des Tempels zu betreten. Er war vielleicht 9 mal 12 m groß und lag im Halbdunkel, weil der Menschenandrang so groß war, daß kaum Licht durch die Türen kam. Es gab keine Fenster. Über uns waren die schweren rußgeschwärzten Balken, auf denen das Ziegeldach ruhte, vor uns der lange Altar, auf den die Frauen die Tabletts mit Opfergaben stellten, bis zwischen den Tabletts und den schon vorhandenen Gaben – Vasen, Bonbontüten, kleinen Statuen und sandgefüllten Gläsern mit hineingesteckten Räucherstäbchen – kaum mehr eine Fingerbreite Platz war. Beiderseits des Altars standen 1,80 m hohe Holzskulpturen von Reihern, den Göttervögeln, die auf den Rücken von Schildkröten, den Symbolen der Langlebigkeit und Weisheit, standen. Daneben sah man die Abbilder zweier grimmig dreinblickender Schutzgeister, schwarz lackiert mit roter Zunge und weißen Augen in den wütenden Grimassen, beide mit einem Schwert bewaffnet.

Eine sehr betagte Dame mit leuchtend roten Betellippen begann das Ritual, indem sie mit bebender Stimme eine lange Ankündigung vorlas. »Das ist der Bericht für die Götter«, flüsterte Truc mir ins Ohr. Zur Feier des Tages trug er ganz ungewohnt einen gut geschnittenen Anzug, in dem er aussah wie ein dicklicher, junger, erfolgreicher Börsenmakler. Ein plötzlicher gewaltig durchdringender Schlag mit einem Messinggong schreckte mich auf, es folgte ein Paukenschlag. Immer wieder wechselten sich der Gong und die Pauke ab, bis der Priester an der Reihe war, eine lange Litanei von Beschwörungsformeln vorzulesen. Er las sie aus einer Kladde ab, in der keine lateinische Schrift stand, wie die Vietnamesen sie normalerweise benutzten, sondern chinesische Schriftzeichen, denn Chinesisch war die Sprache des Tempels. Jedesmal, wenn die hohe, bebende Stimme aufhörte, wurde die Pause von einem plötzlichen Wirbel der Stöcke auf der hölzernen Kastagnette, durch ein paar muntere Flötentöne oder einen grollenden Schlag auf die riesige Hängepauke ausgefüllt. Der Qualm der Räucherstäbe ließ meine Augen tränen. Ich konnte jetzt erkennen, daß die meisten Blumengebinde oben Rosen und unten Chrysanthemen hatten und daß dazwischen auf dünnen Holzspießen Zigaretten steckten. Die Götter rauchten anscheinend gern.

Die Anführerin der Frauenprozession näherte sich jetzt mit tänzelnden Schritten dem Altar, fiel auf die Knie und breitete demütig ihre Arme aus. Sie nahm einen kleinen Zweig mit grünen Blättern irgendeines Krautes, rieb die Blätter aneinander und legte sie dann auf eine Untertasse auf dem Altar. Sie trat in die Reihen der Frauen zurück, die jetzt alle nacheinander in gemessenen, feierlichen Riten ihre Opfer darbrachten – Bündel von purpurfarbigen Räucherstäbchen oder blauweiße Porzellanfläschchen mit Reiswein. Jedes Stück wurde feierlich in den Raum an der Rückseite des Tempels getragen und nahe Doc Cuocs Fußabdruck niedergelegt. Schließlich war es soweit, daß der Priester für das Floß, seine Besatzung und seinen Kapitän eine sichere Reise erbat. Er las von gelben Papieren ab, die auf einem transportablen Rednerpult lagen. In dem Strom chinesischer Worte konnte ich nur meinen Namen verstehen.

»Er liest den Göttern deinen Lebenslauf vor«, flüsterte Truc.

Die gelben Bögen trugen ein schönes, dickes rotes Siegel. Nachdem der Priester sie verlesen hatte, stieß die älteste der Damen einen hohen, klagenden Schrei aus, dann wurden die Blätter in einem Kohlebecken verbrannt, der Rauch sollte die Botschaft zu den Göttern emportragen. Ich war hinausgegangen, um dem erstickenden Qualm und der Hitze im Tempel zu entkommen und etwas frische Luft zu schnappen. Ich stand auf dem Balkon und blickte über die Wipfel der Papayabäume, die das Tempelgelände umstanden, auf den Strand hinab, wo Libellen in der Hitze des ersten Schönwettertages schwebten. Ganz unten lag das Floß wartend zwischen Reihen bunter Flaggen, und dahinter erstreckte sich der lange Strand von Sam Son mit seinen billigen Hotels, den kieloben liegenden Korbbooten, die wie schwarze Kleckse aussahen, und einigen Fischerfrauen, die bei Niedrigwasser Seegras sammelten. Ich wünschte mir, daß auf der Reise alles gutginge. Immerhin war Doc Cuoc ein Halbgott des Meeres, und wir konnten jede Hilfe für das Vorhaben gebrauchen.

Alle gingen die Treppe hinunter zum Strand, wo die 40 Floßbauer erwartungsvoll neben dem Fahrzeug standen, bereit, es ins Wasser zu schieben. Niemand von ihnen hatte schon einmal so ein großes Floß vom Strand aus zu Wasser gebracht, und Nick hatte Walzen angefordert, auf denen das Floß über den weichen Sand rollen sollte. Sam Son war aber eine so arme Gemeinde, daß sich nur ein paar rostige Wasserrohre fanden. Der Stellvertreter des Herrn Khiem kletterte auf das Dach der Hauptkajüte, wo jetzt die Tempelpauke aufgestellt war. Auf seinen Zuruf hin stellten die Arbeiter sich mit den Schultern an das Floß. Nach einem Wirbel und drei lauten Einzelschlägen wurde angepackt. Aber das Floß rührte sich nicht vom Fleck. Beim nächsten Versuch rückte es mit den Paukenschlägen gut einen Meter vor. Nochmal zugepackt, und wieder rutschte es ein Stück. Nick und ich hatten vom Bug des Floßes aus Zugleinen ausgelegt und Schaulustige überredet, mit anzufassen. Eine riesige Menschenmenge sah zu. Auch die Frauen, die an der Prozession teilgenommen hatten, waren dabei, um das Spektakel mitzuerleben. Langsam, Stück für Stück, kam das Floß voran, und der Tag wurde immer heißer. Die neuen braunen Arbeitsanzüge der Leute waren schweißgetränkt, und die Männer verloren langsam die Lust. Dann fiel das Floß von den Rollen und mußte mit großen Wagenhebern angehoben und wieder darauf gesetzt werden. Die Arbeiter waren ausgepumpt, und ich spürte, wie ihre Begeisterung schwand. Sie begannen zu nörgeln, und anscheinend machte jetzt nur noch die Hälfte der Leute mit, die übrigen blickten mürrisch und ließen sich hängen. Der sonst so gutmütige Truc brüllte Nina, die auf dem Floß saß und die Szene skizzierte, wütend an.

Gleich darauf kam Truc zu mir. »Es ist Nina«, keuchte er. »Die Arbeiter sagen, daß das Floß mit einer Frau an Bord nicht zu Wasser kommen wird. Sie glauben, daß es Unglück bringt. Nina muß herunter, aber sie will nicht. Bitte befiehl es ihr!« bat Truc eindringlich.

Alle waren jetzt ziemlich gereizt. Ich ging zu Nina und bat sie, herunterzukommen. Sie war sehr ärgerlich. »Aber du hast es mir erlaubt. Ich werde nur dann vom Floß hinuntersteigen, wenn du es mir als Kapitän befiehlst!« rief sie zornig.

»Tut mir leid, vielleicht ist es Aberglaube, aber die Männer weigern sich zu arbeiten, solange du auf dem Floß bist. Du mußt herunterkommen.«

Nina blickte finster, dann kletterte sie herab und stürmte davon. Die Männer sammelten sich, um es jetzt erneut zu versuchen. Die Wasserrohre lagen verbogen, zerbeult und durcheinander unter dem Floß. Wir brauchten es aber nur noch soweit zu schieben, bis es unterhalb der Hochwasserlinie stand, wo es mit der Flut aufschwimmen würde. Bumm! Bumm! Bumm! Die Pauke bestimmte den Arbeitstakt, und das Floß rutschte die letzten 13 oder 14 m mit einem einzigen Schwung schlingernd über den Sand. Die Wasserrohre verdrehten und verbogen sich wie Spaghetti, und Metall schrammte kreischend auf Metall, als hätte das Floß aufgebrüllt. Schließlich kam es dicht unterhalb der Hochwasserlinie zu liegen.

Weil die HSU FU erst bei Sonnenuntergang aufschwimmen würde, verloren die meisten Zuschauer das Interesse und gingen fort. Nick, Truc und ich warteten auf das Hochwasser – die See sollte das Floß abholen. Während das Wasser langsam auflief, bis leichte Kräuselwellen gegen die unterste der drei Bambuslagen plätscherten, hatten wir Zeit zur Besinnung. Ich dachte darüber nach, wann diese Bambusstangen wohl das letzte Mal im Wasser gewesen waren. Wahrscheinlich, als die Flößer aus dem Bergvolk, das den Bambusdschungel bewohnte, sie flußabwärts geführt hatten. Und wann hatte wohl das letzte Mal ein großes Hochseefloß wie die HSU FU auf das Hochwasser gewartet? Niemand konnte es sagen. Vielleicht war es 200 Jahre her, vielleicht auch 500. Die auflaufende Flut stieß das Floß an, und die HSU FU begann wie beim Erwachen aus einem tiefen Schlaf leicht zu zittern. Das Tageslicht war verblaßt, und die Äste der Bäume, die oben auf dem Hügel um den Tempel herum standen, hoben sich schwarz gegen den Himmel ab, als die HSU FU endlich aufschwamm und zum Leben erwachte.

Die See hätte uns die HSU FU beinahe schon in den ersten Stunden entrissen. Die Fischer befürchteten, daß eine Unterströmung das Floß dort, wo es zu Wasser gebracht worden war, erfassen und auf die Felsen des Landvorsprungs beim Tempel setzen würde, wenn wir es nicht gleich nach dem Aufschwimmen verholten. Leider aber war das gute Wetter des Stapellauftages bald vorbei. In der Abenddämmerung erzeugte zunehmender auflandiger Wind eine starke Brandung, in der die HSU FU rollend und stampfend an den selbstgemachten Ankern zerrte. Gegen Mitternacht hatte der Wind Sturmstärke erreicht, und in der Finsternis wurde die Sache dramatisch. Die Männer, die das Floß so mühsam und geschickt gebaut hatten, waren entschlossen, es nicht wrack schlagen zu lassen. Über 100 Männer kamen aus dem Fischerdorf herbei, schwarze Umrisse im Dunkeln, und packten die struppigen Trossen, mit denen das Heck des Floßes am Strand festgemacht war. Mit roher Kraft begannen sie, das Floß seitlich aus dem Gefahrenbereich zu holen. Aber das Tauwerk war verrottet, und die Trossen brachen wieder und wieder, obwohl sie so dick waren wie das Handgelenk eines Mannes. Die Fischer von Sam Son knoteten, spleißten und flickten die Trossen, von denen jetzt alles abhing, immer wieder zusammen, und die freiwilligen Helfer zogen das Floß Zentimeter um Zentimeter zur Seite, bis ihnen vor Erschöpfung schwindelig wurde. Nach drei Stunden war die HSU FU aus der unmittelbaren Gefahr heraus, aber nur ganz knapp. Der Sturm peitschte die Küste die ganze Nacht lang und dann noch einen Tag und eine Nacht. Das Floß wälzte sich in den Brechern, nur von den zweifelhaften Trossen gehalten, während sich Ausguckposten am Strand abwechselten. Sie kauerten im Sand unter Matten und Plastikfolien, jederzeit bereit, Alarm zu schlagen, falls das Floß sich losreißen würde.

Herr Khiem hatte sich mit dem Kapitän eines Polizeibootes in Verbindung gesetzt, der bereit war, die HSU FU in die geschützte Halong-Bucht nördlich von Hanoi zu schleppen, wo das Floß Masten und Segel bekommen sollte. Dieser Schleppvertrag war ganz offensichtlich ein Geschäft unter der Hand, aber ich stellte keine Fragen und zahlte die 300 Dollar, die in bar gefordert wurden. Das Streifenboot war ein uralter Eimer mit unzähligen Rostlöchern, durch die das Tageslicht in die Aufbauten fiel. Die Besatzung schien aber ihr Handwerk zu verstehen, und es gab wohl keine bessere Art, das Floß ohne Behördenärger von einer vietnamesischen Provinz in die andere zu verlegen, als sich von genau den Leuten schleppen zu lassen, die die Küste zu bewachen hatten. Zwei Mann mußten unterwegs an Bord des Floßes sein, für den Fall, daß während der Schleppfahrt etwas schiefging. Loi, der Zimmermann, meldete sich dafür sofort freiwillig. Sobald der Wind nachließ, ging Loi zusammen mit einem weiteren Mann aus Sam Son an Bord der HSU FU, während Truc und ich mit einem kleinen Korbboot zwischen Strand und Floß hin und her fuhren, um Proviant für die Reise an Bord zu schaffen. Das rostige Polizeiboot traf ein, die Schleppleine wurde belegt, und die HSU FU setzte sich hinter ihrem Schlepper nordwärts in Bewegung. Als Truc und ich mit dem kleinen Korbboot zurück an Land fuhren, glaubten wir, über dem Heck des Floßes leichten Nieselregen zu sehen. Es war aber etwas anderes. Loi stand mit gefalteten Händen betend in der Plicht und bat seine Götter um Schutz. Zwischendurch beugte er sich immer wieder vor, um geweihtes Purpurpapier als Opfer über einer kleinen Flamme zu verbrennen. Das Nieseln war in Wirklichkeit die aufschwebende Asche des Opferpapiers. Plötzlich sah ich um mich herum nur noch weiß schäumendes Wasser. Eine See hatte sich unter unserer Nußschale gebrochen, das kleine Korbboot umgeworfen und den Bootsführer, Truc und mich ins Wasser geschleudert. Bis auf die Haut durchnäßt wateten wir an Land und husteten Seewasser aus. Am Strand klappte Truc, der in seinem Leben noch nie auf einem Boot gewesen war, zusammen und fiel mir direkt in die Arme.

»Es ist geschafft!« rief er. »Das Floß ist fertig und auf dem Weg. Ich habe oft geglaubt, daß wir es nie vollbringen würden.«

Die Bucht von Halong war die Hoffnung der jungen Tourismusbranche Vietnams. Romantische Zuckerhutberge, wie man sie von chinesischen Gemälden kennt, säumen eine weite flache Bucht, und Dutzende solcher eigenartig runden Hügel ragen als seltsam geformte Inseln mitten aus dem ruhigen Wasser. Wenn Nebel über der Bucht lag, sah das Ganze aus wie ein Wirklichkeit gewordenes chinesisches Rollbild. Ich hatte Halong für den nächsten Schritt des Projekts ausgewählt, weil die Fischer hier an der chinesischen Grenze noch immer die fächerförmigen chinesischen Dschunkensegel auf ihren Booten benutzten, und ich die HSU FU mit dieser klassischen chinesischen Besegelung takeln wollte. Drei Monate zuvor hatten Truc und ich bei dem Segelmacher Ching drei traditionelle Dschunkensegel bestellt. Herr Ching ließ sich nicht hetzen, denn seine Frau, seine Schwestern und einige Nachbarinnen nähten bei ihm die Segel auf die alte Art – jeden Stich mit der Hand. Darüber hinaus benutzten sie das stärkste Garn, das sie bekommen konnten. In Vietnam hieß das, die Baumwollbahnen mit reiner gelber Seide zusammenzunähen. Jedes einzelne Segel wurde dann mit einer besonderen Imprägnierung gegen Schimmel und Fäulnis behandelt. Diese Brühe wurde aus einer ungenießbaren Art von Yamwurzeln gemacht, die aussahen wie zähe, faserige Rote Bete-Wurzeln. Kleingehackte Stücke dieser Wurzeln ließ man zusammen mit den Segeln 10 oder 12 Stunden lang in Wasser kochen. Die Segel wurden dann herausgenommen, getrocknet und erneut darin gekocht, im ganzen viermal. Sie hatten dann einen angenehmen dunkel-rotbraunen Farbton. Diese Farbe zeigen die chinesischen Segel schon auf den ältesten Bildern von Dschunken auf See.

Herr Ching und seine drei Söhne waren auch mit ihrem Fischerboot auf eine der abgelegenen Inseln in der Halong-Bucht gefahren, um Bäume für die Masten der Hsu Fu auszusuchen. Sie hatten Kastanienbäume gewählt, was mich überraschte, weil man Masten normalerweise nicht aus diesem Holz macht. Aber ich sagte nichts dagegen, denn ich war ganz auf die Chings angewiesen. Herr Ching war ein Seemann von altem Schrot und Korn, ein kleiner, sehr ruhiger und eher schüchterner Mann von ungefähr 50 Jahren, der sein Handwerk verstand und nie die gewohnten Bahnen verließ. Als Nick eine verbesserte Methode vorschlug, die Masten aufzustellen, sträubte sich Herr Ching dagegen. Seine Söhne waren unsere wichtigsten Arbeitskräfte und gehorchten ihrem Vater aufs Wort. Daher hielt ich es für das Beste, Herrn Ching bei seinem uralt-bewährten System bleiben zu lassen. Dies war die einzige Gelegenheit, bei der Nick die Geduld verlor und sich aufbrausend darüber beklagte, daß sein Rat und seine Arbeit mißachtet würden. Das zeigte, wie sehr er den Erfolg des Floßes zu seiner eigenen Sache gemacht hatte. Die Hsu Fu war ebenso sein Werk wie das der Floßbauer und des Konstrukteurs Colin Mudie, doch jetzt war seine Aufgabe als »Ingenieur« fast beendet. Bald würde er nach Australien zu seiner Museumsarbeit zurückkehren müssen. Der Abschied vom Floß fiel ihm sehr schwer. Deshalb bestand ich darauf, daß Nick an die Pinne ging, als wir bei unserer ersten Probefahrt unter Segeln vor einer kaum spürbaren Brise über das spiegelglatte Wasser der Halong-Bucht glitten. Es war ein sehr ruhiges Segeln zum Eingewöhnen vor der langen gefahrvollen Überfahrt, die bevorstand. Wie ich hoffte, würde die Reise der Hsu Fu von Hongkong aus über die Taiwanstraße gehen und dann im großen Bogen nach Nordosten zu den japanischen Hauptinseln. Danach erwartete uns die größte Herausforderung – die 4500 Meilen lange Überquerung des Nordpazifik in Richtung Nordamerika, um festzustellen, ob ein Bambussegelfloß, das landläufig als reines Küstenfahrzeug gilt, eine solche Ozeanüberquerung durchstehen kann.

Ich hatte jetzt ein Bambusfloß, aber fast noch keine Besatzung. Im Gegensatz zum Bau des Floßes, der so gut verlaufen war, hatte sich die Rekrutierung der Besatzung durch eine Reihe von Zwischenfällen verzögert. Ein Freiwilliger mußte eine Woche, bevor er in Halong erwartet wurde, absagen, weil sein Arzt ein Gesundheitsrisiko diagnostiziert und ihm dringend geraten hatte, stets in Reichweite eines modernen Krankenhauses zu bleiben. Selbst Loi, der nach wie vor darauf brannte mitzukommen, hatte Schwierigkeiten, einen Paß zu erhalten, da es gegenüber den vietnamesischen Behörden keinen Rechtsanspruch auf Ausstellung eines Passes gab. Auch sprach Loi kein Wort Englisch. Nach Möglichkeit wollte ich noch einen Arzt, einen Fotografen, einen Maler und einen Bootsbauer oder Schiffszimmermann mitnehmen.

Aus dieser Liste ergab sich automatisch, daß meine erste Wahl auf den Künstler Trondur Patursson fiel, der auf den fernen Färöern zwischen Schottland und Island lebte. Trondur stammte von Wikingern ab, und ich kenne niemanden, der das traditionelle Seemannshandwerk so beherrscht wie er. Trondur war schon auf drei vorangegangenen Reisen mit mir gesegelt, mußte aber noch verschiedene Dinge erledigen, bevor er kommen konnte. Nina war begierig, seinen Platz als Bordkünstler einzunehmen, aber sie war zu zierlich, um bei der schweren seemännischen Arbeit auf dem Floß eine große Hilfe zu sein. Nach langen Diskussionen kam ich mit Nina überein, daß sie jetzt, nachdem das Floß fertiggestellt war, einige Wochen nach Tokio zurückkehren und ihre Arbeit als Zeitschriften- und Buchillustratorin wieder aufnehmen sollte. Wenn wir dann Taiwan erreicht und unterwegs gelernt hätten, das Floß zu segeln, sollte sie wieder zu uns stoßen. Von Taiwan aus würde sie dann mit uns nach Japan segeln und dabei das Bordleben zeichnen sowie das Land, das wir sichten würden. Es kam uns auch sehr gelegen, daß Nina bei den japanischen Behörden unsere Dolmetscherin sein würde. Bis dahin hatte außer ihr aber nur noch ein weiteres Crewmitglied fest angeheuert: Joe, der Schiffsarzt.

Joe Beynon hatte Angaben über seine Fähigkeiten beim Expeditionszentrum der Royal Geographical Society in London hinterlegt, wo ein Verzeichnis der Menschen geführt wird, die gern an Expeditionen teilnehmen wollen. Als ich das Register durchging, fiel mir besonders auf, daß Joe nicht nur Arzt, sondern auch Fotograf war. Bei einer kleinen Besatzung war es ein Vorteil, wenn diese beiden Qualifikationen in einer Person zusammenkamen. Daher wandte ich mich an Joe und vereinbarte ein Gespräch. Er kam per Fahrrad von seinem Dienst im Krankenhaus und sah durchtrainiert und sehr angelsächsisch aus mit dem zerzausten blonden Schopf, den blauen Augen und dem frischen Gesicht. Er war 28, erschien aber so viel jünger, daß man kaum glauben konnte, daß er die ärztliche Ausbildung schon abgeschlossen hatte. Joe erwies sich als humorvoll und locker, ich wußte sofort, daß er mit den beengten Verhältnissen an Bord des Floßes gut klarkommen würde. Er paßte so gut in die Besatzung, daß ich bereit war, seinen einzigen Minuspunkt in Kauf zu nehmen: Er war noch nie gesegelt.

Joe versprach mir, daß er einen Segelkurs mitmachen und ein Funkzeugnis erwerben würde, damit das Floß die Zulassung für ein Satellitenfunkgerät bekommen könnte. Dieser Hightech-Zauber war wichtig für meinen Entschluß gewesen, die Reise zu wagen. Selbst wenn das Bambusfloß sich länger über Wasser halten würde, als die meisten Kritiker erwarteten, blieb immer noch die Unsicherheit des Wetters: Der nördliche Pazifik konnte äußerst stürmisch und tückisch sein. Im Notfall, etwa bei einer Kenterung oder falls das Floß anfangen würde, auseinanderzubrechen, würde es lebenswichtig sein, die Außenwelt zu alarmieren. Den Behörden an Land mußte dann eine genaue Position durchgegeben werden, damit man uns bei einem Rettungsversuch finden könnte. Natürlich hoffte ich, daß es nicht so dramatisch kommen würde, aber ich war entschlossen, die

Expedition mit der modernsten Sicherheitsausrüstung zu versehen. Das Satellitenradio war für die Sicherheitsplanung besonders wichtig. Es war so klein, daß es in eine Aktentasche paßte und konnte mit Strom aus einer Autobatterie betrieben werden, die durch Solarzellen oder einen kleinen Windgenerator geladen würde. Das Gerät war nicht für Sprechfunk vorgesehen, sondern arbeitete mit einem kleinen Computer und einer Tastatur, so daß man schriftliche Mitteilungen an einen Kommunikationssatelliten funken und in das reguläre Telefonnetz einspeisen konnte. Die HSU FU würde mit diesem Funkgerät tatsächlich Fax-Nachrichten in die ganze Welt senden können. Ich hatte vor, über das Radio einer Küstenstation, die unseren Kurs verfolgen sollte, täglich unsere Position zu melden. Wenn man nichts mehr von uns hörte, würde die Station die Rettungsorganisationen alarmieren.

Der Pazifik ist aber so riesig, daß bei einem Schiffbruch mitten im Ozean ein Flugzeug vom nächstliegenden Punkt an Land aus fünf oder sechs Stunden zu uns brauchen würde und ein Schiff sogar drei oder vier Tage. Deshalb brauchte das Floß neben dem Satellitenradio eine technisch ausgereifte Seenotfunkboje und Signalfackeln. Auch mußte jedes Besatzungsmitglied einen modernen Überlebensanzug haben. Ein aufblasbares Rettungsfloß stand ebenfalls auf der Liste der Sicherheitsausrüstung, obwohl wir das wohl am allerwenigsten brauchen würden. Die HSU FU war immerhin ein Floß und damit selbst eine Rettungsinsel, solange die Bambusstäbe nicht sinken oder das Floß total auseinanderbrechen würde.

Die Sicherheitsausrüstung war sehr kostspielig. Vorschüsse von Verlegern und eigene Ersparnisse hatten die Baukosten des Floßes weitgehend gedeckt. Als die HSU FU aber zu Wasser gebracht war, war kaum noch Geld übrig, obwohl ich noch mehr kaufen mußte, etwa Küchenutensilien und Proviant. Unerwartet trug das Satellitenfunkgerät zur Lösung der Finanzkrise bei. Der Hersteller des Radios, die

Firma Trimble Navigation, hatte sich bereit erklärt, mir das Gerät zu leihen. Dann fragte ich das Seefahrtsmuseum in Newport News, Virginia, ob es daran interessiert wäre, das Floß nach der Reise auszustellen, und ob es in diesem Falle zu den Baukosten beitragen würde. Die Antwort war abschlägig, das Museum hatte nicht genug Platz, um das Fahrzeug auszustellen. Das Museum machte uns aber einen anderen interessanten Vorschlag: Vielleicht könnten wir eine Satellitenfunkverbindung zwischen Schulen in Virginia und dem Floß aufbauen. Der Vorschlag zielte darauf ab, daß die Schulklassen Fragen an das Museum richten sollten, die es dann via Satellit an mich weitergeben würde. Ich würde die Fragen dann von hoher See aus beantworten. Das war genau die Art von Interaktion, die mir gefiel. Die Aussicht, das Erlebnis der Fahrt mit Schulklassen zu teilen, die Tausende von Meilen entfernt waren, faszinierte mich, und das Museum war von den pädagogischen Möglichkeiten so angetan, daß es uns mit einem Zuschuß weiterhalf.

Die Möglichkeit, sich mit der Außenwelt zu verständigen, brachte uns auch noch weitere entscheidende Unterstützung. Die Hongkong Telecom, die Fernmeldegesellschaft Hongkongs, gab einen Zuschuß zu den Kosten der benötigten Satellitenzeit. Das großzügigste Unterstützungsangebot aber kam von einer anderen Kommunikationsgesellschaft, der DHL Worldwide Express. Diese Gesellschaft sagte zu, die gesamte Expeditionsausrüstung kostenlos nach Hongkong zu transportieren, und bot darüber hinaus an, während der Reise unsere Nachrichtenzentrale zu sein. Wenn alle Geräte einwandfrei funktionierten, würden unsere täglichen Botschaften aus dem kleinen Gerät in seinem wasserdichten Kasten durch die Atmosphäre zu einem Seefunksatelliten am Himmel aufsteigen und von dort wieder zur Erde herab und nach Hongkong gehen, von wo aus die Leute der DHL sie weitersenden würden. In den kommenden Monaten sollte sich diese Verbindung als lebenswichtig erweisen.

Dadurch stand unser Projekt am Ende seiner vietnamesischen Phase unter guten Vorzeichen. Die Hsu Fu verließ Halong als Decksladung auf einem auch schon ziemlich alten vietnamesischen Schiff. Es war ein kleiner Frachter, der zwischen Halong und Hongkong verkehrte. Nick kehrte nach Australien zurück, Nina nach Japan, und Truc begleitete Loi nach Hanoi, um ihm bei der Beschaffung seines längst überfälligen Passes behilflich zu sein. Ich selbst machte mich auf den Weg nach Hongkong, um Joe zu treffen. Ich hatte in Hongkong drei Wochen Aufenthalt eingeplant, um das Floß mit der Sicherheitsausrüstung zu versehen, einige weitere Probefahrten durchzuführen und Proviant aufzunehmen.

Einen vorübergehenden Liegeplatz für die Hsu Fu fanden wir zwischen den glitzernden Yachten im Aberdeen-Hafen (Hafenteil in Hongkong). Die diensteifrigen Yachtbootsleute dort trugen Mobiltelefone oder elektronische Piepser am Gürtel, und riesige schwimmende Restaurants erstrahlten mit Goldbuchstaben und Neonschrift. Hier mühten Joe und ich uns mit dem allerletzten Papierkrieg ab und brachten Vorräte an Bord, während nach und nach verschiedene Besatzungsmitglieder eintrafen. Zuerst erwarteten wir Loi. Als er eintraf, war er wie geblendet von dem Glanz und Reichtum Hongkongs, verglichen mit der Kargheit und Armut Vietnams. Er gewöhnte sich aber schnell ein und nahm Quartier auf dem Floß. Danach erwarteten wir Rex, unser viertes Crewmitglied. Rex Warner stammte wie Joe aus London und hatte erstklassige Qualifikationen. Er war Segel- und Navigationslehrer, hatte auf einer ganzen Reihe von Seexpeditionen Erfahrung gesammelt, war 40 000 Meilen mit seinem eigenen klassischen Holzboot gesegelt usw. Er hatte durch ein Rundfunkinterview, das ich gegeben hatte, von der geplanten Reise erfahren und wollte sehr gern mitkommen, sei es auch nur zur Probe. Seine Schwierigkeit bestand darin, daß er auf der Rückkehr von einer Gedenkfahrt zum 500. Jahrestag der Entdeckung Amerikas durch Kolumbus war und mitten auf dem Atlantik festhing. Wir erhielten von ihm eine Nachricht nach der anderen über Gegenwind, Flaute, noch mehr Gegenwind und starke Stürme – und sein Boot hatte keine Maschine. Es lief darauf hinaus, daß Rex Hongkong auf keinen Fall rechtzeitig zu unserer Abreise erreichen würde. Er stieß dann bei unserem ersten Zwischenstopp zu uns und segelte von dort aus mit.

Inzwischen kam jemand an Bord, von dem man auf den ersten Blick kaum vermutete, daß er zu unserer Besatzung gehörte. Mark Reynolds war Ende zwanzig, groß und sehr schlank mit schulterlangem Haar, auf dem eine gestrickte Wollmütze saß. Um einen Knöchel trug er einen gewebten Fußreif und war mit einem lockeren Hemd und thailändischen Pluderhosen bekleidet. Über seiner Schulter hing ein Baumwollbeutel mit Fransen. Alles in allem der Inbegriff eines reisenden Hippies oder Gammlers. Er stammte von einem Bauernhof in Yorkshire und hatte die Welt bereist, um Trommeltechniken zu studieren, bevor er in Hongkong hängenblieb, wo er mit seiner japanischen Freundin auf einer der vorgelagerten Inseln lebt. Niemand konnte ahnen, daß seine Schultertasche liebevoll gepflegtes Tischlerwerkzeug enthielt und wie gut er mit Holz und Tauwerk umgehen konnte. Nicht zuletzt hatte er ein Faible für Boote mit Dschunkentakelung.

Mark hatte von unserer Reise ganz zufällig erfahren. Normalerweise las er weder Zeitung, noch hörte er Radio. Eines Sonntags aber mußte er eine Glühbirne auswechseln und fuhr mit der Fähre nach Hongkong, weil der chinesische Dorfladen auf der Insel geschlossen war. Als die Fahrgäste die Fähre am Anleger in der Stadt verließen, fiel Marks Blick auf das Foto eines dschunkengetakelten Fahrzeugs auf der Titelseite einer weggeworfenen Zeitung, die auf dem Boden lag. Er hob sie auf, sah das Bild der HSU FU und las von dem Reiseplan. Am nächsten Tag kam er an Bord des Floßes im Aberdeen-Hafen. Er plauderte ein paar Minuten mit mir, bot an, beim Aufriggen zu helfen, und am späten Nachmittag hatte ich ihn schon eingeladen, mit uns zu segeln. Anfangs war er zurückhaltend und erklärte sich nur bereit, bis Taiwan mitzukommen. Mark wurde dann aber ein wichtiges Besatzungsmitglied auf der Fahrt bis nach Japan. Er fand es komisch, daß er aus dem Haus gegangen war, um eine Glühbirne zu kaufen und sich schließlich auf einem halb unter Wasser segelnden Fahrzeug im chinesischen Meer auf dem Weg nach Tokio wiederfand.

Der Zeitungsbericht über die Reise erbrachte auch ein Hilfsangebot der Hsu-Fu-Vereinigung Hongkongs. Ich war völlig überrascht, weil ich von dieser Vereinigung nie etwas gehört hatte. Ich hatte keine Ahnung, was man sich darunter vorzustellen hätte, bis ich mit einem älteren und offensichtlich wohlhabenden chinesischen Geschäftsmann aus Hongkong und einigen seiner untergeordneten Angestellten in der plüschigen Atmosphäre des Mandarin-Hotels Tee trank. Der Visitenkarte des Herrn Zai Chung Ling entnahm ich, daß er Geschäftsführer einer ganzen Reihe von Firmen war, darunter zweier Bestattungsunternehmen und mehrerer Handels- und Finanzgesellschaften. Den Ehrenplatz auf seiner Karte aber nahm die Angabe ein, daß er Geschäftsführer der Hsu-Fu-Vereinigung Hongkongs war. Ein kleines Bild auf der Karte zeigte einen vornehmen, hochgewachsenen chinesischen Mandarin in altchinesischen Gewändern und mit einem Mandarinhut. Offensichtlich stellte es Hsu Fu selbst dar. Über einen Dolmetscher erklärte Herr Ling, daß er als junger Mann vom chinesischen Festland nach Hongkong eingewandert sei und mit einem Baustoffhandel begonnen hätte. Bei Kundenbesuchen in Japan sei er zufällig in die Stadt Shingu gekommen, wo es einen Schrein für Hsu Fu gab, der dort angeblich während seiner Forschungsreisen für den ersten Kaiser Chinas an Land gegangen war. Als die Geschäfte des Herrn Ling in den darauffolgenden Jahren immer besser gegangen seien, sei er viele Male nach Japan gefahren und hätte dabei nie vergessen, den Hsu-Fu-Schrein in Shingu zu besuchen. Allmählich hätte er Hsu Fu als seinen persönlichen Schutzgott betrachtet und sei jedes Jahr zu ihm gepilgert.

Das war eine neue Facette in der Geschichte von Hsu Fu. Als Europäer hatte ich Hsu Fu als längst verblichenen Seefahrer betrachtet, dessen pazifische Reisen für die frühen asiatischen Entdeckungsfahrten standen. In Asien aber galt Hsu Fu auch als verehrungswürdiger Heiliger. Herr Ling hatte sich in seinem Leben sehr ausgiebig mit der Geschichte des Hsu Fu befaßt und verehrte ihn nicht als einziger. Wie ich von ihm erfuhr, gab es eine Hsu-Fu-Vereinigung in Japan, eine in Taiwan und eine in China. In Hongkong hatte die Organisation schon 25 Jahre bestanden. Jetzt stellte er mir ein weiteres Mitglied seiner Gruppe vor. Dieser Mann war vom Festland aus nach Hongkong gekommen. Er war Sekretär der Hsu-Fu-Gesellschaft Chinas, die 20000 Mitglieder hatte. Ich war fasziniert. Für Herrn Ling war Hsu Fu Religion. Für den Besucher aus China dagegen war Hsu Fu anscheinend der Brennpunkt einer Vereinigung, die in China, Hongkong und Japan verbreitet war und in China Tausende von Menschen zusammenführte. In Taiwan wiederum war Hsu Fu der verehrte Urahn von Menschen, die ihre Abstammung auf ihn zurückführten und zu derselben Sippe oder Landsmannschaft gehörten. Herr Ling und sein Mitstreiter aus China legten Wert auf die Feststellung, daß die Geschichte von Hsu Fu im *Schi-ki* authentisch sei. Hsu Fu sei keine erdachte Gestalt, sondern er hätte wirklich gelebt und als Beamter am Hof des ersten Kaisers gedient. 1984 hätten chinesische Historiker Hsu Fus Heimatdorf in der Provinz Schantung identifiziert. Aufzeichnungen über seine Familie seien erhalten und hätten die Forscher in die Lage versetzt, dort in der Gegend noch lebende direkte Abkömmlinge des großen Seefahrers ausfindig zu machen. Das seien Nachfahren der 73. Generation. Mit Hilfe der Hsu-Fu-Vereinigung hätte die chinesische Regierung einen Pavillon zu Ehren des großen Seereisenden errichtet.

Herr Ling bot mir auch praktische Hilfe an. Er wollte einen *Feng-Shui*-Meister beauftragen und bezahlen, der unsere Abreise vom Aberdeen-Hafen zelebrieren sollte.

Dieser *Feng-Shui*-Experte würde die Geister anrufen, um sie für unsere Unternehmung günstig zu stimmen. Ich dankte ihm für diese Großzügigkeit und sagte, daß unsere Sponsoren schon einen *Feng-Shui*-Berater engagiert hätten, wie es sich in Hongkong gehörte. Ich wolle aber gern den anderen Vorschlag des Herrn Ling befolgen, nämlich, bei unserem Aufbruch mit einem Banner am Floß bekannt zu geben, daß die Reise zu Ehren von Hsu Fu und in Verbindung mit der Hsu-Fu-Vereinigung unternommen werde.

Selbstverständlich fiel das Datum unserer Abreise auch auf einen »Goldtag«, den der *Feng-Shui*-Fachmann aus dem chinesischen Kalender als günstig ausgewählt hatte. Der Experte erwies sich als Expertin, nämlich als eine ziemlich sachliche Frau in den besten Jahren, die zum Hafen kam und am Kai einen Tisch aufstellte. Dort läutete sie eine kleine Messingglocke, um die Aufmerksamkeit der Geister zu erregen, betete für unsere Sicherheit und verbrannte Opferpapier. Die ganze Zeremonie ähnelte sehr derjenigen, die wir in Sam Son erlebt hatten. Dann warfen wir die Leinen los und liefen aus dem vollgestopften Aberdeen-Hafen aus. Wir wollten aber nicht direkt in See gehen, sondern bei der kleinen, vorgelagerten Insel Po Toi ankern, um den hastig in letzter Minute an Bord geschafften Proviant besser zu stauen und auf günstigen Wind zu warten. Ich wollte es den arabischen Reisenden des Mittelalters nachmachen, die am ersten Tag einer Pilgerfahrt nach Mekka immer nur eine ganz kurze Strecke zurücklegten. Die erste Tagesreise führte sie kaum weiter als etwa eine Meile von ihrer Heimatstadt fort. Dort schlugen sie dann ihr Lager auf, so daß jeder Pilger feststellen konnte, was er vergessen hatte, um dann zurückzulaufen und es zu holen. Die HSU FU begab sich auf eine Reise von vielleicht 6500 Meilen, so daß es vernünftig schien, dem Beispiel dieser Pilger zu folgen.

Da wir es bei unserem Aufbruch so ruhig angehen ließen, konnte außer Joe, Loi, Mark und mir ein fünfter Mann an Bord kommen, um das erste Stück der Fahrt mitzuerleben.

Geoffrey Dobbs war ein erfolgreicher Geschäftsmann aus Hongkong, dessen kleine Firma Handel mit China betrieb. Sein Bruder war bei zwei früheren Expeditionen mit mir gesegelt. Geoffrey hatte uns auch großzügig bei den Reisevorbereitungen unterstützt. Er hatte uns die Dienste seiner beiden chinesischen Bootsleute zur Verfügung gestellt, die sich um seine Yacht HARD TIMES kümmerten. Jetzt schleppte uns die HARD TIMES zum Ankerplatz vor Po Toi.

Je näher der endgültige Abreisetag kam, desto deutlicher wurde, daß Geoffrey sehr gern eine kurze Fahrt an Bord des Floßes mitmachen wollte, sei es auch nur, um seinem Bruder später etwas erzählen zu können. Nach unserer Planung sollte die erste Etappe aus der 120 Meilen langen Überfahrt nach Taiwan bestehen, die nach meiner Schätzung eine Woche oder höchstens 10 Tage dauern sollte. Geoffrey meinte, daß er seinem Büro solange fernbleiben könnte. Es wäre ja nur ein Kurzurlaub. Später stellte sich heraus, daß wir uns beide getäuscht hatten.

Wir lagen einen Tag lang vor der Insel Po Toi in der Hoffnung, daß der nordöstliche Gegenwind in eine günstigere Richtung drehen würde. Aber er flaute nur zu einer sanften Brise ab und gab uns damit die Chance, uns mit einem schrägen Schlag aus den Gewässern Hongkongs herauszumogeln und auf den ersten Meilen dringend benötigte Segelerfahrung zu sammeln. Abgesehen von Loi fühlten wir uns alle als Anfänger, als wir am 17. Mai den Anker lichteten, die anmutigen roten Segel setzten und auf Kurs gingen. Loi flitzte an Bord herum wie ein Einhandsegler, er trimmte die Segel und hantierte mit den Schwertern, damit das Floß nicht seitlich wegtrieb. Aber die HSU FU wog jetzt mit all dem Proviant und Wasser sieben oder acht Tonnen und benahm sich überhaupt nicht wie ein leichtfüßiges Fischerfloß von Sam Son. Sie schob sich ganz gemächlich über die See, während Loi die Schwerter aufholte und herabließ, um verschiedene Stellungen auszuprobieren. Wir quälten uns über das Hauptfahrwasser, wobei uns Tanker und Küstenschiffe beunruhigend antuteten, weil wir ihnen aus dem Weg gehen sollten. Wir kamen an den Inseln, die auf der anderen Seite vor der Hafeneinfahrt liegen, nicht vorbei, mußten wenden und einen Schlag nach Po Toi machen. Aber als wir dort ankamen, hatten wir durch ungeschicktes Segeln sogar Höhe verloren, d.h. wir hatten einen längeren Weg vor uns als am Anfang. Also wendeten wir erneut und segelten langsam zurück über das Fahrwasser.

Wieder tuteten die Schiffe und wichen uns im letzten Augenblick aus. Auch dieser Schlag hatte uns nicht vorangebracht, und wir mußten wieder wenden. Inzwischen war es dunkel, und wir orientierten uns an der faszinierenden nächtlichen Skyline von Hongkong mit den glitzernden Lichtern Hunderter von Wolkenkratzern, Wohnhäusern und Leuchtreklamen. Um uns herum waren überall die Positionslichter von Schiffen, die in den geschäftigen Hafen von Hongkong einliefen oder ihn verließen. Stunde um Stunde fummelten wir an den Segeln und Schoten herum und segelten oder trieben hin und her ohne voranzukommen. Das Morgengrauen sah uns noch immer auf der Außenreede, vom Tidenstrom vor- und zurückgespült. Das wurde allmählich peinlich. Als der Wind ein wenig drehte, so daß wir einen Südkurs anliegen konnten, hielt ich es für klüger, uns aus Hongkong wegzustehlen, selbst wenn wir dadurch rechtwinklig zu unserem vorgesehenen Taiwan-Kurs segeln würden.

»Betrachtet das einfach als Eingewöhnungsfahrt«, sagte ich der geduldigen Besatzung optimistisch. »Wir lernen das Floß kennen und gewöhnen uns daran, wie man an Bord lebt.« Sie zeigten höfliches Verständnis. Loi und Mark legten ihre Schlafsäcke in die vordere Hütte. Geoffrey, Joe und ich ließen uns in der Achterkajüte nieder. Keine der beiden Kabinen bot Stehhöhe. Eigentlich waren sie kaum mehr als übergroße Hundehütten, in denen man nur knien oder liegen konnte. Wasserdicht waren sie ebensowenig, weder oben noch unten. Schon bei einem kurzen Regenschauer sickerte und tröpfelte das Wasser durch unzählige kleine Löcher im Dach, und bei jeder größeren Welle, die durch das Floß spülte, hörten wir das Wasser im Korbsockel der Kajüte plätschern. Anscheinend war das Flechtwerk nicht so dicht, wie es sein sollte. Aber immerhin blieben wir selbst einigermaßen trocken, weil wir auf einer Art Gräting oder zweitem Deck aus Bambuslatten oberhalb der Pfützen lebten. Die Lufttemperatur lag etwas über 20 Grad, und wenn die Sonne herauskam, war es richtig angenehm, auf dem Floß herumzulaufen, Leinen zu bedienen, den Proviant sicherer zu verstauen und was sonst noch alles zu tun war. Die HSU FU war vielleicht schwerfällig, aber der Aufenthalt darauf war erstaunlich angenehm. Die Stabilität des Floßes war wirklich verblüffend. Weder bockte es, noch holte es plötzlich über, so daß man niemals den Halt verlor oder sich festhalten mußte. Als das erste große Schiff uns passierte und sein gewaltiger Schwell auf uns zurollte, rief Mark warnend, daß wir uns festhalten sollten. Aber die Welle kam einfach, spülte zwischen den Bambusstäben hindurch und ging wieder. Die HSU FU wiegte sich nur. Es war sehr beruhigend.

Das Kochen und die Verpflegung beschäftigte jeden einzelnen am meisten. Wie würde das Essen sein? Würden die täglichen Rationen ausreichen? Was würde schnell verderben und müßte deshalb zuerst verbraucht werden? Ich hatte Goeffrey die Vorräte anvertraut, und es war seine Aufgabe, die täglichen Zuteilungen auszugeben. Beim Kochen wollten wir uns alle abwechseln. Jeder machte sich seine Gedanken, wie gut die anderen wohl als Schiffsköche wären, und hoffte, daß niemand auf diesem Gebiet ein echter Versager wäre. Loi kam zuerst an die Reihe, teils weil er darauf bestand, teils weil er wenigstens wußte, wie man die beiden Kocher bediente. Das waren äußerst einfache Vorrichtungen – zwei kleine Petroleumbrenner, die in viereckigen Blechkästen eine bescheidene Flamme abgaben. Sie funktionierten wie Sturmlaternen und hatten uns auf dem Markt in Hanoi alles in allem drei

Dollar gekostet. Ich hatte sie in der Überzeugung gekauft, daß so etwas Primitives kaum versagen könnte. Es war eine richtige Entscheidung. Die beiden Kocher hielten sechs Monate und funktionierten zuverlässig, selbst wenn sie von Seewasser, das ins Cockpit brach, überschwemmt wurden. Man schüttelte das Wasser einfach ab, wartete einige Augenblicke und zündete die Brenner wieder an.

Darauf zu kochen verlangte aber etwas Übung, wie Joe uns bald bewies. Gutmütig wie er war, erklärte er sich freiwillig bereit, das Abendessen zu kochen, nachdem Loi ein ganz passables Mittagessen aus Reis und Fisch zubereitet hatte. Geoffrey als Zahlmeister händigte Joe drei Kilo Reis, etwas getrockneten Kohl und getrocknetes Schweinefleisch aus. Wir anderen warteten, was passieren würde, versuchten aber, unsere Neugier zu verbergen. Aber es war schwierig, die Aktivitäten des Kochs nicht zu beachten, denn die beiden Kocher standen in einer Holzkiste an einem Ende der geflochtenen Plicht, der einzigen Stelle, wo die Mannschaft ausspannen konnte. »Wieviel Wasser muß ich an den Reis tun?« fragte Joe. Mark und ich sahen uns fragend an.

Die Zubereitung des Essens schien ewig zu dauern. Es wurde dunkel. Joe werkelte immer noch herum und bat Geoffrey immer wieder um weitere Dinge aus der Proviantlast. Schließlich verkündete er – allerdings mit einem etwas verschämten Unterton –, daß das Essen fertig sei. Ein Geruch nach angebranntem Essen hing über dem Cockpit. »Ähem«, kündigte Joe an, der an leichtem Asthma litt und die Gewohnheit hatte, sich vor dem Sprechen zu räuspern. »Möchtet ihr zuerst den Reis oder das suppenartige Zeug? Oder wollt ihr beides zusammen?« Das »suppenartige Zeug« erwies sich als bizarre Mixtur aus Orangen, Nüssen und Karotten. Nach dem ersten Schock schmeckte es gar nicht so schlecht. Schließlich hatten wir inzwischen einen Wolfshunger. Aber der Hauptgang aus Kohl und Reis war ein schmutzfarbener Gemüsebrei, der auf einem total angebrannten Reisrand serviert wurde.

»Will noch jemand was?« fragte Joe, nachdem vier hungrige Männer schweigend ihre ziemlich kleinen Näpfe geleert hatten. Jeder versuchte, seine Ausrede etwas anders klingen zu lassen. »Ich werde später noch etwas nehmen«, »Vielleicht bald«, »Ich werde wohl zuerst meinen Kaffee trinken.« Aber Joe nahm es nicht übel.

»Vielleicht sollte ich den Rest über Bord kippen?« schlug er mit gutmütigem Grinsen vor. »Hat jemand was dagegen?« Alle brachen in Gelächter aus. »Das war wohl nichts«, sagte Joe. »Es war so schlecht, daß ihr mich hoffentlich nie wieder kochen laßt«, fügte er hinzu. Mit der Zeit wurde aus Joe aber ein guter Koch, der mit den kleinen Kochern einiges zuwege brachte; sein Ausdruck »suppenartiges Zeug« blieb aber die ganze Reise über eine feste Redewendung, wenn das Essen einmal wirklich ungenießbar war.

An diesem allerersten Abend wurde uns vor allem klar, wie gut jeder an Bord mit der Situation fertig wurde, denn keiner von uns wollte sich die gute Stimmung in der Crew durch das mißratene Essen verderben lassen. Als wir anschließend unseren Kaffee tranken, hörte ich Loi, der sich freiwillig zum Abwaschen gemeldet hatte, leise vor sich hin lachen, als er mit der Spitze seiner Machete aus dem einen Topf angebrannten Reis und aus dem anderen angebrannten Kohl herauskratzte.

So verließ die HSU FU Hongkong mit einem Kurs wie ein Betrunkener, der nach einer durchzechten Nacht in Schlangenlinien nach Hause wankt. Währenddessen schälten sich die Eigenarten der einzelnen Besatzungsmitglieder heraus. Goeffrey zum Beispiel schaffte es, sich erstaunlich sauber zu halten, er rasierte sich täglich und wusch seine Kleidung häufig, um nach Möglichkeit die klebrigen Teerflecken zu entfernen, die das Flechtwerk-Cockpit immer wieder auf den Sachen hinterließ. Mark wurde von Tag zu Tag noch magerer als vorher und sah barfuß, mit nacktem Oberkörper, schulterlangem Haar und den bis zu den Knien hochgerollten thailändischen Hosen immer mehr wie ein waschechter

Seefahrer aus. Joe mit seiner nordeuropäisch hellen Haut litt unter Hautausschlägen und blauen Flecken, seine Füße schwollen durch Sonnenbrand an, und er war sehr erstaunt, wie schnell er ermüdete – ein Anzeichen für Seekrankheit. Das gab sich aber nach einer Woche. Loi ging es großartig. Für ihn war mit der Floßfahrt ein Traum wahr geworden. Alles faszinierte ihn, Hongkong, das große Floß selbst, die moderne Segelkleidung, die er bekommen hatte und all die unbekannten ausländischen Dinge. Er litt aber unerwartet unter Sonnenbrand und hatte nie zuvor Sonnencreme benutzt. Jetzt rieb er sie auf die Augenlider, von wo sie ihm mit dem Schweiß in die Augen geriet, so daß er fürchterlich blinzelte, während Joe geduldig versuchte, ihm den begrenzten Wortschatz beizubringen, den er an Bord brauchte: »Leine, Messer, große Schale, kleine Schale, Zitrone, Orange, Milch, Steckschwert« – ein Querschnitt durch die wichtigen Dinge an Bord eines kleinen Schiffs auf dem großen Ozean.

Wie bei jedem neuen Schiff am Beginn einer Reise gab es eine lange Liste von Dingen, die in Ordnung gebracht oder verbessert werden mußten. So brachte Mark geduldig Stunde um Stunde damit zu, das Spinnengewebe von Leinen zu ordnen, mit dem die drei Dschunkensegel bedient wurden, während Loi eifrig dabei war, an den verschiedensten Stellen des Floßes Zurrungen zu erneuern und weitere anzubringen. Wir hatten 3000 zusätzliche Rattanstränge als Reserve aus Vietnam mitgenommen, aber bei dem Tempo, in dem Loi das Material verbrauchte, machte ich mir Gedanken, wie lange der Vorrat wohl reichen würde. Geoffrey und Joe brachten Ordnung in das Durcheinander der in letzter Minute an Bord geschafften Sachen. Fast den ganzen Proviant hatten wir auf den chinesischen Märkten in Hongkong gekauft, so daß wir säckeweise Reis und getrocknete Nudeln hatten, Flaschen mit Sojasauce, Bohnengallerte – eine Art eingedickter Bohnen –, getrockneten Seetang und Pakete mit getrockneten Krabben, Tintenfischen und kleinen Fischen ähnlich Sprotten oder Sardinen. Dazu kamen geheimnisvolle Steingutkrüge mit Gewürzen und sauer eingelegtem Gemüse, deren chinesische Etiketten für uns böhmische Dörfer waren. Der größte Teil der Lebensmittel fand Platz in acht Plastikfässern, wie sie auf den Hausbooten im Aberdeen-Hafen gern benutzt werden. Diese Fässer, in denen chinesische Lebensmittel nach Hongkong gekommen waren, hatten wir gebraucht erworben. Sie dienten uns jetzt als stabile, wasserdichte Behälter, die den Proviant vor dem Wasser schützten, das durch das Floß und über das Floß hinwegspülte. Wir versuchten nicht, die Lebensumstände der asiatischen Seefahrer des Altertums bis hin zur Nahrung und Bekleidung nachzuahmen, aber soviel Plastik auf dem Bambusfloß war häßlich und dem historischen Vorbild unangemessen. Wie Mark vorgeschlagen hatte, bestimmten wir eines der Fässer zum Abfallbehälter, um jedenfalls nicht allen Müll über Bord zu werfen.

Das Meer war jetzt leuchtend hellblau, eine viel angenehmere Farbe als das schmutzig-gelbbraune Wasser in der Nähe von Hongkong. Durch die Schwertschlitze konnten wir sehen, daß wir schon von Pilotfischen begleitet wurden. Unsere Eskorte bestand aus ungefähr zwei Dutzend dieser gewandten, etwa daumenlangen Geschöpfe, die sich mit ihren hübschen gelbschwarzen Streifen nicht schlecht in einem Aquarium gemacht hätten. Sie schwammen mit nur wenigen Zentimetern Abstand vom Floß oder schossen in die Spalten zwischen den Bambusstangen. Unterhalb der Pilotfische schwammen mehrere blaß malvenfarbige, fast durchscheinende Fische von etwa 20 cm Länge, die hier und da fast körperlos wie Gespenster durch den Schatten huschten. Ich überlegte, ob man sie mit einem kleinen Kescher fangen könnte, zumal die Mannschaft schon an frischen Fisch zum Abendessen dachte. Loi hatte eine starke Angelsehne mit kräftigem Haken als Schleppangel ausgebracht, daran hing als Köder ein fluoreszierender Tintenfisch aus Plastik. Es hatte aber noch nichts angebissen, und der einzige Fisch in eindeutig eßbarer Größe war ein kleiner Hai von etwa 90 cm, der tief unter dem langsam segelnden Floß seine Position als »Müllschlucker« eingenommen hatte. Kurz, das gemächliche Vorankommen während der ersten Tage unserer ehrgeizigen Reise verlangte Geduld und gute Laune. Beides aber war reichlich vorhanden, und es entwickelte sich eine wirklich gelöste Atmosphäre, weil jeder nach einem guten Verhältnis zu den anderen strebte. Wir bemühten uns zu lernen, so gut wie möglich auf engem Raum miteinander zu leben. Wir waren auch dann noch zu Witzen aufgelegt, als wir die beunruhigende Entdeckung machten, daß wir Bambuskäfer an Bord hatten, eine möglicherweise verhängnisvolle Ladung.

Zuerst konnte ich es nicht glauben. Nachdem wir vorsorglich den Bambus erst im Herbst geerntet und dann mit dem Saft von Fliederblättern gestrichen hatten, schien ein Befall ausgeschlossen. Aber den Beweis hatte ich jeden Morgen vor Augen. Wenn ich in meinem Schlafsack in der kleinen Kajüte aufwachte und nach oben blickte, sah ich in den Sonnenstrahlen ein dünnes Geriesel von Bambusstaub. Dieser Staub, fein wie Hafermehl, hatte auch meinen Schlafsack bepudert. Jedesmal, wenn jemand über das Kajütdach ging, unseren normalen Weg von vorn nach achtern und umgekehrt, wackelte die ganze Kajüte und bog sich durch, so daß der Bambusstaub nicht mehr als leichter Schauer, sondern als dicker Nebel im Sonnenlicht herabschwebte. Ich überlegte, was beim Bau des Floßes schiefgelaufen war und kam auch bald darauf. Der Fehler war uns unterlaufen, als wir statt der ursprünglich geplanten Aufbauten aus Korbgeflecht die Palmblatt-gedeckten Bambushütten gebaut hatten. In der Eile waren die Arbeiter einfach in ihr Dorf geradelt und hatten für das Fachwerk der Kajüten die erstbesten Bambusstäbe gekauft. Dieser Bambus aber war von Parasiten befallen und wurde jetzt erschreckend schnell zerstört. Die in die Plicht ragenden Enden der Kajütwandstäbe sahen fest und hart aus, als wir ausliefen, waren aber schon drei Tage später so weich und schwammig, daß man den Finger hineindrücken konnte wie in das Innere eines frischen Markknochens.

Als ich die Lage mit Hilfe eines vietnamesisch-englischen Wörterbuchs mit Loi, unserem diensthabenden Bambusexperten besprach, schien er nicht besonders besorgt zu sein. Er gab mir zu verstehen, daß der Bambuskäfer bald durch die Seeluft getötet würde. Dann brachten Joe und er ein paar Tage damit zu, die befallenen Bambusstäbe durch neue Stücke aus unserem Vorrat zu ersetzen. Sie schlugen die neuen Stangen einfach mit dem Holzhammer hinein, so daß sie neben den zerfressenen lagen. Ich fragte Loi, ob die Käfer nicht von den alten auf die neuen Stäbe übergehen und diese genauso auffressen würden. Aber er schüttelte den Kopf. Ich hoffte, daß er Recht hatte. Wir könnten wohl in zerfressenen und wackeligen Kabinen leben, wenn die Schädlinge aber auf den Riesenbambus des Rumpfes übergreifen würden, dann wäre es aus mit unserer Fahrt, bevor sie richtig begonnen hätte. So lag ich denn in den stillsten Nächten dieser geruhsamen ersten Tage, wenn man weder den Ozean klatschen noch die Segel knarren hörte, manchmal wach und merkte, daß man mir die Wahrheit erzählt hatte: Man konnte die Käfer wirklich fressen hören.

Durch die Formosa-Straße

Man sollte meinen, daß der seltsame Anblick eines halb untergetauchten Bambussegelfloßes unter drei Dschunkensegeln, das scheinbar aus einem anderen Jahrtausend kam, bei den Besatzungen der einheimischen Schiffe Aufmerksamkeit erregt hätte. Das war aber ganz und gar nicht der Fall. In der zweiten Nacht seit Hongkong stolperten wir mitten in eine dicht unter Land arbeitende Fischerflotte. Überall um uns herum lagen und fuhren Fischerboote, die Netze aussetzten und einholten. Ganze Batterien starker

Lichtbogenlampen strahlten über das Wasser, um Fische an die Oberfläche zu locken. Ununterbrochen hörte man das Geratter der Dieselgeneratoren. Mehr als eine Stunde lang trieb die HSU FU langsam durch diese Ansammlung von Booten, mal im Lichtschein, dann wieder im Dunkeln. Oft waren wir nicht weiter als 15 m von einem Fischerboot entfernt. Aber niemand beachtete uns, bis auf das eine Mal, als wir mit einem Schwall kantonesischer Flüche begrüßt wurden, zweifellos, um uns zu bedeuten, daß wir verschwinden sollten. Auch am hellichten Tage interessierte sich niemand für uns, als uns vier mittelgroße Fischkutter in Kiellinie begegneten. Sie passierten uns in weniger als 100 m Abstand, änderten aber kein bißchen den Kurs, um uns näher unter die Lupe zu nehmen. Als die Boote nacheinander auf unsere Höhe kamen, konnten wir ein halbes Dutzend Fischerfrauen, deren Aufgabe es war, den Fang auszunehmen und zu säubern, auf dem Schanzkleid sitzen sehen. Sie beobachteten uns aufmerksam. Alle Frauen trugen den für ihre Zunft typischen Kulihut, so daß sie aussahen wie eine Reihe von Statisten in einer chinesischen Oper. Jedem Kutter winkten wir fröhlich zu, aber niemand winkte zurück, und die Boote blieben schnurgerade auf ihrem Heimatkurs. »Na gut«, sagte Geoffrey schulterzuckend. »Sie halten uns entweder für verrückt oder für vietnamesische Bootsflüchtlinge. Das ist eben Asien.«

Kurz darauf tauchte ein völlig anderes Fahrzeug am Horizont auf. Es hielt hinter einer gewaltigen weißschäumenden Bugwelle mit voller Fahrt direkt auf uns zu. Das Schiff war für einen Trawler viel zu schnell, es hatte die kantigen Umrisse eines kleinen Kriegsschiffs.

»Ein Patrouillenboot der königlichen Polizei von Hongkong«, sagte Geoffrey fröhlich. »Sie kommen wohl aus Neugierde.« Als das Boot aber näher kam, sahen wir, daß es nicht die Flagge von Hongkong führte, sondern die rote und gelbe Flagge der Volksrepublik China. Dadurch erschien der Besuch in einem anderen, drohenderen Licht.

Das große Schnellboot drosselte seine Maschinen, als es auf unserer Höhe war, und der graue Kriegsschiffsrumpf sackte tiefer ins Wasser.

Das Boot rollte querab von uns, die schweren Maschinen grummelten. Auf der Brücke stand ein Dutzend uniformierter Männer, zwei oder drei von ihnen hatten Ferngläser. Sie starrten alle auf uns herunter und musterten die HSU FU genau. Ich sah durch mein eigenes Fernglas hinüber. Die Brückenmannschaft des chinesischen Wachbootes blickte grimmig, niemand lächelte. Ich hielt ein kleines Walkietalkie hoch und zeigte darauf – ein international bekanntes Signal, daß ich über UKW sprechen wollte. Aber nichts geschah. Die HSU FU war noch unter Segeln und machte bei dem leichten Wind kaum über einen Knoten Fahrt auf der ölig glatten See. Ein Offizier auf der Brücke des Kriegsschiffs machte eine verärgerte Geste. Wir nahmen jedenfalls an, daß er Offizier war, weil er Schulterklappen auf dem Uniformhemd trug. Er hob und senkte abrupt die ausgestreckten Arme. Das war eindeutig ein Kommando zum Beidrehen.

»Holt die Segel herunter«, rief ich meiner Besatzung zu. Sie gehorchten prompt. Wir waren alle sehr nervös. Verletzten wir irgendein Gesetz? Waren wir vielleicht in chinesische Hoheitsgewässer eingedrungen und würden gleich verhaftet? Der Gesichtsausdruck der chinesischen Offiziere war so unfreundlich, daß ich mich – für den besten Fall – auf einige unangenehme Augenblicke gefaßt machte, denn wir würden erklären müssen, was wir hier trieben. Vielleicht würde man uns auch zur genaueren Untersuchung in den nächsten Hafen bringen. Wir hatten ein kleines Schlauchboot an Bord. Ich bat Mark und Joe, es aufzupumpen, damit ich mit unseren Papieren zu dem Schnellboot übersetzen könnte. Genau in diesem Moment tauchte ein kleiner dicker Mann zwischen den feindseligen Gesichtern auf. Er sah mehr wie der Schiffskoch aus als wie ein Offizier, denn er trug ein schmuddeliges weißes T-Shirt. Zum Glück schien er auch der Schiffs-Witzbold zu sein. Er sah uns einmal an, rief so laut er konnte etwas für uns Unverständliches und brach dann in endloses durchdringendes Gelächter aus, fast fiel er vor Lachen über Bord. Ganz gleich, was er gesagt hatte – wahrscheinlich war es eine Beschimpfung –, es lockerte die Situation auf. Die Brückenwache entspannte sich sichtlich. Der Mann mit den Schulterklappen gab uns erneut ein Zeichen, diesmal wies er uns fort. Anscheinend forderte die Patrouille uns jetzt auf, sofort aus diesen Gewässern zu verschwinden, ganz gleich, was sie vorher von uns gewollt hatte.

Wäre ich auf das chinesische Wachboot gekommen, dann hätte ich dort gebeten, eine Nachricht von uns nach Hongkong weiterzuleiten, denn unser kleines Satellitenradio arbeitete unzuverlässig. Während der ersten beiden Tage auf See funktionierte es, und ich konnte dem DHL-Büro in Hongkong unsere Position melden. Am nächsten Tag aber konnte ich keine Verbindung mit dem Satelliten herstellen. Offiziell war Joe der Funker, tatsächlich aber war ich für die Nachrichtenverbindungen zuständig, weil Joe sich um das Fotografieren kümmern mußte. Auch auf meinen früheren Expeditionen hatte ich selbst das Funkgerät bedient. Jetzt konnte ich das Problem beim besten Willen nicht lösen. Mark versetzte die Antenne. Er zurrte sie an den Topp des kleinen Besanmastes, wo sie wie ein großes weißes Osterei saß, aber die Signale kamen immer noch nicht durch. Später fand ich heraus, daß die Batterie schuld war. Das Radio lief mit einer 12-Volt-Batterie, die entweder von einem Windgenerator geladen wurde oder von einem der Solarpaneele auf dem Kajütdach. Die Batterie war in der Plicht untergebracht und Wind und Spritzwasser ausgesetzt. Deshalb war es eine wasserdichte, versiegelte Batterie, die anstelle flüssiger Säure ein Gel enthielt, so daß sie bei rauher See nicht auslaufen konnte. Wie sich herausstellte, war die Batterie defekt, sie lieferte manchmal nicht genug Strom für das Funkgerät. Zu allem Überfluß stürzte durch den Spannungsabfall auch noch das Computerprogramm des Radios ab. Uns war klar, daß wir über die chinesische Marine keine Nachricht weiterleiten konnten, ebensowenig wie über das zwei Stunden später vorbeikommende Containerschiff. Es passierte uns in ungefähr zwei Meilen Abstand und war ganz offensichtlich unterwegs von dem riesigen taiwanesischen Handelshafen Kaoishung nach Hongkong. Wieder einmal schaltete ich das kleine Walkie-talkie ein und rief das unbekannte Schiff auf dem internationalen Kanal an. Keine Antwort. Ich versuchte es noch einmal. Diesmal antwortete eine Stimme mit starkem Akzent: »Wer sind Sie?« Inzwischen war das Schiff so nahe, daß wir den Namen lesen konnten: ARCE. »Hallo, ARCE, hier ist das Segelfloß HSU FU auf dem Weg von Hongkong nach Taiwan. Können Sie bitte eine Sicherheitsmeldung für uns weitergeben? Unser Funkgerät funktioniert nicht.« Wieder eine lange Pause. »I no see you.« Dann Schweigen. Das Containerschiff fuhr weiter. Niemand interessierte sich für uns.

»Wir warten wohl besser, bis wir ein europäisches Schiff sichten«, sagte Geoffrey, »vielleicht eins von der dänischen Maersk-Line. Ich habe geschäftlich viel mit dieser Reederei zu tun, ihre Schiffe verkehren regelmäßig zwischen Hongkong und Taiwan.«

Wie bestellt erschien ungefähr eine Stunde später ein großes Containerschiff, das wie das vorige derselben Route zwischen Taiwan und Hongkong folgte, als hätte die See dort Schienen. Auf dem Rumpf stand in riesigen Buchstaben MAERSK. Diesmal wurde mein Walkie-talkie-Anruf sofort beantwortet. Es meldete sich eine sehr sachliche dänische Stimme. Ja, sie seien nach Hongkong bestimmt und würden ihren dortigen Schiffsmakler bitten, die DHL anzurufen und zu melden, daß unser Funkgerät nicht funktioniere, daß an Bord der HSU FU aber alles in Ordnung sei, und daß wir wie geplant auf dem Weg nach Taiwan seien. In den nächsten 24 Stunden konnten wir die gleiche Nachricht noch zweimal absetzen, einmal an ein deutsches Schiff der

Hansa-Linie und einmal im Dunkeln an ein Schiff, von dem wir nur die Positionslichter sahen und eine sehr förmliche Stimme hörten, die sich mit den Worten abmeldete: »Dies ist ein japanisches Schiff.«

Ich war sicher, daß wenigstens eine unserer Meldungen ankommen würde. In Wirklichkeit kamen alle drei an. Eigenartigerweise brachte uns der Ausfall des Satellitenradios ein willkommenes Gefühl der Erleichterung. Wir konnten uns dadurch besser auf die Aufgaben konzentrieren, die wir an Bord in der ersten Zeit der Reise hatten. Tägliche Funkmeldungen sind ganz gut für die Sicherheit, hätten uns aber von der unmittelbaren Wirklichkeit unserer Lage abgelenkt. Wir mußten uns darauf konzentrieren, das Floß richtig segeln zu lernen und mußten uns auch darauf einstellen, daß die See nicht nur wie bei einer normalen Segel- oder Motoryacht um uns herum war, sondern durch das Floß hindurchspülte, so daß wir uns viel mehr auf der Schnittstelle zwischen Luft und Wasser befanden, als wir es je auf einem anderen Boot oder Schiff erlebt hatten. Selbstverständlich sorgte ich mich darum, daß wir die Sache mit dem Funkgerät aus Sicherheitsgründen in den Griff bekommen müßten, im Augenblick aber schärfte das Fehlen einer Funkverbindung unser Bewußtsein, daß wir auf See allein und ganz auf uns gestellt waren.

Zu der Zeit litten wir unter starker Müdigkeit. Die letzten Tage waren hektisch und aufreibend gewesen. Da war die unvermeidliche Hast gewesen, vor dem Aufbruch die letzten notwendigen Dinge an Bord zu schaffen. Wir hatten auch die Zeit finden müssen, uns bei Freunden, Wohltätern und allen, die uns Gutes gewünscht hatten, zu verabschieden und ihnen zu danken. Im Hintergrund waren ständig die bohrenden Sorgen wegen des Floßes – war es sicher? Hatten wir an alles Nötige gedacht? Würde sich das Wetter gegen uns wenden? Und so weiter. All das kam zusammen und führte dazu, daß die Mannschaft bei der Abreise aus Hongkong körperlich und seelisch ausgepumpt war. Das

Auslaufen aus dem Hafen aber hatte uns einen neuen Energieschub gebracht. Die Aufregung und das Gefühl von Abenteuer hatten uns Auftrieb gegeben, so daß sich jeder aktiv und geradezu übereifrig um die vielen kleinen Aufgaben kümmerte, die es mit sich brachte, das neue, unerprobte Floß auszubessern, zu ändern und alles zum Funktionieren zu bringen. Das hielt aber nur ungefähr 48 Stunden vor, dann machten sich Schlafmangel, ungewohnte Umgebung, Ernährungsumstellung und die oft schwere körperliche Arbeit bemerkbar. Als Skipper befürchtete ich, daß wir beginnen würden, infolge von Übermüdung Fehler zu machen, wenn wir nicht ein paar ruhige Nächte hätten, um Schlaf nachzuholen.

Wir bekamen aber sehr wenig Ruhe. Am 24. Mai waren Joe, Loi und ich in der Plicht auf Wache, als die oberste Spiere des Großsegels, die Rah, zerbrach. Die Nacht war dunkel, wir hatten nur ein wenig Sternenlicht, der Wind war leicht und wechselte häufig die Richtung. Die Hsu Fu schob sich über eine sanfte schwarze Dünung, als das Großsegel wie ein schwerer Fächer lautlos von einer Bordseite auf die andere schwang. Da hörten wir über uns deutlich einen harten, knackenden Ton. Vor dem Sternenhimmel sahen wir, daß der obere Rand des Großsegels nicht mehr gerade war, sondern wie eine gebrochene Vogelschwinge herabhing. Das Segel war lahmgelegt.

»So was passiert immer um 2.00 Uhr morgens«, seufzte ich, »aber der Wind ist so leicht, daß er keinen weiteren Schaden anrichten wird. Wir sind zu müde, um jetzt etwas auszurichten. Mit der Reparatur warten wir besser bis zum Tageslicht.«

Nach dem Frühstück holten wir das beschädigte Segel an Deck, wobei die nagelneuen Blöcke widerwillig quietschten und knarrten, als das Tauwerk hindurchlief. Die kräftige Bambusstange von 10 cm Durchmesser, an der Herr Ching den oberen Teil des Segels befestigt hatte, war in der Mitte durchgebrochen. Wir schnitten das Segel ab. Die nächsten vier Stunden hockten Loi und Mark auf dem Bambusdach der Hauptkajüte, fertigten aus einem kräftigen Stück Reservebambus eine neue Rah und schlugen das Segel an. Loi war in seinem Element, er schabte Rattanstränge zurecht und befestigte das Segel damit an der Spiere. Dabei wickelte er das Rattan um die Bambusrah, dann packte er das letzte Stück mit den Zähnen wie mit einer starken Zange und zog es mit angespannten Nackenmuskeln fest. Endlich war die neue Spiere fertig, und die ganze Besatzung sammelte sich am Großfall, um unsere neue Schöpfung zum Masttopp zu heißen. Wir waren ziemlich stolz darauf, daß wir diese kleine Schwierigkeit mit Bordmitteln bewältigt hatten. Mit vereinten Kräften heißten wir das Segel vor, das sich dabei wie eine Jalousie entfaltete. »Hol durch! Hol durch!« – das Oberliek des Segels stieg und stieg, bis es in der richtigen Höhe stand, aber nur einen kurzen Moment, dann gab es einen lauten Knall, und die neue Spiere, an der wir den ganzen Vormittag gearbeitet hatten, brach mitten entzwei. Niemand sagte ein Wort, keiner ließ sich etwas anmerken. Aber Loi und ich wußten als einzige, daß die gebrochene Rah aus einem Stück Luong bestand, dem Riesenbambus, aus dem auch der Floßrumpf gebaut war. Wenn dieses Material nicht stärker war, wieviel Festigkeit hatte dann wohl der Floßrumpf selbst, der sich ständig wellenförmig bog?

Geduldig machten sich Loi und Mark daran, eine neue Spiere anzufertigen. Da wir kein *Luong* mehr hatten, das lang genug war, bündelten sie drei kürzere, dünnere Bambusstäbe zusammen. Das schien die Lösung zu sein.

Während die beiden arbeiteten, blickte Loi immer wieder zu der Angelleine, die wir seit Hongkong hinterherschleppten. Sie hing schlaff herunter. Es mußte doch Fisch in diesen Gewässern geben, sonst wären die Fischkutter nicht in der Nähe. Dennoch hatten wir nichts gesehen außer unseren kleinen Pilotfischen und dem Begleithai, der jetzt von einem größeren, 1,2 m langen Exemplar abgelöst worden war. Da, gegen 17.00 Uhr brach sich das Wasser vor dem Bug des

Floßes plötzlich. Ein Fischschwarm. Die kleinen Thunfische von 30 bis knapp 50 cm Länge sprangen immer wieder aus dem Wasser. Wenn diese Fische springen, meint man normalerweise, daß sie entweder auf der Flucht vor einem von unten angreifenden Räuber oder selbst auf der Jagd nach Beute seien. Diese Thunfische aber schienen völlig unbekümmert zu sein. Sie sprangen hoch, schleuderten sich ein Stück aus dem Wasser und ließen sich dann an derselben Stelle wieder fallen, um dann erneut lustig hochzuspringen. Es sah ganz so aus, als ob sie tanzten. Ein zweiter Schwarm von Thunfischen der gleichen Größe tauchte einige Meter hinter dem Heck des Floßes auf und tanzte ebenso komisch. Bald darauf kam eine dritte Gruppe Thunfische und benahm sich genauso verrückt, als seien die Fische von einer eigenartigen Manie getrieben. Diese bizarre Vorstellung hielt ungefähr zehn Minuten an, dann tauchten ganz plötzlich alle Fische ab und verschwanden.

»Sieht aus wie ein Regentanz«, sagte ich zu Mark und deutete zum südlichen Horizont. »Vielleicht spüren die Fische die Luftdruckänderung, wenn schlechtes Wetter kommt, und benehmen sich deswegen so eigenartig.« Dort im Süden zogen dicke Wolken auf.

Eine Stunde später ergoß sich ein tropischer Wolkenbruch über uns. Das Wasser stürzte aus dem Himmel, als ob jemand einen Hydranten aufgedreht hätte. Man konnte durch den dicken grauen Wasserschleier in keiner Richtung weiter als 20 m sehen. Die großen Regentropfen klatschten schnell herunter. Sie sprangen von den Flechtmatten der Kajütdächer zurück und spritzten waagerecht auseinander. Rinnsale von Regenwasser tropften in die Kajüten und durchnäßten alle Kleidungsstücke, die nicht sicher in wasserdichten Seesäcken verstaut waren. Das streikende Radio blieb fest in seinem Koffer verpackt. Die hübschen dunkelroten Segel wurden durch die Nässe kastanienbraun, und die fäulnisverhindernde Lohe nach der Spezialrezeptur des Herrn Ching lief in blutroten Bächen herunter. Im Cockpit war alles klatschnaß, die Mannschaft, die Kocher, Tauwerk, Töpfe und Pfannen. In zwei Eimern, die am Heck hingen, stand nach wenigen Augenblicken etwa eine Handbreit Wasser. Der Regen kühlte die Wasseroberfläche ab, so daß die Wellenkämme, die durch das Floß wuschen, fühlbar kälter als vorher waren. Als der Regen am wütendsten prasselte, kam es uns vor, als seien wir total von Wasser eingehüllt, unter uns und um uns herum war die See, die Luft über uns war voller Wasser, und ein feiner feuchter Nebel drang in unsere Lungen.

Mit dem Regen kam Südwind auf. Er war zunächst mäßig, legte dann aber beständig zu, bis er Sturmstärke erreicht hatte. Während der ersten Stunde waren wir froh über den Wind, weil er die Segel füllte und das Floß mit stetiger Fahrt vorantrieb. Genau das brauchten wir nach so langer Zeit mit flauem Wind. Bald wurde die Windstärke aber gefährlich. Die Kastanienmasten begannen, sich bedrohlich durchzubiegen und in ihren Mastfüßen zu knarren. Wir mußten unbedingt die Segelfläche verringern. Theoretisch ist das einfache Reffen einer der größten Vorteile der Dschunkentakelung. Man fiert eine einzige Leine*, und schon rutscht die große Jalousie am Mast herunter und wird kleiner, indem sich der untere Teil ganz von selbst sauber zusammenfaltet. Aber das Baumwollsegel war vom Regen durchnäßt, und der Winddruck preßte das Tuch fest an den Mast, so daß es sich nicht rührte. Loi, Mark und Joe mußten am Segel hochklettern, wobei sie die Bambuslatten als Leitersprossen benutzten, und auf- und abspringen, um das Segel durch ihr Gewicht und die Bewegung herunterzuzwingen.

Mit zunehmendem Wind verringerten wir die Segelfläche nach und nach von einer Latte bis zur nächsten. Zum Schluß hatten wir alle Segel geborgen, und die Hsu Fu begann, ihren ersten ausgewachsenen Sturm abzureiten.

Es war ein unvergeßliches Erlebnis. Das schwere Wetter bot wie immer ein eindrucksvolles Schauspiel: Der Wind

* fieren = lösen, herauslassen einer Leine (Anm. d. Übers.)

heulte und kreischte durch das Rigg, loses Segeltuch schlug wie verrückt, Leinen trommelten gegen die hölzernen Masten, die See kochte, und über sechs Meter hohe Wellen rollten mit dem wohlbekannten drohenden Grollen auf das Floß zu. Jetzt war es dunkel, und unsere Welt bestand nur noch aus einem undeutlich wahrnehmbaren Umkreis mit aufgewühltem indigoblauen Wasser voller Schaumstreifen. Das war die klassische Kulisse für ein Boot im Kampf gegen den machtvollen Angriff der See. Aber eins war ganz und gar anders – das ruhige Verhalten der HSU FU. Auf jedem anderen Boot, das ich bisher gesegelt hatte, hätten wir uns wegen der Stampf- und Schlingerbewegungen festklammern oder abstützen müssen. Kleinere Gegenstände wären von den Plichtbänken gerutscht und auf den Boden gefallen. Eine Tasse hätte man vorsichtig balancieren müssen, um den Inhalt bei den torkelnden Bootsbewegungen nicht herausschwappen zu lassen. Und immer wieder hätte der Rumpf durch den Seeschlag gegen die Bordwände beunruhigend gezittert. Aber auf der HSU FU war alles ganz anders. Das Floß hob und senkte sich einfach bei jeder See. Es blieb auf ebenem Kiel und machte niemals plötzliche Bewegungen. Man konnte eine Kaffeetasse auf den Cockpitboden stellen, und selbst auf dem Höhepunkt des Sturms schwappte sie nicht über. Die Tasse rutschte auch nicht weg. Die HSU FU war eine fantastisch stabile Plattform. Hier bestätigte sich auf See das chinesische Sprichwort von dem Bambus, der den Orkan überlebt, weil er sich im Sturm biegt, während der unbeugsame dicke Baum entwurzelt wird. Auf die gleiche nachgiebige Weise trotzte die HSU FU nicht dem Seegang, sondern nahm seine Kraft einfach in ihren durchlässigen Bambusrumpf auf. Jede Welle jagte direkt in den Floßrumpf hinein, der Schaumkamm umspülte die Kajüten und das Cockpit aus Korbgeflecht, um dann auf der anderen Schiffsseite weiterzurauschen. Das Floß wiegte sich dabei nur gelassen. Es war, als hätte sich die Kraft des Meeres in Wohlgefallen aufgelöst. Die HSU FU gab uns ein vollkommen sicheres Gefühl.

Ein erfahrener Segler mußte sich an dieses ungewöhnliche Seeverhalten erst gewöhnen. Die ersten drei oder vier Stunden wartete man bei jeder See, die aus der Dunkelheit heranstürzte, angespannt auf den Anprall. Wenn der Schlag aber nicht kam, und das fünfzig- oder hundertmal nacheinander, dann begann man, gelassen zu werden und zu begreifen, wie mühelos und ohne weiteres Zutun sich das Floß hielt. Bei der Wache im Cockpit, zu der auch Joe gehörte, der noch nie im Leben einen Sturm auf See erlebt hatte, wich die Anspannung. An Schlaf war bei dem Lärm und Aufruhr nicht zu denken, so daß alle aufblieben und in Ölzeug verpackt in der Plicht saßen. Das Zeug glänzte von dem wolkenbruchartigen Regen, der mit schweren Böen immer wieder auf uns prasselte. Wir konnten nichts tun, außer das Ende des Sturms abzuwarten, während wir die HSU FU mit dem Wind treiben ließen. Wir vergaßen beinahe, daß wir einen Sturm abwetterten, der für eine normale Yacht äußerst ungemütlich gewesen wäre – so entspannt war die Atmosphäre geworden. Erst, als ein Wellenkamm geradewegs gegen die Außenwand des geflochtenen Cockpits klatschte und sich über die Mannschaft ergoß, wurden wir an den hohen Seegang erinnert. Das geschah, als Mark gerade eine halbe Tasse Kaffee in der Hand hielt. Danach starrte er entgeistert auf die Tasse, die randvoll mit Seewasser war. Schockartig wurde uns klar, daß da draußen außerhalb des wackeligen Randes unserer Korbplicht hoher Seegang herrschte.

Einen angstvollen Augenblick hatten wir aber doch. Es war etwa zwei Stunden nach Einbruch der Dunkelheit, der Mond war vollständig von Monsunwolken verdeckt. Wir hatten gerade unser Abendessen beendet, das aus einer Schale Suppe und ein paar Keksen bestand. Es wäre Zeitvergeudung gewesen, etwas Anspruchsvolleres zu kochen, denn bei soviel Regen, der in das Essen klatschte, wäre es augenblicklich kalt und wässrig geworden. Wir saßen alle fünf auf den Lattenbänken in der Plicht und suchten Schutz vor der vollen Gewalt des Windes. Niemand sprach, weil eine normale Unterhaltung bei dem Lärm von Sturm und Seegang unmöglich war. Plötzlich hob Loi den Kopf und horchte. Ich bemerkte seinen beunruhigten Gesichtsausdruck, erhob mich mühsam, starrte nach vorn und horchte ebenfalls angestrengt. Dann hörte ich, was Loi bemerkt hatte – das schwere Hämmern einer großen Schiffsmaschine. Die Sicht war miserabel, kaum 40 m, ich konnte nichts ausmachen. Aber das Schiff mußte gefährlich nahe sein, wenn wir bei dem lauten Toben des Sturms die Maschine hören konnten. Vielleicht eine halbe Minute lang mühten wir uns, festzustellen, woher der Lärm kam. Uns allen war klar, daß wir nichts, aber auch gar nichts zu unserem Schutz tun konnten. Die HSU FU driftete seitwärts mit dem Sturm, wir waren hilflos. Loi schrie und zeigte auf etwas. Mir stand fast das Herz still, als ich den gewaltigen schwarzen Schatten sah, der direkt vor uns vorbeifuhr, so dicht, daß wir hochblicken mußten, um den roten Schein des Backbordlichts hoch über uns zu erkennen. Es war die stählerne Bordwand eines großen Handelsschiffs, das mit 15 bis 20 Knoten kaum 10 m von unserem wasserüberspülten Floß entfernt durch die Finsternis jagte. Das Schiff benutzte sicherlich Radar, um Hindernissen auszuweichen, aber die HSU FU lag so tief im Wasser, daß ihr Radarecho zwischen den Seegangsreflexen auf dem Schirm sicherlich nicht zu erkennen war, obwohl wir einen Radarreflektor am Mast führten. Es war völlig ausgeschlossen, daß das Schiff uns gesehen oder bemerkt hatte, obwohl wir fast unter seinem Bug waren. Der massige dunkle Umriß glitt so dicht vorbei, daß das Schlagen der großen Schiffsschraube den Rumpf des Floßes erzittern ließ. Nach wenigen Sekunden verschwand das große Schiff in der Dunkelheit. Das war wirklich knapp gewesen.

Das üble Wetter hielt die ganze Nacht an, und am nächsten Morgen blieb der Monsunhimmel so düster und bedeckt, als wäre es überhaupt nicht Tag geworden. Allmählich ließ der Wind nach, bis wir ein paar Lattenfelder der Segel setzen konnten und wieder Fahrt machten. Aber die See ging noch hoch, und die HSU FU bog und verwand sich knarrend beim Überklettern der Wellenberge. Das Floß machte dabei eigentümliche Geräusche: Das ständige Ächzen und Knarren der Bambusstäbe, die sich gegeneinander und in den Rattanzurrungen rieben, das Wirbeln und Gurgeln des Wassers, das zwischen den Bambusstäben hochbrodelte und dazu ein unverkennbares Geräusch am Heck, wo die abgesägten Bambusenden wie Orgelpfeifen vorstanden, und das Wasser in die Höhlungen der Stäbe hineingurgelte, klatschte und dröhnte. Vor dieser Geräuschkulisse machten sich die Aufbauten mit Dutzenden unterschiedlicher Quietsch- und Reibtöne bemerkbar, weil sich auf dem durchfedernden Floßrumpf alles bewegte, bog, verschob oder rieb.

Nichts war starr. Die HSU FU schlängelte und bog sich über die Wellen oder verwand sich so, daß die drei Masten gleichzeitig in verschiedene Richtungen schwankten, als gehörten sie zu drei verschiedenen Schiffen. Das Floß mußte nachgiebig sein, um auf See zu bestehen, aber dafür zahlten wir einen hohen Preis: Die ständige Bewegung bewirkte ungeheure Abnutzung. Tauwerk, Korbgeflecht, Segel, Mastbefestigungen, Kajüten, Reservebambus, Proviantbehälter – einfach alles rieb sich aneinander und scheuerte durch. Tauwerk brach, Löcher entstanden in den Kajütdächern, und das Korbgeflecht zerfranste an den Ecken. Wenn man aus dem geflochtenen Cockpit auf den Floßrumpf hinaustrat, mußte man genau darauf achten, wohin man den Fuß setzte. Die Spalten zwischen den Hauptbambusstäben öffneten und schlossen sich mit den Bewegungen des Fahrzeugs, so daß der Fuß zerquetscht werden konnte, wenn er zwischen die Stangen rutschte. Wenn eine Leine zufällig in einen solchen Spalt geriet, wurde das Tauwerk sofort festgeklemmt und in kurzer Zeit wie von einem bissigen Hund völlig zerkaut. Diese unablässigen Verbiegungen des Floßes sollten unseren Alltag beherrschen, solange wir auf der HSU FU waren.

Die Bedienung des Floßes machte kaum Mühe. Um die

Dschunkensegel je nach der Windstärke durch Heißen oder Fieren zu vergrößern oder zu verkleinern, brauchten nur zwei Mann zusammenzuarbeiten. Ein gewandter Mann konnte ohne Hilfe die Schwerter justieren. Dann befestigte man die beiden Steuerruder im richtigen Winkel, indem man die Pinnen auf einer hölzernen Nagelbank festsetzte, und schon folgte das Floß seinem Kurs wie von einem Computer geleitet. Aber der Kampf gegen den Verschleiß war eine Ganztagsarbeit. Jeden Morgen, Mittag und Abend mußte jemand einen Rundgang über das Floß machen und alles auf Abnutzung kontrollieren, Laschungen fester ziehen und darauf achten, daß die Bambusstäbe durch das ständige Aneinanderreiben nicht durchlöchert wurden. Es war erstaunlich, wie schnell dieser Verschleiß voranging.

Als wir nach dem ersten Sturm wieder Segel setzten, stellten wir fest, daß das geborgene Segel, das wir zur Sicherheit auf dem sich bewegenden Hüttendach festgemacht hatten, ganz geringfügig am Dach gescheuert hatte. Auf einem normalen Boot wäre nichts passiert, aber auf der flexiblen HSU FU, die sich ständig bog und verzog, war das Segeltuch in weniger als 24 Stunden zerschabt worden. Das Großsegel hatte Löcher wie von riesigen Motten. Der Sturm gleich am Anfang der Reise war für uns von Vorteil gewesen. Er hatte uns Vertrauen in unser Fahrzeug gegeben und die Crew, die sich jetzt auf die Seetüchtigkeit des Flosses verlassen konnte, fester zusammengeschweißt. Das wurde in den drei darauffolgenden Tagen deutlich. Mark und Loi waren die wichtigsten Besatzungsmitglieder. Beide beherrschten die Holzbearbeitung und den Umgang mit Tauwerk, so daß sie das Floß instandhalten und ihre Fähigkeiten den anderen vermitteln konnten. Die dringlichste Aufgabe war, für unsere hundehüttenartigen Kajüten Segeltuchtüren zum Schutz gegen das Spritzwasser zu nähen und eine Segeltuchpersenning, die wir rund um die Plicht hängen wollten, um uns während der Wache besser zu schützen. Also saß die gesamte Mannschaft mit starken Nadeln und Garn auf dem

Dach der Hauptkajüte. Mark nähte das schwere Tuch besonders sauber, er hatte anscheinend viel Übung darin.

»Wo hast du das gelernt?« fragte Joe ihn. »Ach, ich habe mir in Hongkong ein Indianerzelt genäht«, antwortete Mark, »und darin in einem chinesischen Park gewohnt, bis die Stadtverwaltung mich zwang, das Zelt abzubrechen.«

Joe nähte dagegen ziemlich unregelmäßig, und Geoffrey, der zweite Anfänger an Bord, nahm ihn damit gutgelaunt auf den Arm.

»Warte nur ab«, warnte Joe ihn fröhlich. »Denk daran, daß ich es bin, der dich zusammennähen muß, wenn du dich mal verletzt hast.« Die Frotzelei machte deutlich, daß die Crew zu fester Zusammenarbeit auf der Grundlage von Freundschaft und gegenseitiger Toleranz entschlossen war. Joe hatte zum Beispiel immer einen Bärenhunger. Er beichtete uns aus seiner Schulzeit, daß er bei der Familie eines Schulfreundes nicht in die Küche gelassen wurde, weil er immer einen leeren Speiseschrank hinterließ. Hier an Bord stellte er jeden Morgen, wenn er nach dem Erwachen aus seinem Schlafsack kroch, die gleiche besorgte Frage: »Gab es schon Frühstück?« – er könnte es ja verpaßt haben. Geoffrey, der die Vorräte beaufsichtigte, beschuldigte Joe scherzhaft, nachts auf dem Floß herumzuschleichen, um sich an die Proviantfässer heranzumachen. Geoffrey selbst war nicht mehr als erfolgreicher Geschäftsmann aus Hongkong zu erkennen. Er hatte abgenommen, und seine Haut hatte sich schon ein wenig gebräunt. Sobald die Sonne herauskam, verbrachte er den größten Teil des Tages mit freiem Oberkörper und las den dickleibigsten Roman, den er hatte auftreiben können. Gegen den stämmigen und über 1,85 m großen Geoffrey sah Loi winzig aus. Der magere vietnamesische Fischer und Zimmermann wog wohl weniger als 50 kg, er hatte Säbelbeine und dünne Arme, die in alle Richtungen baumelten. Aber es war Loi, der am meisten aß. Zum Frühstück verputzte er zufrieden alles, was vom Vorabend übriggeblieben war, selbst kalte, matschige Spaghetti. Loi war immer mit Begeisterung bei der Arbeit, außer wenn es regnete. Er haßte es, im Regen zu arbeiten, wahrscheinlich weil er fror, und wollte die Arbeit dann meist aufschieben. Das ging aber nicht, weil die HSU FU unablässig repariert werden mußte. Daß Loi kein Englisch konnte, machte mir Sorgen. Ich befürchtete, daß er sich einsam und verlassen vorkommen würde, wenn er sich auch nach Wochen noch nicht mit den anderen verständigen könnte. Aber noch schien das kein Problem zu sein. Loi war vergnügt und munter und bekam Beifall von allen anderen, als er »good night« sagte, bevor er in die Vorderkajüte kroch und damit nach einer Woche auf See sein erstes englisches Wort hervorbrachte.

Mark teilte die Vorderkajüte mit Loi. Ich hoffte, daß die beiden gut miteinander auskommen würden. Mark war für den Betrieb des Floßes so wichtig, daß ich ihn unbedingt bei Laune halten wollte. Ich fürchtete aber, daß das schwierig werden könnte. Sein Lebensstil beruhte auf Unabhängigkeit und Ablehnung von Regeln und Autorität. Daher würde ihm das disziplinierte Zusammenleben unter den beengten Umständen an Bord sicher schwerfallen. Das machte sich schon bald bemerkbar. Ich hatte die Crew gebeten, täglich um 8.00 Uhr zusammenzukommen, um das vor uns liegende Tagesprogramm zu besprechen. Das hieß, daß auch die Nachtwache, die gerade vier Stunden Dienst hinter sich hatte, noch aufbleiben mußte und nicht sofort ihre wohlverdiente Ruhe bekam. Am ersten Tag kam Mark noch rechtzeitig, am nächsten Tag aber erschien er 10 Minuten zu spät und am darauffolgenden Tag kam er erst in die Plicht, als alle anderen dort schon 20 Minuten gesessen und auf ihn gewartet hatten. Das war keine absichtliche Unpünktlichkeit, sondern es war einfach so, daß Mark normalerweise sein eigenes Leben nach Lust und Laune führte, aufstand, wenn ihm danach war, und kam und ging, wie es ihm gefiel. Er hatte keine feste Arbeit, und seine Freiheit bedeutete ihm sehr viel. Er war auch sehr empfindlich gegenüber vermeintlichen Kränkungen, und ich wollte auf keinen Fall sein Vertrauen verlieren. Aber es war besser, mit ihm offen über die Sache zu reden. Ich sprach ihn vor allen anderen, die schon dagesessen und auf sein Erscheinen gewartet hatten, energisch an: »Mark, es ist wichtig, daß jeder rechtzeitig um 8.00 Uhr hier ist. Diese Pünktlichkeit soll kein Selbstzweck sein, es ist aber wichtig, daß wir einmal täglich als Team zusammenkommen, damit jeder erfährt, was der andere tut, und damit wir besprechen können, wie wir alles an Bord am besten organisieren.«

Mark ertrug die Gardinenpredigt mit Fassung. »Es tut mir echt leid«, sagte er, »ich wollte euch wirklich keinen Ärger machen. Ich wußte einfach nicht, wie spät es war. Ich trage keine Armbanduhr, und meine andere Uhr steckt meistens irgendwo in meinem Gepäck. Denkt daran, mich fünf Minuten vor dem Frühstück zu rufen, und wenn ich dann nicht komme, ruft noch lauter. Dann bin ich da.«

Die anderen, die Marks Dünnhäutigkeit genau kannten, waren erleichtert. Mark hielt Wort: Der HSU FU zuliebe wurde er pünktlich.

Die drei Tage nach dem Sturm waren strahlend sonnig, ideal zum Segeltuchnähen und für andere kleinere Arbeiten, aber nicht zum Segeln. Durch gründliches Aufräumen schafften wir im Cockpit mehr Platz. Die beiden Kocher in ihrer Holzkiste standen jetzt am vorderen Ende der Plicht. Dies war zwar ganz praktisch, um heiße Getränke aufzubrühen, aber auch ein wenig beschwerlich für Joe, Geoffrey und mich, weil wir über die Kocherkiste steigen mußten, um in unsere Kajüte zu gelangen. Alles andere, den Tagesvorrat frischer Orangen, ein Glas mit Kaffee, eins mit Zucker, eine Dose Trockenmilch, die Eßnäpfe und -stäbchen schoben wir unter die Bänke. Die Gewürze – Knoblauch, Ingwer und anderes – wurden trocken in einem der Bambusbehälter aus Sam Son aufbewahrt. Jeden Morgen füllte Geoffrey die Tagesrationen aus den großen Proviantfässern in einen kleineren Kübel um. Einen ganzen Vormittag brauchten wir, um alle überflüssigen Verpackungen von den Lebensmitteln zu entfernen, damit der Proviant weniger Platz wegnahm. Diese Verpackungen taten wir in den speziellen Abfallbehälter, um das Material bei Gelegenheit für andere Zwecke zu verwenden. Aus alten Dosen und aus Alufolie ließen sich z. B. Angelblinker basteln. Allerdings hatten wir bis dahin kein Glück beim Fischen gehabt. Mehrmals hatten wir kurz einen silbern und blau schimmernden großen blattförmigen Fisch gesehen, der knapp zwei Meter unter der HSU FU herumlungerte. Er kam jedesmal hungrig und neugierig nach oben, wenn der diensthabende Koch irgendwelche Gemüseschalen über Bord warf. Aber der Fisch wandte sich immer wieder ab und verschmähte das Gebotene, selbst als Mark ihn mit einer verfaulten Karotte anlockte, aus der er kunstvoll einen kleinen Fisch geschnitzt hatte.

Die geruhsame Fahrt der HSU FU paßte besser zu den kleineren und schwächeren Tierarten, die den Schutz des Floßes suchten. Ein kleiner Landvogel hatte während des Sturms Zuflucht auf dem Kajütdach gefunden. Der Vogel hatte den Gabelschwanz einer kleinen Schwalbe oder eines Mauerseglers, die Brust war weiß, der Kopf schwarz und das Gesicht dunkelrot, als ob ein Rotkehlchen sich falsch geschminkt hätte. Zwei oder drei Tage lang ließ unser Besucher sich ziemlich hängen. Seine Hals- und Schopffedern waren zerzaust und wirr. Wir gaben unserem Gast Futter und Wasser, bis er sich wieder erholt hatte. Dann wollte er sein neues Heim gar nicht wieder verlassen und war zum festen Mitglied unserer tierischen Eskorte geworden.

Die HSU FU hatte auch noch bescheidenere Begleiter als die tanzenden Thunfische oder die Delphine, von denen ein Schwarm an einem sonnigen Nachmittag vorbeikam. Der waldgrüne Seegrasbart des Floßes, der im warmen Wasser des Aberdeen-Hafens ungeheuer schnell gewachsen war, bis manche Büschel gut 60 cm lang waren, beherbergte inzwischen eine ganze Kolonie mitreisender Fische. Unsere Anhalterschwalbe wagte sich nie weiter fort als ungefähr 20 m, um dann in schwungvoller Kurve wieder zu landen, wo es ihr gerade gefiel. Und auch unsere mitreisenden Bambuskäfer, die sich noch immer durch die Bambuspfosten der Kajüten fraßen, waren Fahrgäste, die zu unserem gemächlichen Lebensrhythmus paßten. Und schließlich: Welches andere Schiff könnte sich wohl mit einer echten Decksspinne brüsten? Wir aber wußten, daß wir eine an Bord hatten, denn jeden Morgen entdeckten wir zwischen den Aufbauten und den seitlichen Bambusstäben glitzernde Spinnweben. Schade, daß wir sie bei unserer täglichen Arbeit zerstören mußten.

In der Nacht kam die Hsu Fu unter einem durch Mond und Sterne hellen Himmel langsam voran. Dann trieben von Süden turmhohe Wolkenbänke heran und gaben dem Himmel ein bedrohliches Aussehen. Die Erinnerung an den eben überstandenen Sturm war noch so frisch, daß wir sofort an die Möglichkeit eines naßkalten Regensturms dachten, an die Aussicht in unser Ölzeug zu steigen, das vom letzten Sturm noch naß war, und an die Gefahr für Masten und Takelung. An Land sind Wolken, die am hellen Mond vorbeiziehen, ein zauberhaft romantischer Anblick. Etwas ganz anderes bedeuten dieselben Wolken aber auf See für den gewissenhaften Rudergänger, der sie argwöhnisch betrachtet, um zu sehen, ob in den dunklen Schatten darunter heimtückische Böen lauern. Also rief ich die Mannschaft, um für alle Fälle die Segel zu kürzen. Vielleicht war ich zu vorsichtig. Aber immer, wenn die Hsu Fu von einer plötzlichen Bö gepackt wurde, hörte ich die Geräusche zerbrechlicher und unerprobter Werkstoffe, das schwere Knarren des stark beanspruchten Bambus oder das plötzliche Ächzen des Tauwerks und der Spieren unter dem Druck des plötzlichen Windstoßes. Das Boot schien vor Schmerz aufzuschreien wie ein Rheumatiker, der plötzlich seine geschwächten Muskeln gebrauchen muß. Ich hielt mich deshalb an den Grundsatz, vorsichtig zu segeln, um das Risiko gering zu halten, und dem Floß die besten Chancen zu geben. Mir war bewußt, daß wir erst ganz am Beginn unserer Reise waren und noch viel lernen mußten. Weder nahmen wir an einer Hochseeregatta teil, noch waren wir Bergsteiger, die sich vorgenommen hatten, einen Gipfel zu erklimmen. Wir waren auf der HSU FU, um etwas davon zu spüren, wie es vor 2000 Jahren auf einem ozeangängigen Floß gewesen wäre, und um vielleicht herauszufinden, ob solch ein Fahrzeug einen Ozean überquert haben könnte. Auf die Reise selbst kam es an, nicht auf das Ziel.

Vom Schwarzen Strom vertrieben

Die warmen, dunklen Wasser des Kuro-Schio oder Japanstroms gewinnen ihre Kraft zwischen den Philippinen, fließen entlang Taiwans und strömen dann im Bogen nach Japan, bevor sie sich in den nördlichen Pazifik ergießen, wo der Strom sich zur Kuro-Schio-Trift (pazifischer Strom) ausweitet. Das Ungewöhnliche am Kuro-Schio ist nicht die ohne Zweifel gewaltige Wassermenge, die er mitführt, sondern daß der Strom auf ein schmales Band begrenzt bleibt. Die Strömung reicht selten tiefer als 400 m, Ausläufer und Wirbel spalten sich ab und nehmen ihre eigenen Wege durch Meerengen und in Buchten hinein. Der Hauptarm des Kuro-Schio aber ist bemerkenswert schmal. Vor der Südküste Japans beschränkt sich die Strömug auf einen 15 bis 20 Meilen breiten Streifen. Vor der Ostküste Taiwans, wo der Strom bis zu fünf Knoten erreichen kann, ist das Band noch schmaler. Deshalb paßt der japanische Name dieses Naturphänomens ausgezeichnet: Kuro-Schio heißt »Schwarzer Fluß«, und genau das ist der Kuro-Schio auch – ein mächtiger Fluß im Ozean.

Während die HSU FU zwei lange Wochen brauchte, um über die Formosa-Straße zu kommen und der Mai sich dem Ende näherte, sah ich mir erneut die Karte an. Ursprünglich hatte ich geplant, von Hongkong aus direkt den nächstliegenden Küstenpunkt an der Südwestecke Taiwans anzusteuern. Diese kurze Überfahrt sollte als Probelauf dienen. Aber jetzt, da das Floß langsamer vorankam, als ich eingeplant hatte, kamen mir andere Gedanken. Unser eigentliches Ziel in Taiwan war ein kleiner Hafen ganz im Norden nicht weit von Taipeh, wohin uns der taiwanesische Segelverband eingeladen hatte. Um dorthin zu gelangen, hätten wir westlich Taiwans eine lange Strecke gegen einen Neerstrom des Kuro-Schio vor uns gehabt. Besser schien es, die Südspitze der Insel zu runden und uns dann vom nordsetzenden Hauptstrom des Kuro-Schio flott zu unserem Bestimmungshafen schieben zu lassen. Das hatte Robert Wu, der zweite Vorsitzende des taiwanesischen Segelverbandes, ohnehin empfohlen, als ich mich vor Beginn der Reise mit ihm in Hongkong getroffen hatte. Es war klar, daß der Schwarze Strom mit zwei bis drei Knoten mehr als doppelt so schnell war wie die Durchschnittsgeschwindigkeit der HSU FU. Ich zerbrach mir gerade den Kopf über die Ausweichroute, als ein vorbeikommender Frachter mir die Entscheidung abnahm. Ich hatte das Schiff mit dem Handsprechfunkgerät angerufen und gebeten, unsere Position nach Hongkong zu melden. Ich erfuhr dann, daß in der Formosa-Straße so schweres Wetter herrschte, daß sogar 40000 Tonnen große Schiffe das Gebiet mieden.

Daher setzten wir einen Kurs ab, der uns durch die Bashi-Straße an Taiwans Südkap führen sollte, und schon wendete sich alles zum Besseren. Es begann damit, daß wir unseren ersten großen Fisch fingen, ein wichtiger Augenblick auf jeder Seereise. Er biß auf Lois Schleppangel an. Wir hatten die Leine mit der leuchtend rosafarbenen Tintenfisch-Nachbildung als Köder schon so lange geschleppt, daß wir zunächst gar nicht begriffen, was passiert war, als Geoffrey rief: »Seht, wie der Fisch da springt! Ist das nicht toll!« Wir schauten, wohin er zeigte. Ein prächtiger goldener Fisch sprang weit hinter uns in die Luft und überschlug sich, wobei seine Schuppen in der Sonne blitzten. Erst dann bemerkte jemand den hellroten Fleck am Fischmaul.

»Er hat angebissen!« jubelte Mark und lief zum Heck, um die Angelleine einzuholen. Der Fisch kämpfte ungeheuer, er schlug mit der Schwanzflosse und tauchte ab, als Loi und Mark ihn heranzogen. Sobald er das Floß bemerkt hatte, zerrte er kraftvoll an der Leine, um zu entkommen. Wir hielten den Atem an, als Loi vorsichtig die letzten Meter der Angelleine Hand über Hand einholte. Mark hockte auf dem glitschigen Bambus am Heck, in der Hand eine hastig zurechtgebogene Drahtschlinge, die er dem Fisch über den Schwanz werfen wollte. Einmal, zweimal und noch einmal versuchte Mark, die Beute mit der Schlinge zu erwischen, aber ohne Erfolg. Jedes Mal entkam der Fisch schaumschlagend. Der Haken saß aber fest. Beim vierten Mal, als der Fisch in Griffweite kam, legte Mark die Drahtschlinge beiseite, packte den Fisch mit bloßen Händen am Schwanz und schleuderte ihn durch die Luft ins Cockpit. Dort schlug und peitschte das Tier wütend umher, wobei Blut und Schuppen überall hinspritzten. Es war eine Dorade, ein gieriger Räuber, der sich hauptsächlich von fliegenden Fischen ernährt. Er hatte einen langen, flachen, muskulösen Körper und einen beilförmigen Kopf mit runden Glotzaugen, die das Tier urzeitlich und wild aussehen ließen. Loi schlachtete den Fisch eifrig und voller Vorfreude. Zuerst schnitt er daumendicke Steaks ab, die wir in Sojasauce und Öl brieten. Sie schmeckten großartig. Den Rest – Leber, Kopf, Rückgrat, Innereien und Kiemen – kochte er mit Reis zum Abendessen. Es schmeckte fade und war voller Gräten.

»Hoffentlich gibt es das nicht zum Frühstück«, murmelte Mark mit vielen Gräten im Mund. Loi aber empfand das Essen als vollen Erfolg.

Daß wir uns der Küste Taiwans näherten, merkten wir an dem Schmutz, der um uns herum schwamm. Überall schwamm Müll – zerbrochene Kisten, Fetzen von Plastikfolie, zerbrochene Styroporverpackungen, alte Schuhe, Plastiktüten, sogar Blechdosen, die eigentlich längst versunken sein sollten, sich aber doch irgendwie über Wasser hielten.

Der ganze Dreck schwabberte in einer dünnen Schicht schmutzigen Schaums umher. Am 1. Juni bekamen wir spät abends die niedrige, graue Küste Taiwans in Sicht und krochen mit günstigem Wind an O-Luan, dem Südkap, vorbei.

Eine Meile vor dem Landvorsprung war ein militärisches Vorpostenboot auf Station, vermutlich hielt es Wache wegen Schmugglern oder feindlichen Schiffen aus Rotchina. Das Wachboot kam auf uns zu, umkreiste uns und ging dann wieder auf seine Position. Wir waren für das Kriegsschiff offenbar uninteressant. Es antwortete auch nicht auf unseren Funkanruf. Als die Hsu Fu in den Schwarzen Strom hineinschlich, der am Kap vorbeilief, kam mir unser Floß wie ein Hinterwäldler vor, der – gerade in die Stadt gekommen – zum ersten Mal eine Rolltreppe oder ein Laufband sieht und vor dem ersten Schritt auf die bewegliche Fläche zögert. Aber der stürmische Wind wehte von Süden, und es gab kein Zurück, wir wurden direkt in den Schwarzen Strom geschoben.

Der Kuro-Schio, der an der Südspitze Formosas oder Taiwans vorbeiströmt, läuft über Riffe und Untiefen, wodurch das Wasser merkwürdige Wellen bildet. Über diesen Kabbelungen warf der Sturm jetzt einen eigenartigen Seegang auf, der die Hsu Fu mitriß wie in einer Achterbahn. Der Wind kam ganau von achtern. Das ist die gefährlichste Richtung, weil die fächerförmigen Segel von selbst von einer Seite des Floßes auf die andere schlagen und dadurch in Stücke gehen. Nach drei oder vier Stunden hörten wir, daß die Vorsegelrah zerbrach wie zuvor schon die Rah des Großsegels. Aber es war keine Zeit für Reparaturen, denn wir wollten den günstigen Wind und den Schiebestrom ausnutzen. In weniger als acht Stunden hatten wir 50 Meilen entlang der Ostküste Formosas zurückgelegt, eine größere Distanz als in den ganzen drei hinter uns liegenden Segeltagen. Die Fahrt war berauschend und besonders spektakulär, weil sich zu unserer Linken die hohen Steilküsten und Berge der Ostküste Taiwans als schwarze und purpurne Kämme vor den bronzefarbenen Wolken abzeichneten, die sich über dem Land bildeten. Die Navigation war riskant, weil die HSU FU gefährlich dicht unter Land segelte.

Wir hatten keine wendige Yacht unter uns, sondern ein schwerfälliges Floß, das durch eine Winddrehung hilflos auf die Leeküste getrieben werden konnte.

Wir waren ganz auf uns allein gestellt. Unsere Freunde vom taiwanesischen Segelverband hatten versprochen, auf See nach uns Ausschau zu halten, aber sie konnten nicht wissen, wo genau sie suchen sollten, denn wir hatten kein Funkgerät, um eine exakte Position durchzugeben. Das Wetter war auch nicht gerade hilfreich. Im Laufe des Vormittags nieselte wieder einmal der Monsunregen aus einem bedeckten Himmel, die Sicht war grauenhaft. Aus der diesigen Düsternis erschien ein großer Verband von Kriegsschiffen. Sie tauchten aus dem Dunst auf und verschwanden wieder darin, zu weit weg, um uns gesichtet zu haben.

Es war die taiwanesische Marine, die mit kreisenden Radarantennen rund um die Insel patroullierte, ein graues Kriegsschiff hinter dem anderen. Seit 40 Jahren hielten sie angespannt und mißtrauisch Wache gegen die rotchinesischen Kommunisten, denn die Gewässer hier waren umstritten. Es gab vor dieser Küste sehr wenig Handelsschiffsverkehr. Wir hatten in der vorangegangenen Nacht zwei kleine Küstenfrachter und einen großen japanischen Autotransporter gesehen, der uns über Funk bestätigt hatte, daß in der Formosa-Straße auf der anderen Seite der Insel heftige Stürme tobten. Die Entscheidung, Taiwan außen zu passieren, schien sich ausgezahlt zu haben.

Inzwischen handhabten wir die Segel fachmännischer. Obwohl die HSU FU auf den Wellen rollte, die von hinten aufliefen und dann bis nach vorn durch das Bambusdeck des Floßes spülten, gelangen uns schwierige Manöver einwandfrei. Wir holten das Vorsegel, dessen Rah gebrochen war, an Deck, besserten es mit neuen Bambuslatten aus und setzten es erneut. Alles lief wie am Schnürchen, auch als wir den

Kurs ändern mußten, was bei starkem achterlichen Wind immer ein schwieriges Manöver ist. Es klappte so gut, als hätten wir unser Leben lang ein großes Floß gesegelt. Unter Lois Leitung zogen wir die beiden vorderen Schwerter hoch und holten das Vorsegel dicht, damit das Floß schneller vor den Wind drehte. Genau im richtigen Moment brachten wir das Vorsegel auf die andere Seite und drückten einen Augenblick später auch das kleine Besansegel hinüber. Wir benutzten es wie das Seitenleitwerk am Heck eines Flugzeugs. Während die Hsu Fu auf den neuen Kurs ging, schwang das rote Großsegel majestätisch zur anderen Seite, und das Floß segelte auf dem anderen Bug weiter. Die Ruder hatten wir bei der ganzen Halse überhaupt nicht angefaßt.

Gegen Mittag des 4. Juni hatte der hilfreiche Sturm abgeflaut. Statt dessen bekamen wir nördlichen Gegenwind, der uns die nächsten beiden Tage von der Küste weg auf See hinauszwang. Es war ein unbeschreiblich grauer, nasser Tag, an dem sich der Himmel nie aufhellte und es andauernd goß, so daß wir aus dem Ölzeug nicht herauskamen. Durch unseren kondensierenden Schweiß wurde es auch innen klamm und feucht. Das Wetter war nicht kalt, so daß wir alle barfuß gingen, aber durch den ständigen Regen und die andauernde Nässe fühlte sich der Plichtboden aus gepreßtem Bambus feucht und glitschig an.

Ich saß gerade mit Mark auf dem Dach der Hauptkajüte und half ihm bei einer Reparatur am Großsegel, als ich ein Schiff als weit entfernten Fleck am Horizont sah. Es mußte uns im Radar gesehen haben, denn es hielt direkt auf uns zu, und das mit ziemlicher Fahrt.

»Vielleicht sind das unsere Freunde aus Taiwan, die uns suchen«, sagte ich, »allerdings kommt das Schiff aus der falschen Richtung, aber nach seinem Kurs will es uns offenbar abfangen.«

Als das unbekannte Fahrzeug näher kam, sahen wir, daß es die Form eines Kriegsschiffs älterer Bauart hatte. Es war schmal und niedrig und hatte wenig Tiefgang. Für die herrschenden Wetterbedingungen war es höchst ungeeignet, so daß es schwer stampfte. Die Marine, der dieses Schiff gehörte, mußte über einen sehr kleinen Verteidigungshaushalt verfügen, sonst hätte sie so ein Küstenfahrzeug nicht auf die hohe See hinausgeschickt.

»Es könnte die taiwanesische Küstenwache sein, die uns kontrollieren will«, sagte Geoffrey hoffnungsvoll. Aber ich konnte mir keinen Reim auf unseren Besuch machen. Als das fremde Schiff noch näher kam, sah es erst recht merkwürdig aus: Es war sehr ungepflegt, schäbig und voller Roststreifen. Obwohl es eindeutig ein Wachboot war, führte es keine Flagge außer einem kleinen Fetzen einfarbigen roten Tuchs. Der Rumpf trug auch keine Kriegsschiffsnummern. Das Schiffsradar, dessen Antenne sich kräftig drehte, und die Maschinen, die das Fahrzeug ziemlich schnell vorantrieben, schienen die einzige Ausrüstung zu sein, die funktionierte.

»Wie sieht die Marineflagge Taiwans aus?« fragte ich Geoffrey.

»Weiß ich nicht«, antwortete er, »aber die chinesische Marine hat eine eigene Flagge.«

»Ich glaube nicht, daß irgendeine Marine der Welt diesen Schrotthaufen beanspruchen würde«, sagte ich. »Ich habe das ganz ungute Gefühl, daß die zu gar keiner Marine gehören.«

Das schmutzige, schlanke Schnellboot war inzwischen auf unserer Höhe. Es führte weder Geschütze noch Fischereigeschirr, man sah nur ein langes, flaches, unverbautes Deck. Auf der zerbeulten Brücke stand eine Gruppe von Männern, die uns durch Ferngläser musterten. Keiner von ihnen trug Uniform. Ein halbes Dutzend weiterer Männer stand vor der Brücke an Deck, auch sie trugen keine Uniformen. Sie alle betrachteten uns mit gespannter Aufmerksamkeit. Wir winkten fröhlich. Niemand auf dem verdächtigen Fahrzeug reagierte. Einer der Leute auf der Brücke hob eine Flüstertüte an den Mund, um einen Befehl zu rufen. Dann überlegte er es sich anders und senkte das Sprachrohr wieder.

»Was um alles in der Welt treiben die hier draußen?« fragte Joe. »Sie sind weit draußen auf der falschen Seite von Taiwan.« Das merkwürdige, ziemlich unheimliche Schiff war weder Handelsschiff, noch Kriegsschiff.

Wir dachten beide dasselbe.

»Es sind wahrscheinlich Piraten«, sagte Geoffrey, »sogar in den Gewässern vor Hongkong werden Handelsschiffe von Schiffsmannschaften aus Rotchina geentert, die manchmal Uniformen tragen, manchmal auch nicht. Sie plündern die Schiffe und machen sich mit Fernsehern, Luxusgütern und dergleichen davon. Wenn sie auf Widerstand stoßen, erschießen sie ihre Opfer.« »Na ja, hier auf unserem Bambusfloß werden sie nicht viele Fernseher finden«, bemerkte Joe. Dann brachten die Seeräuber, wenn es welche waren, ihre Maschine auf Touren, und das Schiff drehte ab. 10 Minuten später war es nur noch ein tanzender Fleck am Horizont, Wegelagerer des Meeres, die die See nach Opfern absuchten.

Wir waren jetzt schon 19 Tage auf See, doppelt so lange, wie ursprünglich für den ersten Reiseabschnitt geplant. Natürlich wurde der Proviant knapp. Geoffrey überprüfte die Vorräte, um festzustellen, wie lange Wasser und Nahrungsmittel bei gleichbleibendem Verbrauch noch reichen würden. Er stellte fest, daß wir acht Kilo Nudeln, fünf Kilo Reis, zehn Kilo Kleie und getrocknete Früchte und 40 Zwiebeln verzehrt hatten. Der gesamte Chinakohl war schon innerhalb der ersten Woche faul und matschig geworden, und nach zwei Wochen waren die letzten der 120 Orangen schlecht geworden. Es waren noch sechs Zitronen übrig, sonst weder Obst noch Gemüse. Auch unsere Vorlieben beim Essen und Trinken zeigten sich jetzt: Wir tranken lieber Kaffee (fünf Gläser) als Tee (160 Teebeutel) und waren gierig auf Süßes: Von zehn Packungen süßer Kekse hatten wir nichts mehr übriggelassen und darüber hinaus sechs Kilo Zucker verbraucht, mehr als wir an Reis gegessen hatten. Wir mochten auch gerne getrockneten Seetang, getrocknete Bohnengallerte und getrocknete Krabben (nichts mehr da), verschmähten aber die kleinen, fingerlangen Trockenfische, die uns zu salzig waren.

Unsere Eßgewohnheiten machten sich auch beim Wasserverbrauch bemerkbar. Jedesmal, wenn wir zu salzig oder zu würzig gegessen hatten, war unser Wasserverbrauch von 16 Litern pro Tag für die fünfköpfige Besatzung auf 18 Liter gestiegen. Unsere Versuche, Süßwasser zu sparen, indem wir zum Kochen von Reis oder Nudeln Seewasser beimischten, hatten nicht viel gebracht. Wir sparten zwar Süßwasser beim Kochen, tranken anschließend aber um so mehr davon, besonders wenn wir beim Kochwasser nicht die richtige Mischung getroffen hatten. Dicke Nudeln konnte man z.B. in einer 50 : 50-Mischung kochen, aber dünne Nudeln und Reis vertrugen nur ganz wenig Seewasser, sonst wurden sie zu salzig. Geoffrey kam zu dem Schluß, daß wir noch für mindestens 20 Seetage genug Wasser hatten. Zwar hatten wir die letzte Dose Trockenmilch und das letzte Glas Kaffee angebrochen. Das waren aber Luxusgüter, keine Notwendigkeiten, und erst in ein paar Tagen würden wir die Grundnahrungsmittel wie Reis und Nudeln ernsthaft rationieren müssen. Geoffrey sagte nichts davon, in welcher Klemme er selbst saß. Er hätte schon seit einer Woche wieder in seinem Büro sein müssen. Ohne Funkverbindung hatte er keine Möglichkeit gehabt, seinen Angestellten mitzuteilen, was los war. Wenn er durchgegeben hätte, daß er vor der Küste Taiwans gerade von Piraten unter die Lupe genommen werde, hätten seine Leute wahrscheinlich damit gerechnet, ihn nie wiederzusehen.

Den Rest des Tages lag die HSU FU in der Flaute auf einer braunen See voll von schmutzigem Schaum. Ob das Wasser diese Farbe durch Umweltverschmutzung oder durch natürliche organische Stoffe hatte, war schwer zu sagen. Ich nahm die Gelegenheit wahr, das kleine Schlauchboot aufzupumpen und wegzurudern, um das Floß von Weitem zu betrachten. Es war ein wahrhaft außergewöhnlicher Anblick: Über der flachen, öligen Dünung sah man nicht mehr als drei Masten mit schlaffen Segeln, ab und zu tauchten die Kajütdächer auf und ganz selten der halb untergetauchte Rumpf, der einem wie vollgesogenes Treibholz vorkam. In fast 50 m Abstand konnte man bei genauem Hinhören das Gurgeln und Platschen des Wasses hören, das durch die Bambusstäbe des Rumpfes spülte und klatschte.

In der folgenden Nacht, die ebenso ruhig war, ging über den Bergen Taiwans ein leuchtender Vollmond auf. Das Gebirge stand dadurch gestochen schwarz am Horizont, obwohl das Land 40 Meilen entfernt war. Wolkenbänke zogen langsam vor dem Mond vorbei, und zwischen den Wolken beobachteten wir Schritt für Schritt wie in einer Fotoserie eine Mondfinsternis. Als das Mondlicht am hellsten war, drang es tief ins Wasser ein und schimmerte auf den Leibern von vier Doraden, die unter dem Floß schwammen. Die Fische wurden dadurch zu geisterhaften grünleuchtenden Torpedos, und wenn sie die Vorderflossen abspreizten, balancierten sie auf blauschillernden Schwingen. Es war gespenstisch schön.

Wir alle freuten uns darauf, in Taiwan an Land zu kommen. Geoffrey mußte dann geradewegs zum Flugplatz fahren und das erste Flugzeug nach Hongkong nehmen, um zurück in seine Firma zu kommen. Wir anderen freuten uns darauf, an Land die Beine vertreten zu können und etwas von Taiwans Kulturerbe zu sehen. Ich war besonders neugierig auf die Überreste der Stufenpyramiden-Tempel, die laut Professor Needham mit ähnlich geformten Tempeln der Azteken und Mayas in Mittelamerika bis hin nach Peru verglichen worden waren. Es gab die Theorie, daß kulturelle Verbindungen zwischen den Erbauern solcher Tempel rund um den Pazifik von Südostasien bis nach Südamerika bestanden hätten, weil sich die Erhebungen, die sie für ihren Kult gebaut hatten, in Anlage und Entwurf ähnelten. Die meisten waren pyramidenförmig mit einem besonders umschlossenen Altar auf der Spitze. Ich selbst fand die Theorie nicht besonders überzeugend, denn diese Form schien mir eine ganz verbreitete Bauweise zu sein, und die Parallelen waren recht vage und allgemein.

Der wichtigste Grund, einen taiwanesischen Hafen anzulaufen, war aber praktischer Art: Auf der Hsu Fu wurden die Ersatzteile knapp. Jedesmal, wenn wir eine zerbrochene Bambusspiere ersetzten, das Kajütdach oder die Zurrungen verstärkten, oder wenn wir das Floß baulich verbesserten, verbrauchten wir etwas von dem kleinen Vorrat an Bambus und Rattan, den wir als Reserve an Bord hatten. Bei unserer Abreise aus Hongkong waren die Reservebambusstäbe beiderseits der Hauptkajüte als primitiver Zaun angelascht worden und halfen, die Kraft der Seen zu brechen, die von der Seite über das Floß spülten. Jetzt war der Reservebambus fast verbraucht und das Schanzkleid, das diese Stäbe gebildet hatten, beinahe verschwunden. Auch von Lois Rattanvorrat war nur noch die Hälfte übrig. Ich hoffte, in Taiwan diese für das Floß lebenswichtigen Materialvorräte auffüllen zu können.

Aber innerhalb der nächsten 24 Stunden mußten wir feststellen, daß wir die Hsu Fu nicht mehr beherrschten. Der Schwarze Strom hatte das Kommando übernommen.

Das Problem war ganz einfach. Anfangs waren wir entlang der taiwanesischen Küste großartig vorangekommen. Zwei Tage lang hielten wir mit Wind und Strom im Rücken auf unser Ziel, das Kap San-Tiao an der Nordostspitze der Insel, zu. Als der Wind aber auf Nord drehte, zwang er uns vom Land weg. Auf den Nordwind folgte eine Flaute, dann kam wieder Nordwind, so daß wir nicht zurück an die Küste kamen, sondern hin- und herkreuzend darauf warten mußten, daß der Wind in eine günstigere Richtung umsprang. Aber die ganze Zeit war der Schwarze Strom so kräftig, daß er uns geradewegs an Taiwan vorbeitrieb. Das war keine plötzliche Notlage, wir merkten nur allmählich, daß wir in die falsche Richtung trieben und rein gar nichts dagegen tun konnten. Am 6.Juni, zwei Tage nachdem uns das Seeräuberschiff begegnet war, konnte ich der Karte entnehmen, wie der Strom unseren Kurs diktierte. Mittags standen wir 35 Meilen von Kap San-Tiao ab und segelten mit einem leichten Wind, der aber aus günstiger Richtung kam, darauf zu. Sechs Stunden später hatten wir 40 Meilen Abstand. Der Schwarze Strom wirkte sich stärker aus als der Wind. Ich rief die Mannschaft zum Schiffsrat ins Cockpit.

»Wenn wir nicht bald stärkeren günstigen Wind bekommen«, erklärte ich, »sieht es so aus, daß wir nicht in Taiwan an Land kommen. Ich will noch einmal 24 Stunden abwarten, aber ich glaube, daß wir uns Alternativen überlegen müssen. Die erste Möglichkeit wäre, den Knopf der Seenotfunkboje zu drücken und darauf zu warten, daß uns irgend jemand rettet. Aber ich meine wirklich, daß das nicht in Frage kommt, weil man so etwas nur in ernster unmittelbarer Gefahr tun sollte. Als zweites könnten wir vielleicht Gelegenheit haben, ein vorbeikommendes Schiff anzurufen und eine Nachricht nach Taiwan durchgeben zu lassen, damit irgend jemand ein Boot schickt, um uns einzuschleppen. Aber ich halte es für unwahrscheinlich, daß wir ein Schiff treffen, denn wir sind nicht mehr im Hauptschiffahrtsweg. Dritte Möglichkeit: Unsere Freunde in Taiwan könnten sich Sorgen machen und uns suchen. Als vierte Alternative sollten wir uns andere Stellen aussuchen, wo wir landen könnten. Am ehesten könnten wir wohl die japanischen Ryukyu-Inseln erreichen, die in Stromlee liegen. Okinawa ist die größte dieser Inseln und liegt 300 Meilen entfernt. Wir könnten in sieben bis zehn Tagen dort hinkommen, aber nicht ohne strenge Rationierung von Proviant und Wasser.«

Die Besatzung hörte mir sehr nachdenklich bis zum Schluß zu. Dann meldete Joe sich zu Wort: »Ich glaube nicht, daß es in Frage kommt, den Panikknopf zu drücken. Die Leute haben Besseres zu tun, als nach uns zu suchen.«

»Ich mache mir vor allem Gedanken wegen Geoffrey«, sagte ich. »Er muß sich um sein Geschäft kümmern und war nur auf sieben bis zehn Tage Abwesenheit eingestellt. Bis jetzt ist er erstaunlich geduldig geblieben, wofür man ihn nur loben kann.«

»Na ja, man kann kaum etwas ändern«, sagte Geoffrey mit resigniertem Schulterzucken.

»Statt um Wind zu pfeifen wie früher üblich«, sagte Mark grinsend, »werde ich meine Bongotrommeln schlagen – mal sehen, ob das dieselbe Wirkung hat.«

Ich war erleichtert, daß meine Crew so hart im Nehmen war. Jetzt begann ein neuer und ungeplanter Abschnitt der Expedition China.

Wir erlebten jetzt am eigenen Leibe eine mißliche Lage, in die Seefahrer vor 2000 Jahren ebenso geraten sein konnten. Gegen unseren Willen demonstrierten wir, wie ein Fahrzeug im Altertum zufällig in unbekannte Gewässer abgeirrt sein konnte. Wenn Wind und Strom entmastete oder beschädigte Schiffe an fremde Küsten getrieben hatten, sprach die Wissenschaft von »Zufallsreisen«. An uns auf der HSU FU wurde aber deutlich, daß nur wenige Tage Gegenwind oder Flaute zum gleichen Ergebnis führen konnten. Wenn ein langsames Fahrzeug, etwa ein Floß, von einem Strom erfaßt wird, der so stark ist wie der Kuro-Schio, verhält es sich wie ein Heißluftballon, der mit dem Wind schwebt. Sollte sich ein Segelfloß aus China oder Taiwan irgendwann in den letzten 2000 Jahren mit dem Strom zu weit hinausgewagt haben und dann vom Wind im Stich gelassen worden sein, wäre seine Mannschaft in der gleichen Bedrängnis gewesen wie wir. Der Schwarze Strom könnte das glücklose Fahrzeug weiter und weiter vom Land fortgetrieben haben, zuerst nach Norden, dann nach Osten in Richtung Japan und danach vielleicht in den Pazifik hinaus auf Amerika zu.

In jener Nacht lag ich wach, lauschte dem Wind und überlegte, was unser Kurs nach Taiwan brachte. Näherten wir uns dem Land, oder täuschte das stetige Knarren und Ächzen des Floßes nur Fahrt durchs Wasser vor? Platschten wir nur auf und ab, hoben und senkten wir uns in der Dünung, ohne wirklich voranzukommen außer dorthin, wohin uns der Schwarze Strom trug?

Am 7. Juni blickte ich im Morgengrauen auf den Kompaß. Der stumpfe Bug der Hsu Fu war noch immer auf Taiwan gerichtet, und wir lagen auf einem guten Kurs. Voraus sah ich aber kein Land. Die Windrichtung war für das Floß ideal zum Segeln, der Wind war aber nur sehr leicht. Die Hsu Fu kam nur mit 1,5 Knoten voran. Ich zeichnete unsere Position auf der Karte ein, und schon klärte sich das Bild: Während der Nacht hatten wir bei leichtem Wind aus günstiger Richtung nichts gegen den Schwarzen Strom ausrichten können. Taiwan rückte immer ferner. Da der Wind aber zuzunehmen schien, wartete ich noch zwei Stunden und ermittelte dann erneut unsere Position, um ganz sicher zu sein. Wir hatten uns unserem Ziel so gut wie gar nicht genähert. Es war Zeit, unsere Pläne entschieden zu ändern.

Wieder rief ich die Mannschaft ins Cockpit und zeigte, wie die Kurslinie der Hsu Fu über die Seekarte kroch. Ich beglückwünschte Mark zu seinem Bongo-Trommeln und erklärte, daß wir in den letzten beiden Stunden mit günstigem Wind stetig gesegelt seien. Dennoch waren wir Taiwan in dieser Zeit nur eine Meile näher gekommen. Bei dieser »Geschwindigkeit« würden wir mindestens 40 Stunden günstigen Wind brauchen, um den Hafen zu erreichen – praktisch unmöglich, denn eine Winddrehung stand bevor. Der logische Ausweg war, alle Hoffnung auf Taiwan fahren zu lassen und mit einem neuen Kurs schräg zum Strom die japanischen Ryukyu-Inseln anzusteuern, deren nächstliegende etwa 130 Meilen entfernt war. Ich kündigte der Besatzung aber an, daß wir unsere Lebensweise ändern müßten. Vorbei waren die guten Zeiten mit drei Mahlzeiten am Tag und so vielen heißen Getränken wie wir wollten. Schlagartig begannen wir mit schmalen Rationen und strenger Disziplin. Wenn wir unseren täglichen Verbrauch zurückschraubten, konnten wir Proviant und Wasser 10 Tage länger strecken und zusätzlich vielleicht Regenwasser auffangen und Fische fangen. Sorgen machte uns aber der Brennstoffvorrat für den Kocher. Wir hatten nur noch zwei Liter Petroleum. Das reichte nur für eine einzige warme Mahlzeit am Tag und um zweimal täglich heiße Getränke zu machen, beim Frühstück und zu Mittag. Ab jetzt gab es nur noch abends ein warmes Essen. Mittags blickte Joe bedrückt auf seine Schale mit einem Häufchen Erdnüsse und Rosinen, zwei dünnen Scheiben Salami und einem einzigen Zwieback.

»Könntest du mir vielleicht das Chutney geben?« fragte er Geoffrey.

»Aber nicht zum Sattessen«, antwortete er. »Ich sehe schon, daß ich die Saucen und Gewürze einschließen muß.«

»Du wolltest doch bis zu deiner Rückkehr nach Hongkong abnehmen und braun werden«, gab Joe zurück, »und das wirst du jetzt ja.«

Am Nachmittag hatten wir wirklich großartiges Segelwetter, sobald wir auf unseren neuen Kurs – weg von Taiwan – gegangen waren. Die Sonne kam heraus, und die Hsu Fu pflügte unbeschwert über den Kuro-Schio, der reich an Tieren war. Über uns kreiste ein kleiner Schwarm Tölpel. Die Vögel stießen ab und zu im Sturzflug herunter, um fliegende Fische zu erbeuten, die unsere Eskorte von Doraden vor dem Floß in die Luft gescheucht hatte. Die fliegenden Fische brachen zu Dutzenden aus dem Wasser und schossen silberglänzend durch die Luft wie eine Handvoll über das Wasser geschleuderter funkelnder Münzen. Die unglücklichen fliegenden Fische waren die ewigen Opfer des Ozeans, Beute der Fische wie der Vögel. Manchmal sprangen sie in die Luft, um den Kiefern der räuberischen Doraden zu entkommen, nur um plötzlich unser Floß vor sich zu sehen. Sobald sie das Hindernis bemerkten, konnte man fast einen erschreckten Ausdruck in ihren ängstlichen runden Augen erkennen. Dann schienen sie schreckensstarr in der Luft stehenzubleiben, während sie ihre dünnen Schwingen verstellten, um dem Floß dann in einer Steilkurve auszuweichen. Danach platschten sie neben uns plump ins Wasser und fielen nicht selten geradewegs zwischen die schnappenden Kiefer einer Dorade.

Es war erstaunlich, dachte ich bei mir, wie reibungslos wir uns alle dem Leben auf unserem halbuntergetauchten Fahrzeug angepaßt hatten. Wir empfanden es inzwischen als selbstverständlich, daß das Seewasser um unsere Füsse gurgelte, sobald wir die Kajüt- oder Plichtkörbe verließen. Es kam uns völlig normal vor, daß Vorder- und Mittelteil unseres Floßes ständig überspült waren. Die Wellen, die über das Heck des Floßes leckten, waren unsere Entsorgungseinrichtung. Dort hockten wir knöcheltief in kleinen Wellen, um uns zu waschen oder unsere Notdurft zu verrichten. Der Ozean war unsere hygienische Wasserspülung. Selbstverständlich waren unsere Beine und Füsse häufig naß und kalt, und die Haut wurde weiß und wellig. Aber wenn die Sonne hervorkam, wurde der Kreislauf wieder angekurbelt, die Füsse trockneten schnell, und wir konnten sie trockenhalten, indem wir im Cockpit oder auf den Kajütdächern blieben. Überhaupt verbrachten wir einen großen Teil des Tages auf den Bambusmatten der Hüttendächer. Dort legten wir unsere Kleider zum Trocknen aus, flickten Segel, schrieben unsere Tagebücher, und Loi stellte dort mit Joes Hilfe seine Vokabellisten zusammen. Lois Vertrauen zu diesen Wortlisten war rührend. Sorgfältig trug er nebeneinander Spalten von vietnamesischen und englischen Wörtern in ein Notizbuch ein, das wir für ihn in Hongkong gekauft hatten, und das mit seinen schwarzen Deckeln und dem roten Rücken aussah wie ein altmodisches Buchhaltungsjournal. Der Nachteil war, daß Loi sich trotz größter Mühe nie die eingetragenen Vokabeln merken konnte. Daher war sein englischer Wortschatz auch nach drei Wochen auf See noch kläglich. Das schien ihm aber nichts auszumachen. Loi war voller Begeisterung. Er stand immer im Morgengrauen auf, selbst wenn er keine Wache hatte, meldete sich für jede Arbeit als erster, hielt seine Kleidung peinlich sauber, indem er sie täglich am Heck in einem Eimer wusch, wobei er Haarshampoo statt Waschpulver benutzte. Er schien glücklich und zufrieden.

Unsere neu eingeführte Proviantrationierung war nicht allzu schlimm, jedenfalls nach meiner Meinung, obwohl der ewig hungrige Joe wahrscheinlich anderer Ansicht war. Das Abendessen war unsere erste »rationierte« Mahlzeit: Reis und Zwiebeln, gemischt mit einer Handvoll der kleinen Trockenfische, die die Chinesen »Herbstlaubfische« nennen. Sie mußten gegessen werden, weil sie fast als einziges im Proviantfaß übrig waren. Das fade Essen dämpfte unseren Appetit, so daß uns die geringe Menge genügte. Zum Frühstück am nächsten Tag gab es Kleie und Trockenobst, was wir immer gerne aßen. Die erbärmlichen Portionen – nur eine halbe kleine Schüssel pro Mann – machten uns alles andere als satt. Das Mittagessen war genauso kärglich: eine Portion Reis vom Vorabend, die kalt serviert wurde, um Petroleum zu sparen. Er war aber mit ein paar hauchdünnen Scheiben chinesischer Trockenwurst, Rosinen und einem trockenen Zwieback pro Person recht lecker. Wir fanden uns alle damit ab, außer Mark, der seine Schüssel Geoffrey entgegenhielt und ihn spitz fragte: »Ist das alles?«

Mark schien es als einzigem von uns schwerzufallen, sich völlig in das Bordleben einzufügen. Er neigte dazu, etwas besitzergreifend zu sein. So sagte er z.B. »meine« Werkzeuge oder »meine« Kajüte, während wir anderen alles leichten Herzens teilten. Oft war er auch ziemlich schroff und taktlos. Der Grund war, wie ich annahm, daß Mark vorher so unabhängig und für sich allein gelebt hatte, daß er nicht merkte, wie sein Verhalten auf die anderen wirkte, die so gelassen zu sein versuchten, wie es die Umstände erlaubten. Ich hoffte, daß sich Marks leicht gereiztes Benehmen mit der Zeit mildern würde, sobald er Vertrauen zu seinen Bordkameraden gefaßt hätte.

Immerhin war das Trinkwasser jetzt nicht mehr knapp, denn am vorigen Abend war kurz vor dem Dunkelwerden ein wahrer Monsun-Wolkenbruch heruntergekommen, und nach einer kurzen Unterbrechung hatte es in der Dunkelheit weiter gegossen. Wasser stürzte überall hin, funkensprühende, zischende Blitze gabelten sich und erleuchteten immer wieder die schwarze See und den Horizont. Hastig gruben wir die Werbebanner der DHL, der Hongkong Telecom und des Mandarin-Hotels, unserer Hauptsponsoren, aus und spannten sie auf, um den Regen in Eimer zu leiten. Das Wasser schmeckte ein wenig nach dem Plastikmaterial der Reklamebanner, aber wir fingen in nur einer halben Stunde 50 Liter auf, genug für mindestens drei oder vier Tage bei nicht allzu strenger Rationierung.

Unser Ziel war jetzt eine Inselkette, die sich von einem Punkt 60 Meilen östlich Taiwans bis zu den japanischen Hauptinseln erstreckt. Die einzelnen Inseln ziehen sich über einen 650 Meilen langen Bogen hin und liegen so weit auseinander, daß es keineswegs feststand, wohin wir kommen würden, und ob Wind und Strom uns überhaupt an Land bringen oder etwa durch eine der weiten Lücken zwischen den Inseln hindurchspülen würden. Die sehr viel größere Insel Taiwan verfehlt zu haben, war uns eine Lehre, deshalb beschloß ich nun, die HSU FU einfach mit dem Schwarzen Strom an der bogenförmigen Inselkette entlangzusteuern. Ich hoffte, daß früher oder später eine der Ryukyu-Inseln direkt auf unserem Weg liegen würde. Ich wünschte, daß das geschehen würde, bevor wir gar keinen Kochbrennstoff mehr hätten und den ganzen Tag nur kalt essen müßten. Außerdem mußte man sich den Inseln mit Vorsicht nähern. Viele von ihnen waren Vulkangipfel, die aus dem Ozean ragten, und die meisten waren von todbringenden Korallenriffen umkränzt.

Allmählich sahen wir wieder Schiffe. Dann und wann kreuzte ein großer Tanker unseren Weg oder ein Flüssiggastransporter, der aussah wie ein auf der Seite schwimmender aufgeblähter Getreidesilo. Diese Schiffe mußten aus dem Mittleren Osten gekommen sein, um Japans hungriger petrochemischer Industrie Rohstoffe zu bringen. Am 9. Juni konnten wir über unser Walkie-talkie mit einem der Tanker, der VENUS VICTORY, Verbindung aufnehmen. Der Funker dieses Schiffs versprach, unseren Standort nach Hongkong weiterzumelden. Drei Stunden später tauchte ein kleines Fischerboot in unserem Kielwasser auf und schoß rote Notraketen. Wir konnten uns das nicht erklären. Ich nahm das Fernglas, um mir die Sache genauer anzusehen. Dort an Deck des Fischerbootes erkannte ich die kleine, aber unverwechselbare Gestalt unserer japanischen Künstlerin Nina, die auf und ab sprang und wie verrückt winkte.

Wir hatten Nina zuletzt in Hongkong gesehen. Dorthin war sie aus Tokio gekommen, um uns zu verabschieden und unsere Abreise zu zeichnen. Schon seit Beginn der Unternehmung in Vietnam war Nina entschlossen gewesen, auf der HSU FU mitzusegeln. An der Bucht von Halong hatte ich mich mit ihr geeinigt, daß es für sie vernünftiger wäre, abzuwarten, bis das Floß Taiwan erreicht hätte und dort an Bord zu kommen. Unsere Verspätung hatte sich als glücklicher Zufall herausgestellt. Gegen Ende ihres Aufenthalts in Vietnam war Nina an Hepatitis A erkrankt und mußte nach ihrer Rückkehr in Japan einen Monat im Krankenhaus verbringen. In Hongkong konnte sie uns nur verabschieden, indem sie vorübergehend das Krankenhaus verließ. Sie war so schwach, daß sie bei ihrer Ankunft im Rollstuhl aus dem Flugzeug geholt werden mußte. Sie hatte uns das aber verborgen und erneut beharrlich versucht, mit uns zu kommen. Aber ich war hart geblieben: »Wir treffen uns in Taiwan«, hatte ich gesagt, »und segeln dann gemeinsam auf der HSU FU bis nach Japan.« So hatte sie also ihre Krankenhausbehandlung abgeschlossen, war nach Taipeh gereist und hatte dort gewartet. Die HSU FU war jedoch glatt vorbeigesegelt. Nina aber, so hartnäckig und entschlossen wie immer, ließ sich dadurch nicht abhalten. Als unsere Freunde vom taiwanesischen Segelverband nichts von dem Floß gehört hatten, beschlossen sie, einen Fischkutter zu chartern, um uns zu suchen. Nina hatte darauf bestanden, mit an Bord zu sein, als der Kutter losfuhr. Theoretisch war es eine Suche nach der Stecknadel im Heuhaufen. Da man keine genaue Vorstellung hatte, wo man uns auf der weiten See suchen sollte, waren die Chancen, uns zu finden, praktisch gleich Null. Trotzdem waren die taiwanesischen Segler unter der Leitung von Robert Wu aufgebrochen und hatten aufgrund einer wohlüberlegten Schätzung, wo die HSU FU sein könnte, die Suche im Zickzack begonnen und sich jedes Objekt angesehen, das sie als Echo auf dem Radarschirm entdeckt hatten. Einen Tag und eine Nacht lang hatten sie auf diese Weise gesucht und nichts gefunden. Der Fischer wollte umkehren, weil sein Treibstoff knapp wurde, aber Nina und Robert Wu hatten ihn gedrängt, es noch zwei Stunden länger zu versuchen. Dann sahen sie etwas auf dem Radarschirm, hielten darauf zu und fanden zu ihrer großen Enttäuschung einen Tanker. »Haben Sie ein Segelfloß gesehen?« fragten sie über Funk. Durch einen außergewöhnlich glücklichen Zufall war dieser Tanker die VENUS VICTORY und antwortete: »Ja, wir haben vor einer Stunde Funkverbindung mit dem Floß HSU FU gehabt.« Und jetzt war Nina da, winkte, schrie Grüße und versuchte zur gleichen Zeit, schnell etwas zu skizzieren.

»Geoffrey, das ist deine Chance, eine Mitfahrgelegenheit nach Taiwan und dann nach Hongkong zu bekommen«, sagte ich. »Das Fischerboot nimmt dich mit.«

Er sah etwas niedergeschlagen aus. »Mir ist gar nicht wohl dabei, euch so kurzfristig zu verlassen«, antwortete er. »Es war ein wunderbares Erlebnis für mich.«

»Wir werden dich als Zahlmeister vermissen«, sagte ich. »Aber wir wissen immer noch nicht, wo und wann wir an Land kommen werden. Es ist besser, du ergreifst die Gelegenheit, solange sie sich bietet.«

Geoffrey kletterte also auf den taiwanesischen Fischkutter, Nina kam auf die HSU FU, und nachdem die Segler aus Taiwan sich vergewissert hatten, daß bei uns alles in Ordnung war und frisches Obst und Flaschen mit Trinkwasser übergeben hatten, drehte der Kutter auf Heimatkurs. Wir stauten die Beutel mit Orangen und Bananen weg und setzten uns dann alle – Mark, Joe, Loi, Nina und ich – ins Cockpit, um mit einem Schluck anzustoßen.

»Es ist plötzlich ganz anders hier ohne Geoffrey«, sagte Mark wehmütig, »es ist nur – er hat uns so plötzlich verlassen und konnte sich darauf ebenso wenig einstellen wie wir.« »Es ist immer dasselbe« bemerkte ich. »Ohne es zu merken, wird eine zusammenlebende und zusammenarbeitende Mannschaft zur fest verschweißten Einheit. Jedesmal, wenn irgend jemand die Gruppe verläßt oder hinzukommt, ist das eine tiefgreifende Veränderung.« »Nun ja, er war ein großartiger Zahlmeister«, sagte Joe, und wir hoben unsere Gläser. »Auf die Reise der HSU FU, auf unsere Freunde vom taiwanesischen Segelverband … und auf die abwesenden Freunde.«

Nina war genau im richtigen Augenblick angekommen. Am nächsten Tag, dem 10. Juni, erschien gegen 16.00 Uhr ein zweimotoriges Flugzeug von Nordwesten her. Es flog niedrig und direkt auf uns zu. Als es umkehrte und über uns kreiste, konnten wir auf dem Rumpf die aufgehende Sonne Japans und die Kennzeichen der japanischen Küstenwache erkennen. Ich zeigte Nina die Bedienung des Walkie-talkies, und sie begann, die Fragen zu beantworten, die aus dem Himmel kamen: Wer wir seien, ob wir Hilfe bräuchten, woher wir kämen und wohin wir wollten, wieviel Proviant und Wasser wir an Bord hätten. Zufrieden mit unseren Antworten flog die Maschine weg. Erst später wurde uns klar, daß der Flug auch eine Patrouille gegen Piraten war. In derselben Nacht näherte sich der HSU FU ein grün-weißes Piratenschiff, und Nina und ich baten es beinahe um Schlepphilfe.

Das Gefühl, daß wir nun unter dem Schutzschirm einer reichen und mächtigen Nation segelten, wurde am nächsten Morgen noch deutlicher, als ein anderes Luftfahrzeug der Küstenwache, diesmal ein großer Hubschrauber, auftauchte und eine Zeitlang über uns stand, während ein Filmteam

Aufnahmen machte. Wieder einmal benutzte Nina das kleine Funkgerät. Nach einem etwas zaghaften Anfang plapperte sie freiweg und gebrauchte all die Floskeln, die beim Sprechfunk üblich sind. Sie teilte der Hubschrauberbesatzung mit, daß wir – abhängig vom Wind – versuchen würden, die etwa 80 Meilen südwestlich gelegene Insel Miyako anzusteuern. Ob die Küstenwache wohl die Hafenbehörden informieren würde, damit uns dann vielleicht ein einheimisches Fischerboot in den Hafen helfen könnte.

Kaum war der Hubschrauber lärmend weggeflogen, als der erhoffte Nordwind zu wehen begann und die Hsu Fu auf drei Knoten Fahrt beschleunigte, für jedes normale Boot eine bescheidene Geschwindigkeit, aber für unser halb untergetauchtes Floß ganz annehmbar. Wir waren äußerst befriedigt, obwohl der Regen jetzt nur so prasselte. Wir hatten die Segel und Schwerter zu unserer Zufriedenheit eingestellt und ruhten uns gerade im Cockpit aus, als wir laut und deutlich ein knackendes Geräusch hörten, und der Fockmast brach. Im Nu verschwand das obere Drittel des Mastes in einem Gewirr von Holz, Segeltuch und Tauwerk und fiel über Bord, während der Maststumpf zersplittert zum Himmel zeigte. Der Zwischenfall geschah am hellichten Tage bei Windstärke 3 bis 4, abgesehen vom Regen konnte man sich keine günstigeren Bedingungen für einen Mastbruch vorstellen. Obwohl einiges hätte passieren können, gab es keinerlei Aufregung – Mark lief sofort nach vorn, um das lose Segel und die zersplitterte Spiere aus dem Wasser zu ziehen. Loi kam wenige Augenblicke später, gleich danach Joe. Zusammen wuchteten sie die vollgesogene Masse von Tauwerk, Segeltuch und Bambuslatten auf das Dach der Vorderkajüte und verzurrten das Ganze dort sicher. Es gab keine Panik, kein Geschrei, nur vernünftige planvolle Arbeit, während ich am Ruder blieb, um den Kurs zu halten. Wanten wurden abgenommen, Tauwerk aufgeschossen und der Schaden begrenzt. Als die Bergungsmannschaft zurück in die Plicht kam, durch und durch naß vom Regen und vom Seewasser, das sie auf dem ungeschützten Vordeck bis zu ihren Knien umspült hatte, waren sie alle in guter Stimmung. Nichts bringt ein Team besser zusammen als ein kleiner Zwischenfall und die gemeinsame Befriedigung, richtig und wirkungsvoll darauf reagiert zu haben. Ich sah die HSU FU in guten Händen.

Entlang der Ryukyu-Inselkette

Miyako war eine niedrige, grüne und freundliche Insel, umkränzt von fahlen Korallenriffen. Die Bewohner ließen das Leben ruhig angehen, denn sie wußten nur zu genau, daß sie einen unschätzbaren Vorteil genossen. Einerseits hatten sie als japanische Staatsbürger Anspruch auf alle erdenklichen staatlichen Leistungen und erhielten von der Regierung in Tokio auch großzügige finanzielle Unterstützung. Andererseits lebten sie in einem subtropischen Klima Hunderte von Meilen von der japanischen Arbeitshektik entfernt, die diese wirtschaftliche Hilfe erst ermöglichte. Dem geographischen Abstand entsprach der Mentalitätsunterschied. Die Insulaner bauten ein wenig Zuckerrohr an, hofften auf mehr Touristen, fischten auf den blauen Wassern des Pazifik Thunfisch und Bonito und warteten im übrigen auf die nächste staatliche Geldzuweisung aus Tokio. Sie hatten inzwischen einen schönen Flugplatz, erstklassige Telefonverbindungen, ein ausgezeichnetes Krankenhaus und einen großartigen, fast leeren Hafen, in den die HSU FU am 12. Juni einlief.

Am Kai wartete ein Aufgebot von insgesamt 14 Beamten auf uns. Sie vertraten den Zoll, die Gesundheitsbehörde, das Hafenamt, die Schiffssicherheitsverwaltung, die Einwanderungsbehörde und die Küstenwache. Sie alle standen korrekt uniformiert am Kai aufgereiht, manche trugen Schiffchen als Kopfbedeckung, die meisten hatten Aktentaschen oder -koffer bei sich, einige trugen sogar weiße Handschuhe. Ich konnte mich nicht erinnern, je eine eindrucksvollere Ansammlung von Amtspersonen gesehen zu haben. Normalerweise läßt ein solches Aufgebot lange Befragungen und endlose Formulare erwarten. Immerhin war Miyako für die Hsu Fu ja ein unvorhergesehener Anlaufhafen. Die Insel war japanisches Staatsgebiet, sie gehörte zur Präfektur Okinawa, und niemand von uns hatte ein japanisches Visum. Außerdem mußten wir mit dem ganz normalen Papierkrieg rechnen, der jedem ausländischen Schiff bevorsteht, das in einem fremden Land ankommt. Aber irgend etwas kam mir an diesem Schwarm von Beamten untypisch vor. Bald wurde mir klar, was es war: All diese untergeordneten Beamten standen dort und bemühten sich um eine ernste, bedeutungsvolle Miene. Die meisten aber konnten kaum ein Lächeln unterdrücken. Sie sahen weniger wie würdige Amtsträger aus, sondern mehr wie Kinder, die einem besonderen Erlebnis entgegenfiebern.

Die Invasion von Beamten kletterte auf die Hsu Fu wie bei einem Sonntagsausflug. Sie betrachteten alles und faßten alles an, stellten Fragen wie Schulkinder bei einem Museumsbesuch und notierten Ninas Antworten beflissen auf ihren Notizblöcken. Ob wir bei der Ankunft noch genug Proviant und Wasser gehabt hätten, was genau wir an Bord gegessen hätten, ob wir unsere Fahrtroute von Hongkong nach Miyako erläutern könnten, ob wir wohl unsere Sicherheitsausrüstung, Radio, Seenotfunkboje u.s.w. aufzählen könnten? Die uniformierten Beamten krabbelten freudig auf Händen und Knien durch die niedrigen Kajüten, wobei sie interessiert murmelten und miteinander fröhlich über alles Gesehene sprachen. Dann kletterten sie zurück auf die Mole, zupften ihre Uniformjacken zurecht, staubten ihre Hosenknie ab und versuchten, wieder eine würdige Amtsmiene aufzusetzen. Als sie schon im Aufbruch waren, merkte ich, daß sie eine Rechtfertigung für ihren massenhaften Besuch an Bord des Floßes suchten. Glücklicherweise fiel das Auge eines Zollbeamten auf die letzten der Orangen und Bananen, die wir von dem taiwanesischen Fischerboot bekommen hatten. »Oh, oh«, ermahnte er uns, das seien ausländische Landwirtschaftserzeugnisse, und ihre Einfuhr nach Japan verstoße gegen die Quarantänebestimmungen. Wir könnten die Orangen und Bananen im Hafen von Miyako an Bord verzehren, aber auf gar keinen Fall dürften wir sie zum Picknick mit an Land nehmen. Nachdem auf diese Weise die landwirtschaftliche Integrität Japans zur allgemeinen Zufriedenheit geschützt worden war, stiegen alle wieder in ihre Dienstwagen und fuhren weg. Später hörte ich, daß viele der Beamten, die uns am Kai begrüßt hatten, extra von der Nachbarinsel Ishigaki herübergekommen waren, weil ausländische Schiffe so selten Miyako anliefen, daß die Insel keine komplette Beamtenausstattung hatte. Diese Besucher waren fest entschlossen, den Rest des Wochenendes auf Miyako zu verbringen und erst dann nach Hause zurückzufahren. Bevor der leitende Einwanderungsbeamte uns verließ, hatte er gefragt, ob Nina und ich nach dem Mittagessen mit den vollständigen Schiffspapieren und allen Pässen zum Hafenmeisterbüro kommen könnten.

Zwei Stunden später fanden Nina und ich uns im Hafenamt ein. Dort geleitete man uns in großzügige, offensichtlich wenig benutzte Diensträume. Die Beamten hatten inzwischen ihre Uniformjacken abgelegt und erstrahlten jetzt in makellosen Hemden mit dunklen Krawatten. Ihre Schreibtische waren ebenso ordentlich, keine Akte, kein Blatt Papier verunzierte sie. Daß Nina zur Besatzung der HSU FU gehörte, half uns sehr. Da wir ein japanisches Besatzungsmitglied an Bord hätten, müßte mit der HSU FU nahezu alles seine Ordnung haben – so die Theorie der Beamten. Joe, Mark und ich erhielten sehr schnell die Erlaubnis, uns drei Monate lang in Japan aufzuhalten und japanische Gewässer zu befahren. Unsere Pässe wurden gestempelt. Mit Loi aber verhielt es sich anders. Bei ihm wurde der leitende Einwanderungsbeamte ernst. Loi sei Vietnamese ohne Visum, und Japan stelle vietnamesischen Staatsbürgern grundsätzlich kein Besuchervisum aus, abgesehen von seltenen Ausnahmefällen. Da es sich um Wirtschaftsflüchtlinge handeln könnte, müßte bei allen vietnamesischen Antragstellern das Vorleben genau durchleuchtet werden, und Bewerber mit qualifizierter Hochschul- oder Berufsausbildung würden vorgezogen. Nach einer langwierigen Untersuchungsprozedur, die drei, vier Monate dauern würde, könnte z.B. jemand mit dem Doktortitel einer Universität das ersehnte Visum bekommen. Ich erklärte, daß Loi einfacher Fischer sei und eine Universität in seinem ganzen Leben nicht einmal von weitem gesehen hätte. Der verantwortliche Einwanderungsbeamte bedauerte außerordentlich, aber Loi sei nicht berechtigt, das Floß zu verlassen, bevor seine Rechtsstellung höheren Orts geklärt sei. Er würde an Bord des Floßes bleiben müssen und dürfte keinen Fuß an Land setzen. Ich fragte, ob er denn zur Toilette gehen dürfte oder das Hafenwasser verunreinigen müßte. Die Beamten berieten darüber hastig und gestatteten dann eine Ausnahme: Er sollte zur Toilette gehen dürfen, müßte danach aber unverzüglich zum Floß zurückkehren. Die Einwanderungsbehörde in Miyako würde Lois Fall inzwischen an die vorgesetzte Behörde auf der Hauptinsel Honshu melden.

Während der nächsten 24 Stunden pendelten Nina und ich ständig zwischen Floß und Hafenamt, während die Einwanderungsbehörde Lois Fall auf ihre ganz eigene Art bearbeitete. Bei unserem zweiten Besuch sagte man uns, die oberste Einwanderungsbehörde in Tokio hätte bestätigt, daß Loi kein Visum erhalten könnte. Aber ich könnte dagegen Widerspruch einlegen, erklärte der Einwanderungsbeamte von Miyako. Ich füllte das einschlägige Widerspruchsformular aus, das dann per Fax abgeschickt wurde. Bei unserem dritten Besuch hörte ich, daß der Widerspruch zurückgewiesen worden sei, Loi sollte nach wie vor kein Visum bekommen. Aber ich erfuhr, daß dagegen im begründeten Fall ein Rechtsmittel bei einem japanischen Gericht eingelegt werden könnte. Dazu füllte ich ein Schriftstück aus, in dem ich angab, daß Loi für die Sicherheit des Floßes unverzichtbar sei, weil er als einziger an Bord Rattan binden könne. Der Beamte las das mit Befriedigung durch und bat dann um Lois Paß. Einen Augenblick später hörte ich den Gummistempel auf das Papier knallen, blickte hinüber und sah, daß der leitende Einwanderungsbeamte Lois Paß abgestempelt hatte, bevor der Schriftsatz an das Gericht auch nur durch das Faxgerät gegangen war. Ich begriff, daß das ganze Brimborium nur eine Farce war. Die Einreisebehörde von Miyako hielt sich genau an die vorgeschriebenen Verfahrensweisen, war aber fest entschlossen, Loi an Land zu lassen.

Der Chef der Einreisebehörde verschloß danach seinen Aktenschrank und kündigte an, daß Nina und ich ein Stockwerk höher in ein anderes Büro müßten. Ich sah uns schon beim Ausfüllen weiterer Formulare. Als wir aber durch die Tür traten, an der »Zoll« stand, trafen wir die meisten der Beamten wieder, die uns am Vortag am Hafen empfangen hatten. Hier saßen sie jetzt um einen Tisch voller Bierdosen und Sake-Flaschen herum. Sie erklärten, daß es eine Feier sei, und daß sie uns mit der auf Miyako beheimateten Sitte des Omori bekannt machen würden. Dazu gehörte, daß jeder eine kurze Ansprache hielt, dann mit einer Flasche Sake die Runde machte, jedem das Glas füllte und nacheinander mit jedem Anwesenden anstieß und auf sein Wohl trank. Danach bestimmte der Leiter der Zusammenkunft einen neuen Sprecher und Trinker, und das wiederholte sich, bis jeder Teilnehmer die Runde gemacht hatte. Dann begann die Reihe von neuem. Wie mir später klar wurde, war es kein Wunder, daß die Bewohner Miyakos überall auf den Ryukyus für ihren Alkoholverbrauch berüchtigt waren, und daß es die einzige Insel der Gruppe war, wo die Lebenserwartung unter dem japanischen Durchschnitt lag. Auf der anderen Seite war es kaum möglich, nicht von der Art eingenommen zu sein, wie man auf Miyako mit amtlichen Vorschriften umging. Wir hatten einen glücklichen Landfall gemacht.

Die Inselbewohner waren stolz auf ihren Ruf, besonders,

wenn es zu Vergleichen mit den Nachbarn auf Ishigaki kam. Im 19. Jahrhundert waren die Ryukyus ein unabhängiges Königreich gewesen, über das ein König auf der Insel Naha oder Okinawa herrschte. Damals waren Ishigaki und Miyako die entlegenen Inseln gewesen, wohin die Regierung Aufrührer und verurteilte Kriminelle schickte. Politische Gefangene und Intellektuelle wurden nach Ishigaki verbannt, während gewöhnliche Verbrecher, Mörder und Diebe ihre Strafzeit auf Miyako verbringen mußten. »Die Leute auf Ishigaki denken noch immer mit dem Kopf, sie sind kühl und kurz angebunden«, erzählte man mir auf Miyako. »Wir aber sind stolz, von gewöhnlichen Kriminellen abzustammen, die mit dem Herzen auf ihre Mitmenschen reagieren. Wir sagen von uns, daß wir dicke Bäuche haben!« Dabei schlug mein Gesprächspartner auf seinen eigenen Bauch.

Genaugenommen empfanden sich die Bewohner von Miyako vor allem als Insulaner, die erst neuerdings Japaner geworden waren. Ihr ursprünglicher Dialekt beruhte zwar auf der japanischen Sprache, wurde auf den japanischen Hauptinseln aber nicht verstanden. Die Bewohner der Inselgruppe waren eine Mischung zwischen Japanern aus dem Norden und Seevölkern aus Südostasien. Die Ryukyus hatten unter chinesischer, japanischer und – vor ganz kurzer Zeit – amerikanischer Herrschaft gestanden. Die Vereinigten Staaten hatten diese strategisch wichtigen Inseln nach dem 2. Weltkrieg okkupiert und 1972 an Japan zurückgegeben. Während all dieser Umwälzungen hatten die Bewohner Miyakos immer ihre gelassene Lebensweise und überkommene Gastfreundschaft beibehalten. Ganz gleich, wo die Floßbesatzung auf Miyako auch hinkam, überall machte man uns kleine Geschenke, lud uns zum Essen ein und bot uns Hilfe an. Man fand für uns sogar eine Wohnung, die vom Hafen aus zu Fuß gut zu erreichen war. Dort konnten wir kochen, schlafen und uns waschen. Jeden Abend lud uns der örtliche Sporttaucherklub zu einem Treffen ein, wobei die Taucher die tagsüber erbeuteten Fische und Schalentiere grillten und sich anschließend bis in die Nacht in der Kunst des *Omori* übten.

Loi hatte erklärt, daß er viel lieber an Bord schlafen wolle, auch als er das Visum hatte. Wie er sagte, fühlte er sich dort wohler. So ging ich also nach dem Abendessen mit den Sporttauchern und Nina zum Floß, um nach Loi zu sehen. Als wir den Hafen in den Blick bekamen, sah ich eine kleine Gruppe am Kai sitzen. Es war eine einheimische Familie, Mutter, Vater und zwei kleine Kinder, die um eine Laterne herum auf dem Boden hockten. Loi selbst saß dabei und schien mit der Unterhaltung in Zeichensprache völlig zufrieden zu sein. Nina fragte die Besucher, ob sie dolmetschen könnte. »Oh, nein!« lachten sie. »Wir dachten, daß der vietnamesische Seemann einsam wäre, deshalb sind wir hergekommen, um ihm Gesellschaft zu leisten. Wir haben ihm etwas zu essen mitgebracht. Wir wollen versuchen, ihm einige Worte Japanisch beizubringen, und dafür sorgen, daß es ihm auf unserer Insel gefällt.« Danach sah man diese Familie und ihre Freunde jeden Abend bis spät in die Nacht mit Loi plaudern.

Die Stadt auf Miyako bestand aus einem Gewirr schmaler Straßen, die sich vom Hafen aus landeinwärts erstreckten. Geschäfte mit reichhaltiger Auswahl säumten die Gassen. Alles war im kleinen Maßstab, auch auf den Straßen, wo hauptsächlich Kleinwagen und Kleinbusse verkehrten. Sie schnurrten die Straßen auf und ab oder fuhren in die gepflegten Vororte hinaus, die aus kleinen Bungalows und hier und da einem bescheidenen Einkaufszentrum bestanden. Die Leute schienen jede Menge Zeit zu haben. Tagsüber rollte ein winziger Kleinbus nach dem anderen an den Kai. Die Fahrer parkten dann, um wortlos 10 Minuten sitzenzubleiben und das Floß anzustarren, bevor sie wieder wegfuhren.

Währenddessen machten wir uns an die Arbeit, den zerbrochenen Fockmast zu ersetzen. Von weitem hatte die Insel grün ausgesehen, aber die Bäume eigneten sich nicht, um

Masten daraus zu machen. Wir hatten die Erlaubnis, überall hinzugehen und jeden geeigneten Baum zu fällen. Man hatte uns aber gesagt, daß die Bäume zu schwach wären, denn bei jedem Taifun würden auf der Insel die Baumkronen abknicken, ganz so wie der Kastanienmast des Herrn Ching abgebrochen war. Deshalb suchten wir mit der Unterstützung eines Herrn Sugama, des ortsansässigen Schiffsmaklers, den Hof der Telefongesellschaft auf, wo wir zwei ausgemusterte hölzerne Telegrafenmasten ergattern konnten. Wir hatten beschlossen, daß wir zwei brauchten, weil Mark sich wegen einer schwachen Stelle am Großmast der HSU FU sorgte und befürchtete, daß dieser Mast ebenfalls brechen würde. Es wäre also besser, auch gleich den Großmast zu erneuern, solange dazu Gelegenheit war. Mark verbrachte dann am Hafen eine Woche damit, die Telefonmasten sorgfältig zur richtigen Form zurechtzuhobeln. Den ganzen Tag kamen immer wieder Fischer und Bauarbeiter aus dem Ort vorbei, brachten ihm Essen und Erfrischungsgetränke und schenkten ihm dies und das. An einem Tag war es eine neue zusammenklappbare Holzsäge, am nächsten Tag ein Ersatz-Hammerstiel aus dem besonders zähen Holz eines Kendo-Schlägers.

Ursprünglich hatte sich Mark nur bereit erklärt, bis nach Taiwan auf der HSU FU mitzusegeln. Da Taiwan jetzt aber ein paar hundert Meilen hinter uns lag, fragte ich ihn, ob er uns verlassen und nach Hongkong zurückkehren wolle. »Nein!« antwortete er ohne zu überlegen. Es gefiel ihm so gut, daß er gern bis nach Tokio mitsegeln wollte, wenn auf dem Floß Platz für ihn wäre. Er war ein so guter Handwerker, daß ich nicht zögerte, sein Angebot anzunehmen, obwohl es auf dem Floß dann ziemlich eng würde, denn auf Miyako war der letzte derjenigen Mitsegler an Bord gekommen, die sich gleich am Anfang gemeldet hatten – Rex.

Als erstes fiel an Rex der buschige rote Bart auf, durch den er wie ein echter Seefahrer aussah. Danach bemerkte man seine dicken Brillengläser, die ihm ein akademisches

Aussehen gaben. Dieser Eindruck wurde noch durch sein ruhiges, höfliches und sehr besonnenes Auftreten verstärkt. Rex war wirklich ein äußerst methodischer Mensch. Alles, was er anfing, plante er genau durch. Er schrieb Listen auf, verglich verschiedene Möglichkeiten, untersuchte Alternativen und wußte im voraus ganz genau, womit er die nächsten 12 Monate zubringen würde. Er war mittelgroß und von durchschnittlichem Körperbau und der See so verfallen, wie andere Menschen passionierte Golfspieler oder eingefleischte Hobby-Vogelkundler sind. Rex las Bücher über die See, schrieb Zeitschriftenartikel über die See und das Segeln, war mit seebegeisterten Freunden zusammen und schaffte es sogar, seinen Lebensunterhalt auf See zu verdienen. Er segelte mit zahlenden Gästen auf seiner Oldtimer-Segelyacht, half gegen geringes Entgelt bei der Restaurierung hölzerner Segelschiffe und war jederzeit bereit, an einer maritimen Expedition auf einem traditionellen Segler teilzunehmen. Rex hatte nicht Marks handwerkliche Fähigkeiten, konnte aber Segeltuch nähen, Tauwerk spleißen, mit Segeln umgehen, steuern und navigieren. Als Mannschaftsmitglied auf einem Schiff, möglichst einem Holzschiff unter Rahsegeln, wo er Monat um Monat auf hoher See zubringen konnte, ohne sich um Nässe, Kälte und Unbequemlichkeit zu scheren, war er der richtige Mann. Kurz: Er war der ideale Kandidat für eine Langfahrt auf einem Bambusfloß, das sich allmählich immer mehr voll Wasser sog.

Wir blieben neun Tage auf Miyako. Dort ersetzten wir nicht nur beide Masten, sondern konnten auch die Schwierigkeiten mit dem kleinen Satellitenfunkgerät beheben, jedenfalls zum Teil. Ich nahm das Gerät mit nach Okinawa, wo amerikanische Techniker, die in der Nähe des riesigen US-Luftwaffenstützpunktes arbeiteten, ein abgestürztes Computerprogramm neu installierten. Der Strommangel sollte uns aber auch danach noch so lange plagen, bis in unserem nächsten japanischen Hafen die Hauptbatterie ersetzt wurde. Seit Geoffrey uns verlassen hatte, hatten wir Joe die

Proviantverwaltung anvertraut. Das hört sich zwar so an, als hätten wir den Bock zum Gärtner gemacht, aber ich erhoffte mir davon einiges. Wenn der immer hungrige Joe den Proviant verwaltete, würde er sicher genau auf die Menge und den Zustand unserer Vorräte achten. Aber beim Einkaufen auf Miyako bekamen wir einen Schock. Die Preise waren atemberaubend. Viele Artikel waren drei- oder viermal so teuer wie in Europa oder Hongkong, fast zu viel für das schmale Budget unserer Expedition. Nina und Joe durchkämmten die Gänge der Supermärkte, wobei Nina die Beschriftungen auf den Packungen übersetzte und Joe die Preise zusammenrechnete. Zum Schluß hatten sie gerade so viel von den allerbilligsten Lebensmitteln gekauft, daß es zusammen mit dem Rest der Vorräte aus Hongkong für die drei- oder vierwöchige Fahrt zu den japanischen Hauptinseln, unserem nächsten Reiseabschnitt, reichen sollte.

Am 21. Juni waren wir bereit zum Aufbruch. Herr Sugama wirbelte hektisch am Kai herum und gab dem kleinen Schlepper, der die HSU FU aus dem Hafen ziehen sollte, Handzeichen. Viele unserer neuen Freunde aus Miyako waren zum Abschied gekommen. Da waren die jungen Sporttaucher aus der Tauchschule Miyako, die Vertreter des Hafenamtes und des Schiffssicherheitsdienstes, die unser instandgesetztes Radio überprüft hatten und eine gute Reise wünschen wollten. Da war auch der kleine schüchterne Mann, der jeden Tag nach Feierabend mit seinem Motorroller gekommen war, einfach um vom Kai auf die HSU FU herabzublicken, bis es Zeit war, zum Abendessen nach Hause zu fahren. Man sagte mir, daß er im öffentlichen Dienst beschäftigt sei, und einen Tag seines Jahresurlaubs genommen hätte, um uns zu verabschieden. Lois »Familie« war auch erschienen – bepackt mit Geschenken für ihn: ein Wecker, eine Armbanduhr und ein kleines Kofferradio. Papierschlangen wurden zwischen dem Floß und den Schaulustigen hin- und hergeworfen, während die HSU FU langsam weggeschleppt wurde. Die gelb-grünen Bänder, unsere letzte Verbindung mit der glücklichen Insel, dehnten sich und zerrissen. Wir alle waren traurig, Miyako zu verlassen, aber auch froh, wieder unterwegs zu sein und die Reise fortzusetzen. Wir hatten den ersten Zwischenstopp hinter uns und das Floß dabei so gut wir konnten überholt und verbessert. Wir schätzten uns glücklich, daß der Schwarze Strom und der Wind uns zu dieser Insel voller warmherziger Freunde gebracht hatten.

Es ist erstaunlich, wie schnell Seeleute sich wieder in ihrem natürlichen Lebensraum zurechtfinden. Eben waren sie noch an Land, fühlten und benahmen sich wie Landbewohner, kamen und gingen, wie es ihnen gefiel, jeder mit seinen eigenen Interessen und seinem eigenen Tagesablauf. Und dann, unmittelbar darauf, sind sie wieder an Bord und auf See, sehen und hören einander ununterbrochen und nehmen reibungslos die gewohnte Routine wieder auf, als hätte es nie eine Unterbrechung gegeben. Aufgrund unausgesprochener Vereinbarungen ist jeder wieder Teil eines Teams. Die ersten 24 Stunden nach der Abfahrt von Miyako waren etwas ganz Besonderes. Der Himmel strahlte tropisch hellblau, der Ozean zeigte ein kräftiges Azurblau, der Schwarze Strom lief mit, und eine schöne südwestliche Monsunbrise schob die flockigen weißen Wolken ebenso wie das Floß nach Nordosten. An einem einzigen Tag legte unser Floß 99 Meilen zurück. Loi fing eine prächtige Dorade, die saftige Fischkoteletts abgab. Nur Nina ging es nicht gut. Sie gestand uns, daß sie nach jedem Hafenaufenthalt zwei oder drei Tage lang seekrank sei ... und machte sich daran, es zu beweisen.

Natürlich achteten wir genau darauf, ob sich durch unsere beiden neuen Masten etwas geändert hatte. Die Masten waren gut und kräftig, aber eindeutig viel schwerer als die Kastanienmasten, die Herr Ching gemacht hatte. Durch die Hebelwirkung des zusätzlichen Gewichts verwand und verbog sich das Floß noch schlimmer als vorher. Schon nach wenigen Tagen an Land hatte ich glatt vergessen, wie flexibel unser Bambusfloß war. Jetzt verbog und verdrehte das Floß sich in dem fast fünf Meter hohen Monsunseegang beängstigend. Dabei schwankte der Fockmast in ganz anderem Takt als der Großmast, so daß man den Topp des Fockmastes mal deutlich links vom Großmast sah und wenige Sekunden später ein gutes Stück rechts von ihm. Ich befürchtete, daß das Floß durch die ungeheure Belastung infolge dieser dauernden Verwindungen buchstäblich in zwei Teile zerbrechen würde, und dachte darüber nach, wie sorgfältig die Floßbauer in Sam Son wohl gearbeitet hatten, als sie das Fahrzeug mit Kilometern von Rattan zusammengezurrt hatten. Auch das Heck des Floßes war merklich tiefer gesackt. Der Heckausleger, also die achtern hinausragende Holzstange, an der die Leinen befestigt waren, mit denen das Besansegel bedient wurde, war inzwischen öfter unter als über Wasser. Diese Spiere tauchte mit den Bootsbewegungen regelmäßig ein und aus und hob dabei ab und zu die nachschleppende Sicherheitsleine, Lois Angelleine oder das Kabel des Logrotors an, der unsere Geschwindigkeit maß. Wo sonst, dachte ich, gab es wohl ein Schiff, dessen Segel mit Unterwasserschoten bedient wurden, mit Leinen, die aus der See kamen? Wir hatten unsere alten Masten als Ersatz für den Fall mitgenommen, daß die neuen Masten brechen würden, und mit dem zusätzlichen Gewicht der neuen Masten sowie der hinzugekommenen Vorräte lag das Floß zweifellos tiefer im Wasser. Die brechenden Seen spülten mittschiffs quer über die freie Fläche zwischen den Deckshäusern. Am Großmast brach sich das Wasser, so daß es schäumte und Gischt in die Kajüten spritzte.

Auch im Cockpit bemerkte ich, wie die größeren Wellen, die von achtern aufliefen, jetzt durch den ganzen Floßrumpf stiegen, an die Rückseite des Plichtkorbs schlugen und oft über seinen Rand brachen, wobei uns das Wasser über die Füsse klatschte. Diese Einsteiger waren nicht gefährlich, warnten uns aber, daß eines Tages ein Brecher das Cockpit mit Tonnen von Wasser überfluten und das Heck herunterdrücken könnte. In regelmäßigen Abständen hörten wir es zischen, wenn die Kämme der durchlaufenden Seen am Heck zwischen den Bambusstäben hindurchrauschten und nach oben quollen, dabei in den »Orgelpfeifen« gurgelten, dann beiderseits des Cockpitkorbes nach vorn rauschten und an dessen Wänden hochgischteten. Unter unseren Füssen drückte jede durchlaufende Welle den nachgiebigen, aus Flechtwerk bestehenden Plichtboden hoch. Er wölbte sich auf, so daß man wie auf Gelee stand. Ich betrachtete die vorbeiziehenden Seen und machte mir Sorgen: Würde eines Tages ein schwerer Brecher die Plicht oder die Kajütkörbe vollständig wegreißen und vom Floßrumpf trennen? Manchmal sah ich mir auch an, wie der Rumpf sich in ganzer Länge im Seegang hob, senkte und durchbog. Dabei fürchtete ich, daß die HSU FU buchstäblich ent-zwei-brechen würde. Jedesmal, wenn ein Wellenkamm das Floß in der Mitte anhob, hingen Bug und Heck kraftlos herunter – offensichtlich eine gewaltige Belastung für das Material. Ich sah den Bug schlapp herunterhängen, wenn er ins Wellental sackte, nur um sich gleich danach wieder hochzubiegen, wenn der Wellenberg vorn angekommen war. Dabei bog sich der Bambusrumpf dann entgegengesetzt. Es war ungefähr so, als wenn man ein altes Baguette-Brot, das schon etwas aufgeweicht ist, hin- und herbiegt. Irgendwann, dachte ich, würde es das Floß sicherlich einfach zerreißen.

Am zweiten Morgen mußten wir feststellen, daß die Sprengtaue durch das ständige Arbeiten des Floßes gebrochen waren. Das waren die dicken Trossen, die wir an beiden Seiten des Floßes gespannt hatten, um es in seiner durchgebogenen Form zu halten. Diese Trossen hatten 4 cm Durchmesser und bestanden aus bestem Manila, waren aber zerrissen wie Nähgarn. Die Teilstücke mußten abgenommen, sorgfältig zusammengespleißt und dann wieder angebracht werden. Diese Arbeit nahm den ganzen Vormittag in Anspruch. Noch bevor wir fertig waren, peitschte erneut eine Monsun-Regenbö die See. Ich brüllte die Besatzung an, die

Arbeit stehen und liegen zu lassen und das Großsegel bis auf zwei Felder zu reffen. Die Regenbö machte uns fast blind, wir konnten keine 50 m sehen, und die dampfende Kraft des Regengusses schien die See plattzuschlagen. Wie üblich spritzte der Wolkenbruch an jeder Ritze und durch die Löcher der Rattanzurrungen durch die Kajütdächer. Rex zog sich ungerührt aus, um sich und seine Kleidung in der Sintflut von Süßwasser zu waschen. Eine Stunde später, als die Bö über uns hinweggezogen war, machten wir auf dem Floß die Runde, um die Takelung zu überprüfen, und stellten befriedigt fest, daß während der Bö nichts gebrochen war oder versagt hatte. Obendrein waren wir frisch gewaschen und rochen sauber.

Jetzt, nachdem das Satellitenfunkgerät repariert war, stellte sich heraus, daß die Stromversorgung nicht ausreichte. Theoretisch hatten wir genug Solarmodule, insgesamt acht, um ausreichend Strom zur Aufladung der 12-Volt-Spezialbatterie zu erzeugen. Diese Batterie konnte sowohl die Positionslichter der Hsu Fu versorgen als auch die Akkus der Taschenlampen nachladen, die wir während der Nachtwachen benutzten. Aber die acht Solarplatten lieferten keine volle Leistung. Sie waren auf den Kajütdächern befestigt, anderswo war kein Platz dafür. Je nach Tageszeit lag immer nur die eine oder die andere Hälfte der Platten direkt in der Sonne. Auch durch den bedeckten Monsunhimmel verschlechterte sich die Ausbeute an Sonnenstrom. Wir versuchten, Strom zu sparen, wo wir konnten. Die Topplaterne schalteten wir nur an, wenn ein anderes Fahrzeug in die Nähe kam und wir uns bemerkbar machen mußten, die Taschenlampen benutzten wir so selten wie möglich. Aber das genügte noch nicht. Wir konnten mit dem Funkgerät zwar empfangen, wenn ich aber versuchte, unsere täglichen Berichte durchzugeben, brach die Stromversorgung schon nach 15 Sekunden zusammen. Ganz klar, es war Zeit, unseren Windgenerator aufzubauen, um zusätzlichen Strom zu gewinnen. Wir diskutierten lange, wie und wo wir die Windmühle am besten anbringen sollten. Einerseits sollte der Generator möglichst viel Wind fangen, andererseits durfte er aber nirgendwo stehen, wo wir häufig zu tun hatten, damit kein Mannschaftsmitglied von den wirbelnden Rotorblättern verletzt werden konnte. Mark zurrte das Gerät an den unvermeidlichen Bambusstab, den wir probeweise in der Nähe des Hecks aufstellten. Aber wir waren uns bald einig, daß der Generator, der ziemlich schwer war, dort zu unsicher stand, und sich der Propeller ungemütlich dicht an unseren Köpfen und Armen drehte. Falls die Windmühle abrutschen und herunterfallen sollte, würde sie in die nie unbesetzte Plicht krachen und Verletzungen verursachen. Schließlich fand Mark weit vorn am Bug eine geeignete Stelle. Dort saß der Generator an seiner Stange wie an einem kleinen vierten Mast und drehte sich während der nächsten vier Monate unermüdlich, erzeugte so viel Strom, wie wir brauchten, und war aus dem Weg.

In Wirklichkeit erzeugte die Windmühle sogar zuviel Strom. Am 27. Juni saßen wir an einem hellen, sonnigen Morgen gemütlich beim Frühstück im Cockpit, als Mark ruhig und eher beiläufig sagte: »Tim, es brennt in der Kajüte.« Ich blickte auf und sah Rauch aus der Kajüttür quellen und den Flammenschein dahinter. Ich ließ mein Frühstück fallen und schoß mit dem Kopf voran ins Deckshaus. An der Wand hing der wasserdichte Aktenkoffer, der die Verteilerdose für die Kabel enthielt, die vom Windgenerator und von den Solarplatten kamen. Blaue Flammen züngelten an den Kabeln entlang, und dicke Tropfen geschmolzener Kunststoffisolierung fielen herab. Das Blätterdach der Kabine konnte jeden Augenblick Feuer fangen. Ich wickelte mir ein Stück Stoff um die Hand, riß das brennende Kabel heraus und sah mir die Bescherung an – zusammengeschmolzener Kunststoff von Steckern und Kabelverbindern und verschmorte Kabel. Glücklicherweise hielt sich der Schaden in Grenzen, und ich konnte die Verbindungen reparieren. Als ich die Stromkreise überprüfte, stellte ich fest, daß die Isolierung dünne Kokosfaserfäden enthielt, die wie Dochte Seewasser in die Verbindungen gesogen hatten, was dann zum Kurzschluß geführt hatte.

Die Ruhe, mit der alle dieses kleine Drama aufnahmen, machte deutlich, wie sich unsere Einstellung zum Floßsegeln seit der Abreise aus Hongkong gewandelt hatte. Während des ersten Reiseabschnitts war uns das Leben auf der langsam vorankommenden und manchmal nur treibenden HSU FU feucht, unbequem und ungeordnet vorgekommen. Wenn der Wind jetzt aufhörte, holten wir die nutzlos gewordenen Segel herunter und machten uns an die beim Frühstück besprochenen Arbeiten zur Instandhaltung und Verbesserung des Floßes. Loi ersetzte abgenutzte Rattanzurrungen. Das war eine Sisyphusarbeit, weil durch die unablässigen Bewegungen des Floßes ständig etwas durchscheuerte. Mark erdachte und verwirklichte Verbesserungen an Masten und Segeln. Rex war unser Takelmeister geworden, er knotete, spleißte, brachte Taklinge an und ersetzte abgenutztes Tauwerk. Joe half überall mit und setzte seine Kraft ein. Nina, die ihre Seekrankheitsphase überwunden hatte, skizzierte, zeichnete und beantwortete unsere Fragen nach dem japanischen Alltag. Sie bewegte sich noch etwas unsicher an Bord. So saß sie eines Nachmittags mit ihrem Zeichenblock auf dem Dach der Hauptkajüte, als das Großsegel unbeabsichtigt überkam und sie vom Dach fegte. Wir anderen hörten einen dünnen Schrei und riefen nach ihr, weil wir sie nicht mehr sahen. Dann aber kletterte sie wieder auf das Kajütdach. Sie sah benommen aus und blutete aus einer Schnittwunde hinter dem linken Ohr, wo der Baum sie getroffen hatte. Joe untersuchte die Wunde und empfahl Nina, sich einige Stunden in der Kajüte hinzulegen. Sie fühlte sich dann aber bald wieder besser, so daß sie in der Nacht wieder Wache ging.

Im Morgengrauen des dritten Tages sahen wir das großartigste Bild, das wir bis dahin auf der Fahrt erlebt hatten. Nachts hatte der Schwarze Strom die HSU FU dicht an eine vulkanische Insel herangetragen. Bei Sonnenaufgang schien es, als sei ein Theaterkulissenmaler bei der Arbeit gewesen. Ungefähr eine Meile querab erhob sich massig und geheimnisvoll die Insel mit einem Vulkankegel in der Mitte. Ganz oben war die Caldera – der von einer früheren Vulkanexplosion kesselförmig erweiterte Krater. Etwas tiefer und weiter nach links erhob sich der schlankere und spitzere Kegel eines Nebenvulkans. Die Hänge beider Vulkane bedeckte oben graue Asche und schwarzer Stein, weiter unten blaßgrüner Wald. An der Küste uns gegenüber hoben sich im Licht der aufgehenden Sonne dunkelgrüne bebaute Felder und die geschwungenen Strände dreier Buchten von dem dunklen Lavagestein ab. Zu unserer Rechten am Südende der Insel stand ein nadeldünner Leuchtturm, und hinter ihm erhoben sich zwei Felsen, die wie die Fühler einer Schnecke geformt waren. Mit der Sonne hinter dem Berg und der Wolkenfahne am Vulkangipfel machte die Insel ihrem Namen alle Ehre – Takara Shima oder »Schatzinsel«.

Ich steuerte die HSU FU an Takara Shima vorbei nach Osten, um durch die Ryukyu-Kette zu stoßen und auf die japanischen Hauptinseln zuzuhalten. Wir waren sehr mit uns zufrieden, denn noch nie zuvor waren wir mehrere Tage nacheinander so gut vorangekommen. Hier gab es auch den einzigen ernsthaften Streit unter Besatzungsmitgliedern. Es kam dazu, als Mark Loi halb im Spaß und halb im Ernst anschnauzte. Die beiden waren in der Plicht dabei, eine verhedderte Angelleine zu entwirren. Mark hielt die Leine mit dem Mund, um beide Hände zum Aufpulen der Knoten frei zu haben. Loi sah nicht hin und zog an der Leine, die dadurch schmerzhaft in Marks Mund ruckte. Mark, der sehr gereizt auf Schmerz reagierte, wie ich schon früher bemerkt hatte, als ein Stück Holz ihn einmal am Bein getroffen hatte, schlug nach Loi und schrie ihn an. Dann wiederholte er seine Beschimpfungen und schlug noch einmal zu. Loi, der Mark ganz gewiß nicht absichtlich weh getan hatte, blickte überrascht und verletzt auf. »Hör auf, Mark!« mußte ich mich einmischen, als Mark weiterschimpfte. »Es hat wehgetan!« sagte er eingeschnappt. Dann machte er nach, wie die Leine in seinem Mund gerissen hatte und blickte Loi wütend an.

Loi, der durch seine mangelnden Englischkenntnisse behindert war, sah verletzt aus und fühlte sich offenbar unbehaglich. Es tat mir leid, daß Loi, der kaum Englisch konnte, weder etwas erwidern noch erklären oder sich entschuldigen konnte. Er konnte sich nur zurückziehen und leiden, daher schwieg er ungefähr eine Stunde lang. Loi war so ein offener und freundlicher Mensch, daß seine sprachliche Isolation ihm sicher sehr zu schaffen machte. Ich wußte, wie gern er mit uns sprechen wollte. Bei seinen Morgenwachen studierte er noch immer seine selbstgemachte Vokabelliste, als ob er die Sprache dadurch lernen könnte, daß er die Liste anstarrte. Aber er machte kaum Fortschritte, obwohl Joe und die anderen sich die Zeit nahmen, ihn zu unterrichten. Zum Glück wuchs Gras über den Vorfall mit Mark, und die beiden angelten und scherzten bald wieder zusammen, wobei Mark sich schämte, weil er wußte, daß er überreagiert hatte. Aber ich machte mir noch immer Sorgen, daß Loi seine Einsamkeit eines Tages nicht mehr ertragen könnte.

Jeden Tag schien die HSU FU millimeterweise tiefer ins Wasser zu sacken. Beim Auslaufen aus Hongkong hatte ich mir notiert, daß die Schwimmwasserlinie am Heck über die Mitte der inneren Bambuslage verlief. Jetzt waren diese Stäbe völlig unter Wasser, und Seegras wuchs schon an der unteren Hälfte der oberen Bambuslage, die einmal ganz frei davon gewesen war. Mit dem Tiefersinken des Floßhecks begann das Seewasser auch von unten durch den Cockpitboden zu dringen, so daß das geteerte Flechtwerk sich unter den Füssen immer naß anfühlte. Die Böden der zwei Hütten waren noch trocken, aber ich hatte den Eindruck, daß die HSU FU in den bisherigen sieben Reisewochen 5 bis 8 cm tiefer gesackt war. Wie lange konnte das so weitergehen? Versank das Floß allmählich, indem einzelne Bambusabschnitte oder Hohlkammern dadurch ihren Auftrieb verloren, daß sie Risse bekamen, die eingeschlossene Luft entwich und Wasser eindrang? Oder würde das Floß langsamer und schließlich gar nicht mehr absacken, wenn es ein Gleichgewicht erreicht hätte? Das günstigste Zeichen war, daß die Rattanzurrungen des Floßkörpers anscheinend gut hielten. Nichts deutete darauf hin, daß der dreischichtige Floßrumpf aufbrach, obwohl er sich beunruhigend auf- und abbog, wenn er sich über die Dünung schlängelte. Auch das fürchterliche Knarren und Ächzen war nicht mehr ganz so beängstigend, seitdem wir die einzelnen Geräusche auseinanderhalten konnten. Da gab es das rauhe Quietschen des Ruderschafts, der sich am hinteren Plichtsüll rieb, das helle Knarren der Bambusstäbe zwischen den beiden Kajütdächern, die wir als Laufwege benutzten und den plötzlichen Rumms, wenn die hölzernen Staukisten sich verschoben. Überall rieb, sägte und scheuerte es mit den Dreh- und Biegebewegungen des Floßes. Es war paradox, daß die HSU FU ihre Nachgiebigkeit und Elastizität brauchte, um zusammenzuhalten, aber andererseits jeden Augenblick eine Leine brechen konnte, die durch die Reibung an einer Bambusstange halb durchgescheuert war, oder ein elektronisches Gerät durch Kurzschluß aufgrund eines zerquetschten Kabels zerstört werden konnte.

Als ich am 30. Juni aufwachte, sah ich, daß Joe und Loi, die die Morgenwache hatten, nicht in der Plicht, sondern auf dem Kajütdach saßen. Sie hatten sich dorthin geflüchtet, weil soviele Wellenkämme über das Heck in das Korbcockpit geschlagen waren und sie immer wieder durchnäßt hatten. Wie üblich brauchte die HSU FU nicht gesteuert zu werden, sondern blieb mit festgesetzten Ruderpinnen stetig auf Kurs. Daß die Wellenkämme in die Plicht schlugen, war nicht so schlimm. Die Wellen waren aber jetzt noch ziemlich klein, später auf dem offenen pazifischen Ozean konnten die Seen viel größer sein und das Floß vollständig überspülen. Es half nur eins, wir mußten das Schiff leichter machen. Ich gab also die Anweisung, den alten Großmast und den alten zerbrochenen Fockmast über Bord zu werfen. Es ging uns zwar gegen den Strich, uns von diesem Ersatzmaterial zu trennen, obwohl die Materialreserven knapp waren, und wir auf Miyako keinerlei Bambus aufgetrieben hatten. Mit den alten Masten aber konnten wir mindestens eine viertel Tonne nutzloses Gewicht loswerden. Die Crew legte ihre Sicherheitsgurte an und stellte sich an der Seite des Floßes auf, die Beine von Wasser umspült. Gemeinsam wuchtete sie den alten Großmast Stück für Stück nach hinten, wo sie ihn über Bord schieben konnte. Unser Gefährte seit den lange zurückliegenden Probefahrten in Halong blieb im Kielwasser zurück.

Als die Hsu Fu sich der Küste der japanischen Hauptinseln näherte, befanden wir uns wieder einmal zwischen vielen großen Schiffen. Der Wind blieb weg, drehte dann auf Nord, und es wurde kalt, grau und scheußlich. Regenschauer, manche sehr stark, kamen von der Küste herübergefegt. Die Sicht war ganz eigenartig, manchmal sahen wir etwas, dann war es wieder verschwunden – das reinste Versteckspiel. Eines Nachmittags sah ich ungefähr drei Meilen entfernt im Dunst die gewaltige graue Masse eines Supertankers, der auf uns zukam. Als ich aber fünf Minuten später wieder hinsah, war das Riesenschiff völlig verschwunden, obwohl es inzwischen viel näher sein mußte und der Dunst überhaupt nicht dicker aussah. Dann bekam ich die Umrisse des Tankers noch einmal ganz kurz auf einem sicheren Parallelkurs zu sehen. Ich wußte, daß das Riesenschiff nicht weiter als eine Meile entfernt sein konnte, sah es aber danach nicht wieder. Es hatte sich wie ein Phantom einfach in Nichts aufgelöst. Dasselbe passierte eine Stunde später, als ein enormer Autotransporter – ein riesiger grauer Schuhkarton aus Stahl, groß wie ein Häuserblock – nur eine Meile voraus plötzlich auftauchte, aber nicht aus dem Nebel heraus, sondern vor einem durchsichtig erscheinenden grauen Horizont, der die Augen zum Narren hielt.

Nina litt jetzt an Erschöpfung, weil sie das Krankenhaus vorzeitig verlassen und später den Großbaum an den Kopf bekommen hatte. Sie sah so elend und erledigt aus, daß ich sie vom Kochen und Wachegehen befreite, so daß sie sich auf das Zeichnen konzentrieren konnte, wenn sie sich danach fühlte, oder sich im Schlafsack zusammenrollen und ausruhen konnte. Joe gab ihr Salz zum Ausgleich des Flüssigkeitsverlustes. Da lag sie nun und bedauerte sich, bitter enttäuscht, daß sie nach all ihren hartnäckigen Bemühungen, an Bord zu kommen, nicht gesund genug war, um alles mitzumachen. Das graue, feuchte Wetter bedrückte sie zusätzlich, und sie weinte ein wenig. Wir alle begannen, die Anstrengung zu spüren, und die Strapazen machten sich bemerkbar, so daß Nina einige barsche Antworten bekam, als sie sich beklagte, daß es vom Kajütdach auf sie heruntertropfte. Sie hatte sich zuerst bei mir darüber beschwert, dann bei Joe und dann noch einmal um 5.00 Uhr morgens bei mir, wobei sie mich aufweckte, um zu besprechen, was man gegen das Tropfen tun könnte. Joe antwortete ihr brüsk, daß sie sich das Tropfen einbilde und weiterschlafen solle. Ich war ebenso verärgert, als Nina dann darauf bestand, daß wir die Schlafsäcke verlegen sollten, obwohl es überall in der Kajüte tropfte. Es stellte sich heraus, daß Nina noch nie gecampt, ja noch nie in einem Zelt geschlafen hatte und sich wunderte, daß das Wasser, das an der Kajütwand innen herablief, ein Handtuch durchnäßte, das sie dicht an der Wand liegengelassen hatte. Da fühlte ich mich schuldig, daß ich meinen Ärger und Frust gezeigt hatte. Ich bedauerte, daß es ihr schlecht ging, und mir war bewußt, daß ich nicht dankbar genug war, sie an Bord zu haben. Es war für uns schließlich sehr nützlich gewesen, daß wir auf Miyako mit ihrer Hilfe alles so gut organisieren konnten und jetzt von Bord aus mit dem kleinen UKW-Gerät auf japanisch mit der japanischen Küstenwache sprechen und unseren Reisefortschritt melden konnten. Gleichzeitig fanden Joe und ich es aber unverantwortlich, daß Nina so gedrängt hatte, an Bord zu kommen und zu bleiben, obwohl sie wußte, daß sie sich von ihrer Krankheit noch nicht genügend erholt hatte.

Was wir damals noch nicht wußten: Die Hsu Fu segelte durch den schlechtesten Sommer, der in den letzten 40 Jahren in Japan aufgezeichnet worden war. Es gab so wenig Sonne und soviel Regen, daß der Reis nicht reifen und die japanische Ernte katastrophal ausfallen würde. Wir auf der Hsu Fu mochten kaum glauben, daß ein Tag nach dem anderen so naß und abscheulich sein konnte, wir behielten die Hoffnung, daß der nächste Tag Sonne bringen und der wirkliche Sommer beginnen würde.

Der 2. und 3. Juli waren bis dahin wohl die unangenehmsten Tage der Floßreise. Es fing damit an, daß der Wind einschlief und dann auf Ost drehte – Gegenwind –, als wir uns Kap Muroto, einem hohen, schroffen Vorgebirge an der Südseite von Shikoku näherten. Ich hatte die Absicht, mich bis zu einer Winddrehung mit kurzen Schlägen vor dem Kap zu halten. Aber Muroto erwies sich als eine Art maritimes Autobahnkreuz, auf dem drei Schiffahrtsrouten zusammentrafen – von Tokio und Yokohama im Nordosten, von der Südspitze Japans und von der japanischen Inlandsee. Diese Verkehrsadern trafen sich vor dem Kap, so daß nie weniger als sechs bis zehn Schiffe in Sicht waren. Natürlich hielten sie in so verkehrsreichen Gewässern sorgfältig Ausguck, schon im Interesse ihrer eigenen Sicherheit. Aber sie rechneten nicht mit einem langsamen Bambusfloß, das nur ein kleiner, unauffälliger Fleck war. Schiffe rauschten an uns vorbei, fuhren vor uns, neben uns, hinter uns, passierten uns vor dem Bug oder hinter dem Heck, liefen parallel oder im Winkel zu uns, sie alle gingen eifrig ihrem Erwerb nach. Es schien, daß überall und in jede Richtung Schiffe fuhren, und wir hilflos mittendrin saßen.

Gerade hatten wir uns ein wenig an das Gefühl gewöhnt, uns mitten auf einer See-Autobahn zu befinden – zumindest waren wir bei jedem Schiff, das direkt auf uns zukam, etwas weniger nervös – als der Wind einschlief und das Wetter sich deutlich verschlechterte. Am späten Nachmittag hatte sich der Himmel total eingetrübt, und Finsternis hing über dem Ozean, als wäre es vorzeitig Nacht geworden. Die See hatte ein schmutziges Schiefergrau. Dann nahm der Wind zu, er wehte noch immer von Osten, so daß wir überhaupt nicht vorankamen. Der neu aufgekommene Wind brachte Regen mit, es schüttete ununterbrochen, manchmal flog der Regen, der uns völlig durchnäßte, waagerecht auf uns zu. Ebenso wie die Windstärke wechselte auch die Kraft des Regens. Manchmal spie und spritzte er nur, manchmal fiel er sintflutartig und nahm uns jede Sicht außerhalb eines Umkreises von knapp 50 Metern. Innerhalb dieses Kreises war alles grau in grau, die See, die Luft und der Horizont. Stunde um Stunde hielt der Regen an, die ganze Nacht hindurch, den ganzen nächsten Tag und den größten Teil der folgenden Nacht. Es gab keine Unterbrechung und kein Entkommen. Die Nässe drang überall hin. Handtücher verstockten, Schlafsäcke wurden klamm, und der Plichtboden aus gepreßtem Bambus wurde durch die Nässe unangenehm glitschig. Wasser drang in die beiden Kajüten ein, lief an ihren Seitenwänden herunter und sammelte sich in Pfützen. Die Tropfen besprenkelten Kleidungsstücke und persönliche Sachen. Es war unmöglich, trocken zu bleiben. Um die Kajüte zu verlassen, mußte man Ölzeug anziehen, das innen genauso naß war wie außen. Kurz, es war abscheulich, und die Kajüten begannen nach feuchter Kleidung und ungewaschenen Körpern zu riechen. Sich zu waschen war bei dem elenden Wetter ausgeschlossen, man wäre auch nicht wieder trocken geworden. Die Füsse wurden klamm und weiß, das Tauwerk quoll auf, und es war schwer, damit umzugehen, weil die Knoten sich nicht lösen ließen. Unsere Haare wurden feucht, fettig und strähnig. Wir konnten auch die Schiffe nicht mehr sehen, die schäumend auf uns zukamen. Hören konnten wir sie aber, besonders wenn wir in der Kajüte lagen. Dort spürten wir die unverkennbaren Vibrationen der Schiffsschrauben durch den Bambusrumpf hindurch oder hörten das Stampfen und Dröhnen der Dieselmaschinen. Sehen konnten wir im Trüben aber gar nichts.

Nachts wurde die Lage noch bedrohlicher. Eine Batterie hatte versagt, so daß wir nicht mehr genug Strom hatten, um unser Topplicht ständig brennen zu lassen, und der Nebel machte die Solarzellen nutzlos. So starrten wir also hinaus und versuchten anhand der Positionslichter der Schiffe festzustellen, ob sie geradewegs auf uns zu dampften oder nicht. Immer wenn wir eine Kollision befürchteten, schalteten wir unser kümmerliches Topplicht an. Wegen der schwachen Batterie brannte die Birne nur blaßgelb, statt weiß zu strahlen. Wenn das näherkommende Schiff keine Reaktion zeigte, nicht den Kurs änderte, dann opferten wir ein paar Milliwatt mehr aus der Batterie und knipsten das Blinklicht auf dem Masttopp an. Wenn auch das nicht half, und das Schiff weiter geradewegs auf uns zukam, ohne uns zu bemerken, dann machten wir eine kostbare Signalfackel klar (wir hatten nur sechs Stück), um das Schiff vor der Kollisionsgefahr zu warnen. Aber als wir zum ersten Mal eine Signalfackel brauchten, rieb ich den Zünder kräftig und hielt mich dabei genau an die Gebrauchsanweisung. Das Ergebnis war jedoch nur ein schwacher Funke, keine strahlend helle Flamme. Die Zündvorrichtung war feucht. Ich verfluchte den Hersteller, der solchen Schund verkauft hatte, obwohl Menschenleben davon abhängen. Unser Floß war nicht nasser als eine aufblasbare Rettungsinsel auf See, und Schiffbrüchige auf einem solchen Rettungsfloß wären noch dringender auf eine Fackel angewiesen als wir. Aber die Fackel war unbrauchbar, ich warf sie über Bord. In der Nähe des Ruders hatten wir eine Tonne mit Sicherheitsausrüstung für den Fall, daß wir das Floß hastig verlassen mußten. Ich wühlte schnell durch diese Tonne und fand eine Ersatzfackel, riß sie an und – sie sprühte blendend weißes Licht. Sie funktionierte! Das näherkommende Schiff drehte augenblicklich ab.

Spät nachmittags am zweiten Tag dieses endlosen elenden

Nebelwetters war ich müde geworden und hatte meine Pflichten als Skipper und Navigator vernachlässigt. Ich half bei der allgemeinen Schiffsarbeit und laschte Fässer mit Proviant und anderen Vorräten fest. Währenddessen überprüfte ich unsere Position nicht, obwohl es nötig war. Entsetzt sah ich plötzlich eine Steilküste neben dem Floß. Der Wind hatte uns dicht an die Küste und in die Bucht von Tosa getrieben, aus der wir nur schwer wieder herauskommen würden. Wir waren in einer Bucht auf »Legerwall« geraten. So lautet der seemännische Ausdruck für die Lage, in der sich ein Schiff befindet, das sich nicht vom nahen Land freisegeln kann, sondern durch Wind und Wetter allmählich an die Küste getrieben wird. Ich erklärte der Mannschaft die Situation und sagte, daß uns nur übrigblieb, mit dem Floß wie ein in die Enge getriebener Hase hin- und herzulaufen und auf einen Ausweg durch eine Winddrehung zu hoffen. Wenn daraus nichts würde, hätten wir nur noch eine Wahl, nämlich zu ankern und zu hoffen, daß der Anker faßte, bevor wir auf die schwach sichtbare feindselige Küste geworfen würden. Die Crew nahm es mit Fassung auf und hielt sich mehr an die Hoffnung auf eine Winddrehung. Inzwischen hatte der starke Ostwind lange Seen aufgebaut, die aus der Dunkelheit auf unsere Steuerbordseite zurollten, brachen und dann unter dem Floßrumpf und durch ihn hindurch stürmten. Die HSU FU hielt sich erstaunlich gut, sie bog und verwand sich nicht allzu sehr, lag ziemlich ruhig und segelte nicht nasser als sonst. Rex erwähnte später, wie erstaunlich ruhig das Floß den Seegang nahm. Noch immer aber wurden wir dichter an die Küste getrieben, ein Leuchtturm schien schon hoch über uns zu stehen, als der Wind wie durch ein Wunder auf Südwest umsprang. Wir halsten und quälten uns mühsam aus der Bucht heraus. Wir zählten die Lichter der Häuser, die an der Küste ganz langsam an uns vorbeizogen, während wir zwei Knoten Fahrt voraus und einen Knoten Abdrift machten. Mit angehaltenem Atem hofften wir, daß der Wind Richtung und Stärke beibehalten würde. Bei Tagesanbruch fanden wir uns erschreckend dicht vor Kap Muroto und segelten am Fuß des Kliffs mit seinen drohenden Felszacken vorbei.

Der japanische Schrein des Hsu Fu

Wir kamen von Kap Muroto mit weniger als einer Viertelmeile Abstand klar, stolperten dankbar auf See hinaus und fühlten uns ziemlich mitgenommen. Das Problem war, daß die HSU FU so unhandig, so schwierig zu steuern war, daß man entweder dicht auf die Küste zuhielt und eine Strandung riskierte, oder sich in sicherer Entfernung vom Land hielt, auf die Gefahr hin, am Bestimmungsort vorbeigetrieben zu werden, wie es in Taiwan geschehen war. Um mit einem Bambusfloß ans Ziel zu kommen, braucht man den richtigen Wind, den richtigen Strom oder beides, und das genau zur rechten Zeit.

Wir hatten schon einen sicheren Abstand vom Kap gewonnen, als ein japanisches Fischerboot auftauchte und über die Dünung auf uns zu donnerte. Typisch für das Gebiet, war es wie ein Rennboot gebaut, hatte einen langen, schmalen Rumpf mit hohl ausfallenden Bordwänden und starrte vor Funkantennen und Elektronik.

Der Fischer war allein an Bord. Er war klein und muskulös, ungefähr 45 Jahre alt, hatte kurzgeschorene Haare, sehr helle Haut und kräftige Unterarme. Der Mann manövrierte sein Boot gekonnt und zog es so herum, daß es dicht neben uns liegenblieb, so daß er seine Fragen herüberrufen konnte: Wer wir wären, welchem Land wir angehörten, ob wir nicht wüßten, daß ein Sturm mit starkem Regen und hohem Seegang vorhergesagt sei? Er selbst sei auf dem Weg zum schützenden Hafen. Unser Fahrzeug sähe zu zerbrechlich aus, um bei schwerem Wetter draußen zu sein. Ob wir sicher wären, daß wir klarkommen würden? Diese letzte Frage wiederholte er mehrmals, um ganz sicherzugehen, daß

Nina ihn verstand. Er sah abgehärtet und erfahren aus und machte sich ganz offensichtlich Sorgen um uns.

»Es ist alles in Ordnung«, rief Nina ihm als Antwort zu, »wir haben schon sehr viel schweres Wetter mitgemacht, und das Floß ist sehr sicher.«

»Woher kommt ihr?« »Wir sind von Hongkong bis hierher gesegelt!« Der Fischer bekam vor Erstaunen den Mund nicht wieder zu. Einen Augenblick lang sah er aus, als hätte man ihm ein Brett über den Kopf geschlagen. Dann ging er zu einer großen Plastikfischkiste, zog einen großen roten Hochseefisch heraus und warf ihn uns herüber. Das Geschenk plumpste laut auf das Vordeck der HSU FU.

»Warten Sie einen Moment«, rief Nina ihm zu. »Können Sie uns etwas über den Schwarzen Strom sagen?«

Der Mann zeigte nach Osten. »Segelt etwas weiter hinaus, dort läuft der Strom sehr stark«, rief er. Nachdem die Neugier des Fischers befriedigt war, hatte er es eilig, den Hafen zu erreichen und griff nach seinen Fahrhebeln.

»Frag' ihn nach den Netzbojen aus Bambus«, drängte ich Nina. »Schnell! Versuche zu erfahren, wie lange sie schwimmen.« Vor Kap Muroto hatten wir eine Reihe von Fischerbojen passiert, die aus Bambusbündeln bestanden.

Nina winkte hektisch, um den Fischer noch einmal heranzuholen. Er zog sein Boot rückwärts, so daß sie ihre Fragen hinüberschreien konnte. »Wie lange halten sich Ihre Bambus-Netzbojen über Wasser?« rief sie. Der stämmige Fischer blickte erstaunt, Nina erklärte ihre Frage noch einmal. Dann verstand er und dachte eine ganze Weile nach, bevor er antwortete. Nina brauchte seine Auskunft nicht erst zu übersetzen. Der Fischer hatte fünf Finger hochgehalten, damit wir ihn auf jeden Fall verstanden. »Er sagt, Bambus schwimmt fünf Monate lang«, dolmetschte Nina. Wir anderen waren schon in Gelächter ausgebrochen. Die HSU FU war vor fast vier Monaten zu Wasser gelassen worden. Theoretisch blieb uns also nur noch ein Monat, bevor sie sank. Aber wir hatten kaum ein Drittel der Strecke zwischen

China und Amerika zurückgelegt, und mindestens drei Monate lagen noch vor uns. Mark ging nach vorn, um ein Stück Bambus zu holen, das er am gleichen Tag als Treibgut aus dem Wasser gefischt hatte. Er schlug das Stück kräftig auf die Kante des Cockpits, und es zerbrach ihm in der Hand. Es war ganz und gar vollgesogen und zerfallen.

»Na dann«, sagte er grinsend, »nur noch ein Monat.«

Die Sturmwarnung des Fischers erwies sich als zutreffend, aber diesmal kam der Wind genau aus der gewünschten Richtung. Die HSU FU lief großartig vor dem Wind, und ich riskierte es, direkt auf das Kap Shiono Misaki zuzuhalten, den nächsten Wendepunkt auf unserer Fahrt in japanischen Gewässern. Das Risiko zahlte sich aus, wir stoben an dem Landvorsprung vorbei, und schon waren wir auf dem Kurs nach Shingu, unserem Bestimmungshafen, wo jedes Jahr der berühmteste Besucher des Ortes gefeiert wurde: Hsu Fu, der Seefahrer des ersten chinesischen Kaisers.

Ganz gleich, ob die Überlieferung stimmt, daß Hsu Fu vor 2000 Jahren in Shingu gelandet war, die Bürger dieses Ortes ehrten jedenfalls sein Andenken. In der Stadt gab es einen Schrein für Hsu Fu, eine andere Stelle, die als Grab des berühmten Seefahrers gezeigt wurde, ein Denkmal für seine Jünger und einen florierenden Ortsverband der Hsu-Fu-Vereinigung. Diese Organisation schickte uns ein Motorboot zur Begrüßung entgegen, als wir uns der großartigen Küste mit ihren imposanten Kliffs und Vorsprüngen näherten, wo sich ein waldbedeckter Bergzug hinter dem anderen aus dem Dunst erhob. Die Umgebung von Shingu war wild zerklüftet, eindrucksvoller, als ich es je erwartet hätte. Aus dem dunklen Wasser des Schwarzen Stroms war zuerst helles Türkis geworden, dann Blaßgrün, als das Wasser in der Bucht von Shingu über Sandgrund allmählich flacher wurde. »Willkommen, wir gratulieren!« rief ein Mann mit einer Flüstertüte vom Motorboot herüber.

Ein kleines Empfangskomitee war erschienen, um uns zu begrüßen. Dazu gehörten die unvermeidlichen Beamten der

Küstenwache und der Schiffssicherheitsverwaltung, aber diesmal niemand von der Einwanderungsbehörde, weil unsere Visa und Einklarierungspapiere von Miyako noch gültig waren. Stattdessen hatten sich hier Schulkinder mit Blumensträußen aufgestellt, und wir wurden eingeladen, uns in Shingu als Gäste der Stadtverwaltung sowie der Hsu-Fu-Vereinigung zu betrachten. Während der folgenden fünf Tage wurden wir zu verschiedenen Festessen mit rohem Fisch und Sake und zu einem Empfang mit Ansprachen der Stadtväter eingeladen. Wir wurden auch in Karaoke-Bars bewirtet, wo Joe ein unerwartetes Talent für Schnulzen aus den sechziger Jahren zeigte. Wir wurden sogar eingeladen, die heißen Quellen zu besuchen. Loi war zu schüchtern, sich in dem heißen Gemeinschaftsbad nackt auszuziehen, obwohl ihm das beim Schwimmen vom Floß aus gar nichts ausgemacht hatte. Bei den Dinnerparties aber machte er Furore. Jedesmal, wenn man ihm ein Bier anbot, leerte er das Glas in einem Zug. Dann flitzte er herum und füllte allen anderen die Gläser. Unsere japanischen Freunde waren begeistert, wenn Loi immer beschwipster wurde und in Zeichensprache und gebrochenem Englisch auszudrücken versuchte, wie gut es ihm ging. Der Unterschied zwischen Japan, Miyako und Shingu war ihm nicht ganz klar, obwohl ich viele Male versucht hatte, es ihm auf der Karte zu erklären. Lois Finger beschrieb dann eine Linie von Insel zu Insel und rutschte danach im großen Bogen nach Osten auf den Pazifik, während er krähte: »Vietnam! ... Hongkong! ... Japan! ... Amelika!« Dabei kicherte er und holte weit mit den Armen aus.

Unser Besuch hatte aber auch eine lehrreiche Seite. Herr Okuno, ein pensionierter Lehrer, war in Shingu die führende Autorität, wenn es um Hsu Fu, den Seefahrer ging. Nach der örtlichen Überlieferung war Hsu Fu mit seiner kleinen Flotte – ob es sich um Flöße oder Segelflöße handelte, sagt die Geschichte nicht – in die Flußmündung gekommen und dort vor Anker gegangen. Dicht bei ihrem Ankerplatz gründeten die Chinesen am Flußufer neben einem Hügelchen eine kleine Siedlung. Hier lebten Hsu Fu und seine Gefolgsleute friedlich drei Jahre lang und unterrichteten die Einheimischen in den aus China mitgebrachten Techniken und Fertigkeiten. Vor dem Besuch des Hsu Fu hatten die ortsansässigen Japaner sehr einfach gelebt, sie hatten im Wald gejagt, wildwachsende Früchte und eßbare Pflanzen gesammelt, in den Flüssen gefischt oder an der Küste Muscheln gesammelt. Hsu Fu zeigte ihnen neue Fischfangmethoden, lehrte sie den Walfang, und er führte den Reisanbau ein – die wichtigste Neuerung. Nach einer Version der Geschichte segelte er dann mit seinen Leuten weiter entlang der Küste, um die Unterweisung der Bevölkerung anderswo fortzusetzen. Nach einer abweichenden Lesart beschloß Hsu Fu seine Tage in Shingu und wurde dort nahe seiner Siedlung am Flußufer begraben, wo dann ein Schrein zu seinen Ehren errichtet wurde. Aber seine Jünger betteten seine Gebeine um und bestatteten sie in einem anderen Grab einige Kilometer weiter. Sie glaubten, daß Hsu Fu wegen seiner Ideen und seiner Beiträge zur Zivilisation verehrt werden sollte, und nicht als Gott. Indem sie seine sterblichen Überreste von dem ursprünglichen Schrein entfernten, trennten sie die Vorstellung von Hsu Fu als Zivilisationsbringer von allen Spekulationen, daß er ein buddhistischer Heiliger sein könnte.

Die Auffassung von Hsu Fu als Symbol der Kulturverbreitung war eine angenehme Überraschung und paßte gut zu den Vorstellungen, die mich dazu gebracht hatten, unser Bambusfloß nach diesem großen Entdeckungsreisenden zu benennen. In Shingu betrachtete man Hsu Fu als denjenigen, der das chinesische Wissen in diese Gegend Japans gebracht hatte. Herr Okuno erklärte uns, daß mehrere Städte und Dörfer in Japan ebenfalls für sich beanspruchten, daß Hsu Fu sich dort aufgehalten und seine Kenntnisse verbreitet hätte. Aber war Hsu Fu selbst oder waren irgendwelche seiner Reisegefährten noch weiter gekommen? Waren sie über den Pazifik gesegelt, um etwas von ihrem Wissen nach

Amerika zu bringen? Könnte Hsu Fu dafür stehen, daß die Zivilisation sich quer über den Pazifik hinweg ausgebreitet hat? Dieser Frage wollten wir mit unserer eigenen HSU FU nachgehen.

Herr Okuno zeigte uns die Stätten, die an Hsu Fu erinnerten. Das Denkmal des großen Seefahrers war ein kleiner Reliquienschrein aus weißem Marmor auf einer Säule mit Sockel neben dem baumbestandenen Hügel, wo der Meister und seine Gefährten während ihres dreijährigen Aufenthalts in Shingu angeblich gelebt hatten. Die jüngere Grabstätte befand sich im Stadtzentrum von Shingu auf einem unbebauten Stück Land unter einem knorrigen Baum, wo Inschriften auf uralten Steinen davon kündeten, daß dies die letzte Ruhestätte des Hsu Fu und seiner führenden Jünger sei. Der freundliche Herr Okuno erklärte uns den Plan der Stadtverwaltung und der Hsu-Fu-Vereinigung, um dieses Grundstück eine Mauer mit einem würdevollen Tor zu bauen, um daraus eine geweihte Stätte zu machen, wenn genug Geld dafür zusammengekommen sei. Er erklärte uns, daß der Name Hsu Fu in Japan erst in den letzten 10 bis 15 Jahren bekannter geworden sei, obgleich viele japanische Schulkinder die Geschichte seiner Suche nach dem Elixier der Unsterblichkeit schon aus den ersten Schuljahren kannten. Man sagte, daß das glückliche Land, wo er die Arznei des langen Lebens gesucht hätte, in Japan liege, vielleicht an den Hängen des Fudschijama. Und was hatte es mit der Droge selbst auf sich? Hatte man herausgefunden, worum es sich dabei handelte? Herr Okuno antwortete auf meine Fragen, daß mindestens ein Dutzend verschiedener Pflanzen dafür in Frage kämen, aber natürlich ergäbe keine von ihnen wirklich das berühmte Elixier. Am ehesten handele es sich um ein auf den Hügeln um Shingu vorkommendes Gewächs. Er zeigte auf einen niedrigen, ziemlich unscheinbaren Busch mit olivgrünen Blättern, der neben dem Hsu-Fu-Schrein wuchs. Diese Pflanze, erklärte er, helfe gegen Bauchschmerzen und fördere den Blutkreislauf. Früher hätte man die Wurzeln ausgegraben und als Arznei benutzt, aber da der Busch so langsam wachse, mache man heute Kräutertee aus den Blättern.

Herr Okuno hielt zwar nicht allzuviel von den medizinischen Wirkungen des kleinen Busches, aber seine Erzählungen ergänzten den geschichtlichen Hintergrund der berühmten Expeditionen des Hsu Fu. Chinesische Geschichtsforscher hatten vor kurzem die Theorie entwickelt, daß die Forschungsreise des Hsu Fu ein geschickt eingefädelter Betrug am ersten Kaiser von China gewesen sei: Daß der Kaiser von der Suche nach der Unsterblichkeitsdroge besessen war, machte Hsu Fu sich zunutze, um seinen Leuten die Möglichkeit zu verschaffen, der Tyrannei des soeben erweiterten Reiches zu entkommen. Die Provinz Schantung oder Shandong, aus der Hsu Fu stammte, war gerade von den kaiserlichen Armeen überrannt worden, und das Volk litt unter dem neuen Herrscher. Mit der Lügengeschichte von der Suche nach der Unsterblichkeitsdroge hatte Hsu Fu den Kaiser dazu gebracht, die Kosten einer Flotte voller Flüchtlinge zu tragen, die versuchten, in ein anderes Land zu entkommen. Das war, wie Herr Okuno sagte, der Grund, weshalb Hsu Fu und seine Leute nicht nach China zurückkehrten. Sie hatten ein neues Land gefunden und sich dort angesiedelt.

Während unseres Aufenthalts in Shingu kamen einige ungewöhnliche Besucher, um das Floß zu besichtigen. Ich stand am Kai und wartete dort neben der HSU FU auf die anderen Mannschaftsmitglieder, als zwei Autos auf der Zufahrtsstraße zum Hafen angerast kamen. Schon die Fahrweise sollte anscheinend größtmögliche Aufmerksamkeit erregen, und die Fahrzeuge selbst waren äußerst protzig. Der erste Wagen war eine lange, funkelnde Mercedeslimousine mit goldenem Stern und goldenen Radkappen. Das zweite Fahrzeug war ein schwerer Geländewagen mit aberwitzig großen Rädern und einer Batterie von Scheinwerfern an einem Dachbügel. Auch dieser Wagen war blitzblank poliert. Er war vollgestopft mit schwergewichtigen Japanern, die anscheinend als Eskorte der Limousine fungierten. Beide Fahrzeuge wurden herumgerissen und kamen zum Stehen. Aus der Limousine sprang der Chauffeur heraus, flitzte nach hinten und riß den Schlag auf. Der Fahrgast, ein kleiner Mann im dunklen Anzug, stieg aus und blickte sich besitzergreifend um. Inzwischen hatte auch der Geländewagen seine schwergewichtigen Insassen ausgespien, die einheitliche blaue Anzüge trugen. Sie gruppierten sich um ihren Anführer und marschierten entschlossen zur Kaimauer, wo sie stehenblieben und auf das Floß hinunterblickten. Die wenigen Passanten schauten angestrengt in die andere Richtung, und mir wurde klar, daß wir Besuch von der Ortsgruppe der Yakuza, des japanischen Gangstersyndikats hatten. Die Herrschaften hatten wohl von dem Floß gehört und wollten es sich einmal selbst ansehen. Genau wie die Zollbeamten auf Miyako benahmen die breitschultrigen Schwergewichte sich wie Kinder bei einem Ferienausflug. Einer der Gangster blickte sich um, stellte fest, daß ich ein Ausländer vom Floß sein müßte, und trennte sich von der Gruppe. Er kam auf mich zu und fragte zurückhaltend, ob es erlaubt sei, an Bord zu kommen. Das war eine Bitte, die ich nicht gut abschlagen konnte, und schon war die Yakuza-Abteilung an Bord und kroch auf dem Floß herum wie Kinder auf einem Abenteuerspielplatz. Dann kehrten sie zu ihren Protzkarossen zurück und rasten mit quietschenden Reifen davon.

Am folgenden Tag, dem 10. Juli, spannten sich wieder einmal Dutzende von Papierschlangen zwischen der HSU FU und der Pier, als das Floß den Hafen verließ. Die kleine Zuschauermenge warf die Arme zum Abschied hoch und rief »Banzai! Banzai! Tausend Jahre! Tausend Jahre!«

Jetzt hatte der letzte Reiseabschnitt in asiatischen Gewässern begonnen. Nur 200 Meilen vor uns lag die Einfahrt der großen Bucht von Tokio. Dort sollte nach meiner Planung der letzte Zwischenhalt sein, bevor wir uns auf die lange

Reise über den offenen Pazifik machten. Beim Aufenthalt würden wir die Takelage überprüfen, letzte Änderungen am Floß vornehmen und so viel Proviant und Wasser an Bord nehmen, wie die Hsu Fu ohne Überladung tragen konnte. Dann wollten wir versuchen, das 4500 Meilen entfernte Amerika zu erreichen. Wir hatten schon etwa 1800 Meilen zurückgelegt und damit gezeigt, wie Seefahrer vom asiatischen Festland auf Flößen Taiwan, die Ryukyus und Japan erreicht haben könnten, um Handel zu treiben, zum Plündern und Brandschatzen, oder um sich anzusiedeln. Wir hatten Stürme und starke Monsunwinde überstanden und uns mit der Hsu Fu vom Schwarzen Strom vorantreiben lassen. Dafür hatten wir 56 Tage gebraucht und in einer Beziehung schon mehr bewiesen, als wir vorgehabt hatten: Wir waren von weit her gekommen. Hsu Fu und andere Seefahrer dürften von Häfen in Nordchina aufgebrochen sein und kürzere Seestrecken zurückgelegt haben, während wir aus Hongkong weit im Süden gekommen waren, wodurch wir viele hundert Meilen weiter gesegelt und am äußeren Rand Ostasiens entlanggefahren waren. Wahrscheinlich hatten die Seefahrer des Altertums ihre Reisen auch viel länger auf den Inseln unterbrochen und waren erst nach Monaten oder Jahren weitergefahren. Hier und da ließen sich sicherlich einige nieder, wie Hsu Fu es in Shingu getan haben soll. Andere, die schon angenehme Inseln im Ozean gefunden hatten, wollten vielleicht wissen, ob es noch andere Länder zu entdecken gab, und sind dann nach Osten weitergesegelt. Einige wenige könnten auch rein zufällig, sozusagen aus Versehen, noch weiter gekommen sein.

Auch daran konnte der Schwarze Strom schuld gewesen sein und zwar aus einem Grund, den ich erst jetzt begriff:

Das Seehandbuch der Admiralität warnt davor, daß der Kuro-Schio in manchen Jahren seinen Lauf ändert. Dann bildet die Strömung an der Südküste Japans eine Schleife. Statt parallel zur Küste zu fließen, dreht der Kuro-Schio dann plötzlich ab, hinaus in den offenen Pazifik ... und könnte Seefahrer mit sich fortgetragen haben. Die Ursache dieses gelegentlichen Mäandrierens, also dieser Schleifenbildung, ist eine gewaltige Kaltwasserblase, die zwischen dem warmen Wasser des Schwarzen Stroms und der japanischen Küste hochquillt. Diese Blase zwingt den Kuro-Schio von der Küste fort, man weiß aber nicht genau, wann und wodurch sich die Kaltwasserblase entwickelt. In manchen Jahren taucht sie auf, in den meisten Jahren aber nicht, dann fließt der Strom ganz normal an der Küste entlang. Man kann sich leicht vorstellen, wie die frühen Seefahrer den Strom für sich ausnutzten, um an der japanischen Küste entlang zu segeln, genau wie wir mit der HSU FU. Aber in einem Jahr, als das kalte Wasser aufstieg, betrog der Schwarze Strom sie und riß sie gegen ihren Willen auf die offene See hinaus.

Das unberechenbare Verhalten des Kuro-Schio war aber nicht meine einzige Sorge, als die HSU FU Shingu verließ. Akuter war die Gefahr, von Handelsschiffen überlaufen zu werden. Je näher wir Tokio und dem benachbarten großen Hafen Yokohama kamen, desto mehr Schiffe begegneten uns, und desto nervenaufreibender wurde unsere Fahrt. Wir verließen Shingu im Nebel. Als der Nebel sich lichtete, steckten wir in so dichtem Schiffsverkehr wie in der Rush-Hour einer Großstadt. Unter Land fuhren zwei endlose Reihen von Küstenschiffen auf entgegengesetzten Kursen, während weiter draußen am Horizont die gewaltigen Umrisse der Supertanker und Massengutfrachter vorbeizogen. Die HSU FU war mitten in der Küstenverkehrszone, so daß wir 20 kleine Küstenmotorschiffe im Umkreis von drei Meilen zählten. Was die Sache noch schwieriger machte: Die HSU FU steckte in einem Gegenstrom, der sie zurück setzte, so daß jedes vorbeikommende Schiff das Floß vorwärts segeln sah, obwohl es in Wirklichkeit zurück trieb. Wir erweckten die Neugier eines Thunfischkutters, der nach dem nächtlichen Fang auf der Heimreise zum Hafen war, wobei der größte Teil der Besatzung in seinen Kammern schlief. Das Fahrzeug wich von seinem Kurs ab, um uns näher in Augenschein zu nehmen. 15 oder 20 Männer erschienen schläfrig an Deck. Sie standen nebeneinander am Schanzkleid, alle in langer grauer Unterwäsche, und riefen uns ermutigend zu. Dann warfen sie eine Leine herüber, an der Geschenke festgemacht waren – drei gefrorene Thunfische und zwei große Flaschen Sake. Das alles hing einen Augenblick lang seltsam wie Wäsche auf der Leine zwischen dem Floß und dem Kutter.

Zwei Tage später fanden wir den Schwarzen Strom wieder, man merkte es sofort. Das Floß begann plötzlich zu schlingern und überzuholen. Als wir uns umblickten, sahen wir rechts den normalen niedrigen Wellengang, aber direkt voraus und um uns herum waren Schaumköpfe, wirrer Seegang und überkippende Wasserpyramiden. Weniger als 20 m lagen zwischen der ruhigen und der aufgewühlten See. Wir standen genau auf dem Stromstrich, der Trennlinie zwischen den Küstengewässern und dem Kuro-Schio. Am Heck auf der »Toilette« merkten wir, daß das Wasser, das über unsere Füße spülte, viel wärmer war als vorher, ein Beweis, daß wir wieder im Strom segelten.

Später an diesem Nachmittag kam Joe mit besorgtem Gesicht ins Cockpit. Er hatte unseren Süßwasservorrat überprüft. Der größte Teil war in kleinen Kunststoffkanistern unter den Kajütböden verstaut, aber ungefähr ein Drittel hatten wir in dem Zwischenraum unter der oberen Bambuslage des Floßes verkeilt. Dort war es – theoretisch – sicher, und sein Gewicht trug dazu bei, das Floß stabiler zu machen und eine Kenterung zu verhindern. Joe hatte entdeckt, daß mindestens 20% dieser Wasserbehälter verschwunden waren, fortgespült von der See. Als er die übrigen Kanister öffnete und das Wasser probierte, mußte er feststellen, daß der Inhalt eines Viertels durch Seewasser verdorben war. Seine Entdeckung war nicht allzu beunruhigend, denn wir brauchten nur ein paar Dutzend Liter Wasser, um die Gegend von Tokio zu erreichen. Für die lange Fahrt über den Pazifik verhieß es aber nichts Gutes. Wir würden jeden Tropfen Trinkwasser benötigen, den wir an Bord unterbringen konnten. Ein ähnlicher Verlust wäre dann katastrophal. Auch mußten wir den Wasservorrat möglichst tief unten stauen, sonst würde die Kentergefahr zu groß.

Am Abend dieses Tages rief ich die Crew zusammen und erklärte, daß die Arbeitseinstellung auf der HSU FU nach meiner Meinung zu lasch geworden sei. Vielleicht hatte der bequeme Landaufenthalt in Shingu etwas damit zu tun, jedenfalls spürte ich, daß wir nicht mehr so viel Selbstdisziplin und Gemeinschaftsgeist hatten. Jeder Einzelne erfüllte noch immer seine Aufgaben an Bord, aber mehr auch nicht. Der Teamgeist war dabei, verlorenzugehen. Zum Beispiel verschwand die Nachtwache sofort nach ihrer Ablösung in den Schlafsäcken und kam erst am späten Vormittag wieder zum Vorschein. Ich war der Ansicht, daß die Nachtwache erst das Frühstück machen sollte, um die anderen dann zu wecken, und erst nach der Besprechung des Tagesprogramms schlafengehen sollte. Ich sagte, es sei wichtig, den Gemeinschaftsgeist am Leben zu halten. Ich sprach dabei zögernd, denn es ging mir gegen den Strich, anderen Vorschriften zu machen. Doch zu meiner Erleichterung wurden diese Ratschläge gut aufgenommen. Rex nickte zustimmend, und selbst Mark, der einst gegen jeden protestiert hätte, der ihm etwas vorschreiben wollte, meldete sich zustimmend zu Wort, als ich geendet hatte. Wir alle waren auch deshalb zufriedener, weil es Nina jetzt allmählich besser ging. Die fünftägige Pause in Shingu hatte ihr dringend benötigte Erholung verschafft, und obwohl sie an den ersten Seetagen wie üblich seekrank war, hatte sie mehr Energie, scherzte und lächelte. Sie meldete sich sogar freiwillig dafür, den Schimmel in den Kajüten abzuwischen. Wie sie sagte, erinnerte es sie an ihre Kindheit, den Schimmel vom Kajütfußboden abzuschrubben. Ich konnte mir sofort vorstellen, was dahintersteckte.

»Mußtest du in der Schule zur Strafe den Fußboden säubern?« »Ja, mit zehn, zwölf Jahren war ich sehr ungezogen. Noch bis ins Alter von 15 Jahren hatte ich oft Ärger, mußte nachsitzen und zusätzliche Arbeiten machen.«

Jetzt hatte sie eine trostlose Arbeit übernommen, denn alles war vom Schimmel überzogen. Er saß an unserer Kleidung und drang sogar in die luftdichte Brotdose ein, in der ich die Schiffspapiere aufbewahrte. Dadurch wuchsen die Schimmelpilze sogar auf den Seehandbüchern. Selbst die Seiten meines Notizbuchs waren durchfeuchtet, so daß der Kugelschreiber in das aufgeweichte Papier einsank. Ein Schlafsack, den man an einem sonnigen Tag auf dem Kajütdach zum Trocknen ausgebreitet hatte, fühlte sich trocken und warm an, aber nach einer halben Stunde in der muffigen Kajüte war er genauso klamm wie vorher. Wir sahen, weshalb immer mehr Regen- und Spritzwasser in die Hütten eindrang: Dünne Sonnenstrahlen fielen durch viele kleine Löcher in den Blätterdächern, und wenn man mit dem Auge dicht an die Seitenwand ging und durch eines der größeren Löcher hinausblickte, konnte man die Ozeanwellen wenig mehr als einen halben Meter entfernt und nur knapp unterhalb der Augenhöhe sehen.

Am 14. Juli zeigte sich erneut, daß das Floß tiefer im Wasser lag. Als wir nach dem Frühstück abwaschen wollten, war der Abwascheimer weg. Seit Hongkong hatte diese Pütz an der Rückseite der Plicht gehangen und war dort vor den Wellen sicher gewesen. Jetzt aber hatte eine See den Eimer weggerissen, so daß da nur noch der Bügel an der Leine hing. Bisher war außer im Sturm keine Welle dorthin gekommen, und in jener Nacht war der Ozean noch einigermaßen ruhig gewesen. Wir begannen natürlich alle, darüber nachzudenken, wieviel tiefer das Floß gesackt war, und jeder versuchte, sich an die früheren Pegelmarken zu erinnern. Wieviel Wasser floß am Fuß des Fockmastes vorbei, als wir in Hongkong lagen? Waren die obersten Bambusstäbe überspült, als wir in Miyako ankamen? Diese Fragen stellten wir uns, aber die Antworten waren nicht eindeutig. Zwar wuchsen auf der obersten Bambuslage inzwischen anders als früher Algen und Seegras. Aber lag das daran, daß die oberste Schicht dauernd unter Wasser war, oder wuschen die Wellen nur so häufig darüber hinweg, daß der Tang dort wuchs wie auf einem nur bei Hochwasser überspülten Felsen? Wir wußten es nicht. Die See war ständig in Bewegung, deshalb gab es keine festen Markierungen. Das Meer war Teil unserer Existenz geworden, es floß um uns herum, spülte durch das Floß, leckte, plätscherte oder – am häufigsten – rauschte vorbei.

Am Abend legte der Wind zu und trieb hohe graue Seen aus Südwesten heran. Wir saßen zusammen bei einem Essen, das Rex gekocht hatte. Es waren Nudeln, gewürzt mit getrockneten Thunfischflocken aus Miyako. Plötzlich brachen drei Tümmler aus der fast senkrechten Wellenfront direkt hinter uns. Wir waren vor Taiwan schon von schnellen Delphinschulen überholt worden, hatten in der Nähe von Shingu drei wandernde Pottwale beobachtet und dicht bei Miyako sogar einen schwarzen Marlin vollständig aus dem Wasser springen sehen. Aber keines dieser Geschöpfe hatte die HSU FU im geringsten beachtet. Sie hatten sich nicht um uns gekümmert. Anders die Tümmler. Sie kamen wegen der HSU FU und wollten das Floß aus der Nähe betrachten. Sie paßten ihre Sprünge genau ab und schossen wie Zirkusartisten aus einer steilen Wasserwand, um uns aus der Luft betrachten zu können. Es waren nicht die eleganten Delphine, deren Akrobatik man im Seeaquarium bewundern kann, sondern plumpe, rundliche Kreaturen. Dieser Eindruck wurde noch dadurch verstärkt, daß eines der Tiere gefleckt war. Auch ihre runden Köpfe waren viel klobiger als die langen stromlinienförmigen Schnäbel der echten Delphine. Kurz: sie wirkten unförmig. Aber das war einerlei. Sie brachen aus den Seen heraus, schleuderten sich über das graue Wasser, plumpsten dann donnernd wieder hinein und übertönten dabei die brechenden Wellenkämme. Jedesmal – und die Vorführung wiederholte sich viermal – stockte uns vor Staunen und Bewunderung der Atem, besonders wenn der scheckige Tümmler sich mit seiner ganzen Masse durch die Luft schraubte. Nach einigen phantastischen Minuten waren die Tiere wieder verschwunden. Ihr Finale war entweder absichtlich überzogen oder fehlgeschlagen. Bei seinem letzten Sprung überschlug sich der gescheckte Tümmler in der Luft und fiel auf dem Rücken mit einem gewaltigen Klatschen ins Wasser zurück, wie bei einem mißglückten Anfängersprung ins Schwimmbecken.

Wie es anscheinend oft der Fall ist, kündigten die Kapriolen der Meerestiere schlechtes Wetter an. Eine Böenfront lauerte uns in der Nacht auf. Glücklicherweise lief das Floß nur unter dem Großsegel, das schon um zwei Felder verkleinert war. Rex und Joe hatten hinter uns noch schwärzere Dunkelheit ausgemacht und gerade zwei weitere Felder des Großsegels weggerefft, als die Bö mit dem harten Geprassel kalter Regentropfen aus der Finsternis einfiel. Die knatternde Kaskade auf der aufrollbaren Segeltuchtür der Kajüte schreckte mich auf, so daß ich aus meinem Schlafsack kroch, Ölzeug anzog und herauskam wie der Bär aus seiner Höhle. Niemand war an den Ruderpinnen. Wie bei jeder Regenbö hüllten Wasserschleier alles ein und nahmen alle Sicht. Die HSU FU preschte über eine tobende See voran. Die Sturmbö hatte das Segel gegen den Mast und die Wanten gepreßt. Joe war auf dem Hüttendach und mühte sich ab, das widerspenstige Segel weiter herunterzubekommen, um den Druck zu verringern, bevor der Mast brach. Rex war wohl vorn, um das Vorsegel festzumachen. Ich kletterte hoch, um Joe zu helfen. Gemeinsam zerrten wir das braun gelohte Tuch herunter, indem wir erst am Baumwollstoff zogen, dann an einer Bambuslatte nach der anderen, sobald wir sie erreichten. Das letzte Feld rührte sich aber nicht, es klemmte am Mast. »Rauf mit dir!« brüllte ich Joe an, um das Getöse des Regens zu übertönen, und ohne Zögern sprang er hoch, um die oberste Spiere des Segels zu packen. Ich half mit einem Schubs am Hinterteil nach. Im Nu war Joe oben und drückte die Rah mit seinem Gewicht herunter. Sie rutschte zum Mastfuß herab, so daß wir das schlagende Segeltuch mit zusätzlichen Zeisingen* bändigen konnten. Es war geschafft. Und das hatte Joe in Dunkelheit und Regen bewältigt, Joe, der noch nie im Leben gesegelt war, bevor er sich für die Reise auf der HSU FU gemeldet hatte.

Im Morgengrauen mußten wir feststellen, daß durch die rauhe See wieder einmal an beiden Seiten des Floßes die Sprengtaue gebrochen waren und kläglich durchhingen. Glücklicherweise hatte der Seegang aber nachgelassen. Dadurch war die Gefahr, daß das unverspannte Floß in Stücke brach, nicht allzu groß. Mark und Loi konnten sich an das Knoten und Spleißen machen, aber im Augenblick fesselte uns etwas viel Interessanteres – dort im Nordosten erkannten wir den unverwechselbaren Kegel des Fudschijama.

Die japanische Küstenwache hatte uns gebeten, bei der Annäherung an die Kreuzung der Schiffahrtswege vor der Spitze der Halbinsel Izu alle sechs Stunden über UKW Kontakt aufzunehmen. Die Küstenwache sagte uns, daß sich wegen der vielen Schiffe auf dem Weg von und nach Tokio oder Yokohama dort die am dichtesten befahrene Strecke vor der japanischen Küste befinde. Außerdem hätten mehrere vorbeikommende Schiffe ein Floß voller vietnamesischer Bootsflüchtlinge gemeldet, die vorhätten, unerlaubt an Land zu gehen. Ob wir wohl bitte die Werbebanner unserer Sponsoren zeigen könnten, um nicht mit Flüchtlingen verwechselt zu werden? Aber als wir die Halbinsel erreichten, hatten wir andere Sorgen. Der Wind schlief völlig ein, und wir lagen auf der Stelle, als Nebel anrollte. Es war ein ganz eigentümlicher Nebel. Er lag in dichten Bänken auf dem Wasser, dazwischen waren Schneisen mit klarer Sicht. Als die HSU FU sich in einer dieser Schneisen befand, bot sich uns ein beängstigender Anblick. Der Nebel lag wie eine schwere, graue Wolldecke 20 m dick auf dem Wasser. In dieser Wolle fuhren

* Zeisinge = kurze Leinen oder Gurte zum Festmachen (Zusammenbinden) beispielsweise eines geborgenen Segels (Anm. d. Übers.)

die Schiffe. Wir sahen aber nur ihre Mastspitzen, die wie gespenstische Nägel über der Wolle zu schweben schienen. Aber die Schiffe konnten uns nicht sehen, sie fuhren nach Radar, denn der Nebel umhüllte ihre Kommandobrücken. Manchmal konnten wir Radarantennen sehen, die sich über dem Nebel drehten. Wir heißten unseren Radarreflektor bis zur Spitze des Fockmastes vor und hofften inständig, daß er ein Echo wie ein großes Schiff vor Anker abgeben würde.

Plötzlich tauchte zu unserer Erleichterung ein kleiner Thunfischkutter aus der Nebelwand auf und kam längsseits. Ich packte die Gelegenheit beim Schopf, um Schlepphilfe zu bitten, egal wohin, nur weg aus diesem Gebiet für Selbstmörder. Den Fischer beunruhigte der dichte Schiffsverkehr ebenso wie uns. Im Nu wurde eine starke Schlepptrosse übergeben, und der Thunfänger zog uns aus dem Verkehrsgewimmel heraus bis in den nahe gelegenen Vorhafen von Shimoda. Das gefährliche Blindekuhspiel lag hinter uns.

Der unbekannte Fischer, dem wir zum Dank unsere letzte Flasche Whisky gaben, hatte sich nett und hilfsbereit gezeigt. Um so unbegreiflicher und schockierender war für uns das Verhalten anderer einheimischer Fischer, die mit ihrer abgebrühten Gleichgültigkeit beinahe die HSU FU auf dem Gewissen gehabt hätten.

Wir verließen Shimoda, sobald der Nebel sich verzogen hatte, und versuchten, zur Bucht von Tokio weiterzusegeln. Aber wieder einmal kam uns das eigenartige Wetter dieses Sommers in die Quere. Der für die Jahreszeit übliche Wind aus Süd bis West blieb aus. Stattdessen blies uns ein kalter böiger Nordostwind entgegen, der uns nach weniger als zwei Stunden zwang, vor dem langen Sandstrand von Shirahama zu ankern. Ich war in Sorge. Die HSU FU lag vor einer offenen Küste auf Legerwall, unsere selbstgemachten Anker waren unzuverlässig, und der Wind wurde stärker. Eine Strandung mit Totalverlust war alles andere als unwahrscheinlich. Deshalb paddelte ich mit Nina im Schlauchboot an Land. Durch das Fernglas hatte ich knapp eine Meile weiter an der Küste einen Wellenbrecher entdeckt, der anscheinend zu einem kleinen künstlichen Hafen gehörte. Es schien ein idealer Schutzhafen zu sein. Als wir hinkamen, stellten wir fest, daß der von einer hohen Außenmole geschützte Hafen winzig war und daß fünf Fischkutter, die am Kai festgemacht waren, ihn fast ausfüllten. Obwohl der Hafen so voll war, war in einer Ecke gerade genug Platz für unser Floß. Ein Fischer war dabei, ein kleines Beiboot anzupinseln, das auf dem Slip lag. Nina ging zu ihm und fragte ihn, ob es möglich sei, die HSU FU in den Schutz des Hafens zu bringen. Der Fischer aber war entweder betrunken oder ein unglaublicher Flegel. Er beschimpfte Nina und polterte fluchend, sie solle abhauen. Sehr verblüfft ging sie zu einem naheliegenden Haus, wo ein anderer Fischer in einem Schuppen saß und Hakenleinen fertigmachte. Diesmal war der Empfang höflicher, und wir erfuhren, daß der kleine Hafen Itado vom Fischereiverband betrieben würde, und daß nur der Verband entscheiden könnte, ob wir mit dem Floß einlaufen dürften. Der Fischer würde uns aber gern zum örtlichen Büro des Fischereiverbandes fahren, wo wir unser Anliegen vortragen könnten.

Ich merkte allmählich, daß unsere einfache Bitte um Schutz im Hafen sich zu einer ziemlich umständlichen Angelegenheit entwickelte. Aber ich hatte schon gehört, daß der Fischereiverband in jedem japanischen Fischereihafen allmächtig war und daß unsere Bitte, wie in Japan üblich, formelle Wege gehen mußte. So wurden wir also zum Büro des Verbandes gebracht, wo uns der Ortsvorsitzende höflich begrüßte, und wir ihm erklärten, daß die HSU FU in Gefahr sei. Ob wir wohl für den Fall einer Wetterverschlechterung Itado vorübergehend als Schutzhafen anlaufen könnten? Wir erhielten die Antwort, daß die Sache mit dem übergeordneten Büro der Vereinigung in der nächsten Stadt besprochen werden müsse. Auch das schien mir das normale Verfahren in Japan zu sein – keine Entscheidung ohne Rückversicherung und Gruppendiskussion. Mehrere Telefongespräche folgten, während Nina und ich geduldig warteten. Inzwischen waren vier Stunden vergangen, seit wir an Land gekommen waren. Dann verkündete uns der örtliche Funktionär die erschütternde Antwort: Nein, unser Floß könne nicht in den kleinen Hafen einlaufen.

Ich war wie vom Donner gerührt. In 20 Segeljahren hatte ich es noch nie erlebt, daß einem Schiff oder Boot, dem durch schlechtes Wetter Gefahr drohte, der Schutzhafen verweigert wurde, erst recht keinem so ausgefallenen Fahrzeug wie der Hsu Fu, auf dem es für die Mannschaft offensichtlich ungemütlich werden würde. »Bitte frage ihn, warum nicht«, bat ich Nina. »Weil es Umstände machen würde«, war die Antwort. Die Vereinigung hatte entschieden, daß die einheimischen Fischerboote Schwierigkeiten beim Manövrieren hätten, wenn unser Floß im Hafen festgemacht wäre. Das stimmte nicht, es war Platz genug. Aber ich war zu angewidert, um zu protestieren. Um wenigstens noch etwas aus der verfahrenen Situation herauszuholen, fragte ich, ob es möglich wäre, mit dem Floß näher an der Hafeneinfahrt vor Anker zu gehen, wo wir ein wenig mehr Schutz vor dem Nordwind hätten. Selbst diese lachhafte Bitte – eigentlich nur eine höfliche Formsache – führte zu mehreren weiteren Ferngesprächen, und erst, als ein Fischer persönlich anbot, die Hsu Fu zu ihrem neuen Ankerplatz zu schleppen, erklärte man sich zähneknirschend damit einverstanden. Ich kehrte auf das Floß zurück und ärgerte mich schwarz über diesen rüden Egoismus.

Die Hsu Fu wurde also zu ihrem neuen Ankerplatz geschleppt. Dort ließen wir den Anker fallen, die Fischer verkrochen sich in ihrem Hafen und überließen uns unserem Schicksal. Es kam, wie es kommen mußte, abends nahm der Wind zu. Naß und durchgefroren fuhren wir mit dem Schlauchboot alle drei Anker aus und verfluchten die ansässigen japanischen Fischer, denn wir hätten geschützt in ihrem kleinen Hafen liegen können, der kaum 50 m entfernt war. Es war gut, daß wir uns die Mühe gemacht hatten, zusätzliche Anker auszubringen. In der Nacht hielt einer der Anker nicht, und das Floß trieb fast 20 m zurück, bis die beiden anderen Anker faßten. Wir waren tatsächlich kurz davor, direkt vor der Einfahrt des winzigen Hafens zu scheitern. Am nächsten Morgen war deutlich zu erkennen, in welcher Gefahr wir schwebten, aber niemand kam, um Hilfe anzubieten oder uns in den Hafen zu schleppen. Kaum zu glauben, aber weder an diesem noch am nächsten oder übernächsten Tag zeigte sich ein einziger Fischer. Das Wetter war zu rauh zum Fischen, so daß sie zuhause oder in ihren Arbeitsschuppen blieben und uns unserem Schicksal überließen. Da sie wegen des schlechten Wetters ohnehin nicht zum Fischen fahren konnten, wäre das Floß ihnen im Hafen auf keinen Fall im Weg gewesen. Drei Tage waren wir in dieser gefährlichen Lage, völlig durchnäßt hielten wir nachts Ankerwache, verlegten Anker und mußten ständig befürchten, das Floß zu verlieren. Am vierten Tag scheuerte eine der Ankertrossen durch, so daß wir diesen Anker durch den Sturm verloren.

Am Nachmittag dieses vierten Tages sahen wir, daß zwei der Fischerboote sich bereit machten, den Hafen zu verlassen. Da wir glaubten, daß nach ihrem Auslaufen genügend Platz im Hafen für die HSU FU wäre, ging ich mit Nina sofort wieder im Beiboot an Land, um zu fragen, ob wir jetzt einlaufen könnten. Man sagte uns, daß es keinen Zweck hätte. Alle fünf Fischkutter würden den Hafen von Itado verlassen, weil sich ein Taifun nähere und der Hafen bei Taifun nicht sicher sei. Das war eine erschreckende Nachricht. Wenn Itado selbst für kräftige moderne Fischerboote unsicher war, dann konnte die HSU FU hier erst recht nicht bleiben. Doch niemand hatte sich die Mühe gemacht, uns über den angekündigten Taifun zu informieren. Die Fischer kümmerten sich nur darum, ihre eigene Haut zu retten. Aber es kam noch schlimmer. Der nächste Taifunschutzhafen war Shimoda, ein Stück weiter entlang der Küste. Um in dem zunehmenden Sturm von unserem Ankerplatz aus dort hinzukommen, mußte das Floß ein kurzes Stück seewärts geschleppt werden, so weit, bis wir gefahrlos Segel setzen konnten. Mit Ninas Hilfe fragte ich, ob einer der Fischer, wenn er sowieso vorbeikäme, die paar Minuten erübrigen könnte, das Floß ein Stückchen hinauszuschleppen, eine halbe Meile würde schon genügen. Wir wollten die Schlepptrosse auch rechtzeitig klar haben, wenn das Fischerboot käme.

Zu meiner Überraschung erhielten wir die Antwort, daß die Fischer beratschlagen müßten, ob sie uns schleppen würden oder nicht. Zum zweiten Mal raubte mir der Egoismus der Fischervereinigung den Atem. Aber ich beherrschte mich und fragte, ob sie sich vielleicht treffen könnten, um über diese Möglichkeit zu sprechen. In der Abenddämmerung saßen Nina und ich auf dem Fußboden in einem der Fischerhäuser, wo eine Kommission aus sechs oder sieben ortsansässigen Fischern darüber debattierte, ob sie der Hsu Fu helfen wollten, einem Taifun zu entgehen oder nicht. Dieses Verhalten widersprach so völlig der traditionellen Hilfsbereitschaft aller Seefahrer, die sich gegenseitig in Gefahr beistehen, daß es mir vorkam, als hätte ich mich in eine völlig fremde Welt verirrt. Ich konnte einfach nicht glauben, was ich sah und hörte, war jedoch nicht der einzige, der die Debatte unerträglich fand. Ziemlich zu Beginn der Diskussion meldete sich ein Fischer zu Wort und erklärte sich bereit, die Hsu Fu eine Meile auf See hinaus zu schleppen. Alle anderen aber blickten ihn so mißbilligend an, daß er verstummte. Als der Abend und die Diskussion sich hinzogen – alles wegen einer Meile Schleppfahrt – und weitere Telefongespräche geführt wurden, um andere Fischer nach ihrer Meinung zu fragen, wurde ich immer fassungsloser. Dieses halbe Dutzend gestandener Seefahrer war nicht bereit, einem Floß zu helfen, das in Sicherheit geschleppt werden mußte. Nina dolmetschte für mich laufend mit. Die älteren Fischer erörterten, ob sie das Floß etwas anginge, wer den Mehrverbrauch an Dieselkraftstoff bezahlen würde, ob man nicht die Küstenwache bitten könnte, die Sache zu übernehmen, und so weiter. Nach drei Stunden ununterbrochener Diskussion riß mir schließlich der Geduldsfaden, und ich sprach dazwischen. Ich ließ Diplomatie Diplomatie sein und bat Nina, wörtlich zu übersetzen, ohne meine Worte abzumildern. Dann erklärte ich langsam und deutlich, daß ich schon den Atlantik, das Mittelmeer, das Schwarze Meer, das Arabische Meer, den Indischen Ozean und das Chinesische Meer befahren hätte, aber niemals und nirgendwo Seeleute getroffen hätte, die nicht bereit gewesen wären, einem anderen Schiff zu helfen, das in Gefahr war. Als Nina mit ihrer Übersetzung fertig war, folgte langes Schweigen. »Wir werden noch ein oder zwei weitere Ferngespräche führen«, sagte der Sprecher der Gruppe mit einem etwas beschämten Gesicht. Zwanzig Minuten später erklärte Nina mir, daß die Fischer bereit wären, das Floß ganz ausnahmsweise eine kurze Strecke auf See hinauszuschleppen. Es war ein zähneknirschendes, halbherziges, kleinmütiges Hilfsangebot. Obwohl Nina, die sehr stolz darauf war, Japanerin zu sein, immer wieder betonte, daß die Fischer wirklich etwas Ungewöhnliches taten, indem sie uns überhaupt halfen, wurde ich das Gefühl nicht los, daß die Fischer von Itado als Gruppe nicht die Bezeichnung Seefahrer verdienten. Als uns am nächsten Morgen der freundliche junge Fischer die halbe Meile hinausschleppte, blickte ich mich um und sah in Gedanken ein großes Schild an der Hafeneinfahrt: »BITTE NICHT STÖREN.«

Der Hafen von Shimoda war vollgestopft mit Fischerbooten. Dicht gedrängt suchten sie dort Schutz vor dem angesagten Taifun. Der Wirbelsturm schwenkte dann aber nach drei Tagen in eine andere Richtung ab und verschonte uns. Aber inzwischen hatte ich den Gedanken schon aufgegeben, bis zur Bucht von Tokio zu segeln. Es würde zu viel Zeit kosten, uns nach Norden voranzukämpfen. In Shimoda konnten wir uns für die Pazifiküberquerung ebensogut ausrüsten und verproviantieren. Im Gegensatz zu dem unfreundlichen Empfang in Itado fanden wir hier mit Hilfe der örtlichen Bootswerft einen bequemen und sicheren Liegeplatz dicht am Strand, wo wir alle Fässer, Segel und alles Tauwerk an Land bringen und die HSU FU aufräumen und säubern konnten. Der Zoll und die Küstenwache am Ort taten alles, um uns zu helfen, die Bevölkerung war gastfreundlich. Nach elf Tagen anstrengender Arbeit hatten wir die HSU FU so gut in Ordnung gebracht, wie es bei einem gebrechlichen Bambusfloß nach 2½ Monaten harter Beanspruchung überhaupt möglich ist. Mark schlug einen Satz neuer Segel an, die der Segelmacher Ching uns aus Vietnam zugeschickt hatte. Wir kauften in Shimoda neues Manilatauwerk zur Verstärkung unserer Rattantakelage, und Joe schaffte es, 1250 Liter Trinkwasser unter den Kajütböden und im Cockpit unterzubringen. Joe tat auch sein Möglichstes, den Proviant zu ergänzen, obwohl die Lebensmittel hier noch teurer waren als in Miyako. Außer Reis-, Spaghetti- und Nudelvorräten konnten wir uns nur kleine Mengen an getrocknetem Bonito, Thunfisch in Dosen und getrockneter Salami leisten. Auf dem Nordpazifik würde jede dritte Mahlzeit wieder gleich sein. Unsere Ernährung versprach also, furchtbar eintönig zu werden. Um etwas Abwechslung hineinzubringen, kauften wir Bohnengallerte und getrocknetes Seegras. Als Luxus leisteten wir uns eine gewisse Menge Schokolade und ein paar Pakete Bonbons. Von den Süßigkeiten würde jeder pro Tag zwei Stücke Schokolade oder drei Bonbons bekommen – eine ziemlich kümmerliche Ration.

Dann war es Zeit, sich zu verabschieden, zuerst von Mark, der so nett gewesen war, noch bei den abschließenden Vorbereitungen zu helfen. Er wollte einige Wochen in Japan bleiben und dann nach Hongkong zurückkehren. Am Anfang hatte er nur eine Woche auf dem Floß verbringen wollen, war dann aber fast drei Monate geblieben. Als er uns schließlich alles Gute für den nächsten Teil der Reise wünschte, hatte er einen Kloß im Hals, und man merkte, daß der Abschied ihm schwerfiel. Mark hatte auf der HSU FU einen Sinn für Kameradschaft entwickelt und gemerkt, daß er wegen seiner Fähigkeiten geschätzt wurde. Auch Nina mußten wir verabschieden. Sie hatte eingesehen, daß die Pazifiküberquerung über ihre körperliche Kraft gehen würde. Auch sie wußte, wie wichtig sie für uns gewesen war, nicht nur als Dolmetscherin und Vermittlerin in Japan, sondern auch als Künstlerin, die mit ihren Zeichnungen und Skizzen das Gesehene von Vietnam bis Shingu eingefangen hatte. Sie wollte nach Tokio zurückkehren, um ihre Zeichnungen auszuarbeiten. Sie wußte, daß sie durch ihren Mut und ihre Beharrlichkeit für immer unsere Hochachtung und Zuneigung gewonnen hatte.

Ninas Platz als Schiffskünstlerin und Marks Stelle als Seemann und Handwerker sollte nun ein Mann allein einnehmen – mein alter Freund Trondur Patursson. Als er ankam, sah er kaum anders aus als bei den drei früheren Seefahrten, die er mit mir unternommen hatte. Sein wuchernder Bart hatte mittlerweile zwar einen kleinen Schimmer Grau, aber Trondur war immer noch ganz der gelassene, in sich ruhende Mann der See, den ich in Erinnerung hatte. Er war der einfallsreichste Fischer, der findigste Handwerker, der fähigste Seemann und Segler, den ich je kennengelernt hatte. Nur ungern hätte ich es ohne ihn mit dem gewaltigen Pazifik aufgenommen, der jetzt vor uns lag. Wie von Trondur zu erwarten war, sah er sich das Floß gleich nach seiner Ankunft lange und schweigend an und erklärte dann mit Bestimmtheit, daß es eines der schönsten Wasserfahrzeuge sei, die er je gesehen hätte. Die zweite Bemerkung machte er mit einem zufriedenen Lächeln voller Vorfreude: Für ihn würden die nächsten Monate auf dem Ozean der ideale Urlaub sein.

Der Pazifik

Hinaus auf den größten Ozean

Der Pazifik ist so riesig, daß alle Kontinente einschließlich der Antarktis und eines zweiten Afrika als Puzzle zusammengeschoben auf seiner Oberfläche Platz hätten. Der Ozean ist auch so tief, daß der Rauminhalt seines Wassers sechsmal so groß ist wie das gesamte Landvolumen der Welt oberhalb des Meeresspiegels. Der Pazifik enthält doppelt so viel Wasser wie der Atlantik und ist sehr viel breiter, so daß die Entfernung von Tokio nach San Francisco anderthalbmal so weit ist wie die von New York nach Southampton in England. Zusammen mit der Strecke, die wir von Hongkong nach Tokio zurückgelegt hatten, wäre eine vollständige Pazifiküberquerung so weit wie von Europa nach Amerika *und zurück*. Warum aber wollten wir diese endlose Überfahrt auf einem wasserdurchspülten Bambusfloß versuchen, obwohl Nachbauten alter Schiffe schon mehrmals Pazifiküberquerungen geschafft hatten? In unserem Jahrhundert hat eine Reihe chinesischer Dschunken den Ozean von Asien nach Amerika überquert, meist von westlichen Yachtseglern geführt, und die bahnbrechende Reise des Balsafloßes KON-TIKI von Peru nach Polynesien im Jahre 1947 hatte ein halbes Dutzend ähnlicher Floßfahrten angeregt. Zwei Jahre vor unserer eigenen Unternehmung hatte ein Franzose es fertiggebracht, auf der gleichen Route, die wir jetzt vor uns hatten, allein von Japan bis zur amerikanischen Küste zu rudern.

Zusammenfassend könnte man sagen, daß wir mit der Reise der HSU FU ganz andere Bedingungen erproben wollten. Zunächst einmal handelte es sich um eine Floßfahrt im nördlichen, kühleren Teil des Ozeans. Die vorangegangenen

Floßreisen hatten überwiegend in warmen, tropischen Gewässern stattgefunden, wo die Lebensbedingungen in der Regel viel angenehmer waren und der Wind stetig von hinten blies. Das waren sozusagen »Bergab-Reisen« gewesen, während die HSU FU vielleicht nicht »bergauf« segeln mußte, aber doch in einem Gebiet wechselnder, mal günstiger, mal widriger Winde. Auch waren Stürme im Nordpazifik viel wahrscheinlicher. Außerdem führten die meisten vorangegangenen Floßreisen nicht von einem Kontinent zum anderen. Die KON-TIKI etwa hatte nach 4300 Meilen, was etwa zwei Dritteln einer Pazifiküberquerung entspricht, die Tuamotu-Inselgruppe erreicht. Schließlich war die HSU FU ein ganz andersartiges Floß. Sie bestand aus flexiblem Bambus, während die meisten anderen Flöße fester und schwerer und aus Holz gewesen waren. Die HSU FU war also leichter und zerbrechlicher, sollte aber weiter segeln als die meisten anderen Flöße. Die erfolgreichen Reisen neuzeitlicher chinesischer Dschunken waren, soweit ich wußte, keine archäologischen Experimente gewesen, sondern solides Fahrtensegeln auf traditionellen chinesischen Fahrzeugen, die nicht als Nachbauten altertümlicher Schiffe gedacht waren. Vor allem war die Reise der HSU FU aber ein Versuch, der seinen Sinn in sich selbst trug. Eine Pazifiküberquerung mit einem Bambusfloß würde nicht eindeutig beweisen, daß es Kulturkontakte zwischen Asien und dem Amerika vor Kolumbus gegeben hatte. Wir konnten nur herausfinden, ob das Bambusfloß als Transportmittel für solche Verbindungen gedient haben könnte. Ebenso wichtig war alles, was wir unterwegs lernen würden. Wir hatten schon sehr viel über den Bau und das Seeverhalten von Bambusflößen erfahren, worüber vorher fast nichts bekannt gewesen war. Jetzt würden wir sehen, wie lange sich ein solches Floß auf See halten würde, und wie es sich auf dem Nordpazifik an Bord eines wasserdurchspülten Gefährts lebte. Dieses Leben auf dem größten Ozean der Welt Tag für Tag kennenzulernen war der Kern unseres Vorhabens. Dabei würden wir spüren, wie es ist, vom großen Ozean umgeben und von der Außenwelt abgeschnitten zu sein, und uns wie Meeresbewohner fühlen, weil unser Floß mehr im Wasser schwamm als darauf.

Als wir am 5. August aus Shimoda ausliefen, behielt jeder von uns seine Gedanken für sich. Wir fünf – Joe, Loi, Rex, Trondur und ich – wußten, daß wir 90 Tage, wahrscheinlich noch länger, auf engem Raum zusammenleben würden. Für keinen von uns aber war das neu. Abgesehen von Trondur hatten wir schon fast drei Monate auf dem Floß gelebt. Vier von uns wußten daher, wie man dieses Fahrzeug segelte und an Bord Schulter an Schulter lebte, also kochte, aß und in den »Hundehütten« schlief. Trondur kannte zwar das Floß noch nicht, aber er wußte mehr über Schiffe und die See als wir anderen, und er freute sich, mit Beginn der Reise wieder in seinem Element zu sein. Selbst als die HSU FU langsam aus der Hafeneinfahrt von Shimoda geschleppt wurde, saß Trondur bequem und gelassen mit Skizzenblock und Stift am Bug des Floßes, ohne sich um die Wellen zu kümmern, die immer wieder zwischen den Bambusstäben hochklatschten und über seine Seestiefel spülten, während er die allmählich zurückbleibende japanische Küste zeichnete. Er sah dabei so entspannt aus, als säße er zuhause in seinem Atelier.

Unsere Abreise ging still und ohne Aufsehen vor sich. Wir liefen beim ersten Tageslicht aus, im Schlepp eines Fischerbootes, weil die japanische Küstenwache uns gebeten hatte, den stark befahrenen Schiffahrtsweg aus Sicherheitsgründen so schnell wie möglich zu überqueren. Niemand stand auf der Mole, um uns zu verabschieden, nur der Kameramann des örtlichen Kabelfernsehens beugte sich einsam über sein Kamerastativ. Es war noch so dunkel, daß ich das rote Lämpchen neben dem Objektiv sehen konnte, das anzeigte, daß die Kamera lief. Herr Hasegawa, der Kameramann, war ein ruhiger, liebenswürdiger Mann, der uns bei der Ankunft in Shimoda als erster begrüßt hatte und jetzt als letzter verabschiedete. Er war die Freundlichkeit selbst gewesen, hatte das Floß fast täglich besucht, um zu fragen, ob er irgend etwas helfen könnte, er hatte für uns mit seinem Wagen Besorgungen erledigt und uns kleine Geschenke gebracht. Am letzten Tag hatte er schüchtern ein Matrosenmesser gezeigt und mit sorgfältig geübtem leisen Englisch gefragt, ob ich es als Erinnerung auf die Reise mitnehmen wollte. Jetzt richtete er sich neben seiner Kamera auf und hob still die Hand zum Abschied.

Die Hsu Fu lag geradezu lächerlich tief im Wasser. Eineinviertel Tonnen Trinkwasser und eine Dritteltonne Proviant hatten wir an Bord geschafft, dieses zusätzliche Gewicht drückte das Floß ins Wasser, so daß der gesamte Rumpf außer dem hochgezogenen Bug, einem kleinen Stück des Hecks und den obersten seitlichen Bambusstäben überspült war. Jede kleine Welle, die das Fischerboot hinter sich ließ, lief von vorn bis achtern über das ganze Floß, wusch über die Bambusrohre, plätscherte um den Unterbau der Hütten und der Plicht herum und sickerte dann am Heck zwischen den Bambusstäben ab. Ich sah, wie eine kleine Kräuselwelle auf dem Seitendeck des Floßes entlanglief, dort, wo das Wasser auf einem normalem Schiff durch Speigatten oder Wasserpforten vom Plankendeck über die Bordwand abgelaufen wäre. Aber auf der Hsu Fu gab es keine wasserdichten Flächen und keinen Höhenunterschied zwischen Deck und Wasseroberfläche. Mittschiffs war der Bambus selbst bei völliger Flaute und glatter See nicht weniger als 12 bis 13 cm unter Wasser, so daß alles, was dort verstaut war, Proviantfässer, Reparaturholz und Reservetauwerk, im Wasser stand.

Loi überwachte am Bug die Schlepptrosse. Er sah nicht mehr ganz so spindeldürr aus wie am Anfang, sondern etwas kräftiger, weil er seit Hongkong zugenommen hatte. Er hatte sich angewöhnt, nicht mehr ganz so schnell herumzuwieseln und sich nicht Hals über Kopf auf jede Arbeit zu stürzen. Jetzt ging er alles etwas gelassener an. Er blickte nach achtern und zeigte mit einem breiten Grinsen die

Zähne, als unsere Blicke sich trafen. Sein Mund formte das Wort »Amerika«, es war aber nicht zu hören, weil er so weit weg stand. Rex, der die vordere Hütte mit Loi teilte, war nicht zu sehen, wahrscheinlich ordnete er seine Notizbücher und Beobachtungsbögen, die er dabeihatte, um Aufzeichnungen über alle Tiere – Vögel und Fische – und die Umweltverschmutzung zu machen, die wir sehen würden. Joe war dabei, Netze zu knüpfen, um darin unseren Vorrat von 200 Orangen, Zwiebeln und 50 Zitronen aufzuhängen. Wir hatten so viel Zwiebeln, daß jeder während der ganzen Überfahrt zwei Stück pro Tag bekommen konnte. In den Netzen würden sich Obst und Gemüse am besten halten. Wir hatten dazugelernt, seit wir in Hongkong und auf Miyako verderbliche Lebensmittel gekauft hatten. Diesmal hatten wir von vornherein weder Brot noch Kohl gekauft. Wir wollten gleich mit unserer Schiffskost aus getrocknetem Bonito, Salami oder Thunfisch in Dosen anfangen und hofften auf besseren Fischfang. Trondur hatte schon Angelschnüre ausgebracht, eine starke, dicke Leine für große Fische, eine leichtere mit Spinner für kleinere Fische. Für Trondur war es unvorstellbar, auf See zu sein, ohne einen Angelhaken im Wasser zu haben. Kurz zuvor hatte er einen alten Regenschirm, den Joe in Shimoda beim Einkaufen im Regen geschenkt bekommen hatte, mit der Erklärung über Bord geworfen, daß er Unglück bringe.

Sobald wir den Schiffahrtsweg überquert hatten, warfen wir die Schleppleine los. Direkt vor uns lagen die vorgelagerten vulkanischen Inseln To Shima und Nii Shima. Der Wind schob uns schräg zwischen ihnen hindurch. Wir wußten nicht genau, wo das richtige Fahrwasser war und konnten nur auf gut Glück steuern, weil ich alle japanischen Küstenkarten zurückgelassen hatte. Diese Karten wären auf dem offenen Ozean nutzlos und ohnehin bald verschimmelt. Wir steuerten also nach Sicht und schätzten die Wassertiefe nach der Kabbelung und Wasserfärbung des starken Tidenstroms ab. Dabei kamen wir sehr dicht an den Kliffs von Nii Shima vorbei.

»Man sieht, welche ungeheuren Kräfte dahinterstecken«, bemerkte Trondur beim Blick auf die verbogenen Felsschichten. Das flüssige Gestein hatte sich dort vor Äonen von Jahren beim Erstarren verworfen und in Falten gelegt. Trondur hatte das Floß jetzt zum ersten Mal unter Segeln erlebt und nickte anerkennend. »Das Floß hat die Durchfahrt bewältigt, das hätte ich nicht gedacht.« Man merkte, daß die Segeleigenschaften des Floßes ihn angenehm überrascht hatten. »Sieht aus wie zwei einzelne Schiffe«, sagte er, wobei er auf den Großmast und den Fockmast zeigte, die auf dem nachgiebigen Floßrumpf in verschiedene Richtungen schwankten, jeder in seinem eigenen Rhythmus. Ian Lloyd, der Fotograf, den das Magazin *National Geographic* beauftragt hatte, unsere Abfahrt zu fotografieren, hatte gesagt, daß ihm die HSU FU vom Hubschrauber aus vorgekommen sei wie eine »Schlange, die sich über das Meer windet und mit jeder Welle verbiegt«. Jetzt holte Ian uns mit dem gut ausgerüsteten Hochsee-Sportfischerboot ein, das er in Shimoda gechartert hatte, um die Abschiedsfotos aufzunehmen. Das stark motorisierte Boot umkreiste uns wieder und wieder mit gedrosselten Maschinen, seine Funkantennen wippten im Wind, die ganze Decksausrüstung war aus rostfreiem Stahl oder verchromt. Ab und zu konnten wir in den komfortablen Salon hineinsehen, und der Rudergänger saß warm und bequem hinter schimmernden Scheiben vor seinen Instrumenten. Dagegen kamen wir uns mit unserem Floß langsam wie eine Schnecke, schmuddelig und primitiv vor. Als es aber dämmerte und der Nordostwind stürmisch auffrischte, mußten nicht wir, sondern das großartige Sportfischerboot umkehren, weil es im Seegang fürchterlich torkelte. Dieses moderne, schnelle Boot im Wert einer Viertelmillion Dollar mußte Landschutz suchen, weil man es darauf bei dem Seegang kaum aushalten konnte, während unser mitgenommenes, niedriges, sonderbar aussehendes, halb untergetauchtes und mit Rattan zusammengeknotetes Floß sich wie ein 2000 Jahre altes Vogelnest unermüdlich über die tosende See schob.

Jetzt, auf dem tiefbeladenen Floß, kamen wir uns völlig anders vor als bisher. Es gab keinen trockenen Fleck mehr an Bord – das Wasser quoll durch den Plichtboden, die Kajütböden waren naß, und über das freie Deck am Fuß des Großmastes liefen die Wellen ungehindert von einer Bordseite zur anderen, um sich dann im Dunkeln zu verlieren. Das Vordeck, das auf dem Weg nach Japan meist über Wasser gelegen hatte, tauchte jetzt immer wieder unter. Auch die seitliche erhöhte Bambuskante des Floßes war jetzt in Lee fast in ganzer Länge unter Wasser. Trotzdem benutzten wir dieses seitliche Bambusrohr noch immer als schmalen, schlüpfrigen Gang, um uns längsschiffs zu bewegen. Wir traten aus dem Cockpitkorb, hielten uns an einer von vorn nach achtern laufenden Leine fest und schlurften dann knöcheltief im Seewasser nach vorn, um die Segel zu bedienen.

Als Rex nach seiner Wache zur vorderen Kajüte ging, bemerkte er etwas, das zur Katastrophe werden konnte: In Shimoda hatte ich bei der Fischereigenossenschaft vier stabile Plastikfäßchen gekauft, um darin lebenswichtigen Proviant unterzubringen. Diese vier Behälter hatten wir mittschiffs auf der freien Decksfläche am Fuß des Großmastes verstaut.

Die Seen aber, die quer über das Floß rauschten, hatten die Deckel von drei der vier Bottiche abgerissen. Ein Behälter war schon randvoll mit Seewasser, die beiden anderen halbvoll, so daß der darin untergebrachte Proviant zusehends aufweichte. Ein Teil der Vorräte war schon über Bord gewaschen worden, der Rest würde bald nachfolgen oder verderben. Rex schlug Alarm, und die ganze Crew stürzte in Regen und Dunkelheit nach vorn, um den Schaden in Grenzen zu halten. Beim Schein der Taschenlampen, in deren Lichtkegel Regen und Gischt glitzerten, versuchten wir zu retten, was zu retten war. Joe griff in die Fässer, die jetzt eher Goldfischgläsern glichen, und fischte die triefende Beute heraus – Kaffeedosen, Päckchen mit aufgeweichter Trockensuppe und Milchpulver. Jedes einzelne Stück reichte er Rex hoch, der auf dem Bambusdach der Hauptkajüte hockte. Rex wischte das Seewasser mit einem Tuch ab, das selbst klatschnaß war, weil man nichts trockenhalten konnte. Dann gab er die Sachen weiter an Loi, der sie in der Vorderkajüte aufhäufte. Währenddessen kniete Trondur, die schwere Armeehose durchnäßt, in aller Ruhe im Wasser und löste die Leinen, mit denen die Proviantbottiche verzurrt waren. Ohne sich um die Wellen zu kümmern, die bis an seine Oberschenkel schlugen, machte er die Behälter sicherer fest. Tomatenmark, Mayonnaise und die meisten Kaffeedosen konnten wir retten – diese Dinge waren im Supermarkt in Shimoda so teuer gewesen und sollten für die nächsten 100 Tage reichen. Das Milchpulver aber war verdorben. Von den Trockensuppen und Gewürzen waren viele Pakete hinüber. Die drei Fässer enthielten ungefähr 20 % unseres genau berechneten Proviantvorrats.

Bei Tageslicht konnten wir versuchen, alles zu trocknen, was wir geborgen hatten. Wir wußten aber, daß wir auf keinen Fall alles retten konnten. Später würden wir beim Öffnen vieler Packungen feststellen, daß der Inhalt feucht und muffig war, aber dann würden wir es vor Hunger wahrscheinlich nicht mehr beachten. Schon seit der Abreise aus Shimoda hatten Joe und ich laute Zischgeräusche unter dem aus Bambuslatten bestehenden Fußboden der Hauptkajüte bemerkt, wo wir zusammen mit Trondur wohnten. Anfangs kümmerten wir uns nicht darum, denn es war ungefähr dasselbe Geräusch, das wir schon seit der Abreise aus Hongkong kannten – das Zischen, wenn die Wellenköpfe, die quer durch den Floßrumpf spülten, unter dem Kajütkorb entlangwischten. Jetzt schwamm das Floß viel tiefer, und wir nahmen daher an, daß das Geräusch lauter geworden sei, weil die Wellen öfter und kräftiger unter dem Kajütboden entlangstrichen. Aber ob es davon wirklich so laut geworden sein konnte? Von Zeit zu Zeit hörten wir neuerdings auch ein unerklärliches Gurgeln, das uns vorher nicht aufgefallen war. Ich versuchte, durch eine Ritze zwischen den Bambuslatten hindurchzuspähen. Zwischen dem Lattenboden und dem geflochtenen Unterboden war etwa 10 cm Abstand. In diesem Zwischenraum hatten wir Trinkwasser untergebracht. Zu meiner Überraschung schien zwischen den Trinkwasserbehältern, also innerhalb der Kajüte, ziemlich viel Wasser herumzuplatschen. Da schien etwas faul zu sein – waren die Trinkwasserkanister leck? Das wäre sehr bedenklich, denn die genau berechnete Trinkwasserreserve mußte für die ganze Reise über den Pazifik ausreichen. Es blieb uns nichts anderes übrig, als alle wasserdichten Seesäcke, in denen wir unsere Bekleidung und sonstige Ausrüstung aufbewahrten, beiseite zu räumen, ebenso die wasserdichten Kamerakästen, die Bordapotheke, unsere Schlafsäcke und alles andere, um den Bambuslattenboden freizulegen und wegrollen zu können.

Danach erkannten wir, daß offenbar etwas nicht in Ordnung war. 7 bis 8 cm Wasser platschten im Korb hin und her, kein Süßwasser sondern Salzwasser. Bei der Abfahrt aus Hongkong war ich ziemlich stolz darauf gewesen, wie gut die Unterteile der Deckshäuser das Seewasser abgehalten hatten. Jetzt aber war das Wasser des Ozeans in die einstmals dichte Kajüte eingedrungen. Wir hörten nach kurzer Zeit ein deutliches Rauschen und Plätschern aus einer Ecke. Ja, genau dort sprudelte das Seewasser zwischen den Trinkwasserbehältern hoch. Wir hebelten ein paar Wasserkanister hoch, um darunterzusehen ... da starrte ich durch ein 10 mal 10 cm großes Loch im Boden des Kajütkorbs geradewegs in den Pazifik hinab. Unglaublich! Nichts war zwischen mir und dem Meeresgrund. Ich konnte unter dem Loch sogar einige Pilotfische sehen, nicht einmal 50 cm tiefer. Mit jeder Welle, die unter dem Floß durchlief, schoß Wasser durch das Loch in die Kajüte. Das meiste lief danach wieder ab, wenn die Welle weitergezogen war. Das Plätschern und Rauschen, das wir gehört hatten, war nicht die sanft unter dem Kajütkorb entlangstreichende See, sondern das Geräusch eines

Wellenkamms, der in unseren Schlafraum hinein und wieder hinaus rauschte. Wir hatten keine 5 cm oberhalb der Wellen über einem großen offenen Loch in der Kajüte geschlafen und geglaubt, den Ozean unter dem Kajütboden zu hören, wo er hingehörte.

»Das Plätschern des Wassers wird sich von nun an nicht mehr so beruhigend anhören, und in der Kabine werden wir uns nicht mehr so geborgen fühlen wie vorher«, sagte Joe, während er den dicken Wasserstrahl anstarrte, der in die Hütte schoß.

»Ein normales Boot mit geschlossenem Rumpf wäre mit einem solchen Loch längst abgesoffen«, erwiderte ich.

Die Ursache des Schadens war klar: In Vietnam hatte ich vier Schlauchventile genäht und angebracht, eins in jeder Ecke des Kajütbodens, um das Wasser ablaufen zu lassen, das im Sturm mit einer großen einsteigenden See durch den Kajüteingang schlagen könnte. Diese Schlauch- oder Strumpfventile waren sehr einfache, aber sinnreiche Vorrichtungen – Segeltuchröhren, die an Löcher im Kajütboden genäht waren, so daß sie lose herunterhingen wie kurze Elefantenrüssel. Theoretisch sollten sie alles Wasser, das in der Hütte herumschwappte, ablaufen lassen, sich aber schließen, wenn das Wasser von unten hochstieg. Dann knickte der Segeltuchschlauch durch den Druck der von außen anstürmenden Welle flach zusammen, so daß kein Wasser von außen nach innen kam. Diese Ventile arbeiteten außerordentlich verläßlich und wirkungsvoll. Nur sehr wenig Wasser kam hindurch, bevor sie sich durch den Seeschlag schlossen. Aber ich hatte in Vietnam einen Fehler gemacht. Ich hatte die Ventile aus hochwertigem Baumwollgewebe genäht, aus dem üblicherweise schwere Zelte und Planen gemacht werden. Baumwolltuch, erklärte Trondur mir, hält im Wasser aber nicht besonders lange. Ich hätte Flachs- oder Hanftuch nehmen sollen. Nach vier Monaten im oft sehr verschmutzten Seewasser war das Baumwoll-Segeltuch einfach weggerottet. Jetzt hatten wir vier schöne quadratische

Löcher von 10 mal 10 cm im Hüttenboden. Um die Löcher herum hingen nur noch ein paar grüne verrottete Baumwollfetzen, die sich so leicht zerreißen ließen wie dünner Pfannkuchen. Darunter war das blasse Blaugrün des pazifischen Ozeans. Ja, wirklich, wir fuhren auf einem Sieb zur See.

Den ganzen Tag lang und auch noch die nächsten beiden Tage nähten wir mit Hochdruck neue Schlauchventile. Alle Ventile auf dem Floß, vier in der Hauptkajüte, vier in der Vorderkajüte und weitere vier im Cockpit waren ebenso zerfetzt oder zerfielen beim leichtesten Zupfen. Als Ersatzmaterial hatten wir einige Meter graugrünes Segeltuch, das ich auf einem Markt in Hanoi gekauft hatte. Es war der Stoff, aus dem die Regenverdecke russischer Jeeps bestehen. Glücklicherweise war es Flachstuch. Das Festnähen der Ventile war eine mühsame und nasse Arbeit. Wir konnten die neuen Schlauchventile nicht von außen vernähen, weil die Kajüten auf dem Bambusdeck des Floßes ruhten und ihre Unterseiten unzugänglich waren. Daher mußten wir in den Kajüten knien, das Ventil wie einen Ärmel über den Arm ziehen und dann den Arm nach unten durch das Loch im Kajütboden ins Seewasser schieben. Von dort unten mußte man die dicke Nähnadel unzählige Male nach oben durch das Flechtwerk des Kajütbodens stechen. Bei jeder Welle bekam man einen Wasserguß in die Achsel, und das Wasser platschte dann in die Kajüte hinein. Weil man den nach unten in die See reichenden Arm nicht sah, konnte man nur nach Gefühl arbeiten: Mit den Fingern mußten wir bei jedem Stich die nach unten durchgeschobene Nadelspitze ertasten und anschließend blind nach oben zurückstechen und dabei nach einer Lücke im geflochtenen Boden stochern, um die Nadel wieder nach innen zu stoßen. Nach etwa einer Stunde war die Hand, die im Wasser arbeitete, weiß, taub und kalt, die Finger vom Wasser aufgeweicht und angeschwollen. Es war eine kreuzbrechende Arbeit in verkrampfter, zusammengekrümmter Haltung, hockend oder kniend, manchmal mit Gesicht und Wange auf dem nassen

Floßbau am Strand von Sam Son/Vietnam; vorn ein Kajütrahmen. *(Tim Severin)*

Herr Luoc, »der Komiker«, biegt einen der Riesenbambusstäbe für den Rumpf des Floßes über dem Feuer. Im ganzen wurden 220 Bambusrohre benötigt, jedes mit seiner eigenen Krümmung. *(Tim Severin)*

Fischer in Sam Son zurren die Bambusstäbe des Floßrumpfes zusammen.
(Tim Severin)

Die HSU FU wird am Strand von Sam Son zu Wasser gebracht.
(Tim Severin)

Die HSU FU auf See, Mark am Topp des Fockmastes. *(Joe Beynon)*

Mahlzeit in der Flechtwerk-Plicht. *(Joe Beynon)*

Der erste Fang der Reise – eine Dorade, gefangen von Mark und Loi. *(Joe Beynon)*

Joe sonnt sich auf dem Dach der Kajüte neben den Solarmodulen, die den Strom für das Satellitenfunkgerät liefern. *(Rex Warner)*

Die HSU FU dümpelt vor Taiwan in der Dünung. *(Joe Beynon)*

Loi prüft bei schlechtem Wetter den Stand des Großsegels. *(Joe Beynon)*

Mark gibt den Wanten bei schwerem Wetter etwas Lose. *(Joe Beynon)*

Das Grab des Hsu Fu im japanischen Shingu. *(Joe Beynon)*

Annäherung an Shimoda, Nebelfahrt durch einen der am dichtesten befahrenen Schiffahrtsknotenpunkte der Welt. *(Joe Beynon)*

1

2

3

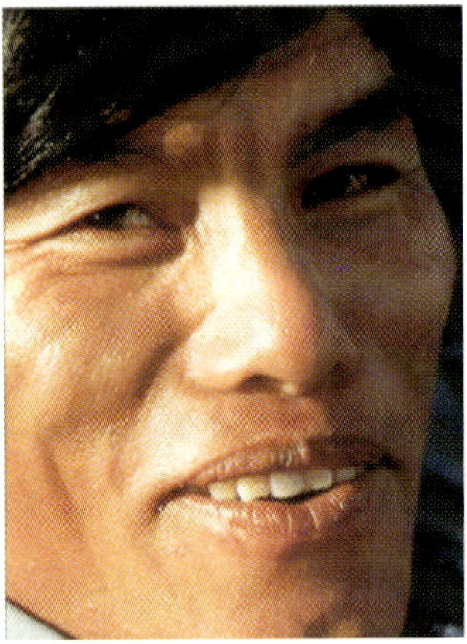

4

5

Die Besatzung
1 Tim Severin *(Joe Beynon)*
2 Joe Beynon *(Rex Warner)*
3 Loi *(Joe Beynon)*
4 Rex Warner *(Joe Beynon)*
5 Trondur Patursson *(Joe Beynon)*
6 Nina Kojima *(Joe Beynon)*
7 Mark Reynolds *(Joe Beynon)*

6

7

Absenden des Tagesberichts an das Seefahrtsmuseum in den USA per Computer über das Satellitenfunkgerät. *(Joe Beynon)*

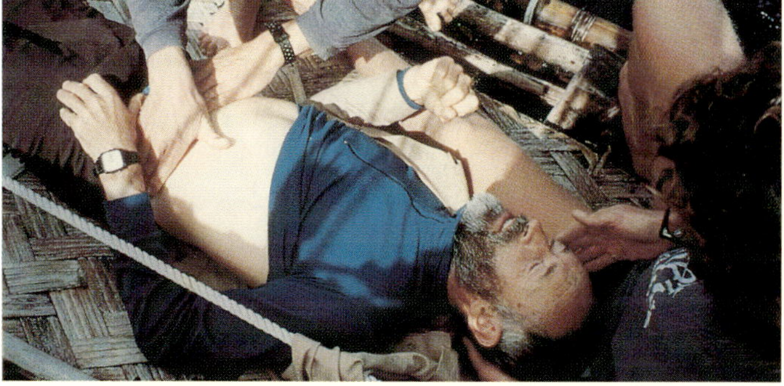

Mitten auf dem Pazifik zwei Rippen gebrochen. »Ich hörte die gebrochenen Enden einer Rippe beim Atmen zusammenklicken.« *(Loi)*

Loi und Trondur befestigen die Ruder neu, deren Halteleinen durchgescheuert waren. *(Joe Beynon)*

Die HSU FU segelte während der ganzen Reise halb unter Wasser – hier die Backbordseite. *(Rex Warner)*

Trondur wird in den Mast gehievt, um Wanten auszutauschen. *(Joe Beynon)*

Rex untersucht den Seegrasbewuchs des Rumpfes. *(Joe Beynon)*

Trondur und Loi als Harpuniere. *(Joe Beynon)*

Trondur holt einen harpunierten Mondfisch an Bord. *(Joe Beynon)*

Aufschneiden einer Königsmakrele zum Lufttrocknen. *(Joe Beynon)*

Trondur mit seinem Fischbogen. *(Rex Warner)*

Trondur und Joe prüfen den aus einem Eimerbügel gefertigten Fischpfeil. *(Rex Warner)*

Zusammentreffen mit dem U.S. Coast Guard-Schiff JARVIS.
(Rex Warner)

Das »Enterkommando« der JARVIS. (Joe Beynon)

Schwere See mitten auf dem Stillen Ozean. *(Rex Warner)*

Rex und Trondur binden bei stürmischem Wind die Segel fest. *(Joe Beynon)*

Unablässig spült die See zwischen den Bambusstäben des Rumpfes hindurch. *(Rex Warner)*

Trondur und Joe schauen zu, wie Tim mit einem tragbaren Navigationsgerät, das durch eine Plastik-Brotdose geschützt ist, nach Satellitensignalen den Standort des Floßes nach Breite und Länge bestimmt. *(Rex Warner)*

Trondur bindet lose Bambusstäbe fest, nachdem das Floß begonnen hat, sich aufzulösen. *(Joe Beynon)*

Tim überprüft die verrotteten Zurrungen, als sich immer mehr Bambus von der HSU FU löst. *(Joe Beynon)*
Kästchen: Beschädigte Rattanzurrung. *(Joe Beynon)*

Ankunft des Containerschiffs CALIFORNIA GALAXY. *(Joe Beynon)*

Kajütboden, um mit dem Arm weit genug in den Ozean hinabreichen zu können. Ein Mann brauchte einen ganzen Tag, um ein einziges Schlauchventil festzunähen.

Rex und ich hockten beim Nähen in der Hauptkajüte, als plötzlich auf einem der Springbrunnen, die durch die Löcher hineinsprudelten, eine große, weiße Zwiebel in die Kajüte sprang. Es war wie ein Zaubertrick. Rex und ich blickten uns fasziniert an. Eine Zwiebel, die aus dem Ozean springt? Wirklich eigenartig. Wir fischten die Zwiebel aus dem Wasser, das sieben oder acht cm tief in der Kabine herumplätscherte, und reichten sie durch die Kajüttür Joe zu, der im Cockpit saß und das nächste Ersatzventil zusammennähte. Er blickte erschrocken auf. »Verdammt!« rief er. »Eins von den Zwiebelnetzen muß geplatzt sein.« Er ging daran, die Vorräte an Orangen, Zitronen und Zwiebeln zu inspizieren, die in Netzen in jeder freien Ecke des Floßes hingen. Fünf Minuten später kam er zurück und sah uns verdutzt an. »Ich habe keine Ahnung, woher die Zwiebel kommt«, gestand er. »Alle Zwiebelnetze scheinen heil zu sein.« 10 Minuten später kam Trondur, der die Fässer auf dem Mittelschiff verzurrt hatte, mit einer etwas mitgenommenen Zwiebel in der Hand an, die um seine Füsse herumgeschwommen war. Joe suchte erneut, diesmal kam er mit einem niedergeschlagenen Gesichtsausdruck zu uns zurück.

»Es ist das Zwiebelnetz an der Plicht«, erklärte er. »Es ist geplatzt. Ich weiß nicht, wieviel herausgefallen ist, aber ich fürchte, wir müssen uns bei den Zwiebeln einschränken. Eine Zwiebel pro Mahlzeit für alle fünf, mehr können wir uns nicht erlauben, bis ich eine genaue Bestandsaufnahme gemacht habe.«

Loi zeigte sein gewohntes breites Lachen, wies auf Joe und krähte »Zwiebel, bye, bye!«

Loi wurde allmählich wieder quitt mit unserem Schiffsarzt. Loi, der sich nie um Verletzungsgefahren kümmerte, hatte einige Zeit vorher mit dem Arm leichtsinnig hinter eines der schweren Schwerter gelangt, um dort irgendetwas zu tun. Das Schwert hatte sich dann mit dem Rollen des Floßes bewegt, den Oberarm eingeklemmt und stark gequetscht. Joe hatte den Arm untersucht und keinen Bruch festgestellt. Die Muskeln waren aber gequetscht worden mit der Folge schlimmer Blutergüsse. Loi hatte dadurch zwei Tage herumgesessen wie ein Vogel mit gebrochener Schwinge. Er hatte sich niedergeschlagen und elend gefühlt und es sichtlich bedauert, nicht bei der Bordarbeit helfen zu können. Joe hatte ihm zur Linderung Schmerztabletten gegeben, aber das hatte die Sache nur verschlimmert. Loi hatte zu Hause in Vietnam wahrscheinlich kaum Medikamente bekommen und hatte dieses Mittel sehr schlecht vertragen. Er hatte sich bei Joe darüber beklagt, daß alle von Joe verordneten Medikamente bei ihm zu Schwindel und Erbrechen geführt hätten. Joe war in einer schwierigen Lage gewesen. Als Arzt war er grundsätzlich dagegen, Medikamente zu verabreichen, wenn es nicht unbedingt notwendig war, andererseits hatte er Lois Schmerzen lindern und zeigen wollen, daß ihm seine Gesundheit am Herzen lag. Daß Loi sich jetzt wieder erholt hatte und schon anfing, Joe zu veralbern, munterte unseren Bordarzt auf und war auch für uns andere ein gutes Zeichen. Joe, Loi und Rex bekamen auch die erste Gelegenheit, sich ein eigenes Bild von Trondur zu machen und festzustellen, ob er auf See so zuhause war, wie ich ihnen erzählt hatte. Das Wetter blieb naß und scheußlich. Ein starker bis stürmischer Nordwind trieb graue Seen vor sich her, die durch das Floß wuschen und hin und wieder in die Plicht schlugen und die Crew durchnäßten. Joe sah einen besonders großen schaumgekrönten Brecher auf das Floß zurollen und rief warnend: »Vorsicht, Brecher!« Rex und er duckten sich schutzsuchend, die See brach in die Plicht und duschte die Insassen.

Joe und Rex blickten danach erstaunt auf. Trondur hatte sich um ihre Warnung nicht gekümmert, sondern war einfach sitzen geblieben. Der Brecher hatte sich über ihn ergossen, aber er saß in aller Ruhe mit wasserglänzendem Ölzeug da, sein gewaltiger Bart triefte. Fasziniert erzählte Joe mir später: »Er hat nicht einmal mit der Wimper gezuckt, als wollte er sagen: ›Nur keine Aufregung!‹«

Joes Hochachtung für Trondur wuchs am nächsten Tag noch. Wir hatten eine harte Nacht mit schwerer See und Regenschauern hinter uns und hatten am westlichen Himmel den Widerschein von Lichtern an Land gesehen. Das war das letzte, was wir vom Land sahen. Im Morgengrauen hatte der Wind nachgelassen. Unter dem bedeckten Himmel zogen graue Seen gleichmäßig in endlosen Reihen bis zum Horizont.

»Jetzt spürt man schon Blauwasser«, bemerkte Trondur ruhig und zufrieden, während er einige Sturmtaucher beobachtete, die über die Wellen strichen, sowie ein paar Eissturmvögel oder Fulmare, typische Hochseevögel. Es war noch ein einzelner Vogel einer anderen Art zu sehen, er war aber schwierig zu erkennen.

»Was für ein Vogel ist das?« fragte Joe Rex, der mit seinen Aufzeichnungen über alle Vögel und Fische begonnen hatte, die wir sahen.

Rex zögerte. »Ein Tölpel, glaube ich«, sagte er, dann eine Pause. »Ziemlich jung, ein Diesjähriger.«

»Zwei bis drei Monate alt«, stellte Trondur leise fest – Widerspruch war ausgeschlossen.

»Er kennt wahrscheinlich auch dessen amtliches Kennzeichen«, murmelte Joe ehrfürchtig.

Die nächsten vier Tage war uns das Wetter freundlich gesonnen. Der Himmel war kräftig blau, die Luft klar und der Wind günstig. Weiße Schaumköpfe und glitzernde Dünung erstreckten sich bis an den scharf gezeichneten Horizont. Die schnelle, lebhafte Bewegung des Pazifik wirkte belebend. Wir segelten ungefähr parallel zur japanischen Küste nach Nordosten, weit außerhalb der Küstenverkehrszone, so daß wir nur einen einzigen kleinen Frachter am Horizont sahen. Rex schloß die Arbeit an den neuen Schlauchventilen ab. Joe breitete die geborgenen nassen Lebensmittel so gut es ging auf den Hüttendächern zum Trocknen aus. Lois gequetschte Armmuskeln heilten, so daß er seine Zimmermannsarbeit wieder aufnehmen konnte. Dabei brach ihm die Säge ab, die er schon aus Sam Son mitgebracht hatte. Ihr Blatt war durch den langen Gebrauch papierdünn geworden. Trondur zeichnete und aquarellierte, oder er beschäftigte sich mit seinen Angelleinen. Die größere war so dick wie mein kleiner Finger, daran hing ein riesiger, furchteinflößender Haken »für etwas Großes«, wie Trondur sich ausdrückte. An einem sonnigen Vormittag tobten Loi und er am Heck zwei Stunden lang wie Seehunde im Wasser herum. Sie erneuerten das hintere Auge eines der Sprengtaue, das durch die unablässigen Durchbiegungen des Floßes durchgescheuert war. Die beiden waren mit Sicherheitsgurten am Floß befestigt, denn die Arbeit war schwierig, weil die Männer mit dem Schwell und Sog der Wellen zu kämpfen hatten, die sie gegen die Bambusröhren drückten. Die zwei kamen zerkratzt aus dem Wasser und bluteten aus Dutzenden von Schnitten, die sie sich an den Seepocken zugezogen hatten, aber sie waren mit dem Ergebnis ihrer Mühe zufrieden.

Die Hsu Fu bewegte sich gemächlich mit ein bis zwei Knoten, obwohl das Seewasser, das zwischen den Bambusstäben hindurchzischte und an das Flechtwerk unserer Unterkünfte schlug, viel schnellere Fahrt vortäuschte. Schon jetzt waren wir enger mit der See verbunden als auf jedem normalen Schiff. Die Naturwunder des Ozeans waren zum Greifen nahe. So bekamen wir am folgenden Tag unseren ersten Albatros zu sehen, der uns mit seiner Spannweite von beinahe 2 m fast den ganzen Tag umkreiste und ab und zu im Sturzflug hinunterstieß. Nachdem Rex sein Nachschlagebuch über Seevögel zu Rate gezogen hatte, sagte er, daß es wahrscheinlich ein junger Schwarzfußalbatros sei. Für mich war dieses Erlebnis etwas ganz Besonderes. Obwohl ich schon auf dem Nordatlantik, dem Indischen Ozean und im Chinesischen Meer gesegelt war, hatte noch keiner dieser wahrhaft großartigen Ozeanwanderer mein Schiff begleitet.

Vielleicht war es nur Einbildung, aber das Bewußtsein, daß wir uns jetzt wirklich auf dem weiten Ozean befanden, ließ die See um uns herum größer und mächtiger erscheinen. Die Sonne lockte unsere Eskorte räuberischer Doraden hervor, sie kamen uns größer und wilder vor als alle, denen wir bis dahin begegnet waren. Oft konnten wir ihre blauschimmernden Flossen und gelben Schwanzflossen neben und unter dem Floß erkennen. Gerade hatte ich Trondur ein Prachtexemplar gezeigt, als es einen großen Aufruhr im Wasser gab. Das Tier schoß nach vorn, um einen fliegenden Fisch zu erwischen. In dem klaren Wasser konnten wir genau verfolgen, wie die Beute schlängelnd und schwanzschlagend beschleunigte, der Räuber kraftvoll hinterherschoß, und der fliegende Fisch dann verzweifelt in die Luft schnellte. Das stromlinienförmige Raubtier folgte seinem Opfer torpedoschnell im Wasser, behielt dessen Flugbahn genau im Auge – die Dorade muß außerordentlich scharf sehen können – und warf sich dann nach oben äugend so nach vorn, daß das Beutetier am Ende seines Fluges mit tödlicher Sicherheit genau zwischen den Kiefern der »Mordmaschine« landete. Mit einem schäumenden Wasserwirbel endete die Jagd. Wortlos ging Trondur nach vorn und begann, aus einem Riemenschaft einen leichten Fischspeer zurechtzuhobeln. Auf den 4500 Meilen offenen Pazifiks vor uns würden wir den Riemen wohl kaum zum Rudern brauchen, aber der Gedanke an Doradenfilets ließ uns das Wasser im Munde zusammenlaufen.

Wie immer nahmen die zermürbenden Reparatur- und Instandhaltungsarbeiten kein Ende. An diesem Abend hatten wir endlich alle neuen Schlauchventile am Fußboden der Hauptkajüte festgenäht und räumten den Kajütinhalt wieder zurecht. Da zeigte Joe auf ein klaffendes Loch, das an der Vorderwand des geflochtenen Kajütunterbaus zum Vorschein gekommen war. Der Mastfuß hatte das Geflecht mit den ständigen Verwindungen und Bewegungen des Floßes völlig durchgescheuert, ja es schien sogar, als hätte sich die ganze Hauptkajüte mit ihren Laschungen etwas nach vorne verschoben, so daß sie jetzt näher am Bug stand als beim Bau. Das neu entstandene Loch war ein etwa 50 cm langer Schlitz, eine Reparatur schien unmöglich. Mit jeder Welle, die über das Mittelschiff spülte, klatschte ein ordentlicher Schuß Wasser in die Hauptkajüte und lief durch das nächstgelegene Schlauchventil wieder ab. Bei schwerer See wäre es noch viel schlimmer gewesen. Dann hätte die ganze Kajüte vollaufen können. Ich war zu müde, um sofort über eine Lösung nachzudenken, so daß ich beschloß, die Sache erst am nächsten Morgen genauer zu untersuchen. Morgens mußte ich aber entdecken, daß auf dem Boden der Hauptkajüte noch mehr Wasser herumspülte, weil der Schlitz am Mastfuß sich im Laufe der Nacht noch weiter geöffnet hatte. Ich konnte mir nicht vorstellen, wie man ein so großes und schwer zugängliches Loch reparieren sollte, aber Trondur behielt die Ruhe. Er brachte einen ganzen Tag mit Stechbeitel, Messer, Nadel und Faden zu. Er schnitt das beschädigte Geflecht heraus, stemmte dann etwas Holz vom Mastfuß ab und nähte schließlich einen Flicken auf, den er aus einem leeren Wasserkanister zugeschnitten hatte. Das war ein Durcheinander von Materialien aus der Bronzezeit und dem Kunststoffzeitalter. Immerhin wurde dadurch aber das Plastikmaterial wiederverwertet. Wir hatten schon darüber gesprochen, was wir auf der Pazifiküberquerung mit den leeren Dosen und Plastikflaschen machen sollten, die sich unvermeidlich auf der HSU FU ansammelten. Dabei hatten wir auch an unsere Erfahrungen zwischen Hongkong und Japan gedacht. Damals hatten wir alles, was biologisch abbaubar war, über Bord geworfen und den Rest in einer besonderen Abfalltonne aufbewahrt. Doch diese Mülltonne war durch Schmutz, Gestank und Fliegen sehr lästig. Wir hatten deshalb inzwischen beschlossen, daß es vernünftiger wäre, allen Abfall, mit dem wir nichts mehr anfangen konnten, zu beschweren und zu versenken. Das blieb aber Theorie. Je länger die Reise dauerte, desto mehr bewahrten wir jede Dose, jeden Kanister und jede Flasche auf, so schlimm war unsere Materialknappheit.

Der 13. August war sonnig und fast windstill. Das Floß lag in der Flaute, als wir eine halbe Meile hinter unserem Heck die erste Walherde auftauchen sahen. Trondur war im Nu auf den Fockmast geklettert und starrte sie an. Die Bewohner der Färoer bejagen noch immer die großen Schulen von Grindwalen, die sich ihren Inseln nähern, und der Walfang ist noch heute tief in den Färingern als Seefahrern verwurzelt.

»Pottwale«, teilte Trondur uns mit, als er wieder in der Plicht war. »Ungefähr 20, der große Pottwal hält sich nicht gern bei der Herde auf. Das sind hier nur Walkühe und Jungtiere.«

Die großen Tiere wälzten sich gemächlich im Wasser, von Zeit zu Zeit sah man den für die Pottwale typischen nach vorn gerichteten Strahl aus dem Blasloch. Die stumpfen Köpfe der faulenzenden Tiere waren deutlich zu erkennen, grauschwarz sahen sie aus wie die Vorschiffe tropfenförmiger U-Boote. Ab und zu wälzte sich ein Tier herum, um den Bauch in die Sonne zu drehen oder tauchte flach ab, wobei die Rückenflosse sachte das Wasser durchschnitt. Gegen Ende des Besuchs, der ungefähr 11/2 Stunden gedauert haben muß, schnellte ein ca. 12 m langes Tier vollständig aus dem Wasser und fiel mit einem gewaltigen Klatschen wieder hinein.

»Ganze Menge Fleisch«, hörte ich Trondur, den alten Jäger, in seinen buschigen Bart murmeln.

»Du solltest Fleisch aus Irland kaufen, statt Walfleisch zu essen«, sagte ich. »Schweinefleisch ist nicht mein Fall«, lächelte er. »Nein, ich meine gutes irisches Rindfleisch.« »Schon besser«, antwortete er. »Aber das Fleisch, das wir auf den Färöern essen, stammt zur Hälfte vom Wal.« »Ist es teuer?« »Man kann es überhaupt nicht kaufen«, antwortete er. »Wir teilen es unter den Familien auf.« Er erläuterte, daß die Färinger wie die Eskimos hofften, eine besondere Walfangquote zu erhalten, eine Sonderregelung für ihren althergebrachten nichtkommerziellen Walfang.

»Wenn man Wale nur mit Ruder- oder Segelbooten ohne Motor fangen dürfte, dann wäre das vielleicht ein fairer Kampf.«

Trondur stimmte zu. »Vielleicht, aber wenn wir jetzt Wale sichten, entwischt uns eines von fünf Tieren wieder. Mit einem Boot ohne Maschine würden uns möglicherweise 2/3 der Wale entkommen. Immerhin, wenn wir die Wale in der Bucht haben, benutzen wir auch jetzt nur Ruderboote, um sie zu verfolgen.« Die HSU FU schwamm offenbar in einem nahrungsreichen Gebiet an der Grenze zwischen warmen und kalten Gewässern, wo es reichlich Plankton, Krill und anderes gab, das ganze untere Ende der Nahrungskette. Ein großer Schwarm Sturmtaucher kreiste aufgeregt über einer Stelle ungefähr auf halbem Weg zwischen den Walen und unserem Floß. Es müssen hundert oder mehr Vögel gewesen sein, die aufmerksam beobachteten, was sich unter ihnen im Wasser tat. Plötzlich schäumte das Wasser im Umkreis von 30 Metern weiß auf, als ob dort gerade ein heftiger Hagel niederginge. »Tintenfisch«, kommentierte Trondur knapp. Es müssen Abertausende kleiner Fische gewesen sein, an die Oberfläche getrieben durch Schwärme von Tintenfischen, die sie von unten angriffen. Die Tiere brachten das Wasser zum Kochen. Über den Fischen kreischten und schrien die Sturmtaucher außer sich vor Gier, stießen immer wieder herab und verschlangen ihre Beute, während die Tintenfische ihre Mahlzeit von unten her attackierten und mit ihren Saugarmen packten. Viele Male wiederholte sich das Bild, der schäumende Wasserfleck verschwand, dann tauchten die zappelnden kleinen Fische anderswo wieder auf, und das Wasser kochte dort, als hätte jemand ein Feuerlöschrohr auf die Meeresoberfläche gerichtet. Jedesmal war es ein Festessen für die gierigen Sturmtaucher. In den nächsten 24 Stunden stieg die Wassertemperatur von 24 auf 27 Grad und ging dann wieder auf 24 Grad zurück, woran wir merkten, daß die Hsu Fu einen Ausläufer des Schwarzen Stroms überquert haben mußte, der wie ein Fluß im Ozean verläuft. Rex maß dreimal täglich die Wassertemperatur, man bemerkte den Unterschied aber auch ohne sein Thermometer. Wenn man auf dem Heck stand, um sich zu waschen oder die Toilette zu benutzen, und die Wellen über die nackten Füße spülten, war der Temperaturunterschied sofort festzustellen. Das brachte mich zu der Überlegung, ob die asiatischen Navigatoren des Altertums den Schwarzen Strom als Hilfsmittel ihrer Hochseenavigation benutzt haben könnten. Nach Professor Needham wußten die Chinesen schon im 1. Jahrhundert nach Christus, daß die Welt rund ist und verglichen sie mit einem Eidotter oder einer Armbrustkugel. Anscheinend hatten sie auch schon im 3. Jahrhundert vor Christus eine ungefähre Vorstellung vom Schwarzen Strom, der in ihr meereskundliches Weltbild gepaßt haben muß, denn sie glaubten, daß die Wasser des pazifischen oder östlichen Ozeans nach Osten fließen, bis sie von einem gewaltigen Strudel verschlungen werden. Wenn die Chinesen also etwas von den nach Osten setzenden Strömungen des Nordpazifik geahnt hatten und der Schwarze Strom schon so wichtig für ihre Küstenfahrten war, dann könnten frühe Entdecker durchaus kühn genug gewesen sein, sich mit dem Strom weiter nach Osten zu wagen. Ihre Position im Verhältnis zum Strom könnten sie überprüft haben, indem sie einfach den Zeh ins Wasser hielten. Dann hätten sie zufällig die logischste und geeignetste Route von Asien nach Amerika gefunden, weil der Schwarze Strom zur Kuro-Schio-Trift wird, sobald er die japanische Küste verläßt, und dann in weitem Bogen den nördlichen Pazifik überquert. Das ist gleichzeitig für ein Segelfahrzeug der beste Weg über den Stillen Ozean.

Die alten Chinesen hätten sicher keine Schwierigkeiten gehabt, ihren Generalkurs nach der Sonne und den Sternen zu richten, denn sie waren sehr erfahrene Astronomen. In China waren die Bewegungen der Sterne und Planeten schon seit Urzeiten benutzt worden, um religiöse Feiertage festzulegen, und chinesische Texte, die ungefähr aus der Epoche des Hsu Fu stammen, erwähnen, daß Gestirne zur Navigation dienten. Man muß zwar annehmen, daß die Chinesen den Magnetkompaß auf See erst viel später benutzten, aber ihnen stand schon damals der »Magneterz-Löffel« zur Verfügung. Diese Vorrichtung, die an Land zum Zaubern und Wahrsagen benutzt wurde, sah aus wie ein Löffel, der mit der Öffnung nach oben auf eine glatte ebene Fläche – auf Glas oder einen Metallspiegel – gelegt wurde, so daß der Löffel sich auf seiner Wölbung leicht drehen konnte. Durch das magnetische Erz zeigte der Löffelgriff dann nach Süden. Im seemännischen Alltag aber werden die Alten ungefähr so navigiert haben wie wir auf der HSU FU 2000 Jahre später: Wir segelten einfach so gut wir konnten nach Osten, wobei wir darauf angewiesen waren, wohin uns Wind, Seegang und Strom trugen.

Das schwimmende Vogelnest

»Ich glaube, Rex ist verrückt geworden«, schmunzelte Joe. »Sieh mal, er versucht, Seewasser zu trinken!« Ich drehte mich um und sah Rex, der in Shorts und T-Shirt am Rand des Floßes kniete, den Hintern in die Luft gestreckt und das Gesicht an der Wasseroberfläche, ganz so, als würde er aus dem Ozean trinken.

»Eindeutig verrückt«, bekräftigte Joe noch einmal. »Jetzt spricht er auch noch mit einer Plastiktüte.«

Rex' strahlendes Gesicht mit dem roten Bartkranz hatte sich aus dem Meer erhoben, er sprach tatsächlich würdevoll mit einer Plastiktüte, die er in der Hand hielt. Außerdem trug er eine leuchtend gelbe Taucherbrille, die sich von seinem rotblonden Schopf und Bart und der hellroten, sonnenverbrannten Haut abhob. »Ich bin dabei, den Rumpfbewuchs zu untersuchen«, rief er uns zu. Und schon nahm er wieder seine eigenartige Haltung mit dem Gesicht im Wasser und hochgerecktem Hinterteil ein. Einige Minuten später beugte er sich erneut über den Floßrand und schaute angestrengt ins Wasser, diesmal in Höhe des Cockpits. In der Hand hielt er, wasserdicht in einer Plastiktüte verpackt, ein kleines Diktiergerät. »Station 5«, salbaderte er in das Gerät. »Obere Bambuslage – Zellophantang, leicht, drei Entenmuscheln. Mittlere Bambuslage – Seegras, mittel bis stark, leichte Seepockenschicht. Untere Bambuslage – Seegras, stark, keine Seepocken.«

Er brach seine Aufzeichnungen ab. »Ich überprüfe den gesamten Bewuchs des Floßes an verschiedenen Punkten. Von jetzt an werde ich jedesmal, wenn die See ruhig genug ist, weitere Messungen machen, um zu sehen, was sich verändert, während wir den Ozean überqueren. Ich habe schon eine ganze Menge Entenmuscheln und hellrosa Seepocken entdeckt, außerdem etwas, das wie Ausscheidungen von Würmern aussieht. Aber es wächst erstaunlich wenig Tang oder Seegras am Rumpf. An einem normalen Schiff aus Holz müßten wir vielleicht mit 15 cm langem Seegrasbewuchs rechnen, aber die Bambusrohre unseres Floßes bieten dem Seetang anscheinend nicht so gute Bedingungen, denn der meiste Tang an der HSU FU ist kaum 10 cm lang, und die 30 cm langen Strähnen, die wir vor einem Monat hatten, sind alle verschwunden.«

»Vielleicht durch die Änderung der Wassertemperatur abgefallen oder von Fischen gefressen«, sagte ich.

»Ich weiß es nicht, aber ich habe das kurze, kräuselige Seegras probiert, es schmeckt gar nicht so schlecht, ist nur ein bißchen dünn und knittrig. Das ist die Art, die ich Zellophankraut nenne. Das andere Seegras taugt nicht viel – kurz, grau und ein wenig schleimig.«

Es war ein sonnenheller Tag mit sehr wenig Wind und leichter kabbeliger See. Die Sonnenstrahlen schimmerten fünf Meter tief ins blaue Wasser hinein, darin schwammen Schwärme kleiner gelbschwarz gestreifter Pilotfische. Trondur langte unter den Floßrand und brach einen kleinen Klumpen Seepocken ab. Er zeigte mir, wie sie einen Bogen um den Bambusstab gebildet hatten.

»Geht leicht ab«, sagte er. »Sie halten nicht am Bambus.« Trondur hatte die ganze letzte Stunde auf dem Kajütdach verbracht und von dort aus mit dem Fischspeer in der Hand wie Neptun mit dem Dreizack die See beobachtet. Er wartete auf große Doraden, von denen Rex bei seiner Schiffsbodeninspektion drei Stück bemerkt hatte. Die Doraden schwammen im Schatten des Floßes, um dem direkten Sonnenlicht zu entgehen. Gelegentlich wagten sie sich hervor, um nach fliegenden Fischen zu sehen. Jedesmal aber war es ein plötzlicher Ausfall, der Trondur überraschte, so daß er nicht rechtzeitig mit dem Speer zur Stelle war. Joe versuchte, die Doraden mit einem silberglänzenden Angelblinker anzulocken, den er über die Floßseite baumeln ließ. Aber auch damit hatten wir kein Glück. Die Raubfische blieben wo sie waren, bis sie plötzlich nach vorn aus dem Schutz des Floßes herausschossen und vor uns durch das Wasser pflügten, um zu sehen, ob sie arglose fliegende Fische erwischen könnten. Dort blieben sie dann als Vorhut des Floßes knapp außer Reichweite des Speers. Das lebhafte Blau und Gelb ihrer Körper war aber deutlich zu sehen. Wir litten Tantalusqualen, denn uns lief das Wasser im Munde zusammen, weil uns das Einerlei von getrocktenem Bonito, Salami und Dosenthunfisch langsam über war und etwas frischer Fisch uns gut geschmeckt hätte.

Später am gleichen Tag, es war der 15. August, sahen wir einen weiteren Wal, einen Einzelgänger. Trondur, der an den Segellatten des Großsegels wie an einer Leiter hochgeklettert war, erkannte ihn von oben aus als Seiwal oder Finnwal, der sich von Plankton und kleinen Fischen ernährt. Früh am folgenden Morgen tauchten ungefähr 100 m vom Floß entfernt zwei große ausgewachsene Pottwale auf, vielleicht ein Paar, das Nachwuchs erwartete. Unser langsames und stilles motorloses Fahrzeug war eine großartige Plattform zur Beobachtung der Meeresfauna. Wir waren nicht in der Lage, Tiere zu suchen, aber sie kamen zu uns oder waren einfach da, ohne unser Floß zu beachten. Den Fischen, die unter der HSU FU auf der Lauer lagen, brachte das Floß sogar Vorteile. Das galt für die hungrigen Doraden und das halbe Dutzend uns unbekannter plumper blaßgrauer Fische, die so langsam waren, daß sie wohl Planktonfresser sein mußten. Das Floß spendete ihnen an sonnigen Tagen Schatten und war für sie ein Festpunkt in der weiten See. Unsere eigene Rolle war rein passiv. Wir warteten dort auf unserem Bambusbündel, hofften auf günstigen Wind und waren zufrieden, daß wir uns fast genau dort befanden, wo auf der Seekarte ein geschlängelter Pfeil den östlich setzenden Strom kennzeichnete.

Das Wetter war für die Jahreszeit typisch: Eine Reihe von Tiefdruckgebieten, die bei ihrem Zug auf den Pazifik hinaus über uns hinweggingen. Sie brachten gewöhnlich einige Zeit Südwestwind mit etwas Sonne, dann drehte der Wind nach Norden und brachte Regen. Es folgte eine feuchte Flaute, danach Südwestwind, und das Ganze begann von neuem. Die immer wiederkehrenden Schauer, manche davon sehr heftig, ließen die Oberfläche des Floßes, seine Crew und die Ausrüstung nie richtig trocknen. Der mit Bambusmatten belegte Plichtboden war ständig durchnäßt, manchmal sogar vollständig von einer flachen Pfütze bedeckt. Das lag teilweise daran, daß die See durch Ritzen in den Ecken des Cockpitkorbs eindrang, teilweise quoll der Ozean auch direkt durch die geflochtene Hülle der Plicht, denn an vielen Stellen war die Teerschicht dadurch abgescheuert, daß sich bei den ständigen Verbiegungen und Verwindungen des Floßes dauernd alles gegeneinander verschob und verrutschte. Ich hatte angefangen, Bootsschuhe zu tragen, weil meine Fußsohlen durch das Barfußgehen in der Feuchtigkeit weiß und abgestorben waren. Am Tag und während der Nachtwache standen wir normalerweise 16 bis 18 Stunden in einer Pfütze, so daß Schuhe oder Stiefel auch keine ideale Lösung waren, weil auch sie bald naß wurden, so daß die Füße wie in feuchten Umschlägen steckten. Joe empfahl, die Füße jedesmal, bevor wir in den Schlafsack krochen, gründlich abzutrocknen und zu massieren, weil uns sonst Hautfäule drohe. Die Böden aller drei Körbe – Cockpit, Haupt- und Vorderkajüte – fühlten sich auch weicher an und bogen sich stärker auf und ab, wenn die Wellen unter ihnen durchliefen und das Geflecht hochdrückten. Trondur hatte diese Bewegungen schon mit dem Herzschlag eines großen Tieres verglichen.

Der 17. August war ein denkwürdiger Tag, weil wir endlich mit der Doraden-Fischerei Erfolg hatten. Zwei Fischer – Trondur und Loi – hatten stundenlang alle möglichen Gerätschaften und Fangtechniken ausprobiert, um die begleitenden Doraden zu fangen. Sie hatten mit Blinkern und Spinnern experimentiert, nachgemachte Tintenfische hinter dem Floß hergeschleppt, Essensreste auf Haken gesteckt und versucht, mit Speer und Harpune zum Ziel zu kommen. Es nützte alles nichts. Schließlich kam Trondur zum dem Schluß, daß die Doraden zu vorsichtig waren, um in Reichweite des Speers zu kommen, und zu schlau, um sich durch Spinner und andere künstliche Köder täuschen zu lassen.

»Sie fressen fliegende Fische«, erklärte er, »und wissen sehr genau, wie fliegende Fische aussehen.« Er setzte sich also hin, um mit seinem handwerklichen Geschick einen fliegenden Fisch nachzubilden. Er nahm einen fertigen, blau und silbern gefärbten Köderfisch aus Plastik, schnitt dann aus einem Fetzen Verpackungsmaterial zwei hauchdünne Flügel zu und nähte sie sorgfältig an den Plastikfisch. Um sein Werk auszuwerfen, knotete er einfach 6 m Schnur an die Spitze einer Bambusrute. Wie üblich kam eine hungrige Dorade aus dem Schatten des Floßes hervor, um zu erkunden, was dort schwamm. Normalerweise hätte der Fisch den Köder nur einmal angesehen und sich dann angewidert abgewandt, aber diesmal nicht. Erst stürzte sich eine Dorade auf den nachgemachten fliegenden Fisch, dann noch eine, sie bissen aber nicht an.

Trondur holte den Köder vorsichtig wieder ein. Er hatte die Doraden genau beobachtet. »Zu lange Flügel«, sagte er. »Das Fischmaul schließt sich nicht um den Haken.«

Mit seinem Messer schnitt er von den hauchzarten Flügeln gut einen Zentimeter ab. Zurück ins Wasser damit und – Zack, innerhalb von fünf Sekunden hatte eine räuberische Dorade angebissen. Nachdem wir drei Tage umsonst versucht hatten, einen dieser schwer zu erwischenden Fische zu fangen, gab Trondur dem Tier keine Chance. Wutsch, und schon war eine hübsche 10pfündige Dorade dem Ozean entrissen, durch die Luft geschleudert und landete klatschend in der Plicht.

Trondur lächelte triumphierend. »Schöner Fisch«, erklärte er mit Blick auf den strahlenden, juwelengleichen Schimmer des Fischkörpers. »Bevor wir ihn aufessen, werde ich ihn malen.«

Während Trondur malte, lieh sich Loi die Angelrute mit dem neuen Köder aus. Mit dem fünften Wurf hatte auch er eine Dorade, die sich fest in den Haken verbissen hatte und im Nu auf dem Vordeck zappelte. Unsere Angler hatten das Problem gelöst. Bis die Doraden gelernt hätten, sich vor dem neuartigen »fliegenden Fisch« zu hüten, begleiteten sie uns jetzt als schwimmender Proviantvorrat, aus dem wir nach Belieben unser Abendessen herausziehen konnten. Solange nur jeder gefangene Fisch durch einen Neuankömmling ersetzt würde, wären wir auf dem besten Wege zur totalen Selbstversorgung. Da wir nicht beide Doraden bei einer Mahlzeit verzehren konnten, schnitt Trondur dem zweiten Fisch die Kehle durch, um ihn ausbluten zu lassen, weidete ihn aus, damit er nicht verdarb, und hängte ihn über Nacht auf. Morgens öffnete er den Fisch und rieb ihn leicht mit Salz ein. So würde das Fleisch sich mindestens zehn Tage halten, sagte er, und vor dem Essen bräuchten wir es nur drei bis vier Stunden in Seewasser einzuweichen, um das Pökelsalz auszuwaschen.

Als zweiter großer Erfolg der Reise hatte sich schon jetzt

unser kleines Satellitenfunkgerät erwiesen. Es arbeitete einwandfrei. Täglich knipste ich es an, stellte die Verbindung mit dem Satelliten her und funkte eine Nachricht an das Seefahrtsmuseum in Newport News im Staate Virginia, ein Viertel des Erdumfangs entfernt, oder an unsere Freunde im DHL-Büro in Hongkong. Nach Hongkong meldete ich jeden Tag unsere Position, dem Museum berichtete ich laufend vom täglichen Leben auf der HSU FU. Diese Berichte verbreitete das Museum über schuleigene Computernetzwerke an angeschlossene Schulen und Colleges in Virginia. Schulkinder, College-Schüler und Museumsbesucher erfuhren innerhalb weniger Stunden, was an Bord der HSU FU vor sich ging. Es war ganz eigenartig, dort mitten im Stillen Ozean, fast auf der Stelle liegend, auf einem halb überspülten Floß zu sitzen, völlig fern der Außenwelt, um sich herum das Wasser platschen und gurgeln zu hören und dabei kurze Berichte für Menschen zu schreiben, die mit Autos oder Bussen zur Arbeit fuhren, normales Essen zu sich nahmen, mit fließendem warmen Wasser duschten, trockene Kleidung trugen und in Betten schliefen, ohne nachts regelmäßig aufstehen und Wache gehen zu müssen. Und dann die Fragen, die die sieben- bis zwanzigjährigen Schüler und Schülerinnen stellten. Was wir äßen, ob es schwierig sei, auf so engem Raum zusammenzuleben, ob wir Angst vor Haien hätten und wohin wir zum Austreten gingen. Diese letzte Frage hatten wir schon erwartet, denn sie war Rex schon in Japan gestellt worden. Zwei Tage bevor wir Shimoda verließen, war er eingeladen worden, an einer dortigen Grundschule einen Vortrag zu halten. Als seine Rede beendet war, fragte der Lehrer, ob jemand Fragen hätte. Sofort schoß hinten im Klassenzimmer ein kleiner Arm in die Höhe: »Wohin gehen Sie zum Austreten?« kam die Frage, die alle Kinder von Japan bis Virginia am meisten beschäftigte.

Am 17. August um Mitternacht sahen wir östlich von uns, also in Richtung des offenen Ozeans, einen hellen Lichtschein aufleuchten.

»Ein kalifornischer Leuchtturm!« witzelte Joe. »Wir müssen schon da sein«, obwohl wir natürlich wußten, daß zwischen uns und Amerika noch 4000 Meilen offener See lagen. Die Lichter mußten zu einem Tintenfischfänger gehören, der die Tintenfischschwärme mit Bogenlampen an die Oberfläche lockte. Im darauffolgenden Morgengrauen sahen wir noch ganz kurz einen weit entfernten Schiffsrumpf über den Horizont verschwinden. Es war erst das zweite Schiff, das wir seit Shimoda gesehen hatten. Das überraschte uns, denn unser Floß segelte dicht am Großkreiskurs, der kürzesten Strecke zwischen Japan und den Vereinigten Staaten, so daß wir mit mehr Schiffsverkehr gerechnet hatten. Das einzige andere Schiff, das wir bis dahin gesehen hatten, war ein kleiner Tanker gewesen, der die Hsu Fu im Abstand von nur drei Meilen am hellichten Tage passiert hatte, vermutlich ohne das so tief im Wasser liegende Bambusfloß im geringsten bemerkt zu haben. In wenigen Tagen würde sich die Wahrscheinlichkeit, Schiffe zu treffen, noch weiter verringern, wenn wir bis dahin gut vorangekommen wären, denn bis dahin hoffte ich, 40 Grad nördlicher Breite erreicht zu haben, um dann direkt auf Ostkurs zu gehen und die Großkreisroute zu verlassen.

Mit diesem Kurs würde unsere Passage zwar einige hundert Meilen länger als auf dem Großkreis werden, aber wahrscheinlich hatten es die chinesischen Seefahrer des Altertums genauso gehalten, indem sie bei Ost-West-Fahrten die Technik des Breitensegelns benutzten. In der einfachsten Form bedeutet Breitensegeln, daß man den Polarstern unterwegs immer im selben Abstand über dem Horizont hält. Dadurch ist gesichert, daß man genau nach Osten oder Westen segelt. Möglicherweise hatten die alten Chinesen auch noch ausgeklügeltere Methoden, andere Gestirnswinkel zu messen, vielleicht mit Schablonen, die sie vor den Himmel hielten, oder sie hatten zu verschiedenen Jahreszeiten die Mittagshöhe der Sonne aufgezeichnet. Solche Kenntnisse und Fähigkeiten wären sicher nützlich, aber nicht unabdingbar gewesen. Indem der frühe Navigator auf dem Stillen Ozean einfach direkt nach Osten oder Westen segelte, muß er sich genau genug zurechtgefunden haben, um Erkundungsreisen auf der Suche nach Inseln oder fernen Küsten zur Besiedelung zu unternehmen. Für die HSU FU war es das Vernünftigste, auf 40 Grad nördlicher Breite zu bleiben. Weiter nördlich wären wir in ein Gebiet mit größerer Gefahr schwerer Stürme gekommen, zu weit südlich hätten wir die Hilfe des pazifischen Stroms, der Kuro-Schio-Trift, verloren und darüber hinaus wahrscheinlich mehr Gegenwind bekommen. Sehr viel würde von unserem Wetterglück abhängen, ob die Tiefdruckgebiete nördlich oder südlich an uns vorbeiziehen würden, ob wir schwere Stürme mitmachen oder lange Flauten erleben würden. Unser Floß war so langsam, daß wir schlechtem Wetter nicht ausweichen konnten. Wir mußten alles nehmen, wie es kam und konnten nicht einmal sicher sein, uns dicht am 40. Breitengrad halten zu können. Lang anhaltende Gegenwinde oder Seitenwinde konnten uns erheblich von unserem geplanten Kurs abbringen. Wir würden einfach abwarten müssen und sehen, was auf uns zukam.

So segelten wir jetzt in einen Nebelgürtel hinein. Die nächsten drei Tage lag das Floß in einem dichten, feuchten Schleier. Es war völlig windstill, und die Dünung erstarb allmählich, bis wir manchmal ohne Horizont und ohne eine Möglichkeit, Entfernungen zu schätzen, in grauen Schwaden zu schweben schienen. Man fühlte sich fast orientierungslos. Tau legte sich wie Rauhreif auf das Rigg. Die bewegungslosen Segel sogen sich voll Wasser und wurden dadurch steif und dunkel. In den Kajüten fühlte sich alles naß an, der Bambuslattenfußboden ebenso wie das Bambusfachwerk und unsere gesamte Bekleidung. Wassertröpfchen schlugen sich auf jeder Fläche nieder. Zum Trost war es mit 22 Grad noch warm genug, nicht unangenehm, einfach nur feucht. Ungemütlich wurde es erst, als aus dem Nebelschleier unerwartet Sprühregen kam. Geräuschlos und senkrecht fielen die Tropfen durch die unbewegte Luft.

Aus diesem dichten, grauen Dunst kam ein kleiner Landvogel angeflattert. Vielleicht war er erschöpft, vielleicht hatte er im dicken Nebel die Orientierung verloren. Jedenfalls tauchte er plötzlich aus dem Grau auf und ließ sich auf dem Kajütdach nieder, wobei wir das dünne Kratzen seiner Klauen in der völligen Stille der Nebelbank hören konnten. Wir waren es gewohnt, daß sich Vögel zum Ausruhen auf dem Floß niederließen. Das hatten wir schon auf dem Weg nach Taiwan erlebt, auch einige Male vor der japanischen Küste, und ein ähnlicher Zugvogel hatte das Floß zwei Tage zuvor besucht. Vögel, die per Anhalter mitreisen, sind beim Hochseesegeln alltäglich. Wir beachteten unseren Besuch deshalb kaum. Normalerweise bleiben solche Reisegenossen einige Stunden, höchstens einen Tag, und fliegen dann weiter, oder man findet sie am nächsten Morgen tot vor, gestorben an Hunger oder Erschöpfung. Genauso schien es mit diesem kleinen Wesen zu sein. Es war ein Strandvogel, ein junger Steinwälzer. Sein weiches, braunes Gefieder trug als Zeichnung ein Netz von olivgrünen, gelben und ockerfarbenen Rauten. Er hatte einen kräftigen, geraden Schnabel und lange, dürre, leuchtend korallenrote Beine mit großen, dünnen Füßen, so daß der Gang gestelzt, beinahe affektiert wirkte. Natürlich stellten wir dem Vogel eine kleine Untertasse mit Trinkwasser hin und streuten ein paar Kekskrümel aus, dachten dann aber nicht weiter an ihn. Der Steinwälzer blieb auf dem Dach der Hauptkajüte und beobachtete uns nervös. Jedesmal, wenn jemand auf dem Kajütdach entlang nach vorn ging, sprang der kleine blinde Passagier verschreckt in die Luft, flog ein paar Meter über das Wasser hinaus, um dann zurückzukurven und in sicherem Abstand auf der Vorderkabine zu landen oder auf dem kleinen geflochtenen Schutzdach am Ruder, das wir unser »Buswartehäuschen« nannten.

In jener Nacht kam von Westen eine sanfte Brise auf, so

daß die HSU FU im Schrittempo über die glatte See voranglitt, der Nebel hielt sich aber noch. Sowie die Sonne höher stieg, wurde sie aber stark genug, um direkt über uns durch die Nebelschicht zu dringen und auf uns herabzuscheinen. Dadurch entstand eine sonderbar abgeschlossene und eingehüllte, sonnenbeschienene Welt für sich – unsere ganz private Insel voller Sonnenwärme – während uns nur 25 m weiter eine massiv wirkende Wand aus grauem Dunst ringsum einschloß. Dahinter war für all unsere Sinne die Welt zu Ende. Diese Wand war für unsere Augen undurchdringlich, und es war außer dem Gemurmel der kleinen Wellen zwischen den Bambusstäben des Rumpfes nichts zu hören.

Wir öffneten eine Dose Haferflocken von denen, die wir in Hongkong gekauft und als Leckerbissen zurückbehalten hatten, um Abwechslung in unser Frühstück zu bringen. Nach so langer Zeit auf See und nach gelegentlichen Seewasserbädern aber war die Dose undicht geworden. Die Haferflocken sahen frisch und fest aus, rochen aber verdorben. Trondur und ich mochten gern Haferflocken, so daß wir uns nicht darum scherten und unsere Portionen aufaßen. Loi und Rex konnten sich nicht dazu entschließen, Joe aber war hocherfreut. Da er Haferbrei haßte, ergriff er in seiner Eigenschaft als Proviantverwalter die Gelegenheit, den Doseninhalt für ungenießbar zu erklären und ein neues Paket Müsli anzubrechen. Er wollte die Haferflocken gerade über Bord kippen, als uns unser gefiederter Passagier einfiel. Zu unserer Überraschung war der kleine Anhalter nicht weggeflogen, sondern noch an Bord. Nach 24 Stunden auf dem Floß stolzierte er überall herum und schien sogar etwas ungehalten, wenn jemand ihn störte. Er betrachtete das Dach der Hauptkajüte anscheinend als eigenes Territorium, auf dem menschliche Wesen nichts zu suchen hatten. Wir hatten ihn spontan Fred getauft, zum Fressen hatten wir ihn aber noch nicht bewegen können. Fred bevorzugte anscheinend frisches Fleisch, denn er war auf dem Geflecht des Hüttendachs auf und ab gelaufen und hatte mit seinem dünnen, spitzen Schnabel in jeder Ritze gestochert, um die paar Ameisen und Läuse herauszupicken, die sich da vielleicht noch verbargen. Aber nach 3½ Monaten auf See konnte dort kaum noch ein Insekt überlebt haben, so daß Fred sehr hungrig sein mußte. Joe streute probeweise ein paar der vergammelten Haferflocken auf das Kajütdach. Wir staunten nicht schlecht, als Fred eine Flocke aufpickte und sie ihm zuzusagen schien. Am Vortag hatten wir ihm eine Portion harter gelber Linsen angedient, die wir schwer zu kochen und ungenießbar fanden. Auch Fred hatte sie nicht gemocht. Jetzt aber stakste er von einer Haferflocke zur anderen und pickte sie begierig auf. Es fiel uns auf, daß er an den Flocken vorbeiging, die offen herumlagen, und lieber diejenigen ausgrub, die der Wind in die Spalten zwischen den Bambusstreifen geweht hatte. Die versteckten Haferflocken müssen ihn an die Futtersuche am Kiesstrand erinnert haben. Für alle Fälle reservierten wir die ganze Dose Haferflocken für Fred, um ihn damit zu füttern, solange er bei uns bleiben wollte. Bald sah das Kajütdach der HSU FU aus wie ein Kopf mit Haarschuppen, denn wir streuten Freds Tagesrationen immer auf das Dach, damit er die Haferflocken aus den Ritzen und Winkeln picken konnte, wie er es von der heimischen Insektenjagd gewohnt war.

Die ganze Zeit hatte Trondur seitlich am Floß einen ekelhaft aussehenden Haiköder mitgezogen. Am Ende einer schweren, bleistiftdicken Angelleine hatte er verschiedene Abfallklumpen festgeknotet, zuletzt Kopf, Eingeweide und Rückgrat einer Dorade, die wir gefangen hatten. Diese Abfallstücke zerfielen mehr und mehr, sie wurden weiß und zottelig. Trondur hatte bisher auf einen Haken verzichtet. Er sagte, daß er erst einmal feststellen wolle, was für Haie und große Fische in dem Seegebiet vorkämen, bevor er welche zu fangen versuche. Wie immer beobachtete Trondur das Seegetier in der Umgebung des Floßes aufmerksam und hatte schon drei verschiedene Haie gesehen, die gelegentlich aus der Tiefe hochkamen, um den nachgeschleppten Köder zu untersuchen. Sie hatten ihn aber nicht angenommen, sondern waren wieder abgetaucht. Kurz vor Mittag zeigte sich ein weiterer großer, torpedoförmiger Fisch von etwa 1,20 m Länge und näherte sich dem abstoßenden Bündel von Gräten und Eingeweiden. Auch dieser Wegelagerer lehnte das Gebotene ab. Statt jedoch abzudrehen oder unterzutauchen, schwamm der neugierige Fisch in etwa zwei Meter Abstand am Floß entlang zum Bug, um dort nach Eßbarem zu suchen. Trondur hatte schnell reagiert, war aufs Vorschiff gehastet, hatte im Vorbeigehen seine Harpune gegriffen, die immer auf dem Dach der Vorderkajüte festgebunden war, und wartete vorn auf den Fisch. Zack! Mit einem gut gezielten Wurf traf Trondur genau ins Schwarze. Er benutzte die schwerere seiner beiden Harpunen, mit der normalerweise kleine Wale erlegt werden. Die Spitze der Waffe durchschlug den großen Fisch vollständig und tötete ihn augenblicklich. Trondur holte seinen Fang an Bord und stellte fest, daß es eine 18 Kilo schwere Königsmakrele war, eine Art übergroße Makrele. Wir konnten uns also auf leckere Fischessen freuen – drei Tage Fischfilet, eine willkommene Abwechslung von dem Einerlei aus Bonito, Salami und Dosenthunfisch.

Aber Trondur hatte noch lange nicht genug. Jetzt, nachdem er ungefähr wußte, wie groß die Haie in dieser Gegend waren, setzte er die Haiangel wieder aus, diesmal mit dem richtigen Haken und einem Drahtvorfach. Um zwei Uhr morgens wachte ich durch ein gewaltiges Rummsen und Klatschen auf, das die Kajüte erzittern ließ. Ich stürzte hinaus und entdeckte Trondur in der Dunkelheit auf dem Vordeck beim Ringen mit einem äußerst lebendigen 1½ m langen Hai, der während Trondurs Nachtwache angebissen hatte. Wie immer hatte Trondur es nicht für nötig gehalten, Hilfe zu holen. Rex, der zusammen mit ihm Wache ging, war noch in der Plicht am Ruder. Wahrscheinlich hatte Trondur bemerkt, daß etwas an seinem Haiköder angebissen hatte, war aufs Vordeck gegangen und hatte die Bestie allein herangezogen. Als er den tobenden Hai auf das Vorschiff gewuchtet hatte, schlug und peitschte das Tier auf dem halb untergetauchten Bambusdeck umher, und Gischt spritzte überall hin, während Trondur den schnappenden Kiefern kaltblütig auswich und die Angelschnur immer dichter holte, bis er das Raubtier wie einen bissigen Hund an kurzer Leine buchstäblich an den Fockmast gefesselt hatte. Erst dann rief er zum Heck, Rex solle ihm das große Küchenmesser bringen, und schnitt damit dem Hai die Kehle durch.

»Du wolltest doch Haifischfilet probieren«, sagte ich zu Joe, der aufgetaucht war und sich den Schlaf aus den Augen rieb.

Er seufzte. »Ich habe immer noch nicht die Riesenportion Königsmakrele verdaut, die es zum Abendessen gab, und dieser Fang gibt noch mindestens drei weitere Mahlzeiten her.«

Im Morgengrauen lagen wir in einer Flaute. Als der Nebel sich hob, sahen wir zwei Hochseefischdampfer als kleine Flecken in der Ferne. Neugierig geworden kamen sie heran, um unser Floß zu betrachten. Es waren zwei mittelgroße japanische Schiffe, eins davon war ein Fischereiforschungsschiff, das zweite ein begleitender Trawler. Wie üblich waren sie erstklassig mit der allermodernsten Elektronik ausgerüstet und in makellosem Zustand. Beide Schiffe müssen sehr kostspielig gewesen sein, und jedes hatte mindestens 20 Mann Besatzung. Jeder an Bord hatte anscheinend ein eigenes Fernglas, so daß die Brücken der beiden Schiffe wie Schaufenster von Optikergeschäften aussahen, als viele neugierige Augen uns musterten, während die Fahrzeuge uns umkreisten. Unser Gefährt muß ihnen wie ein desolater schwimmender Strohhaufen vorgekommen sein. Der Kapitän des Schiffes, das uns am nächsten war, rief von seinem Peildeck aus etwas auf Japanisch über seinen Deckslautsprecher, und wir winkten fröhlich, um zu zeigen, daß bei uns alles in Ordnung sei. Wenige Augenblicke später sahen wir einen kleinen, gedrungenen japanischen Seemann in Gummistiefeln an Deck nach vorn laufen. Dort öffnete er einen Deckel, unter dem sich wohl ein wassergefüllter Behälter für Lebendköder befand. Er langte hinein, zog einen ziemlich mickrigen, silbernen Fisch heraus und schleuderte ihn durch die Luft auf das Floß. Dann machte man auf dem Fischdampfer Handzeichen, offenbar die Frage, ob wir Fisch haben wollten. Das war die Gelegenheit für Trondur. Auch er stapfte in seinen schweren Seestiefeln nach vorn, griff auf das Vordeck und hob den blaugrauen Körper des 1,5 m langen Hais hoch. Er hielt ihn mit einer Hand so in die Höhe, daß die Japaner unseren Fang erkennen konnten, in der anderen Hand hielt er den kleinen japanischen Fisch und schüttelte dann gemessen den Kopf – nein, danke, wir haben selbst viel größere Fische! Die japanischen Fischer klatschten Beifall.

Der Kapitän des Forschungsschiffs wedelte mit einem Blatt Papier und zeigte dann darauf. Ich richtete mein Fernglas dorthin. Er hielt eine Wetterkarte in der Hand und beschrieb dann mit der anderen Hand übertriebene Wellenbewegungen. »Orkan!« dröhnte die Stimme des Kapitäns durch den Deckslautsprecher. Ein Sturm war im Anmarsch! Mit hochgehaltenem Daumen gab ich das Zeichen: »Verstanden, an Bord alles klar!« Dann schob sich das Forschungsschiff mit Hilfe seines Bugstrahlruders seitwärts auf unser Floß zu. Über das Schanzkleid beugte sich ein sehr junges Besatzungsmitglied, anscheinend der jüngste Schiffsjunge, und hielt in den ausgestreckten Armen ein dickes, schwarzes Paket, offenbar ein Geschenk. Als wir nahe genug waren, nahm Loi das Paket entgegen. Es war schwer, sorgfältig in Plastikfolie eingewickelt und mit Klebestreifen verschlossen. »Origato! Origato! Danke! Danke!« riefen wir und winkten zum Dank. Der Schiffsführer des Forschungsschiffs ahmte noch immer die Bewegung hoher Wellen nach und gab uns mit Handzeichen zu verstehen, daß er jetzt Landschutz aufsuchen würde. »Origato!« riefen wir erneut, dann fuhren die beiden Fischereifahrzeuge weg. Sie nahmen so schnell Fahrt auf, daß sie bald nur noch als kleine Kleckse zu sehen waren.

»Möchte wissen, was drin ist«, sagte ich zu den anderen und wog das schwere Paket neugierig in der Hand. Die Packung war länglich und ziemlich schwer. Vielleicht zwei Flaschen Sake, spekulierte jemand. Ein Kuchen? Ein paar Konserven? Für Zigarettenstangen, die häufig als Geschenk übergeben werden, wenn sich Schiffe auf See treffen, war es zu schwer. Wir rätselten herum, hofften aber alle auf irgend etwas Nahrhaftes, um Abwechslung in unseren eintönigen Speisezettel zu bringen. Schluß mit dem Rätselraten.

Ich beendete die Mutmaßungen, indem ich die Verpakkungsfolie mit dem Messer zerschnitt und öffnete. Vor uns lagen, sauber gebündelt, zwei Dutzend japanische Comichefte und fünf oder sechs Softporno-Magazine! Wir lachten uns alle halb tot.

24 Stunden später hatten wir das Nebelgebiet hinter uns. Die HSU FU sah aus wie eine Wäscherei bei Hochbetrieb. Auf jeder freien Fläche lagen Sachen zum Trocknen. Bekleidung, Schlafsäcke, Ersatzsegeltuch, alles war aufgehängt oder ausgebreitet, um einige Sonnenstrahlen einzufangen. Nur die Solarmodule hatten wir freigehalten, damit sie weiter Strom erzeugten. Fred, der Zugvogel, genoß das gute Leben, seit er seine regelmäßige Zuteilung von Haferflocken bekam, tat aber noch immer so, als sei er ein Zugvogel auf Reisen. Jeden Morgen und jeden Abend erhob er sich entschlossen vom Kajütdach, als wolle er zur anderen Seite der Welt fliegen, stieg dann etwa 30 m auf, zog einige Kreise und sah sich um – vermutlich, um Land zu entdecken oder nur, um sich »die Flügel zu vertreten«. Aber nach einer oder zwei schnellen Runden überlegte er es sich jedesmal anders, kehrte um und landete mit einem Kratzen ganz schnell wieder auf seinem Lieblingsfleck auf dem Kajütdach. Dort schüttelte er dann seine Federn aus und hockte sich gemütlich hin, als hätte ihm dieser Flecken schon sein Leben lang gehört. Er paßte sich dem Leben auf dem Floß so schnell an,

daß unsere einzige Sorge war, er könnte im Schlaf vom Dach fallen. Seine dünnen Klauen fanden auf der glatten Oberfläche der Solarplatten keinen Halt. Immer, wenn er dort das Gleichgewicht verlor, rutschte er auf den Solarzellen herunter wie ein Skianfänger auf dem Idiotenhügel, bis er weiter unten auf dem Bambusgeflecht wieder Halt fand. Er liebte es auch überhaupt nicht, nachts gestört zu werden und protestierte jedesmal mit einem kurzen scharfen Pieps, wenn die Nachtwache über das Kajütdach klettern mußte, um die Segel zu bedienen. Er war noch immer zu scheu, um sich berühren zu lassen, und hüpfte fort, wenn jemand zu nahe kam. Wenn man aber stillhielt, kam Fred bis auf wenige Zentimeter herangestelzt und musterte einen mit seinen Knopfaugen. Wenn man sich erdreistete, sich auf dem Kajütdach, seinem Privatgelände, zum Ausruhen hinzulegen, dann trippelte er mit seinen Streichholzfüßchen federleicht geradewegs über einen hinweg.

Um den Fisch haltbar zu machen, den wir nicht gleich verbrauchen konnten, baute Trondur auf dem Vordeck eine Trockenkammer. Die Wandungen bestanden aus Bambusgeflecht, und die Stücke von Hai- und Königsmakrelenfleisch hingen auf einem sinnreich ausgetüftelten Gestell aus Stangen und Bindfäden, um an der Luft zu trocknen. Unglücklicherweise ähnelte diese Trockenkammer auf dem Vorschiff auffällig einem jener Häuschen mit dem Herzen in der Tür, während die zur Schau gestellten sterblichen Überreste von Fischen wahrhaft grauenerregend aussahen. Da war der langsam verrottende Kopf der Königsmakrele mit ihrem spitzen Maul und den glasigen, eingefallenen Augen, Haikiefer, Streifen von nicht mehr ganz frischem Haifleisch und das Rückgrat der Königsmakrele mit dem deutlich sichtbaren Loch, das die Harpune beim Durchstoßen des Skeletts dort hinterlassen hatte. Ich konnte mich nicht entscheiden, ob die HSU FU mit dieser überall herumbaumelnden, im Wind übelriechenden Trophäensammlung mehr wie der Hinterhof einer mittelalterlichen Bauernkate aussah oder wie eine indianische Grabstätte mit ausgebreiteten Opfergaben.

Jetzt, nachdem die Sonne hervorgekommen war, zeigte der Ozean selbst ein äußerst bemerkenswertes Blau, das Trondurs Künstlerauge sofort auffiel. Bei diesen Wetterbedingungen unterschied sich das Blau des Stillen Ozeans deutlich von dem Farbton anderer Meere. Es war weder das blasse Grüngrau mit einem Stich ins Blaue des Nordatlantik, noch das Azurblau der Karibik und der Arabischen See oder das stumpfe, bräunliche Blau der Chinesischen See, sondern ein tiefes Indigoblau. Darüberhinaus schien das spezielle Pazifikblau sich auf alles in der See zu übertragen: Das Plankton fluoreszierte in einem kräftig leuchtenden Blau, das Blau der Fische war lebhafter, der Schatten unter dem Floß tiefblau, und sogar der Hai, den wir gefangen hatten, war in den ersten Stunden, nachdem wir ihn an Bord gezogen hatte, so auffallend blau, daß wir ihn für eine seltene, unbekannte Art hielten. Erst später nahm die Haihaut ihre übliche weißlich-blaue Farbe an. Das Wasser selbst hatte so einen intensiven Ton, daß in seinem Farbspektrum nur Blau vorzukommen schien. Das war das Markenzeichen des Pazifik.

Loi und ich beobachteten in der Nacht auf den 26. August die gespenstisch blauen Umrisse von Doraden, die unter dem Floß schwammen. Es war drei Uhr morgens und unsere Eskorte von Doraden bestand inzwischen erstaunlicherweise aus nicht weniger als 30 bis 40 Raubfischen von etwa 60 Zentimetern Länge bis zu Ungeheuern, die 30 Kilo wiegen mochten. Sie lungerten unter dem Floß herum oder teilten sich in kleinere Jagdgruppen auf, die 30 oder 40 m vom Floß wegschwammen, wo wir noch immer die Leuchtspuren sehen konnten, die sie beim Angriff auf ihre Beute wie Kometen hinter sich ließen. Loi hoffte, eine Dorade mit dem Speer erwischen zu können. Er balancierte mit Trondurs leichter Harpune auf dem Floßrand. Dann und wann stach er vergeblich auf eine vorbeizischende Leuchtspur ein.

Ich leuchtete mit einer Taschenlampe ins Wasser, um damit eine Dorade anzulocken. Plötzlich spürte ich im Dunkeln ein Zappeln und einen leichten Schlag auf die Hand, in der ich die Lampe hielt. Dann klatschte und zappelte es zu meinen Füßen fürchterlich auf dem äußersten Bambusrohr. Loi reagierte unglaublich schnell. Er beugte sich herab und packte etwas, bevor es wieder ins Wasser gleiten konnte. Dann zeigte er es mir. Zunächst hielt ich es für eine Schlange, sah dann aber, daß er einen außerordentlich dünnen Fisch in der Hand hielt – einen Schlangenfisch. Er war ungefähr 60 cm lang, nicht mehr als ein silberhelles Band mit einem Maul voller nadelspitzer Zähne und mit einem grimmigen Gesichtsausdruck. Der Fisch muß von dem Licht angelockt worden sein und versucht haben, es anzugreifen. Dabei war er aus dem Wasser geschnellt, nur um auf dem Floß zu landen, wo Loi ihm prompt die Kehle durchschnitt, um das Fleisch am nächsten Tag als Köder zu benutzen. Bald darauf gab Loi sein erfolgloses Fischstechen auf. Wir beobachteten gerade das erste Morgenlicht am Osthimmel, als dicht am Floß und im schwarzen Wasser kaum sichtbar der noch schwärzere schlanke Rumpf eines etwa 9 m langen Wals auftauchte, der nicht mehr als 20 m entfernt an die Oberfläche gekommen war. Noch zweimal kam das große Tier im Abstand von etwa einer Minute hoch, um Luft zu holen, dann war es wieder weg.

Der Morgen brachte einen heißen Sonnentag ohne Wind und Joe machte die traurige Entdeckung, daß Fred verschwunden war. Das letzte Mal hatten wir ihn am Abend vorher in der Dämmerung gesehen, als er auf dem Kajütdach sein gewohntes Abendessen aus Haferflocken zusammenpickte. Joe hatte nachts mit der Taschenlampe geleuchtet, um nicht auf Fred zu treten, hatte aber nichts von ihm gesehen. Jetzt waren nur noch die Haferflocken da, die er übriggelassen hatte, aber kein Lebenszeichen mehr von unserem hübschen kleinen Begleiter mit der olivgrünen und gelben netzartigen Zeichnung. Ein richtiges Maskottchen war aus ihm zwar nicht geworden, weil er nie die Angst vor menschlichen Bewegungen verloren hatte, aber wir hatten uns daran gewöhnt, daß er bei uns war, das Floß mit uns teilte und spindelbeinig, stochernd und pickend sein eigenes Leben führte. Wir konnten nur hoffen, daß er nicht nachts vom Kajütdach gefallen war, sondern gut erholt und mit vielen Haferflocken herangefüttert wieder auf die Reise gegangen war.

In der Morgenflaute hatte Rex Gelegenheit zu einer zweiten Untersuchung des Schiffsbodenbewuchses. Joe ging auf dem Floß herum und machte Notizen, während Rex mit einem Lineal in der Hand am Floß entlangschwamm, die verschiedenen Beobachtungspunkte aufsuchte und Joe die neuen Seegraslängen und Seepockendaten zurief. Er hatte seine Runde fast beendet, als ich Loi und Trondur, die auf dem Vorschiff saßen und einem Fischspeer einen neuen, stärkeren Griff verpaßten, zurief: »Da! Die Doradenmeute jagt!«

Sie waren wie ein Rudel hungriger Wölfe, die es auf ein Reh abgesehen hatten. Eine einzelne Dorade hatte einen Schwarm kleiner Fische entdeckt und war darauf zugeschossen. Ihre plötzliche Bewegung, vielleicht Wasserschwingungen durch den schnellen Start, alarmierte die anderen Doraden, so daß auch sie die Jagd aufnahmen. Plötzlich riß die See an einem Dutzend Stellen auf. Dort sprangen die Doraden anmutig, fast fröhlich in die Luft, tauchten in eleganten Bögen wieder ein und sprangen erneut hoch, während sie ihre Beute verfolgten. Wenn die Räuber am Ziel waren und einen Schwarm verschreckter Fische umzingelt hatten, brodelte das Wasser. Die Doraden zogen immer engere Kreise um ihre Beutefische, bis diese dicht zusammengedrängt waren. Dann brach das Gemetzel los. Die Doraden waren außer sich vor Freßgier und hatten alles um sich herum vergessen. Die gejagten Fische versuchten verzweifelt, in kleineren Gruppen zu entkommen. Die Doraden – inzwischen hatten sich etwa 40 am Schlachtplatz versammelt – stürzten sich in Rudeln von acht oder zehn Tieren auf ihre Beute, zerfetzten und fraßen sie. An drei oder vier Stellen blitzten immer wieder die blauen Körper der Doraden auf, und ihre gelben Rückenflossen und Schwänze brachen durch die Oberfläche, wie Goldfische mit ihren Rückenflossen den Wasserspiegel eines Teichs durchschneiden. An diesen Stellen tobte das wildeste Gewimmel. Als dieses wirbelnde und spritzende Mordgetümmel sich dem Floß näherte, standen Loi und Trondur in erwartungsvoller Spannung mit Fischspeer und Harpune in der Hand am Heck. Sobald die Doraden in Reichweite kamen, wurden sie von Jägern zu Gejagten. Immer wieder stießen Trondur und Loi mit ihren Waffen ins klare Wasser, die Doraden aber bewegten sich so schnell, sie flitzten und schossen hierhin und dorthin, daß sie schwierig zu treffen waren. Die Lichtbrechung machte es noch schwerer, im richtigen Winkel zuzustechen. Aber in ihrer Jagdgier achteten die Doraden nicht darauf, daß Speer- und Harpunenspitzen zwischen ihnen niedergingen. Endlich stieß Loi einen Triumphschrei aus, als er mit dem Fischspeer, der ein neues Heft hatte, zugestoßen hatte. Er hatte eine großartige Zehn-Kilo-Dorade genau von oben getroffen – nicht leicht, weil der lanzettschlanke Fisch von oben nur ein schmales Ziel bietet. Bevor der Fisch sich entwinden konnte, stieß Loi noch ein zweites Mal zu, diesmal durchbohrte er den Fisch ganz und gar. Wie ein alter Hase drehte Loi den Harpunenschaft so, daß der Widerhaken nicht wieder herausrutschen konnte, und hievte die verwundete Dorade an Bord, wo sie auf dem Bambusdeck herumpeitschte. Noch immer achteten die anderen Tiere in ihrer Freßgier auf gar nichts, sie flohen nicht einmal, als Trondurs schwerere Harpune der größten Dorade des Schwarms, einer Bestie von 15 Kilo, eine tiefe Wunde in die Seite schlug. Fünf Minuten später war die jagende Meute außer Reichweite. Da zog Loi seinen Fischspeer aufgeregt heraus, um auf einen anderen, größeren Schatten einzustechen, der aus der blauen Tiefe heraufgekommen war.

»Loi! Nein!« rief ich und fiel ihm in den Arm, bevor er zustoßen konnte. »Der schmeckt nicht so gut, es ist ein Hai!«

»Die haben eine gute Nase«, sagte Trondur, »sie kommen, wenn sie Blut riechen.«

»Willst du nicht wieder ins Wasser, um deine Notizen über den letzten Meßpunkt zu vervollständigen?« fragte ich Rex, der sich wieder an Bord gezogen hatte, um bei der Jagd zuzusehen.

»Nein, das hat Zeit«, antwortete er.

Mondfisch und Delphine

Es begann als Blase in der großen Masse tropischer Warmluft, die als Gürtel zwischen dem Äquator und etwa 15 Grad nördlicher Breite lag, eine Blase unstabiler Energie, die den regelmäßigen Ablauf des angenehmen Sommerwetters durcheinanderbrachte. Innerhalb von Stunden hatte die Blase angefangen, sich auszudehnen und höher zu werden. Dabei sog sie die umgebende Luft ein. Während die Luftblase in die Höhe wuchs, gab ihr die Erddrehung einen Drall, so daß sie zu kreisen begann, wodurch der Ansturm der hineinströmenden Luft schneller und stärker wurde. Sehr bald hatte die Blase ein Eigenleben gewonnen, zunehmende Zerstörungskraft entwickelt und einen Namen bekommen: Keoni.

»Steve«, »Tasha«, »Vernon«, »Winona« – früher erhielten die Taifune ausschließlich weibliche Namen, inzwischen gaben die Meteorologen aber den Taifunen, die immer über warmem Wasser geboren werden, auch männliche. Der Südwestteil des Nordpazifik ist der Welt größte Taifun-Brutstätte. Am häufigsten entstehen diese Stürme dort zwischen Juli und Oktober. Die unangenehmsten Exemplare erreichen ihre größte Stärke über dem Ozean, ziehen dann auf die japanische oder chinesische Küste zu, wo sie mit furchtbarer Gewalt über das Land herfallen und enorme Schäden hinterlassen. Aber sobald diese Wirbelstürme vom Meer über das Land ziehen, verlieren sie ihre Kraft. Die schlimmsten Auswirkungen spüren daher die Gebiete direkt an der Küste, Inseln wie die Philippinen oder die Ryukyus – oder Seefahrer.

Die Reise der Hsu Fu war bewußt so geplant, daß die Taifungefahr so gering wie möglich blieb. Dadurch, daß ich Hongkong im Mai verlassen hatte und so schnell wie möglich nach Japan gesegelt war, hatte ich gehofft, das Hauptgebiet der Wirbelstürme bei Beginn der Taifunmonate hinter mir zu haben. Obwohl die Hsu Fu so langsam vorankam, hatte das einigermaßen geklappt. Hinter uns hatten Taifune über den Philippinen und über Taiwan gewütet, und wir waren den ersten schweren Stürmen, die Japan getroffen hatten, entkommen. Aber wir wußten, daß es keinen Grund zur Sorglosigkeit gab. Täglich erhielten wir Warnungen und Mitteilungen über die Zugbahnen der Taifune oder Beinahe-Taifune, der »schweren tropischen Stürme«, wie die Meteorologen sie nennen. Diese Nachrichten erschienen kurz und bündig auf dem Bildschirm meines kleinen Laptop, wenn das Satellitenfunkgerät die Wetterberichte des japanischen oder amerikanischen Wetterdienstes empfing. Die meisten der Taifune und ihrer nahen Verwandten waren weit weg und brauchten uns nicht zu beunruhigen. Gelegentlich aber lief uns ein kalter Schauer den Rücken herunter, besonders, als eines Tages gemeldet wurde, daß ein Taifun mit 80 Knoten Windgeschwindigkeit und riesigem Seegang Miyako getroffen hatte. Wir dachten daran, wie es unseren Freunden in dem kleinen Hafenort wohl ergangen sei und wieviele ihrer grünen Bäume abgenickt seien.

Jetzt kam Keoni. Als Taifun war er wahrscheinlich nicht einmal die Erwähnung in den Rundfunknachrichten oder Zeitungen wert, denn er blieb über See und verursachte keine Schäden an Land. Weil Keoni aber die ganze Zeit über dem Wasser blieb, lebte er länger und sammelte mehr Kraft an. Keoni war südöstlich von uns über dem offenen Ozean unweit der Midway-Inseln geboren worden. Der Luftdruck in

Keonis Zentrum war mit 960 Millibar schon gefährlich niedrig, als der Sturm zum ersten Mal gemeldet wurde. Er hatte schon begonnen, zu rotieren und sich zu vertiefen, bevor er sich zu einem riesigen Kreisel ausweitete. Am 24. August war Keoni schon ein ausgewachsener, bösartig wirbelnder Taifun und hatte begonnen, wie ein Brummkreisel, nachdem er den Boden berührt hat, einen eigenen kurvenreichen Weg aus den Tropen in den Nordpazifik hinein zu nehmen. Schon gleich nach der Entstehung des Sturms waren alle Schiffe und Flugzeuge, die mit seiner Zugbahn in Berührung kommen konnten, über Funk gewarnt worden: Wind über 70 Knoten im Zentrum, 50 Knoten innerhalb eines Radius von 100 Meilen um das Zentrum und selbst im Umkreis von 200 Meilen noch Wind von Sturmstärke. Auch Keonis Zugrichtung wurde vorhergesagt.

Wettersatelliten behielten ihn elektronisch im Auge. Jede Stunde funkten sie Bilder seiner unstetigen, zerstörerischen Bahn. Zunächst glaubten die Meteorologen, daß der Sturm genau nach Norden ziehen würde. Dann gaben sie eine neue Warnung heraus. Keoni hatte die Richtung gewechselt.

Der Sturm begann, sich nach Nordwesten, ungefähr in Richtung auf die HSU FU, zu bewegen. Der bloße Gedanke an den Wirbelsturm raubte mir nachts den Schlaf. Es verhieß nichts Gutes, daß der Taifun ausgerechnet Richtung Midway zog. Ich erinnerte mich nur zu gut daran, daß der amerikanische Abenteuerschriftsteller Richard Halliburton, der durch eine ganze Reihe erfolgreich nachvollzogener historischer Reisen in den Vereinigten Staaten sehr bekannt geworden war, genau da ums Leben gekommen war. Seine chinesische Dschunke SEA DRAGON war dort in einem Taifun mit Mann und Maus untergegangen. Mit fast 23 m Länge war die SEA DRAGON viel größer und auch viel robuster gewesen als unser wackeliges Bambusfloß. Drei Tage verfolgte ich Keonis Position, indem ich die Wetterdaten auf meine Karte übertrug. Anfangs schien der Sturm zu weit entfernt, um uns echte Sorgen zu bereiten. Als er sich dann näherte, schien seine vorhergesagte Bahn deutlich an unserem Standort vorbeizuführen, so daß ich mir wieder weniger Sorgen machte. Noch ruhiger wurde ich, als wir die ersten Meldungen erhielten, daß Keoni schwächer würde, der Luftdruck im Zentrum im Steigen begriffen sei und der einströmende Wind begonnen habe abzunehmen. Am 24. August aber vertiefte und verstärkte Keoni sich unerwartet wieder. Der Druck im Zentrum fiel erneut. Die Windstärken erhöhten sich bis zum schweren Sturm, und, schlimmer noch: Keoni schlug eine andere Richtung ein und ging mit uns auf Kollisionskurs.

Wir wußten, daß Keoni irgendwo da draußen war. Das Floß lag auf einer windlosen See, es hob und senkte sich mit einer gewaltigen Dünung, die aus Südosten kam, ein sicheres Zeichen, daß in dieser Richtung schweres Wetter herrschte. Eine kleine Gruppe von fünf Albatrossen saß völlig unbekümmert auf dem Ozean und beobachtete uns, bis sie sich wieder in die Luft erhoben. Mit langsamem Flügelschlag patschten sie dabei mit den Füßen auf der öligen Dünung entlang wie abhebende Schwäne, bis ihre enorme Flügelspanne genug Auftrieb lieferte, um sie über das Antlitz des Meeres gleiten zu lassen. Dabei wandelten sie sich von unschönen entenartigen Geschöpfen mit Kopf und Schnabel eines Albatros zu den elegantesten fliegenden Wanderern, die wir kennen. Trondur hatte angeboten, Albatrosse für die Speisekammer zu fangen, wie es die Fischer auf den Färöern häufig tun. Sie basteln dazu kleine Schwimmflöße mit Fischresten als Köder und befestigen darauf raffinierte Fanghaken. Im 19. Jahrhundert dachten sich britische und amerikanische Seeleute nichts dabei, Albatrosse zu töten und zu verspeisen, aber aus Aberglauben verbot ich das. Da irgendwo hinter dem Horizont ein schwerer Taifun drohte, wäre das eine unnötige Herausforderung des Schicksals gewesen.

Die Nacht vom 25. auf den 26. August war besonders unheilschwanger. Nach Angaben der Meteorologen stand

Keoni jetzt ungefähr 350 Meilen südöstlich von uns. Sie wußten nicht, welche Richtung er nehmen würde, sein Zug war unberechenbar. Mal bewegte er sich mit 15 Knoten voran, dann langsamer, um schließlich wieder zu beschleunigen. An einem Tag legte er 200 Meilen zurück, am nächsten vielleicht nur halb so viel. Der Wetterdienst konnte die Position des Taifuns 24 Stunden im voraus nur mit einer Ungewißheit von 100 Meilen vorhersagen. Die Katastrophe war daher innerhalb von ein bis zwei Tagen möglich, und am Morgen des 26. August war es keine Frage mehr, aus welcher Richtung die Gefahr drohte. Beim Morgengrauen sah der südöstliche Horizont übel aus. Dicke, blaßgraue bis furchterregend schwarze Wolkenbänke senkten sich herab, und ab und zu schien die Sonne blutrot hindurch.

Die Wolken brachten ungemütliche Windstöße mit, und ich ordnete an, zu wenden und nach Norden zu segeln, um einige Meilen mehr Abstand vom Taifun zu gewinnen, wenn das auch mehr ein symbolischer Akt war. Beruhigender war der Mittagsbericht des japanischen Wetterdienstes. Danach hatte sich Keoni zwar noch 50 Meilen genähert, dann aber Halt gemacht und wirbelte jetzt auf der Stelle. Der Wirbel füllte sich allmählich auf. Wie berichtet wurde, war Keoni dabei, sich auszuwehen, und würde in Kürze nicht mehr als ausgewachsener Taifun, sondern als schwerer tropischer Sturm eingestuft werden. Ich las im Seehandbuch nach. Ein schwerer tropischer Sturm bedeutete 55 Knoten Windgeschwindigkeit im Zentrum*. Ich schätzte, daß die HSU FU 55 Knoten Windgeschwindigkeit aushalten könnte, wenn es nicht zu lange anhielt und der Seegang nicht allzu schwer würde.

Zwei volle Tage krochen wir vom nördlichen Randgebiet des Sturms fort. Zum Glück blieb der Wirbelsturm, wo er war, und sandte zur Warnung noch immer dieselbe steile, schnellaufende Dünung aus, die jetzt mit einer kurzen, unangenehmen Windsee aus Osten zusammentraf. Die See lief

* Windstärke 11 nach der Beaufort-Skala (Anm. d. Übers.)

wirr durcheinander. Nachts wurde es besonders hackig, die Seen donnerten seitlich an das Floß, krachten gegen die Seiten der geflochtenen Plattformen. Manche Wellenkämme waren so hoch, daß sie sich über das aus Bambus und Blättern geflochtene Kajütdach ergossen. Dann folgte dem Klatschen und der Erschütterung durch den Anprall jedesmal das geräuschvolle Rieseln des Seewassers, das durch die Löcher im Kajütdach eindrang, durch die Rattan gezurrt war. Wir hatten die Kajüten innen mit Zelttuch ausgeschlagen, um uns und unsere Sachen zu schützen. Daher hörten wir als nächstes immer das Prasseln, wenn das Wasser auf den Zeltstoff traf, bevor es an den Kajütseiten entlang zum Fußboden abgeleitet wurde, wo es schließlich durch die Schlauchventile ablief. Ich lag da und hörte auf das Ächzen und Stöhnen des Bambus und den Anprall der Wellen. Dabei zählte ich, wie viele Schläge die HSU FU pro Minute einsteckte, und überlegte, ob die Seen schwerer oder häufiger wurden. Außerdem versuchte ich, nach dem Krängungswinkel des Floßes und dem Schwingungsbogen der Kajüte abzuschätzen, ob Dünung und Windsee gefährlich wurden. Dabei beruhigte mich die Erinnerung an die sehr zufriedenstellenden Kenterversuche, die wir vor so langer Zeit mit dem Probefloß in Sam Son durchgeführt hatten. Aber dann fiel mir immer wieder ein, daß wir diese Kenterversuche ohne Masten unternommen hatten, während wir die HSU FU auf Miyako mit zwei sehr starken und entsprechend schweren Masten versehen hatten, wodurch das Floß sicherlich topplastiger geworden war.

Aber wir konnten wenig tun, um die Lage zu verbessern. Wir versuchten, das Floß zu stabilisieren, indem wir die acht Schwerter in ihren Schlitzen so tief wie möglich ins Wasser hinunterschoben, um mit dem Gewicht der Schwerter den Schwerpunkt des Floßes tiefer zu legen. Aber durch die Kraft der Wellenkämme, die das Floß trafen und seitwärts versetzten, wirkten die Schwerter wie große Messer, die zwischen den Bambusröhren steckten und sie mit ihren Bewegungen auseinanderhebelten, so daß sie das Fahrzeug zu zerspalten drohten. Wir zogen deshalb die Schwerter halb hoch. Wir wagten nicht, sie mehr als halb herunterzulassen, und auch das nur mit Halteleinen gegen den seitlichen Druck. Im übrigen ging es nur darum, die ungemütlichen Bedingungen zu ertragen, besonders auf der Nachtwache. Ständig hielt ein Mann Ausguck, während sein Mitwächter versuchte, sich auszuruhen. Er lag dabei in Ölzeug eingepackt und mit Seestiefeln auf der Lattenbank im Cockpit und hatte wegen der Wellen, die ab und zu in die Plicht einbrachen, ein altes Stück Persenningstoff über sich gezogen – wie ein Landstreicher, der nachts auf einer Parkbank schläft, während Passanten gelegentlich einen Eimer Wasser über ihn kippen.

36 Stunden ritt die Hsu Fu mit dicht gerefften Segeln die Ausläufer des Sturms ab, während Keoni langsam sein Leben aushauchte. Am Abend des 27. August war uns der Wirbel am nächsten, nur 130 Meilen entfernt, hatte aber wieder seinen Kurs geändert. Die für einen nachlassenden Taifun typische geschwungene Bahn würde an uns vorbeigehen. Aber da hatte Keoni sich schon verausgabt und verdiente nicht mehr den Status eines schweren tropischen Sturms, er wurde jetzt zum außertropischen Tiefdruckgebiet. Beim Morgengrauen erkannten wir an den perlförmigen grauen Wolken am Außenrand des Sturmsystems, wie nahe der Wirbelsturm uns gekommen war.

Die Nähe des Taifuns schien Rex am wenigsten von uns allen beunruhigt zu haben. Seine supermethodische Art schien bei ihm alle Gedanken über die Gefahr, in der wir schwebten, abzublocken. Es war, als hätte er einen Tages- oder Wochenplan im Kopf, an den er sich unter allen Umständen hielt. Das Ergebnis war, daß er keinerlei Furcht zu kennen schien, sondern selbst unter den schwierigsten Bedingungen tagein, tagaus seine Beobachtungen von Windrichtung und -geschwindigkeit, Flora, Fauna und Umweltverschmutzung fortsetzte. Klaglos ertrug er auch große

Unannehmlichkeiten. Im Unterschied zu uns anderen hatte er nur ungenügende Segelbekleidung mit. Joe und ich trugen moderne Hochseeregattaanzüge, und ich hatte auch für Loi einen solchen Anzug beschafft. Trondur zog gewaltige, bis über die Knie reichende Seestiefel und einen langen, gelben Ölzeugmantel mit dazu passendem Südwester vor, wodurch er mit seinem prächtigen Bart aussah wie die bekannte Werbung für Fisherman's Friend-Hustenpastillen. Wenn er kurz auf seine Stiefel verzichtete und stattdessen seine derben Sandalen trug, ähnelte er eher einem seefahrenden russisch-orthodoxen Mönch. Rex hatte als Bekleidung dagegen einen gebrauchten Arktis-Schlittenfahreranzug als Bordbekleidung mitgebracht. Dieser rote Overall sah aus wie ein Strampelanzug für Kinder und war dazu gedacht, Schnee abzuhalten, nicht Gischt und grünes Wasser, so daß er innen ständig feucht war. Rex kümmerte sich nicht darum und fand sich mit der Nässe ebenso ab wie damit, daß der Anzug schlecht paßte und durch das ständige Scheuern an Füßen und Handgelenken zu bösartigen Furunkeln führte. Bei Wachwechsel erschien Rex so prompt zur Nachtwache, daß Trondur und ich nur annehmen konnten, daß er auch in dem Anzug schlief.

Trondur selbst war heiterer und gelassener, als ich ihn von früher kannte. Er lächelte häufiger, erzählte Witze und plauderte mit den anderen, obwohl ich ihn von früheren Reisen als wortkarg in Erinnerung hatte. Die Fahrt wurde für ihn zum Urlaub, wie er es angekündigt hatte. Außerdem war er eindeutig der beste Seemann von uns, so daß es mir als Skipper oft peinlich war, ihm Anweisungen zu geben. Dennoch folgte er den Anordnungen augenblicklich, denn er war durch und durch Seemann und hatte schon von seinen Vorfahren ein Gefühl dafür geerbt, wie es an Bord zuzugehen hatte. Sein Einfallsreichtum und seine Kunstfertigkeit faszinierten uns immer wieder. Eingekeilt in der Kajüte aquarellierte er oder schuf Federzeichnungen, ohne sich durch die schwierigen Umstände und die beengte Umgebung davon abhalten zu lassen. Oder er verbrachte Stunden damit, Angelgeräte zu verändern, zu verbessern oder neu zu erfinden. So schmolz er Blei ein und goß es neu an einen Angelhaken, um ihn auf die richtige Tiefe absinken zu lassen, oder er bastelte eine Angelrolle aus einer weggeworfenen japanischen Schnurspule, so daß er den Haken mit seiner selbstgemachten Bambus-Angelrute weiter werfen konnte.

Loi war ein ebenso großer Angelfanatiker wie Trondur. Wieder und wieder warf er den Köder aus und holte ihn ein und vergaß dabei alles um sich herum. Wenn dann tatsächlich ein Fisch anbiß, wurde aus dem normalerweise ruhigen, freundlichen und höflichen Loi plötzlich ein ganz anderer Mensch, verbissen und voller Eifer. Loi und ich hatten zusammen Wache. Eines Morgens hatte ich ihn dabei beobachtet, wie er seit dem ersten Schimmer des Morgengrauens mindestens hundertmal die Angel ausgeworfen und eingeholt hatte. Wie alle Angler schwor er heilige Eide, daß der Fisch zu dieser Tageszeit am besten beißt. Plötzlich biß etwas an. Mit einem Triumphschrei riß Loi an, sah, daß er eine prächtige Dorade am Haken hatte, und begann, die Schnur einzuholen. Der Haken hielt aber nicht. Bevor der Fisch sicher an Bord war, konnte er sich, grün, silbern und golden schillernd, mit einem fantastischen Luftsprung losreißen. Als Loi eine halbe Stunde später einen zweiten Fisch auf die gleiche Weise verlor, kletterte er zurück in die Plicht, schimpfte laut auf Vietnamesisch und schüttelte den Köder voller Abscheu. Mit heftigen Gesten machte er deutlich, daß er den Haken für ungeeignet hielt, und durchwühlte Trondurs Angelgeschirrtasche wie wild, ohne ihn vorher um Erlaubnis zu fragen. Dann suchte er einen großen Doppelhaken aus, knipste den alten Haken mit einem Seitenschneider ab und knotete den neuen fest, wobei er Hände und Zähne benutzte, und seine Hände vor Hast zitterten. Im Nu war er wieder weg und eilte zum Vorschiff, um weiter zu fischen, ohne das überall im Cockpit verstreute Angelgeschirr wegzuräumen. Es war eine Verwandlung wie die von Dr. Jekyll in Mr. Hyde. Der normalerweise so höfliche und ordentliche Loi wurde beim Angeln rüde und rücksichtslos und vergaß alles und jeden um sich herum. Er überlegte auch nicht, daß wir den Pazifik erst zu einem Viertel überquert hatten, so daß wir noch unzählige Wochen auf dem Ozean zum Fischen vor uns hatten. Loi dachte jetzt nur daran, die Angelschnur wieder ins Wasser zu bringen und einen Fisch an den Haken zu bekommen.

Der Fang war willkommen, aber mehr zur Abwechslung als gegen den Hunger. Der Proviant, den wir in Japan an Bord genommen hatten, war zwar eintönig, aber ausreichend, und wir gewöhnten uns allmählich daran. Getrockneter Bonito wurde bald zu unserem Leibgericht, obwohl die Fischstücke aussahen und auch ungefähr so hart waren wie gut abgelagertes Teakholz. Um eine Bonito-Mahlzeit zuzubereiten, mußte der Koch den Fisch zunächst mit Hammer und Stechbeitel in kleine Stücke zerteilen, um die Bruchstücke dann einen Tag in Wasser einzuweichen. Das Endprodukt war immer noch ziemlich zäh, aber es schmeckte uns allen. Wir bedauerten nur, daß unser spärlicher Vorrat an frischem Obst und Gemüse – Orangen und Zwiebeln – schneller schwand als geplant. Wir hatten angenommen, in Shimoda so viel an Bord genommen zu haben, daß jeder Mann die ersten 40 Tage täglich eine Orange essen könnte, und daß Joe, der Zahlmeister, zum Kochen während der 90 Tage, die ich als Reisedauer geschätzt hatte, täglich drei Zwiebeln ausgeben könnte. Aber die Orangen verdarben schneller als erwartet, so daß uns nichts anderes übrigblieb, als laufend die weich werdenden Orangen aufzuessen, damit sie nicht umkamen. Mit den Zwiebeln war es nicht anders. Einen Teil hatten wir zwar schon im ersten schweren Wetter nach dem Auslaufen aus Shimoda verloren. Viele weitere aber waren feucht und schimmelig geworden. Sobald man die braune, faulige Außenschicht abgeschält hatte, war nicht mehr viel für die Bratpfanne übrig. Wir alle wußten deshalb jeden kleinen Triumph des diensthabenden Kochs zu schätzen. Joe erntete anerkennendes Gemurmel, weil er herausgefunden hatte, wie man die winzigen harten Linsen verbessern konnte, die wir in Shimoda gekauft hatten, weil sie so billig gewesen waren. Die Linsen hatten sich als so hart, körnig und geschmacklos erwiesen, daß sie sich aßen wie ein Löffel grober Sand. Sogar Fred, unser gefiederter Anhalter, hatte sie verschmäht. Jetzt hatte Joe entdeckt, daß man daraus einen einigermaßen schmackhaften Brei zubereiten konnte, wenn man sie vorher mit einer alten Flasche zu feinem Pulver zermahlen hatte. Zusammen mit getrockneter Bohnengallerte und getrockneten Radieschen hatten die Linsen damit als vegetarische Abwechslung von dem ewigen Einerlei – getrockneter Bonito, Salami und Dosenthunfisch – Eingang in unseren Speiseplan gefunden. Zu unserer großen Erleichterung blieb es uns dadurch erspart, dreißigmal gelben Kies essen zu müssen. Niemand aber würde dick werden. Zum Mittagessen gab es neben Reis oder Nudeln normalerweise 100 g getrockneten Fisch oder Fleisch, und diese 100 g wurden unter fünf hungrigen Männern aufgeteilt.

Daher verstärkte sich die Hoffnung auf eine ausgiebige Fischmahlzeit am 30. August schlagartig, als Loi, der splitternackt am Heck stand und sich wusch, plötzlich ausrief: »Trondur! Trondur! Großer Fisch! Großer Fisch!« und erregt auf etwas zeigte. Dort, kaum fünf Meter hinter dem Heck des Floßes, ragte ein graue Flosse ungefähr 30 cm aus dem Wasser. Das Tier, was für ein Fisch es auch sein mochte, schien das Floß faul zu mustern. »Hai!« sagte Rex. »Nein, Delphin!« meinte Joe. Das Wesen bewegte sich unschlüssig mal zur einen Seite des Floßes, mal zur anderen. Die Rückenflosse schien bei jeder Richtungsänderung etwas zur Seite zu fallen. Es war eine sehr merkwürdige Flosse, und warum schwamm die Kreatur so langsam? War es ein Hai auf Futtersuche? Das phlegmatische Verhalten des Tieres deutete darauf hin, daß es im Unterschied zu einem Delphin nicht zum Atmen an die Oberfläche mußte.

»Fisch! Fisch!« Loi hüpfte vor Aufregung auf und ab. Er hatte seinen Fischspeer ergriffen und fuchtelte damit drohend vor der seltsamen Flosse herum. Mit seinem strähnigen schwarzen Haar und der gelblich braunen Haut und ohne einen Fetzen Kleidung am Leib hätte er ebensogut ein Amazonasindianer auf seinem Einbaum mitten in Brasilien sein können. Trondur war nach vorn gerannt, um seine größte Harpune zu holen, die quer am Bug festgeschnallt war. Er stolperte wieder nach achtern, die Harpune fest umklammert, und die rätselhafte Flosse war noch immer da, jetzt nicht weiter als drei Meter hinter dem Heck. Sie kam langsam und ruhig näher. Der Tag war neblig und kühl ohne Sonnenschein, daher war die See dunkel und undurchsichtig. Im graugrünen Wasser konnten wir unter der grauen Flosse schemenhaft einen großen, bleichen Körper wahrnehmen. Trondur nahm am Heck seine gebückte Wurfhaltung ein. Loi zitterte buchstäblich vor Aufregung. Das Tier war gerade eben außer Wurfweite. Wie ein Löwenbändiger, der im Zirkus einen zögernden Löwen oder Tiger mit der Peitsche heranlockt, beugte Trondur sich vor und patschte mit der Harpunenspitze sachte ins Wasser, um das Tier anzulocken. Die Flosse näherte sich ein wenig und verharrte dort. Zack! Trondur schleuderte die schwere Harpune, und Bruchteile von Sekunden später zischte Lois Fischspeer hinterher. Beide Waffen trafen ins Schwarze. Trondur holte die Harpunenleine kraftvoll ein.

Kein Wunder, daß wir vor einem Rätsel gestanden hatten. Der Fisch – und es war ganz bestimmt ein Fisch, kein Säugetier – wurde dichter ans Floß gezogen und dann mit großer Mühe auf das Bambusheck gehoben. Er glich keinem Fisch, den wir kannten. Er schien seinen Schwanz vergessen zu haben, war ziemlich groß, mindestens 1,20 m im Durchmesser, fast kreisförmig und schwamm hochkant wie eine große, graue Scheibe. An der Vorderkante sahen wir ein weiches, dicklippiges Maul, das für so einen großen Körper lächerlich schmal war, und eine breite Stirn wie bei einer

Kuh. Die großen, starren, ziemlich dummen Augen und die graue, gefleckte Haut erinnerten erst recht an eine seegehende Kuh. Der Fisch hatte keinen richtigen Schwanz, wo er eigentlich hingehörte, sondern zwei große Flossen, eine am oberen Rand, die wir über Wasser gesehen hatten, die andere zeigte vom unteren Rand der Scheibe nach unten. Das Tier wog fast 40 Kilo.

»Ein Mondfisch«, erklärte ich, als mir schließlich einfiel, daß ich solche seltsam aussehenden Tiere schon einmal in einem großen Aquarium gesehen hatte. »Hoffen wir, daß er schmeckt.«

Der Fisch war viel zu groß und schwer, um ihn über das Floß zu schleppen. Deshalb band Trondur den Kadaver an eine Leine, wuchtete den Körper zurück ins Wasser und treidelte ihn am Floß entlang zum Vordeck, der einzigen Stelle, wo Platz genug war, den Fisch zu schlachten. Rex notierte die Maße und stellte fest, daß der scheibenförmige Körper von der oberen zur unteren Flosse 1,33 m maß, also mehr als die mit 1,15 m gemessene Länge vom Maul zum Hinterende. Zwischen den Kuhaugen war der Kopf 20 cm breit. Als Trondur den Fang aufschnitt, warteten wir hungrig.

Aber wir sollten sehr enttäuscht werden. Trondur mußte feststellen, daß das gesamte Fleisch tranig und klebrig war. Was wie feste Knochen oder Gräten aussah, war weicher Knorpel, den das Messer durchschneiden konnte. Die Fleischstücke waren wie glitschiger Glibber und wirkten eklig.

»Wie Riesenhai«, sagte Trondur angewidert. »Nicht gut zu essen. Nur Leber ist gut.« Die Leber sah kaum appetitlicher aus. Sie war schwer. Der schwammige gelbe Klumpen, 30 cm lang und 15 cm dick, schien eher zu einem ausgewachsenen Ochsen zu gehören als zu einem Fisch. Sie hatte einen unschönen öligen Glanz. Trondur legte das schwere Organ in einen Eimer und trug es nach hinten ins Cockpit. »Nicht zu viel davon essen«, sagte er. »Leber ist sehr schwer für den Magen.«

Sein Hinweis war unnötig. Wir betrachteten die gelbe Masse mit gemischten Gefühlen. Warnungen vor Kugelfischen, deren Leber tödliches Gift enthält, kamen uns in den Sinn. Was, wenn diese seltsame Kreatur auch Gift in der Leber hatte? Der Fisch sah merkwürdig genug für alle möglichen Überraschungen aus.

»Hast du schon mal Mondfischleber gegessen?« fragte Joe.

»Nein«, antwortete Trondur knapp wie immer. Er schnitt die Leber in Scheiben, kochte fünf von ihnen mit einem Spritzer Essig und briet sie dann mit Knoblauch und Pfeffer. Die Portionen wurden serviert. Ich kostete meine vorsichtig. Zunächst schmeckte ich fast gar nichts, es war einfach eine unglaublich weiche, fast körperlose Masse mit einem Hauch von Lebergeschmack. Die Konsistenz erinnerte mich an weichen Eierstich. Dann kam der Geschmack langsam durch – ganz gut, leicht fischig wie delikater Dorschrogen.

»Nicht schlecht, wie Enten- oder Dorschleber«, sagte ich. Joe sah mich zweifelnd an, kaute mit langen Zähnen auf einer kleinen Portion herum und lehnte dann einen Nachschlag ab. Niemand, nicht einmal Trondur, konnte sich für das Zeug erwärmen.

»Wir werden den Rest der Leber auskochen, um den Tran daraus zu gewinnen«, kündigte ich an. »Wir können damit das Tauwerk und die Blöcke ölen.«

Alle außer Trondur schienen erleichtert zu sein.

Überhaupt war die Moral der Crew sehr gut, wenn Moral das richtige Wort ist. Wie es aussah, bewältigte jeder seine Arbeit und kam mit den anderen gut aus, ohne sich Gedanken über unsere allgemeine Lage zu machen. Es hatte weder Streit noch Meinungsverschiedenheiten oder Spannungen gegeben. Vielleicht ging die Mannschaft so sachlich an die Dinge heran, weil wir alle nicht mehr ganz jung waren. Joe, unser Arzt, war mit 28 Jahren der Jüngste. Rex, der Nächstältere, hatte eine lange Segelreise nach Südafrika erlebt, bei der seine Yacht entmastet worden war und er nur unter Notrigg einen Hafen an der Skelettküste Namibias erreicht hatte. Diese Reise hatte zwei Monate dauern sollen, war dann aber erst nach 104 Tagen vorüber gewesen, wobei die Yacht während der längsten Zeit mit weniger als einem Knoten Fahrt vorangekrochen war. Trondur war von Natur aus unerschütterlich, und Loi fühlte sich auf See genauso wohl wie an Land, wenn nicht wohler. Man hatte den Eindruck, daß es ihm, der auf dem Dorf aufgewachsen war, mit der unkomplizierten Weltsicht des Fischers genügte, an die Gegenwart zu denken und sich darauf zu freuen, irgendwann Amerika zu sehen. Es war ziemlich müßig, zu spekulieren, wann unsere Reise zu Ende sein würde. Die letzten Wochen hatten uns Amerika kaum näher gebracht. Durch den Taifun Keoni, durch Gegenwind und Windstillen war das Floß nahezu auf der Stelle geblieben. Die Hoffnung, Ende Oktober Land zu sichten, erschien, falls wir nicht einen Monat oder länger günstigen Wind bekämen, schon sehr optimistisch, obwohl wir natürlich theoretische Berechnungen anstellten. Als Navigator aktualisierte ich ständig meine Schätzung, wann wir »am wahrscheinlichsten« ankommen würden. Die Schätzung der noch vor uns liegenden Reisedauer schwankte aber zwischen 60 und 80 Tagen, war also so unbestimmt, daß sie nur für einfache praktische Zwecke taugte. So konnte Joe aufgrund dieser Schätzung im Auge behalten, wieviel Proviant und Wasser wir noch in Reserve hatten. Wir sprachen so gut wie nie über das Ende der Reise, weil es uns so fern und bedeutungslos vorkam. Wir wußten alle, daß noch viel dazwischenkommen konnte – Sturm, Kenterung, Auftriebsverlust und langsames Sinken. Auch hatte jeder von uns die Reise nicht wegen der Ankunft am Ziel unternommen, sondern um zu erfahren, wie es uns an Bord eines Bambusfloßes auf dem weitesten Ozean der Welt ergehen würde.

Am Abend, nachdem Trondur den Mondfisch harpuniert hatte, richtete er sein Augenmerk auf ungefähr ein Dutzend kleinerer Fische, die wir schon eine Woche hinter dem Heck des Floßes herumschwimmen sehen hatten. Sie waren ziemlich scheu und nervös, meist schwammen sie etwa einen Meter unter der Wasseroberfläche und ungefähr zwei Meter hinter dem Floß. Gelegentlich begaben sie sich aber auch neben die Hsu Fu, wo sie auf den Wellen mit dem Floß Schritt hielten. Dabei konnten wir sie von der Seite sehen und erkennen, daß sie ungefähr 50 cm lang, schnell und wendig waren. Mit einem kleineren Haken und Köder zielte Trondur auf den größten Fisch des kleinen Schwarms, ein hübsches Tier von der Form eines kleinen Thunfischs. Trondur hatte genau den richtigen Haken und Köder gewählt. Nach nur 20 Minuten hatte er fünf dieser Fische an Bord gezogen. Sie waren alle silberhell mit gelben Flossen, und an jeder Seite des stromlinienförmigen Körpers fiel ein waagerechter gelber Streifen auf. Zehn Minuten später hatte Trondur die Fische für unser Abendessen filetiert. Beim Aufschneiden des zweiten Fischs stöhnte er: »Will noch jemand Mondfisch?« Er zeigte uns den Mageninhalt: Ein Stück Mondfisch, das wir über Bord geworfen hatten, und das einer der begleitenden Gelbflossenfische – so hatten wir sie genannt, weil wir sie nicht näher bestimmen konnten – aufgeschnappt hatte. Die Gelbflosser waren die Müllschlucker der Hsu Fu.

Daß Trondur die Gelbflosser so leicht und schnell gefangen hatte, zeigte mir, wie Floßfahrer im Altertum auf See überlebt haben könnten. Auf meinen vier vorangegangenen Reisen mit nachgebauten historischen Fahrzeugen hatte ich bemerkt, wie wenig Fisch wir selbst mit einem erfahrenen Fischer wie Trondur an Bord auf langen Reisen fingen, sobald wir das Schelfmeer verlassen hatten. Auf diesen Reisen hätten wir uns mit den gefangenen Fischen zwar am Leben halten können, aber nur knapp. Wenn wir jetzt die Anzahl und Größe der Fische zusammenrechneten, die wir erbeutet hatten, seit Trondur in Shimoda zu uns gestoßen war, wurde klar, daß wir uns etwa als Floßfahrer auf dem Pazifik vor 2000 Jahren mühelos ohne zusätzlichen Proviant vom Fischfang hätten ernähren können. Aber wodurch unterschied sich unsere Fahrt von meinen vorangegangenen Seereisen? Die Antwort drängte sich immer mehr auf, je öfter ich darüber nachdachte: Wir fuhren auf einem Floß, nicht auf einem Schiff mit normalem Rumpf. Als breite, flache Plattform war die HSU FU eine schwimmende Insel und damit ein natürlicher Anziehungspunkt für allerlei Meeresgetier. Jedesmal, wenn es windstill genug war, so daß Rex den Kopf zu einer seiner meereskundlichen Untersuchungen ins Wasser stecken konnte, schaute er in ein riesiges Seeaquarium mit Bewohnern unterschiedlichster Größe. Dieses »Aquarium« enthielt kleine Fische, die sich in den Zellophankrautbüscheln versteckten, zigarettengroße Stichlinge, die gelbflossigen Müllschlucker hinter dem Heck, vier oder fünf große Doraden, ein halbes Dutzend fauler planktonfressender brauner Fische und schließlich Thunfische, von denen ab und zu ein Trio in Kiellinie ungefähr drei Meter unter der Oberfläche vor uns schwamm. Ein Floß wurde selbst zum Mittelpunkt eines Meeresbiotops. Wenn also im Altertum erfahrene Angel- oder Speerfischer an Bord waren, müssen die Floßfahrer in der Lage gewesen sein, sich zu ernähren.

Ähnliches konnten wir aus unseren Aufzeichnungen über die Regenmengen lernen. Die HSU FU erlebte einen ungewöhnlich schlechten Sommer, wir hatten daher wohl mehr Niederschläge als sonst, aber nach unseren Berechnungen hätten wir auch in anderen Jahren genug Regenwasser auffangen können, um zu überleben, wenn wir es mit wirksamen Vorrichtungen gesammelt und sorgfältig rationiert hätten.

Es gab aber noch andere Erfahrungen, die zeigten, daß Seeleute auf langsam über den Pazifik treibenden Fahrzeugen überleben konnten. Im Oktober 1832 wurde ein kleiner japanischer Handelssegler, die HYOJUN MARU, während einer kurzen Fahrt entlang der japanischen Küste durch einen Sturm stark beschädigt. Das kleine Schiff verlor Mast und Ruder und wurde danach in den Pazifik hinausgetrieben. Mehr als ein Jahr driftete das Schiff, Winden und Strömungen hilflos ausgeliefert, während die 14köpfige Besatzung zu überleben versuchte. Glücklicherweise gehörte zur Ladung auch Reis. Zusätzlich fingen die Leute Fisch und sammelten Regenwasser. Nacheinander starben die meisten Besatzungsmitglieder. Die Überlebenden legten die Leichen in Fässer. Drei Mann waren noch am Leben, als die HYOJUN MARU nach 14 Monaten auf See an der amerikanischen Küste südlich von Kap Flattery im heutigen Staate Washington auf Grund lief. Das Martyrium der Seeleute war damit aber noch nicht vorbei. Im tiefsten Winter wurden sie prompt von den dortigen Indianern versklavt und gefangengehalten, bis die Nachricht davon zur Hudson-Bay-Company in Kanada durchdrang, und ein Handelsschiff sie rettete. Einer der Überlebenden, ein Mann mit Namen Otokichi, lernte Englisch. Als die britischen Behörden aber versuchten, ihn nach Japan zurückzuschicken, verweigerten die Japaner ihm die Einreise mit der Begründung, daß er Japan illegal verlassen hätte. Daher mußte Otokichi seine Tage in Singapur beschließen. Man weiß von mehreren anderen japanischen Schiffen, die nach schweren Beschädigungen über den Pazifik getrieben sind, und von deren Besatzungen berichtet wird, daß sie sich durch Fischen und Auffangen von Regenwasser am Leben gehalten haben. Allein die Geschichte der HYOJUN MARU aber ist genau recherchiert und niedergelegt worden und beweist, daß Menschen eine solche Drift quer über den Pazifik überleben können.

Am 1. September erhielten wir Besuch. Wir kamen gut voran, die See war aufgewühlt, so daß das Floß sich verwand und bockte. Da rief Rex aus: »Delphine!« Eine sehr große Delphinschule – wir schätzten sie auf 300 Tiere – rauschte an uns vorüber. 20 Minuten zischten sie an uns vorbei. Sie schwammen in kleinen Gruppen zu je einem Dutzend Tieren, buckelten oder sprangen neugierig ganz aus dem Wasser, um sich das Floß anzusehen, ohne dabei ihren schnellen Zug nach Südosten zu unterbrechen. Am Bug hatten sich

Trondur und Loi mit Fischspeer und Harpune aufgestellt, jeder von ihnen warf ein halbes dutzendmal. Aber die Delphine bewegten sich zu schnell, und das torkelnde, stampfende Vordeck des Floßes war glitschig. Die Füße hatten keinen festen Halt, und die Seen schäumten durch die Bambusstäbe hindurch bis an die Knie der Jäger, so daß sie nicht richtig zielen konnten. Der ganze Delphinschwarm schoß vorbei und kam mit heiler Haut davon, worüber ich insgeheim froh war.

In dem neu angebrochenen Monat wurde es auch empfindlich kühler, so daß die Mannschaft sich zum ersten Mal warm anzog. Joe und Rex trugen tagsüber noch immer Shorts, zogen sich aber warme Jacken an. Trondur erschien in einer sackartig weiten, khakifarbenen ehemaligen Armeehose, und Loi grub eine vielfach geflickte Hose aus, die er in Vietnam im Winter getragen hatte. Ich spürte die Kälte stärker als die anderen und trug schon warme Unterwäsche in der Hoffnung, daß ich noch genug anzuziehen hätte, wenn es wirklich kalt würde. Das Leben auf der HSU FU wurde allmählich etwas härter und anstrengender.

Das Mittagessen wurde an diesem Tag aus zwei übriggebliebenen Stücken Dorade zubereitet, die schon einen leichten Stich hatten. Eines der Stücke hatte auf dem Vorschiff gehangen und war dort im Wind gut getrocknet. Das zweite aber war nachts vom Trockengestell heruntergefallen und auf dem Vordeck von der See unaufhörlich herumgespült worden, ohne jedoch über Bord zu gehen. Es war dabei, zu zerfallen. Als ich es für den Koch holte, bemerkte ich, wie ein kleiner, schwarzer Fisch in Form und Größe eines Goldfischs von einem Wellenkamm mitgerissen und in die Mastspur geworfen wurde. Verblüfft fiel der kleine Fisch in den Zwischenraum zwischen zwei Querbalken und fing dort an, verwirrt umherzuschwimmen. Er wurde zwar von Seewasser umspült, konnte aber keinen Ausweg finden. Dabei dachte ich, daß die HSU FU sicherlich das einzige Hochseefahrzeug war, bei dem Fische nicht nur unter dem Rumpf schwammen, sondern auch mitten hindurch und sogar darüber hinweg. Als ich ins Cockpit zurückkam, bereitete Joe gerade unsere Ration getrockneten Bonito für den nächsten Tag vor, indem er das Fleisch in Stücke hackte, um es dann die nötigen 24 Stunden einzuweichen.

»Jetzt sind Maden im Bonito«, sagte er und zeigte mir eine Scheibe. Ganz deutlich, sie war mit einigen Dutzend kleinen weißen Flecken gesprenkelt, die sich bewegten. »Ich hab' die meisten schon abgewischt«, fügte Joe hinzu. »Meinst du, daß man es noch essen kann?«

»Ich habe gelesen, daß im frühen 19. Jahrhundert der Schiffszwieback oft so von Käferlarven durchlöchert war, daß man den Zwieback auf dem Tisch ausklopfte, um das Ungeziefer herauszuschütteln«, antwortete ich. »Du kannst später einmal deinen Enkeln erzählen, daß du mal von Maden zerfressenen Trockenfisch essen mußtest, der so zäh war, daß du ihn mit Hammer und Stecheisen zerteilen mußtest.«

»Das schon«, sagte Joe. »Aber sie werden mir nicht glauben, daß so etwas schmeckt.« Mit diesen Worten schlug er ein Stück Bonito ab, um daran zu knabbern.

Für einen unbeteiligten Beobachter schien unser Floß schon aus den letzten Löchern zu pfeifen. Ein starker Nordwestwind hatte 4,5 m hohe Seen aufgebaut, die mit Schaumkämmen auf uns zurollten. Der Beobachter hätte nur die Spitze unseres Großmastes mit dem ausgefransten gelben Tuchfetzen gesehen, der uns als Verklicker die Windrichtung anzeigte. Der ganze Floßrumpf wäre im Wellental verdeckt gewesen, als wäre er überspült. Für mich sah es an Bord nach 24 Stunden Auge in Auge mit den anstürmenden Wasserwänden noch immer so aus, als würde die nächste große See bösartig brechen, wie eine Lawine heranstürzen und alles im Weg Liegende zerstören. Aber nein, sobald der überkippende Wasserwall drauf und dran schien, sich auf das ohnehin halb unter Wasser segelnde Floß zu werfen, kletterte die Bambusplattform ruhig und gemessen den Wasserberg hinauf. Die Welle rauschte unter uns hindurch, wobei der Kamm wirklich durch das Floß spülte. Dabei sah man den Wellenkamm zur Floßmitte hin weiterziehen, oder, wenn man sich umdrehte und nach achtern blickte, kurz gegen den Rand des Cockpitkorbes klatschen. Genau in diesem Augenblick beulte sich der Plichtboden plötzlich unter den Fußsohlen auf, manchmal so kräftig, daß man das Gleichgewicht verlor. Wenn man gerade auf einem Faß saß, wurde das ganze Faß hochgeworfen und die Beine vom Faß weggeschleudert. Ganz kurz danach rutschte das Floß dann inmitten von Gischt vom harmlosen Rücken der See herab, während die Welle mit dem Wind weitereilte und zischenden weißen Schaum zurückließ. Wenn du gegen den Wind blicktest, marschierte die nächste Wasserwand schon drohend auf dich zu, dahinter noch eine und noch eine, bis zu der ausgefransten Linie, wo sich die graue See mit dem düsteren, bedeckten Himmel voller schwerer, bedrohlicher Wolken traf. Die zogen ebenso unausweichlich auf dich zu wie die Seen unter dir ewig weiterrollten. Wenn man auf dem knarrenden Hüttendach stand und nach vorn über den Bug hinaussah, spürte man den Rhythmus des Ozeans noch eindringlicher. Jeder einzelne Wellenkamm, der sich dem Floß näherte, hatte seine eigene Form und sein eigenes Gischtmuster. Dann traf er mittschiffs auf das Floß und verschwand einen Moment aus dem Blick. Das Fahrzeug erzitterte, dann folgte das unverwechselbare Rauschen und Wirbeln des Wassers am Fuß des Großmastes, wenn die Welle durch die Kuhle, das offene Mittelschiff, zog. Gischt spritzte auf, wenn die Welle den Mastfuß traf und um die dort festgelaschten Proviantfässer herumschoss. Dann kam die See plötzlich am entgegengesetzten Ende des Floßes heraus. Es war derselbe Wellenkamm, dieselbe Gischt, die man kurz vorher hinter dem Floß gesehen hatte. Ungefähr eine Sekunde später konnte man erkennen, wie das Floß und die Welle sich getroffen hatten, wie das Wasser unsichtbar unter uns durch die Zwischenräume der Bambusstäbe gelaufen und durch die Ritzen gequollen war, sich in dem durchlässigen Gebilde gebrochen und dann wieder Form angenommen hatte, so daß die Woge schließlich ungehindert auf ihrem Weg über den Ozean weiterziehen konnte, nachdem sie die HSU FU durchdrungen hatte.

Es wurde noch kälter, denn während der nächsten vier Tage brachte starker Wind aus dem nördlichen Quadranten Kaltluft von den Aleuten heran, wo ein ausgedehntes Tiefdrucksystem das Wetter auf See in einem Radius von 600 Meilen nach Süden beeinflußte. Der japanische Wetterdienst warnte wiederholt vor stürmischen Winden mit 35 bis 45 Knoten* Die HSU FU rauschte unter dicht gerefften Segeln voran, und für jede Meile, die wir vorwärtskamen, trieben wir eine Drittelmeile nach Süden. Jeden Tag mußten wir uns wärmer anziehen – Trondur trug jetzt einen dicken gestrickten Färöer-Wollpullover, Joe, Loi und ich warme Segelanzüge, Rex noch immer seinen seltsamen roten Schlittenanzug. Das Wetter war zu rauh zum Fischen, und unsere einzigen Begleiter waren die Albatrosse. Alle anderen Seevögel hatte das schlechte Wetter anscheinend vertrieben. Die Albatrosse hielten uns aber die Treue. Ständig waren mindestens vier davon in Sicht, sie segelten und schwebten zwischen den großen Brechern herum, manchmal wie Spreu im Winde, dann wieder wie Düsenjäger mit hängenden Flügeln, wenn sie auf uns zuschossen und mit ihrer Spannweite von fast zwei Metern haarscharf über die Wellenkämme fegten, wobei sie den Bergen und Tälern folgten, die Flügelspitzen nur wenige Zentimeter über dem Wasser.

Schließlich endete der Sturm, und wir lagen bei mäßiger Dünung in einer Flaute. Das Floß arbeitete unangenehm in der See, die Bambus-Segellatten klapperten an den Masten. Zum ersten Mal war Loi nicht mehr so munter wie bisher. Er saß zusammengekauert da, bedauerte sich selbst und sah einfach mitleiderregend aus. Wir nahmen einen englisch-vietnamesischen Sprachführer zur Hilfe. Dabei blätterte Loi

* = Windstärke 8–9 (Anm. d. Übers.)

und zeigte mir die Worte, die er mir zu verstehen geben wollte. Er hatte vorher schon eine Mitteilung vorbereitet und eine Liste der Seitenzahlen in den Einbanddeckel geschrieben. Aber die Worte kamen auf diese Weise immer noch furchtbar langsam heraus. ... Schmerz ... Abend ... Muß zum Arzt ... Notfall ... Bitte helfen. Dann zeigte Loi auf seinen Bauch und machte ein schmerzverzerrtes Gesicht, um sicher zu gehen, daß ich verstand. Zuerst dachten Joe und ich, daß er Magenschmerzen hätte, dann kam der Sprachführer wieder ins Spiel, und es stellte sich heraus, daß der Schmerz in der Brust saß. Joe als Arzt untersuchte Loi in der Hauptkajüte gründlich mit Stethoskop, Thermometer, Blutdruckmessgerät u. s. w. und erklärte ihm dann mit Hilfe des Sprachführers, daß er eine Infektion im unteren Teil der rechten Lunge hätte. Loi aber weigerte sich, von Joe die Diagnose anzunehmen. Er wollte sie von mir hören. Erneut benutzte er das Sprachbuch, um seine Gedanken auszudrücken. »Hongkong. Truc sagt, du hilfst mir.« Ich erklärte Joe, daß Loi keinesfalls seinen medizinischen Fähigkeiten mißtraue, aber daß er mich seit über einem Jahr kenne, und Truc ihm bei der Abreise aus Vietnam gesagt habe, er solle sich mit allen Problemen an mich wenden. In gewisser Weise war Loi das Kind und ich der Vater. Loi versprach, sich warmzuhalten, und Joe begann eine Behandlung mit Antibiotika, um die Lungenentzündung zu bekämpfen.

Mit dem Wetter hatten wir in jener Woche kein Glück. Das nächste Tiefdrucksystem zog südlich an uns vorbei und brachte stürmischen Wind aus Osten. Wieder einmal mußten wir die Segel reffen. Beim Reffen des Großsegels zog Joe an einer Leine. Die Leine brach, so daß Joe heftig nach hinten auf das Kajütdach fiel. Glücklicherweise trug er komplette Hochseeregatta-Bekleidung und war genügend ausgepolstert, so daß er sich nicht verletzte. Er war auch durch einen Sicherheitsgurt mit dem Floß verbunden, so daß er nicht über Bord fiel, obwohl er bis zum Rand des geschwungenen Kajütdachs rutschte. Der Vorfall ermahnte uns allerdings eindringlich, ständig Sicherheitsgurte zu tragen. Während Joe sich wieder aufrappelte, zeigte Rex mit einem lauten Ruf nach oben. Eines der Großwanten, also eines der Taue, die den Großmast seitlich abspannen, stand kurz vor dem Bruch. Das Want war aus drei schweren Rattan-Kardeelen geschlagen, und zwei dieser Stränge waren schon gebrochen. Die Bruchenden drehten sich im Sturm wahnsinnig schnell auseinander. Eilig ließen wir das Großsegel fallen und machten es fest, um den Mast zu entlasten, bevor er über Bord kippte. Jetzt wurden wir zurückgetrieben und konnten nichts anderes tun, als den Sturm abzuwettern und für die Reparaturen ruhigeres Wetter abzuwarten. Dennoch bohrte in uns eine unangenehme Frage: Warum war das schwere Rattantauwerk einfach zerrissen? Es hätte mindestens ein Jahr halten sollen. Und wenn das Rattanwant brechen konnte, was war dann mit den Tausenden von Rattanzurrungen, die das Floß zusammenhielten? Würden auch sie brechen? Wir sahen uns die Schadensstelle des Wants genau an und fanden schwarze Stockflecken in den Kardeelen. Das Material roch faulig. Vielleicht war der Regen daran schuld. Süßwasser läßt Naturfasern verrotten, während Seewasser sie konserviert. Jedenfalls hofften wir das, denn der Gedanke an auseinandergehende Rumpflaschungen war beängstigend.

Jenseits der Datumsgrenze

Am 11. September, dem 39. Tag seit dem Auslaufen aus Shimoda, hatte die HSU FU ein Drittel der Entfernung zwischen den beiden Kontinenten zurückgelegt. Unsere Mittagsposition lag genau 3000 Meilen vor Kap Mendocino in Nordkalifornien, wo unser Großkreiskurs auf die Küste traf. Es war endlich ein ruhiger, sonniger Tag, ideal, um unsere Sachen auf den Kajütdächern auszubreiten und ein wenig zu trocknen. Ich probierte mit einer Leine herum, die das

Großsegel daran hindern sollte, immer wieder nervtötend von einer Seite auf die andere zu schlagen, während das Floß sich in der sanften Dünung wiegte. Ich war auf das Hüttendach geklettert und ging nach vorn, um diese Leine zu bedienen. Wie gewohnt behielt ich das Großsegel im Auge, damit es mich nicht herunterfegte, wenn es plötzlich überging. So etwas ist der klassische Segelunfall und war schon Nina vor Miyako mit der Folge einer Gehirnerschütterung passiert. Es kam, wie es kommen mußte. Als ich nach vorn ging, begann das Großsegel überzugehen und gewann dabei immer mehr Schwung. Ich machte einen schnellen Schritt nach vorn, um dem Segel auszuweichen. Aber ich stolperte ungeschickt auf dem schräg abfallenden Kajütdach, drehte mich halb herum und verlor das Gleichgewicht, als mich das Großsegel traf. Ich wurde nach hinten gestoßen, drehte mich im Fallen und krachte mit dem Rücken quer über das schwere Bambusrohr, das dicht hinter dem Großmast von einer Floßseite zur anderen lief. Als ich darauf fiel, hörte ich ein verdächtiges Krachen, ohne zu wissen, ob das Geräusch von mir, vom Bambus oder von beiden stammte. Ich mußte vor Schmerzen schreien und bekam keine Luft mehr. Sobald ich versuchte, mich zu bewegen, wußte ich, daß der Bambusstab vielleicht heil geblieben war, ich hingegen nicht.

Einige Augenblicke lag ich auf dem Rücken, alle viere von mir gestreckt, und konnte mich nicht rühren. Mein Schrei hatte die anderen aufgeschreckt, so daß Rex und Joe angerannt kamen, um zu helfen. Das Großsegel fegte immer noch hin- und herschlagend über das Kajütdach, es wurde deshalb geborgen und festgemacht. Dann rollten Rex und Joe mich von dem Bambusquerbalken herunter, und ich zog mich ganz langsam seitwärts wie ein Krebs über das Kajütdach, dann hinunter in die Plicht und quälte mich vorsichtig durch den engen Kajüteingang bis zu meinem Schlafplatz. Schon auf diesen wenigen Metern stiegen mir vor Schmerz die Tränen in die Augen. Joe gab mir Schmerztabletten. Eine Stunde später, als der Schock vorüber war, bestätigte er meine Befürchtung: Ich hatte mir zwei Rippen gebrochen.

Mein erster Gedanke war: Was für ein dämlicher Unfall! Beim Segeln vom Baum umgehauen zu werden, war so dumm, daß es schon fast peinlich war. Vielleicht wurde ich zu alt, war nicht mehr gewandt genug und hatte zu spröde Knochen bekommen. Mein zweiter Gedanke war: Was für ein unpassender Ort, ans Bett gefesselt zu sein – auf dem Stillen Ozean 1 500 Meilen vom Land entfernt an Bord eines feuchten Bambusfloßes. Durch meine Verletzung würden die anderen mehr Arbeit haben. Joe hatte mich darauf vorbereitet, daß ich die nächsten Tage so ruhig wie möglich liegen müßte, bis die Rippen begonnen hätten zusammenzuwachsen, und daß es danach noch vier oder fünf Wochen dauern könnte, bis ich vollständig wiederhergestellt wäre. Aber es hätte schlimmer kommen können. Joe war ziemlich zuversichtlich, daß die gebrochenen Rippen nicht in die Lunge eingedrungen waren. Und wenn ich schon stilliegen mußte, dann ging das auf dem ruhig in der See liegenden Floß besser, als auf einem normalen, lebhafteren Boot, auf dem ich viel mehr herumgeworfen und verdreht worden wäre. Einen Augenblick dachte ich daran, die HSU FU zu verlassen oder die Expedition abzubrechen, verwarf diesen Gedanken aber sofort wieder. Ein ausgebildeter Arzt war an Bord, und wenn ich an ein vorbeifahrendes Schiff übergeben worden wäre, hätte ich später kaum wieder an Bord der HSU FU zurückkehren können.

Ich konnte die Teilstücke der gebrochenen Rippen beim Atmen zusammenklicken hören. Der Schmerz war schlimm. Ich hoffte inständig, daß uns während der nächsten zwei bis drei Tage ein Sturm erspart bleiben würde, bis die Rippen begonnen hätten zusammenzuwachsen. Ich war heilfroh, daß der Unfall an einem sonnigen Tag mit ruhiger See geschehen war. Bei solchem Wetter vom Großsegel niedergeschlagen zu werden, mag peinlich sein, war aber weit besser als der gleiche Unfall bei schwerem Wetter. Dann hätte ich im kalten, heulenden und alles durchnässenden Sturm zusammengekrümmt dagelegen wie ein halb zerquetschtes Insekt. Natürlich war es Trondur, der mich unabsichtlich aufmunterte. Als der Unfall passiert war, hatte er es den anderen Besatzungsmitgliedern überlassen, mir in die Kajüte zu helfen, und selbst in aller Ruhe mit seiner Arbeit weitergemacht. Als er abends in die Hütte kroch und begann, für die Nachtwache sein Ölzeug anzuziehen, sagte er ruhig: »Zusätzliche Wachen, kein Problem für die Mannschaft.«

»Du mußt die Schiffsführung übernehmen«, sagte ich zu ihm.

»Nein nein, du bist der Skipper. Wir warten ab.« Nach einer Pause fuhr er fort: »Die Natur ist gut. Auf unserem Bauernhof brechen sich manchmal Schafe ein Bein. Wir schienen es mit Knüppel und Strick, und dann: kein Problem, Woche später Schaf gesund.« Ich erinnerte mich daran, daß Trondur sich vor einigen Jahren zu Hause auf den Färöern selbst ein Bein gebrochen hatte. »Wie ist das passiert?« fragte ich ihn.

»Grindwaljagd«, antwortete er. »Wir hatten sie an den Strand getrieben, mein Bein kam zwischen zwei Wale. War nicht schlimm.«

Ich dachte darüber nach, daß es im 20. Jahrhundert wohl nicht viele Menschen gibt, die sich zwischen zwei Walen ein Bein brechen.

Das Wetter wandte sich aber doch gegen uns. Der nächste Tag begann mit starkem Regen, dann folgte stürmischer Südwind. Wieder einmal begannen die größeren Wellen in die Plicht zu stürzen, und Loi bekam anscheinend immer das Schlimmste ab. Ein Kaventsmann von Welle durchnäßte ihn von Kopf bis Fuß, danach schwappte mehr als eine Handbreit Wasser auf dem Plichtboden herum. Mehrmals löschten überkommende Seen die Kocher in ihrem Holzkasten neben dem Eingang der Hauptkajüte aus. Glücklicherweise nahmen die kleinen rostigen Kocher diese Mißhandlung nicht übel. Wir hoben sie hoch, wischten das

Seewasser ab und schüttelten sie, damit das Petroleum wieder die Dochte durchtränkte. Wenn wir dann ein Feuerzeug geduldig etwas länger daran hielten, gelang es uns, sie wieder anzuzünden. Die Kocher ließen sich sogar dann wieder zum Leben erwecken, wenn die Seen so kurz nacheinander übergekommen waren, daß Seewasser an den Dochten entlang in die Petroleumbehälter eingesickert war. Dann schöpften wir einfach das oben schwimmende Petroleum ab, gossen das Seewasser aus, füllten den Brennstoff wieder ein und zündeten die Dochte an. Als ich in dem stürmischen Wetter so auf dem Rücken in der Kajüte lag, mußte ich leider feststellen, daß ich ein menschliches »Seegangsmeßgerät« geworden war. Ich konnte jede Änderung des schweren Wetters und des Seegangs spüren. Der Kajütboden beulte sich bei jeder Welle unter mir hoch, und es war unmöglich, flach zu liegen. Dadurch schmerzten die in meinem Rücken gebrochenen Rippen jedesmal stechend, wenn ein Brecher den geflochtenen Kajütboden in eine Richtung hochdrückte, und die in meiner Seite gebrochene Rippe gab ein leises Klacken von sich, wenn die HSU FU sich in die andere Richtung verdrehte.

Während ich darauf wartete, daß die Rippen heilten, hatte ich sehr viel Zeit, den Reiseplan der HSU FU auszuarbeiten. Ursprünglich hatte ich geschätzt, daß unser Floß durchschnittlich 50 Meilen pro Tag vorankommen würde, so daß die Überfahrt von Japan nach Amerika ungefähr 90 Tage dauern sollte. Es hatte sich aber herausgestellt, daß die HSU FU nur auf ein Etmal von 40 Meilen kam, was bedeutete, daß wir ungefähr 120 Tage bis nach Nordkalifornien brauchen würden. Selbstverständlich legte das Floß jeden Tag unterschiedliche Strecken durch das Wasser und über Grund zurück. An einigen Tagen wurden wir durch Gegenwinde zurückversetzt, an anderen Tagen lagen wir bei Windstille auf der Stelle. An guten Tagen schafften wir 60 oder 70 Meilen, allerdings nicht immer auf direktem Kurs nach Kap Mendocino. Der Kuro-Schio, der hier Kuro-Schio-Trift oder nordpazifischer Strom hieß, schob noch immer mit, aber lange nicht mehr so stark und beständig wie vor der Küste Asiens. Manchmal hatten wir einen halben Knoten Schiebestrom, dann wieder überhaupt keinen oder sogar ungünstigen Strom, der uns seitlich versetzte oder am Vorankommen hinderte.

Aus den schätzungsweise 30 zusätzlichen Reisetagen ergaben sich eine Reihe unangenehmer Fragen. Wasser, der wichtigste Vorrat, war kein drängendes Problem. Bei unserem normalen Verbrauch von zehn bis zwölf Litern pro Tag hatten wir auch für die längere Reisezeit genug Wasser an Bord, selbst wenn wir überhaupt kein Regenwasser auffangen könnten. Auch die Lebensmittel würden nicht ernsthaft knapp werden. Joe rechnete aus, daß wir genug Reis, Nudeln, getrockneten Bonito und Thunfisch hatten, wenn wir den Vorrat sorgfältig rationierten. Unser Zwiebelvorrat würde allerdings bald zu Ende sein. Wir hatten bei einem Verbrauch von einer einzigen Zwiebel pro Tag noch genug Zwiebeln – unser einziges Frischgemüse – für weitere 50 Tage. Auch unser Knoblauchvorrat würde bald verbraucht sein, und dann erwartete uns eine recht eintönige Ernährung. Das wahre Problem war aber der Vorrat an Kochbrennstoff. Wir hatten in Shimoda nur 80 Liter Petroleum gekauft und mußten feststellen, daß diese Menge nur knapp für die anfangs berechneten 90 Tage ausreichen würde. Sollte uns während der zusätzlichen 30 Tage das Petroleum ausgehen, hätten wir große Schwierigkeiten bei der Zubereitung unseres Essens, von dem das meiste – wie Reis und Nudeln – im rohen Zustand ungenießbar war. Wir konnten natürlich die wenigen noch übriggebliebenen Bambusreserven verbrennen und vielleicht ab und zu ein Stück Treibholz aus dem Wasser fischen und trocknen, früher oder später würde uns aber nichts anderes übrigbleiben, als kalten, madenzerfressenen, getrockneten Bonito zu kauen. Das war nicht gerade eine appetitanregende Aussicht, zumal kühleres Herbstwetter bevorstand. Joe und ich schrieben einen Einkaufszettel für den Fall, daß wir von einem vorbeikommenden Schiff Vorräte erhalten könnten. Wir ordneten die Positionen nach Dringlichkeit. Daher stand auf dem Zettel: Petroleum (ersatzweise Dieselkraftstoff), Zwiebeln, Kaffee, Dosenfleisch, beliebiges Gemüse. Die Liste zeigte deutlich, worauf die Crew Wert legte.

Die Aussicht, in den Spätherbst zu kommen, war für sich genommen schon äußerst bedenklich. Eine Knappheit an Proviant oder anderen Vorräten konnte unangenehm werden, jedoch nicht lebensbedrohend. Mit einem Bambusfloß aber in die Stürme des Spätherbstes und Winteranfangs zu geraten, war eindeutig gefährlich. Die HSU FU eignete sich zwar für Fahrten während der üblichen Segelsaison, aber nicht dazu, langanhaltendes schweres Wetter zu überstehen. Wenn ich über die Seefahrer des Altertums, seien es Griechen, Araber, Wikinger oder andere seefahrende Völker, etwas gelernt habe, dann das: Sie alle achteten genau darauf, an Land zu sein, wenn die Schlechtwetterzeit begann. Es wäre wirklich äußerst unvorsichtig, sich Mitte November bis Anfang Dezember in schlechter werdendem Wetter über den Pazifik zu kämpfen und sich der kalifornischen Küste zu nähern. Das führte schon zur nächsten Frage: Wenn unsere Reise noch 80 Tage dauern sollte, wie lange würde die HSU FU uns dann überhaupt noch tragen können? Dabei ging es zunächst um den Auftrieb. Der Bambus war jetzt bald fünf Monate im Wasser, nach Ansicht des japanischen Fischers würde er gar nicht länger schwimmen. Fest stand jedenfalls, daß die Stäbe nicht ewig über Wasser bleiben würden. Wieviel Zeit blieb uns noch bis zum Untergang? Damit aber noch nicht genug. Die Festigkeit des Floßes mußte auch bedacht werden. Ein weiterer Monat auf See würde die unzähligen Rattanzurrungen, die die 220 Bambusröhren des Floßrumpfes zusammenhielten, ungeheuer beanspruchen. Stunde um Stunde mußten diese Laschungen die Belastungen durch das Arbeiten des Floßes im Seegang aushalten. Irgendwann würden sie versagen und brechen. Bei der Abreise aus Hongkong hatte ich überschlagen, daß sich das Floß auf dem Weg von China nach Amerika ungefähr zwei Millionen Mal durchbiegen und verwinden würde. Bei einer um einen Monat längeren Reisedauer würden die Zurrungen ungefähr 400000 Bewegungen mehr mitmachen müssen. Das schien von dünnen, mit Wasser vollgesogenen Dschungelranken viel verlangt zu sein.

Alle an Bord waren sich inzwischen ohne viele Worte einig, daß wir mit unseren Vorräten haushalten mußten. Um Petroleum zu sparen, schafften wir unsere vormittägliche Kaffeepause ab. Wir kochten nur zum Frühstück, zum Mittag und abends Wasser. Am Abend gossen wir es in eine Thermosflasche, so daß sich nachts jeder Wachgänger selbst ein heißes Getränk aufbrühen konnte. Dabei wurden die Kaffee-, Zucker- und Milchpulverrationen teelöffelweise genau bemessen. Wir benutzten während der Nachtwache auch nicht mehr unsere kleine Petroleumlampe, sondern Taschenlampen, deren Batterien wir ebenso wie die Batterie des Funkgerätes mit dem Windgenerator und den Solarmodulen aufladen konnten. Es kam mir in den Sinn, daß die HSU FU zu einem verkleinerten Abbild unseres Planeten geworden war – wir verbrauchten unseren fossilen Brennstoff, das Petroleum, hatten aber reichlich erneuerbare Energie, die Wind und Sonne uns lieferten. Schon lange hatten wir nichts mehr weggeworfen, sondern bewahrten alte Dosen, Plastikflaschen, Kaffeedosen und alles, was sich irgendwann als brauchbar erweisen könnte, sorgfältig auf. Auch warfen wir niemals Tauwerk weg, nicht einmal die kürzesten, zerfetzten und verknoteten Enden. Leinen sind die Sehnen eines jeden Segelschiffs. In Halong hatten wir uns mit vietnamesischem Tauwerk armseliger Qualität ausgerüstet, dann in Hongkong Leinen dazugekauft und in Japan zusätzlich erstklassiges Manilagut angeschafft. Aber noch immer hatten wir nicht genug Tauwerk. Die HSU FU verbrauchte mehr davon als jedes andere Schiff oder Boot, auf dem ich gesegelt war. Schuld war natürlich der ständige Abbrieb, das Durchscheuern oder »Schamfilen«, wie der Seemann sagt. Durch die dauernden Biegungen und Verwindungen des Floßes rieb sich Tauwerk gegen Tauwerk, Tauwerk gegen Bambus, Tauwerk an Holz. Rex wurde zum »Schamfilinspektor« ernannt und ging morgens und abends eine Runde über das Floß, wobei er alles auf Anzeichen von Abnutzung untersuchte. Er, Trondur und Loi tüftelten pfiffige kleine Bambusrohre aus, die sie zum Schutz über die Leinen schoben, und sie änderten die Takelung immer wieder ab, um Scheuerstellen zu vermeiden. Aber noch immer fraß die HSU FU Tauwerk. Leinen brachen unter Last oder scheuerten infolge des langen Gebrauchs durch. Wir spleißten die gebrochenen Enden wieder zusammen. Von unnötig langen Leinen schnitten wir Stücke ab und verspleißten dann mehrere davon zu ganzen Längen. Aber die HSU FU hatte noch immer nicht genug, manchmal überlistete sie uns. Wenn ein Tauende zufällig auf das Bambusdeck fiel, rutschte es oft in die Fuge zwischen zwei Stäben, die sich ständig gegeneinander verschoben und aneinander rieben. Das Tauwerk wurde dabei buchstäblich zerfetzt, als hätte ein wütender Hund es zerbissen. Dann mußten wir die Reste vorsichtig herauszupfen, die Fasern auskämmen, neu zusammendrehen und mühsam versuchen, den Schaden zu reparieren. Schlimmer als das war aber, daß unser Tauwerk beunruhigend schnell verrottete. Trondur und ich standen vor einem Rätsel. Bestes Manila, das ich in Shimoda gekauft hatte, eine gute, sorgfältig verarbeitete, honiggelbe Qualität, die im europäischen Nordatlantik zwei Jahre gehalten hätte, war in fünf Wochen verrottet. Manches davon roch verfault. Manchmal wurde es schwarz. Immer aber fiel das Tauwerk auseinander oder wurde so brüchig, daß man es mit den Händen zerreißen konnte. Von diesen Leinen aber hing unser Leben ab. Der Rumpf des Bambusfloßes war mit Rattan zusammengezurrt, die Plicht- und Kajütkörbe aber waren mit Manilaleinen befestigt. Nur das Tauwerk, das aber langsam verrottete, verhinderte, daß wir einfach weggeschwemmt wurden.

Am 44. Tag seit Shimoda, fünf Tage nach meinem Unfall, waren meine Rippen wieder soweit zusammengewachsen, daß ich zum ersten Mal die Kajüte verlassen und ganz vorsichtig zum Vorschiff gehen konnte. Der Windgenerator stand dort auf seiner Bambusstange. Der sechsflügelige Rotor wirbelte herum und trieb den eingebauten Generator an, der die Batterie mit 12-Volt-Strom versorgte. Eine Kabelverbindung war schadhaft und mußte repariert werden. Nachdem ich das erledigt hatte, legte ich eine Pause ein und blickte nach achtern über das Floß. Ich war lange genug in die Kajüte verbannt gewesen, um die HSU FU jetzt mit völlig anderen Augen zu sehen, und der Anblick schockierte mich. *Mein Gott!* dachte ich bei mir, *wie können wir nur mit so einem Ding auf See sein?* Alles am Floß sah so aus, als könne es jeden Augenblick zusammenbrechen oder untergehen. Die Wellen spülten über halb untergetauchte Bambusstangen, die grün von Seegras waren. Hier und da guckten gebrochene Rattanstücke heraus. Alle Leinen waren geflickt und gespleißt, jedes Stück Holz hatte Risse, war geflickt oder gelascht. Das ganze Gefährt knarrte, ächzte und arbeitete. Wäre das Floß das Gerippe einer alten Scheune gewesen, die ich unvorsichtigerweise betreten hätte, dann wäre ich so schnell wie möglich ins Freie gerannt, bevor der ganze Schuppen über mir in einer Staubwolke zu Kleinholz zusammengebrochen wäre. Wir aber gingen hier auf dem offenen Pazifik unserer täglichen Arbeit nach, knoteten, spleißten, flickten und laschten in aller Seelenruhe, um das ganze wackelige Fahrzeug zusammenzuhalten. Wir betrachteten das als alltägliche Routine, als segelten wir auf einem kleinen Dorfteich und nicht 1500 Meilen vom nächsten Land entfernt. Jeder Außenstehende würde uns für absolut verrückt erklären, dachte ich und erinnerte mich an den Kommentar eines japanischen Fischers in Shingu, den die örtliche Tageszeitung nach seiner Meinung gefragt hatte, als er das Floß im Hafen anstarrte. Als er hörte, daß wir vorhatten, den Stillen Ozean zu überqueren, antwortete er: »Ach du Sch…«

Trondur meldete, daß sich die Rattanzurrungen im Mittelteil des Floßes direkt unter dem Großmast anscheinend losarbeiteten. Er war nicht sicher, ob tatsächlich schon welche gebrochen waren, weil man nur sehr schwer in die Zwischenräume zwischen den Stäben hineinsehen konnte. Er stellte aber fest, daß der Zusammenhalt des ganzen Floßes nicht mehr so gut war, alle Verbindungen hatten sich gelockert. Andererseits meinte er nicht, daß das Floß sinke, und wenn, dann nur sehr langsam. Sein und mein Vertrauen in die HSU FU war wichtig, um die anderen zu ermutigen. Rex und Joe hatten große Hochachtung vor Trondurs Urteilsvermögen und seiner seemännischen Erfahrung. Die beiden waren inzwischen in ihre Rollen an Bord hineingewachsen. Joe war noch immer der Segelneuling, obwohl er inzwischen schon mehr Meilen auf dem Buckel hatte als so mancher Yachtsegler. Er neigte vielleicht stärker dazu, sich Sorgen zu machen, als die anderen, war aber derjenige, der am häufigsten scherzte und die anderen zum Lachen brachte. Er gestand ein, hin und wieder niedergeschlagen zu sein, wenn die Reise sich endlos hinzuziehen schien und wir anscheinend nirgendwo hinkamen. Dann fühlte er sich müde und mutlos und verschloß sich vor uns. Aber diese depressiven Phasen waren kurz, sie dauerten selten länger als zwei Tage. Danach gewann er jedesmal wieder seine gewohnte gute Stimmung zurück, meldete sich für viele Arbeiten freiwillig und übernahm mit seiner jugendlichen Energie oft Arbeiten, die Muskelkraft erforderten. Ähnlich wie Joe kehrte auch Rex sich phasenweise nach innen, er aber verschanzte sich dann hinter seiner Routine. Seine Höflichkeit versagte nie, er hielt sich so genau an seine vorgezeichneten Verhaltensmuster und war so methodisch, daß er manchmal ein Leben für sich zu führen schien. Er hatte sogar einen Tick, der dies verdeutlichte: Er trug in einer Plastiktüte ständig einen kleinen Lappen bei sich, mit dem er seine Brille abwischte. Dabei hielt er sich an ein langsames, festgelegtes Ritual. Er nahm die Brille mit den dicken Gläsern ab, holte mit Bedacht die Plastiktüte heraus, wickelte den Lappen auseinander, polierte die Brillengläser eins nach dem anderen in festgelegter Reihenfolge und setzte die Brille dann wieder auf. Während dieses Vorgangs sah er verwundbar und einsam aus – ohne Brille war er hilflos, seine Augen nahmen alles nur verschwommen wahr, und um die Augen herum hatte er weiße Ringe, wo die Haut unter der Brille nicht braun geworden war. Im Gegensatz zu diesem kalkulierten Rückzug standen plötzliche Ausbrüche sarkastischen Humors, mit denen er uns häufig überraschte, und die meist zu einer Runde Hänselei und Alberei zwischen ihm und Joe führten und uns andere zum Schmunzeln brachten.

Joe und Rex verstanden sich gut, so daß nur Loi abseits stand. Sein Wortschatz beschränkte sich noch immer auf die wenigen Vokabeln, die er auf dem Weg nach Miyako gelernt hatte. Er nannte den Morgen noch immer »Guten Morgen« und der Abend hieß »Guten Abend«. Er konnte bis 100 zählen und verstand »auf«, »ab«, »Mittagessen« und »Abendessen«. Man tat gut daran, jedes seemännische Kommando mit Gesten zu untermalen. Wie bei den anderen war seine Rolle an Bord im wesentlichen gleich geblieben. Er war noch immer der erste, der sich für jede Arbeit meldete, er hielt sich selbst und seine Kleidung am saubersten, war begeistert bei der Sache und fröhlich. Dennoch hatte ich ein leicht ungutes Gefühl. Loi kam aus einer völlig anderen Kultur als wir anderen, so daß Mißverständnisse entstehen und übermäßige Bedeutung annehmen konnten, weil wir uns mit ihm kaum verständigen konnten, um Probleme zu besprechen. Bis jetzt war aber alles in Ordnung. Loi spürte, daß wir ihn sehr gern hatten und alle ein echtes zusammengeschweißtes Team waren. Aber es brauchte nur ein kulturell bedingtes Mißverständnis aufzutreten, um das erstklassige Klima an Bord zu beeinträchtigen. Wenn Loi oder irgendjemand von den anderen unglücklich wäre, würde das den Rest der Mannschaft ebenso beeinträchtigen, weil wir uns als echte

Gemeinschaft fühlten. Bis dahin war die Reise wegen der guten Stimmung und des reibungslosen Zusammenlebens an Bord bemerkenswert gewesen. Das war der Selbstbeherrschung und positiven Einstellung jedes einzelnen Mannschaftsmitglieds zu verdanken. Man konnte aber nicht die Gedanken der einzelnen Männer lesen. Nehmen wir z.B. Trondur. Niemand, der seine kräftigen Arbeiterhände voller Schrammen und Narben sah, konnte sich vorstellen, daß dieser Mann eine Stunde, nachdem er einem um sich peitschenden Hai die Kehle durchschnitten hatte, hauchzart auf Japanpapier zeichnen konnte. An einem Tag hatte er vielleicht eine gegenständliche Darstellung der HSU FU auf dem Ozean zu Papier gebracht, am nächsten Tag ein bewegendes abstraktes Bild voller einfühlsamer Beobachtung. Am dritten Tag wiederum war es eine Darstellung, die direkt aus Trondurs Vorstellung auf das Papier gelangt war – das Floß, wie es ein Fisch sehen könnte, der darunter schwimmt. Die schwungvoll über das Blatt gewischte blaue Wasserfarbe gab einem den Eindruck, als schwimme man selbst drei Meter tief unter dem Floß, und die HSU FU segele direkt über einen hinweg. Ich selbst wurde vorsichtiger und sorgfältiger, sogar abergläubisch, als sich die Reise immer mehr hinzog, und als ich erkannte, daß sie viel länger dauern würde, als ursprünglich geplant. So schrieb ich am 20. September folgendes in mein Tagebuch:

»*Ich hoffe im stillen, daß wir vielleicht einen Altweibersommer bekommen. Dies hier ist meine 5. See-Expedition. Wenn sie Erfolg hat, werde ich auf nachgebauten historischen Fahrzeugen zusammengerechnet einmal um die Welt gesegelt sein. Dazu gehörten Boote in bronzezeitlicher Bauweise bis zu solchen im Stil des 8. Jahrhunderts – Lederboot, offene Rudergaleere, arabische Dau und jetzt das Bambusfloß. Keines der Boote hatte ein Begleitschiff oder eine Maschine, und jedesmal drohten Gefahren von der See und vom Wetter, ganz zu schweigen vom finanziellen Risiko und der persönlichen Unbequemlichkeit. Mir ist bewußt, daß die gegenwärtige Reise viel länger ist, über eine weitere Strecke offenen Wassers führt und in hohen, stürmischen Breiten mit einem Fahrzeug unternommen wird, das schon vor Beginn der Reise halb versunken ist und aus dünnwandigen Bambusrohren besteht – also nicht einmal aus Holz, sondern aus großen Grashalmen, die sich Tag und Nacht verbiegen, verdrehen und zusammenschlagen, das Ganze zusammengehalten und getakelt mit Tauwerk aus schwachen Fasern, die Masten von Dschungelranken aufrecht gehalten. Die Gefahren sind also real und viele liegen noch vor uns, denn wir nähern uns erst der gedachten, nicht wirklich vorhandenen Mittellinie dieses gewaltigen Ozeans. Die Jahreszeit schreitet voran. Die Winterstürme mit hohem Seegang und brüllendem Wind stehen uns unausweichlich bevor. Dann muß unser Floß trotz der geschwächten Rattanzurrungen und der gelockerten Bambusstöße zusammenhalten und darf nicht zerfallen. Die Wanten müssen halten, damit Masten und Segel nicht über Bord gehen. Die seegrasbewachsenen Ruder, die schon wackeln und Spiel in ihren Führungen haben, dürfen sich nicht vom Floß lösen. Sonst wären wir hilflos den Wellen ausgeliefert. Dabei haben wir erst knapp die Hälfte hinter uns und den anstrengendsten und gefährlichsten Teil der Fahrt noch vor uns. Daher schleicht sich Aberglauben ein, Glückszauber, um die Katastrophe abzuwenden – keine Albatrosse töten, niemals sagen, daß der Erfolg der Reise vorprogrammiert sei, nicht einmal das schöne Wetter der letzten Zeit rühmen, denn man soll den Tag nicht vor dem Abend loben. Also sage nichts und sei dankbar, wenn alles gut läuft. Wenn etwas Übles im Gange ist, wie ein tagelang wütender Sturm, dann denke daran, daß schlechtes Wetter nicht ewig dauern kann, und daß der Wind irgendwann, wenn auch vielleicht nicht so bald, nachlassen und die See sich glätten wird. Wenn das Unheil zuzuschlagen scheint – der Mast oder der Baum bricht, das Trinkwasser ist verdorben, das Petroleum ist verunreinigt – dann bedenke die Alternativen, repariere den Schaden oder ersetze das Material mit Bordmitteln. Wenn das nicht hilft, finde dich mit dem Rückschlag ab, ohne ihn überzubewerten. Betrachte ihn statt-*

dessen unter dem Blickwinkel, daß die Fahrt weitergeht, daß das Floß noch schwimmt und in die richtige Richtung segelt, und daß wir irgendwann – in 50, 60 oder 90 Tagen? – Land erreichen könnten, wenn wir in der Zwischenzeit lernen, die Strapazen zu ertragen und das Beste aus unserer Situation zu machen, und wenn wir das Schicksal nicht herausfordern, indem wir irgendeinen Erfolg oder eine günstige Lage als selbstverständlich betrachten.

Der Horizont bildete tagein, tagaus den gleichen vollkommenen Kreis um die HSU FU herum, und unsere Position unterschied sich von der des Vortags immer nur dadurch, daß wir ein paar Meilen weniger vor uns hatten. Deshalb brauchten wir Wegzeichen, um zu merken, daß wir tatsächlich auf diesem gewaltigen Ozean vorankamen. Zu diesen psychologischen Meilensteinen wurden für uns die Zeitzonen, die unseren Kurs rechtwinklig kreuzten. In den Breiten, die wir befuhren, umfaßte jede Zeitzone ungefähr 720 Meilen. Das war gerade die richtige Distanz, um uns das Gefühl zu geben, daß wir vorwärtskamen, eine Strecke, die wir in annehmbarer Zeit schaffen konnten, normalerweise in 15 bis 20 Tagen. Seit der Abreise aus Hongkong hatten wir die Schiffsuhr schon dreimal verstellt, am 19. September stellten wir sie noch eine Stunde vor und feierten das Ereignis mit einem Glas heißem Sake. Die Flasche hatten japanische Fischer uns vor zwei Monaten in der Nähe von Shingu als Geschenk an einer Fischleine herübergeschickt. Das schien allerdings schon ewig lange her zu sein. Um Petroleum zu sparen, wärmten wir den Sake in dem heißen Wasser auf, mit dem wir Nudeln gekocht hatten, dann teilten wir das Getränk unter uns fünf. Jetzt waren wir alle außer Loi auf der unserer Heimat entgegengesetzten Seite der Welt mit 12 Stunden Zeitunterschied.

Vier Tage später schrieb ich oben auf die Tagebuchseite: 23. September *und* 22. September. Es war der Tag, als die HSU FU die Datumsgrenze mitten im Ozean überquerte, und wir einen Kalendertag gewannen. Genau genommen lag die Datumsgrenze etwas näher an Japan als an Kalifornien, wenn wir aber unsere Abreise aus China rechneten, hatten wir schon mehr als die Hälfte der Distanz hinter uns. Diese Linie war für uns die wichtigste Wegmarke der ganzen Pazifiküberquerung und bezeichnete deutlich die Mitte unserer Reise. Hier begann die lange zweite Hälfte unserer Fahrt zum amerikanischen Kontinent. Wären wir eine Polarexpedition auf dem Fußmarsch über die Eiswüste gewesen, dann wäre dieser Punkt unser Pol gewesen, nach dessen Passieren wir »bergab« marschierten. Paradox war, daß wir uns so auf die Überquerung der Datumsgrenze gefreut hatten, daß wir die genaue Sekunde beinahe verpaßten. Nach einem späten Mittagessen, das aus Reis und Bohnengallerte bestand, stellte ich den tragbaren Navigationsempfänger an und betrachtete die Ziffern auf dem kleinen Display: 179.59.873 Ost. Die HSU FU mußte günstigen Wind und Strom erwischt haben, denn die Zahlen näherten sich zusehends den magischen 180 Grad. Wenige Augenblicke später wechselte das Ost auf dem Schirm zu West und die Ziffern gingen wieder zurück. Geschafft! Es war ein Grund zum Feiern. Ich brachte einen Toast auf das Floß aus, Joe trank mit der Crew auf das Wohl des Skippers, und Trondur sagte nur kurz: »Skol!« Dann fügte er kurz hinzu: »Dies Schiff macht keine Sorgen. Wir werden kommen nach Amerika.«

Ich dankte ihm schweigend für dieses unerschütterliche Vertrauen in das Floß und in eine Expedition, von der viele gedacht hatten, daß sie nie in Gang kommen oder aber wenige Meilen vor der Küste scheitern würde, wenn das Bambusbündel von den Wellen verschlungen würde. Das lag 4000 Meilen zurück. Es stand noch nicht fest, ob Trondur Recht behalten würde, dachte ich. Aber sein unbeirrbares Vertrauen munterte die Mannschaft wahrhaft auf. Jetzt, mitten im Stillen Ozean auf halbem Weg zwischen Asien und Amerika, dachte ich noch einmal über die Theorie nach, daß die alten Kulturen dieser beiden Kontinente über den Ozean hinweg in Berührung gekommen seien. Needham hatte die

Ähnlichkeiten der Kulturen auf den verschiedenen Gebieten zusammengestellt, angefangen mit den Schreib- und Aufzeichnungsverfahren über Kunst, Architektur, Musik, Religion und Folklore bis hin zu Naturphilosophie, Kosmologie, Astronomie und Technik. Zum Schluß war er auf Pflanzen, Tiere und Krankheiten eingegangen, die ebenso in China wie im Amerika des Altertums vorkamen. In jeder Kategorie hatte er auffällige Übereinstimmungen entdeckt: Die Schriften der Mayas in Mittelamerika ähnelten der chinesischen Schrift darin, daß sie eckige Zeichen verwendeten, die meist in senkrechten Linien geschrieben und manchmal von rechts nach links gelesen wurden. In der Musik benutzten die Azteken Tempelpauken und hölzerne Gongs, die denen in japanischen und chinesischen Tempeln ähnelten, und auf den Panflöten der amerikanischen Indianer und der Asiaten waren die Töne auf die gleiche Weise abgestuft. Dann ein Beispiel aus der Technik: Sowohl die Chinesen als auch die Indianer brannten Alkohol auf die gleiche Art – das Destillat schlug sich an einem konvexen Verdichter nieder und sammelte sich in der Mitte in einem Gefäß. Ganz anders die europäische und nahöstliche Methode: Dabei fängt sich der aufsteigende Dampf in einem konkaven Verdichter, von dem das Kondensat dann in eine außenliegende Sammelrinne abläuft.

Die Aufzählung verschiedenster Anhaltspunkte nahm kein Ende, aber selbst Needham mußte einräumen, daß die Beweise nicht zwingend waren und ein abschließendes Urteil unerreichbar blieb. Es tauchten immer dieselben Gegenfragen auf – Waren die Ähnlichkeiten echt oder eingebildet? Ließen sie sich durch Zufälle erklären? War es möglich, daß die gleichen Techniken zweimal entdeckt worden waren, auf jeder Seite des Stillen Ozeans einmal? Man konnte immer damit argumentieren, daß die Asiaten und die Ureinwohner Amerikas gleichermaßen ideenreich und erfinderisch waren und die meisten der Gedanken, Theorien und Techniken aus eigener Kraft entwickelt haben konnten.

Vieles, was auf den ersten Blick ähnlich schien, verlor bei genauerem Hinsehen seine Überzeugungskraft. Zum Beispiel existierten anscheinend in der chinesischen Kultur und in den alten Kulturen Mittelamerikas ähnliche Vorstellungen über die Welt und den Himmel, auch wurden in beiden Kulturen bestimmten Richtungen Farben zugeordnet. Aber je tiefer die Wissenschaftler schürften, desto mehr Unterschiede verdrängten die Ähnlichkeiten. So unterschieden sich die Farben für die verschiedenen Richtungen, und die Kosmologien der Völker zeigten immer mehr Unterschiede und immer weniger Entsprechungen. Dagegen schälten sich in der praktischen Technik umso mehr Gemeinsamkeiten heraus, je genauer man forschte. Eine Archäologin, Betty Meggers von der Smithsonian Institution, hatte antike japanische Keramik und solche aus Ausgrabungen in Ecuador untersucht und eine ganze Reihe bis ins einzelne gehender Gemeinsamkeiten zwischen beiden Arten der Töpferei gefunden. Stephen Jett, ein anderer amerikanischer Wissenschaftler, hat gezeigt, wie sich in einer so einfachen Sache wie dem Blasrohr, das in Südostasien ebenso wie in Südamerika benutzt wird, nicht weniger als 55 verschiedene technische Merkmale vereinigen, z.B. das Visier und das Pfeilgift, wovon 32 in Asien und auf dem amerikanischen Doppelkontinent gleich sind. Eine dritte Gruppe von Forschern meinte, daß zur Herstellung von Stoff aus Pflanzenrinde, einer scheinbar naheliegenden Verwendung natürlicher Rohstoffe, besondere Werkzeuge und Verfahren gehörten, die sich in Asien und Amerika erstaunlich ähnelten. Eine der verblüffendsten Behauptungen stellte der Archäologe David Kelley auf, der an der Universität Calgary in Kanada gearbeitet hatte. Nach Kelley treten die Buchstaben K, L und M im Kalender der Maya, der Griechen, der Hebräer und der Hindus in derselben Reihenfolge auf, was eine Verbindung beweise.

Versuche, die Theorie von Beziehungen über den Pazifik hinweg mit modernsten naturwissenschaftlichen Hilfsmitteln zu untermauern, führten unerwartet zu mehrdeutigen Ergebnissen. Genetisches Material aus den Gräbern amerikanischer Ureinwohner zeigte, daß die Bevölkerung Asiens und Amerikas eine gemeinsame Abstammung hatte. Man konnte aber nicht feststellen, ob diese Gemeinsamkeiten auf frühen Völkerwanderungen über die Beringstraße hinweg beruhten oder auch auf späteren Ozeanüberquerungen. Ähnlich betrachtete man die Erscheinungsmerkmale bestimmter Pflanzen als sichere Beweise für Beziehungen zwischen den beiden Kontinenten. Das berühmteste Beispiel war die Baumwolle. Man sah es als gesichert an, daß nur die Neue Welt Heimat von Baumwollpflanzen sei, die ausschließlich kleine Chromosomen haben. Die Baumwollarten der Alten Welt dagegen hätten ausschließlich große Chromosomen. Als auf dem amerikanischen Kontinent eine Mischform mit großen und kleinen Chromosomen entdeckt wurde, deren Zahlenverhältnis auf eine künstliche Kreuzung deutete, wollte man darin aufgeregt den Beweis sehen, daß irgend jemand oder irgend etwas – mit an Sicherheit grenzender Wahrscheinlichkeit der Mensch – Baumwolle aus der Alten Welt in die Neue Welt gebracht und die Arten gekreuzt hätte. Dann aber wurde entdeckt, daß in Amerika doch einige Baumwollarten heimisch sind, die große Chromosomen enthalten. Also konnte die Kreuzung auch innerhalb Amerikas durch Züchtung oder Zufall entstanden sein. Die Beweisführung fiel zusammen wie ein Kartenhaus. Selbst die einfache Frage, warum Reis nirgendwo auf dem amerikanischen Doppelkontinent angebaut wurde, wenn es doch Berührungen über den Pazifik hinweg gegeben hätte, führte zu verwirrenden Antworten. Von Hsu Fu und seinen 3000 Kolonisten hieß es, sie seien mit den »fünf Getreidearten« an Bord aufgebrochen. Wenn sie oder andere asiatische Seefahrer Amerika erreicht hatten, warum hatten sie dann dort nicht den Reisanbau eingeführt? Aber schon kam die Gegenfrage: Warum hatten die amerikanischen Ureinwohner nie ihren eigenen wilden Reis kultiviert, ebenso wie die Asiaten anscheinend niemals Mais gezogen haben, der wild in den Bergen zwischen China und Indien wächst? Aus irgendeinem Grund hatten die Asiaten nicht die Entwicklungsmöglichkeiten erkannt, die im wilden Mais steckten, ganz so, wie die Amerikaner nie darauf gekommen waren, Reis zur Kulturpflanze zu machen. Reis oder kein Reis, das bewies gar nichts. Eine ähnliche Erklärung hatte man für die auffällige Tatsache vorgebracht, daß die amerikanischen Ureinwohner nie das Rad benutzten. Man glaubte in der Tat lange, daß das Rad im alten Amerika völlig unbekannt gewesen sei, und hielt damit jeden frühen Kontakt mit anderen Kulturen für widerlegt. Aber dann tauchten kleine Spielzeuge mit Rädern in mexikanischen Gräbern auf, die zeigten, daß das Rad als Idee in Amerika durchaus bekannt war, aber auf lustige Spielzeuge beschränkt geblieben war.

Kurz – auf jedes Argument folgte ein Gegenargument, oder spätere Entdeckungen stießen die anerkannten Ansichten um. Erdnüsse, die man allgemein für eine rein amerikanische Pflanze gehalten hatte, wurden in 4000 Jahre alten chinesischen Gräbern gefunden. Eine Glühwürmchenart, von der man gedacht hatte, daß sie nur in Südostasien vorkomme, fand man auch in Südamerika. Kokosnüsse, die nach Ansicht einiger Wissenschaftler nur mit Seefahrern nach Amerika gekommen sein konnten, können ebenso gut über den Pazifik getrieben sein und so weiter und so fort. Selbst die unscheinbaren Körper von Parasiten, die man in den sterblichen Überresten bestatteter amerikanischer Ureinwohner gefunden hatte, spielten in der Diskussion eine Rolle. Diese Insekten brauchten Wärme zum Überleben und hätten auf keinen Fall die Kälte überstanden, als Menschen vor 20000 Jahren aus Asien nach Amerika wanderten. Die Insekten müssen also über See auf Flößen oder Schiffen mit Besuchern aus der Alten Welt gekommen sein.

Die ganze Diskussion wäre natürlich ein für allemal beendet gewesen, wenn man in der Neuen Welt alte asiatische Kunst- oder Gebrauchsgegenstände entdeckt hätte, und wenn ohne jeden Zweifel bewiesen worden wäre, daß diese Dinge vor Kolumbus nach Amerika gekommen wären. Behauptet wurden solche Entdeckungen oft genug, angefangen mit »alten chinesischen Münzen«, die an der Westküste Kanadas aufgetaucht seien, über angebliche chinesische Inschriften in Südamerika bis hin zu japanischen Perlen in Halsketten der Mayas. Aber keiner dieser Funde hatte sich nach rigorosen Untersuchungen als authentisch erwiesen. Chinesische Münzen, die man in Britisch-Kolumbien gefunden hatte, waren, wie der kanadische Archäologe Grant Keddie gezeigt hat, wahrscheinlich im 19. Jahrhundert von Händlern eingeführt worden, und sehr oft blieb es unbekannt oder rätselhaft, wo genau und unter welchen Umständen ein »asiatisches Artefakt« in Amerika gefunden worden war. Das deutete meist darauf hin, daß der Gegenstand aus einer unerlaubten Ausgrabung stammte. In solchen Fällen war kein ernstzunehmender Gelehrter bereit, seinen Ruf dadurch aufs Spiel zu setzen, daß er sich mit Diebesgut befaßte oder es erforschte. Es war unerläßlich, genau zu bestimmen, woher ein Gegenstand kam, und exakt festzulegen, wann er die die Neue Welt erreicht hatte, denn ein alter asiatischer Gegenstand wie z. B. eine Münze kann auch lange Zeit nach der Herstellung auf den amerikanischen Kontinent gelangt sein. Die »chinesischen Inschriften« können nachgemacht worden sein, und bearbeiteter Stein läßt sich bekanntermaßen schwierig datieren. Am Ende wurden immer noch begeistert Beweise für transpazifische Kontakte gesucht, aber ebenso wenig mangelte es an Skeptikern, die entschieden bestritten, daß es jemals solche Berührungen gegeben hätte.

An Bord eines altertümlichen Bambusfloßes auf der gedachten Mittellinie zwischen zwei Kontinenten zu genesen, dauerte seine Zeit, so daß ich lange nachdenken konnte. Mit meiner Meinung befand ich mich zwischen beiden Lagern. Ich konnte die Zweifel der sogenannten Isolationisten nachvollziehen, nach deren Meinung es keine Berührungen gegeben hatte; ich begann aber auch bald zu erkennen, daß Pazifiküberquerungen mit den urtümlichsten Fahrzeugen möglich waren.

Wir hatten auf der HSU FU kein Blasrohr, aber bald bekamen wir Pfeil und Bogen aus Bambus. Trondur ärgerte sich darüber, daß es immer schwieriger wurde, Fische an den Haken zu bekommen. Das Problem war, daß wir bei der allmählich sinkenden Wassertemperatur immer weniger Doraden sahen, die unsere wichtigste Beute waren. Diese Fische waren am hungrigsten und angriffslustigsten gewesen. Wir hatten sie mit künstlichen fliegenden Fischen geködert, und sie hatten den größten Teil unseres Fischfangs ausgemacht. Je weiter wir nach Nordosten vorankamen, desto weniger fliegende Fische und Doraden gab es. Inzwischen sahen wir sie nur noch selten, sie jagten auch nicht mehr so eifrig wie vorher. Die anderen Fische, die wir fingen, waren die Gelbflosser, die wir als eine Art unreifer Thunfische identifiziert hatten. Auch die Gelbflosser aber hielten sich immer mehr zurück und nahmen den Köder nicht mehr so oft an. Aber der Hauptgrund für den nachlassenden Fischfang war das Wetter. Es war sehr schwierig, bei aufgewühlter See zu fischen. Die Fische hielten sich bei rauhem Wetter weiter vom Floß entfernt, und bei hohem Seegang konnte man mit dem Köder nicht so genau zielen. Für Trondur war es *die* Lösung, den Fisch zu schießen. Mit seinem bekannten handwerklichen Geschick ging er daran, einen Bogen anzufertigen. Er wählte aus unserem Vorrat Bambusstücke passender Länge, spaltete und formte sie zu flachen Stäben, die er dann als Lamellen zusammenlaschte, um daraus einen Bogen mit der richtigen Krümmung zu machen. Ein weiteres Stück Bambus wurde zum Handgriff, und um zwei vorstehende Stifte wurde die Schnur gewickelt, die am Pfeil befestigt war. Der Pfeilschaft entstand aus dem Bügel eines Eimers, den eine Welle vor langer Zeit mitgerissen hatte. Jetzt bog Trondur den Bügel gerade, feilte ihn flach und befestigte mit dünnem Bindedraht einen Widerhaken daran, den er mühevoll aus einer nicht mehr gebrauchten Metallklammer gemacht hatte, die einmal seine Zeichenmappe zusammengehalten hatte. Das Endergebnis war ein wunderschön gearbeiteter Bogen mit fast 10 Kilo Spannkraft, der den Pfeil quer durch einen Gelbflosser jagen konnte. Jeder Fisch, der dichter als fünf Meter herankam, lag schon fast in der Bratpfanne.

»Herzlichen Glückwunsch zum Geburtstag und zu dem erstklassigen Timing«, sagte Rex, als ich am 25. September quälend langsam aus meiner Kajüte auftauchte. Da ich auf meine empfindlichen Rippen Rücksicht nehmen mußte, brauchte ich noch immer 20 Minuten, um aus dem Schlafsack herauszukommen und mich anzuziehen. Als ich mich mit den Armen vorsichtig aus der niedrigen Kajüttür herauszog und mich auf die Cockpitbank herunterließ, kam ich mir so langsam und bedächtig vor wie ein südamerikanisches Faultier. Eine halb aufgeblasene Schwimmweste polsterte mich gegen die schlimmsten Stöße ab.

»Vielen Dank«, antwortete ich, »daß du an meinen Geburtstag gedacht hast, aber was meinst du mit dem guten Timing?«

Rex schmunzelte. »Na ja, du hast es genau hingekriegt, am 53. Tag seit der Abreise aus Japan 53 zu werden.« Ich war durch einen merkwürdigen Brandgeruch aufgewacht. Jetzt sah ich, was es damit auf sich hatte. Joe und Rex hatten zusammen die Morgenwache, und Joe hatte die letzte Stunde damit zugebracht, einen Geburtstags-«Kuchen« zu backen. Er hatte Haferflocken in Wasser eingeweicht, dann mit Zucker und Öl gebraten und das Ganze zu zwei faustgroßen Klumpen zusammengeknetet. Die Glasur bestand aus einer geschmolzenen Tafel Schokolade, die mit einer Handvoll aufgeweichter Erdnüsse gesprenkelt war. Das Ergebnis sah aus wie ein aus der Form geratener übergroßer Hamburger. Wir aßen das Prachtstück zum Nachmittagstee und waren uns einig, daß es äußerst delikat war. Nicht ein Krümel blieb übrig.

An diesem Abend war die See auch ruhig genug, so daß

Rex wiederum den Rumpf unter Wasser untersuchen und prüfen konnte, wie sich der Bewuchs und das Fischleben unter dem Floß geändert hatten. Sechs Wochen vorher hatte er noch mit Shorts und T-Shirt um das Floß herumschwimmen können. Jetzt mußte er einen Naßtauchanzug anziehen und fror trotzdem ziemlich, als er nach einer halben Stunde aus dem Wasser stieg. Er berichtete, daß die niedrigere Wassertemperatur zu deutlichen Veränderungen geführt hätte. Die begleitenden, warmes Wasser liebenden Doraden waren endgültig verschwunden. An ihrer Stelle schwammen zwei Meter unter dem Floß ein halbes Dutzend Thunfische, die bis zu 90 cm lang waren. Auch die Stelle der lustigen kleinen gelb-schwarz livrierten Pilotfische hatten größere, düsterer aussehende Verwandte eingenommen, die schwarze und blaßgraue Streifen trugen. Ein halbes Dutzend der langsam schwimmenden Planktonfresser war noch da, aber das ganze Zellophankraut war weg, und überall am Rumpf der HSU FU wuchs unter Wasser ein feines Moos. Auch eine neue Art Seetang hatte sich breitgemacht, ein feines, kurzes und auffallend purpurfarbenes Kraut. Rex taufte es »Heidekraut-Tang«. Sein Bericht endete mit einer beunruhigenden Anmerkung. Unter dem Vorschiff hatte er über die ganze Breite des Floßes eine Anzahl loser Rattanenden im Wasser baumeln sehen. Er konnte nicht feststellen, ob es gebrochene Stücke waren oder vielleicht die losen Enden von Unterwasserknoten, die sich gelöst hatten. Anscheinend war nur das vordere Drittel des Rumpfes betroffen, der übrige Teil war noch immer sauber zusammengezurrt. Dennoch erweckte seine Beobachtung ungute Gefühle bei uns. Hatte der Floßrumpf jetzt begonnen, ernsthaft zu verfallen?

Zwei Tage später deutete etwas darauf hin, daß der feste Zusammenhalt der Mannschaft ebenfalls unter Abnutzungserscheinungen litt. Es passierte direkt vor dem Abendessen aus heiterem Himmel. Loi hatte es fertiggebracht, drei kleine Gelbflossen-Thunfische genau im richtigen Moment zu fangen – gerade als Rex, der damit an der Reihe war, das

Abendessen kochen wollte. Wir hatten ein paar Tage lang keinen frischen Fisch bekommen, und die drei Gelbflosser würden eine köstliche Mahlzeit abgeben. Rex, der freimütig bekannte, der schlechteste Koch an Bord zu sein, war entschlossen, den prächtigen Fischen gerecht zu werden. Er packte sie, sobald sie an Bord waren, filetierte sie, und die Stücke zappelten fast noch, als sie neben der Bratpfanne lagen. Rex wandte sich an Joe und bat ihn um die tägliche Proviantration. Er bekam eine einzige Zwiebel, ein halbes Päckchen Trockensuppe und etwas Reis.

»Kann ich etwas Knoblauch für den Fisch bekommen?« fragte Rex.

»Nein, tut mir leid«, antwortete Joe. »Die Knoblauchration für heute ist schon verbraucht, die nächste Zehe gibt es erst morgen.«

Rex zuckte mit den Schultern und wandte sich wieder der Bratpfanne zu. Dann suchte er unter der Plichtbank nach dem Speiseöl. Er stellte fest, daß die Ölflasche leer war. »Wie wär's mit etwas Öl?« fragte er.

»Nein«, sagte Joe unbeirrbar. »Wenn die Ölflasche leer ist, müssen wir abwarten, bis die nächste Flasche nach unserem Plan dran ist.«

Der normalerweise so beherrschte und höfliche Rex wurde wütend. »Dann können wir überhaupt nichts braten«, platzte es aus ihm heraus. Er nahm die kostbare Zwiebel und schleuderte sie über Bord.

Joe kochte vor Wut. »Wenn ich jetzt eine neue Ölflasche herausrücke, wird sie lange vor der Zeit leer sein«, schnauzte er zurück. »Wir können den Lebensmittelverbrauch nur unter Kontrolle halten, wenn der Proviant in kleinen Mengen ausgegeben wird, und wenn es keine Ausnahmen gibt. Was wirst du als nächstes tun? Die Trockensuppe über Bord werfen?«

Es folgte angespanntes Schweigen. Rex starrte wütend vor sich hin und kümmerte sich wieder um das Essenmachen. Die Mahlzeit war aber katastrophal – matschiger Reis mit

Fisch in einem wäßrig-dünnen Suppengebräu. Während des Essens herrschte in der dicht besetzten Plicht eine gespannte Atmosphäre, die erst nachließ, als wir Kaffee tranken. Die kleine Krise war vorüber, aber ich überlegte, ob sich damit nicht das Ende des erstaunlich guten »Betriebsklimas« ankündigte, das während der zurückliegenden 20 Wochen auf der HSU FU geherrscht hatte.

Die große »Müllkippe« im Pazifik

(Die Reise ist) *die längste und fürchterlichste auf der ganzen Welt, sowohl wegen der Weite des zu bezwingenden Ozeans, der nahezu die Hälfte des Erdkreises umfaßt, wobei der Wind fast immer konträr ist, als auch wegen der schrecklichen Unwetter, die dort unablässig aufeinander folgen, und schließlich wegen der grauenvollen Krankheiten, welchen Menschen ausgesetzt sind, die sieben oder acht Monate auf See sind, zuweilen nahe am Äquator, zuweilen in der Kälte, dann wieder in gemäßigtem oder heißem Wetter, was gewißlich genügt, Männer aus Eisen zu vernichten, erst recht solche aus Fleisch und Blut, die auf See nur eintönige Nahrung hatten.*

So beschrieb Gemelli Careri, ein italienischer Reisender, gegen Ende des 17. Jahrhunderts seine Überquerung des Stillen Ozeans. Er erinnerte sich dabei an eine Fahrt mit der Manila-Galeone, dem Schatzschiff, das jedes Jahr von den Philippinen nach Acapulco an der mexikanischen Küste segelte. Die Route der Manila-Galeone stimmte nahezu mit der Reiseroute der HSU FU überein. Die Geschichte dieser Galeonen hatte bei meinen Forschungen zur Vorbereitung unserer Expedition eine wichtige Rolle gespielt. Da keine Berichte japanischer oder chinesischer Seefahrer über diese Fahrt mehr existierten, gab es sicherlich einiges aus der mühsam gewonnenen Erfahrung der spanischen Seeleute zu lernen, die die gleiche Reise unter Segeln unternommen hatten, um Seide, Gewürze und Porzellan aus China in die

Neue Welt zu bringen. Diese Seefahrer konnten eine Unmenge an Kenntnissen ansammeln, weil die Manila-Galeonen regelmäßig zwischen den Philippinen und Mexiko verkehrten, und beide Länder annähernd 250 Jahre zum spanischen Weltreich gehörten. Die spanischen Schiffe waren natürlich nicht mit einem Bambusfloß zu vergleichen. Selbst die frühen, kleineren Galeonen hatten die die vierzigfache Wasserverdrängung der HSU FU, aber auch sie waren langsam und oft heruntergekommen. Vor allem aber mußten sie mit demselben Wetter und denselben Strömungen fertig werden.

Mannschaft und Passagiere der Manila-Galeone, die oft auch »das Chinaschiff« genannt wurde, fürchteten die Reise. Sie war durch Enge an Bord, schlechte Ernährung, Krankheiten, Gefahr und Ungewißheit eine nicht endenwollende Qual. Manchmal liefen zwei oder drei Schiffe aus Manila aus, in der Regel war es aber nur ein großes Schiff, das bis zum Bersten mit heimkehrenden Kolonisten und Regierungsbeamten vollgestopft und mit der Ausbeute eines ganzen Wirtschaftsjahrs von Manila stark überladen war. Ballen und Packen waren in die Niedergänge gestopft und an Deck aufgestapelt, so daß man im ersten Sturm oft wertvolle Ladung über Bord werfen mußte, um das Schiff zu erleichtern. Die Ladung war so kostbar, daß der Verlust einer Manila-Galeone auf See für die Kolonie eine finanzielle Katastrophe war. An Schiffsverlusten war meist schweres Wetter schuld, manche Schiffe wurden aber auch vom Feind gekapert. Im Jahre 1588, dem Jahr der spanischen Armada, wurde das jährliche Chinaschiff von dem englischen Freibeuterkapitän Thomas Cavendish gekapert. Er segelte mit so viel Beutegut und Gold nach Hause, daß sein Schiff, die DESIRE, nach der Rückkehr auf der Themse vor Greenwich mit Segeln aus blauem Damast zur Schau gestellt wurde, jeder Seemann eine Goldkette um den Hals trug, und der Marktpreis von Gold und Silber im ganzen Königreich fiel.

Aber der Glanz der Manila-Galeonen interessierte mich

weniger als ihre Segelbedingungen und die Route, die sie nahmen.

Zweieinhalb Jahrhunderte lang konnten sich die Spanier nicht entscheiden, welcher Weg der beste war. Wenn sie zu weit südlich segelten, bekamen sie Gegenwind oder Flauten. Wenn sie zu weit nach Norden gingen, riskierten sie Kälte und Sturm. Also versuchten sie es erst mit der einen Route, dann mit der anderen und wechselten schließlich zwischen Nord- und Südroute. Ihre Schiffe standen unter dem Kommando von Landratten, meist waren es spanische Granden, aber welche Route das Schiff nahm und wie es gesegelt wurde, war hartgesottenen Segelmeistern überlassen. Das waren harte und fähige Schiffsführer. Ihre Ansichten waren interessant zu lesen. Die Ausreise von Acapulco nach Manila hielten sie für ein Kinderspiel. Einer der Segelmeister vertraute so sehr auf günstigen Wind und ruhige See, daß er Acapulco mit dem Großboot eines Schiffs – kaum größer als die HSU FU – verließ und die Überfahrt nach Manila ohne Schwierigkeiten bewältigte. Etwas ganz anderes war aber die Rückreise an Taiwan und Japan vorbei und dann in den offenen Pazifik hinaus. Die Schiffe waren ausgewachsene Galeonen, die für die sechsmonatige Reise sorgfältig vorbereitet wurden. Offensichtlich sorgten sich die Kapitäne sehr, daß das Trinkwasser ausgehen könnte. Daher ließen sie Regensammler aus Matten anbringen, um die Güsse einzufangen, und führten in 1,5 m langen, oberschenkeldicken Bambusrohren zusätzlichen Wasservorrat mit. Im Gegensatz zu uns auf der HSU FU mußte man sich damals auch große Sorgen wegen Krankheiten machen. Skorbut oder noch Schlimmeres befiel oft Mannschaft und Passagiere. In einem grauenvollen Jahr fand man eine überfällige Manila-Galeone auf See. Sie segelte als Geisterschiff, niemand bediente die Segel, alle an Bord waren tot. Die spanischen Kolonialbehörden wiesen ihre kalifornischen Niederlassungen an, sich bereit zu halten, den erschöpften, halbverhungerten Schiffsleuten Beistand zu leisten. Meist versuchten die Schiffe aber, Kap Mendocino anzusteuern und dann ohne Aufenthalt an der amerikanischen Küste entlang zu segeln, um die alptraumhafte Reise so schnell wie möglich hinter sich zu bringen. Aber Hunger und Krankheit beunruhigten die Schiffsbesatzungen nicht am meisten. Sie fürchteten schweres Wetter, und das aus gutem Grund. Sturm war schuld an den meisten Verlusten, in 250 Jahren gingen 30 Galeonen verloren. Das Klagelied kam uns bekannt vor: Zunächst mußten sie die Taifune vor den Philippinen und Taiwan meiden, dann schleppten sie sich langsam und mühevoll bei immer kälter werdendem Wetter über den Ozean, nur um vor der Küste Nordamerikas in mächtige Stürme zu geraten. Eine unglückliche Galeone berichtete von 18 furchtbaren Stürmen während ihrer Überfahrt. Im Jahre 1600 kreuzte die SANTA MARGARITA acht Monate vergeblich, ohne über den Westpazifik hinauszukommen, bis sie auf den Islas Ladrones, den Marianen, strandete. Von den 260 Mann an Bord waren nur noch 50 am Leben.

Während ich in der Bambuskajüte der HSU FU hockte und die neuzeitlichen Wetterberichte von dem kleinen Laptop ablas, konnte ich mir leicht vorstellen, warum die Manila-Galeonen solche Prügel einstecken mußten. Es verging kein Tag, an dem der Bericht über die Wetterlage im Nordpazifik keine ausgedehnten Stürme meldete. Das Haupt-Schlechtwettergebiet lag nördlich von uns in der Nähe der Aleuten, wo fast ständig Starkwind herrschte. Immer wieder lösten sich aber einzelne Tiefdruckgebiete von der japanischen Küste und kamen mit Regen und starkem Wind direkt auf uns zu. Bisweilen entwickelte sich im Norden ein so riesiges Sturmsystem, daß es kleinere Stürme in sich aufsog und sich zu einem einzigen Schlechtwettergebiet mit 2000 Meilen Durchmesser ausdehnte. Wir bekamen dann den starken Wind am Rand dieses Gebietes zu spüren. Um mir das beschwerliche Leben auf der Manila-Galeone vorzustellen, brauchte ich nur aus der Kajüttür der HSU FU den grauen, unfreundlichen Ozean und Himmel um uns herum zu betrachten. Das Wetter war wechselhaft und feindselig. Auf einen halben Tag mit unbeständigem Sonnenschein konnte eine lange regnerische, böige Nacht folgen. An einem einzigen Abend zwischen Sonnenuntergang und Mitternacht bargen wir die Segel wegen zunehmender Windstärke, dann setzten wir sie wieder, als der Wind nachließ, holten sie danach aber wieder herunter, um sie schließlich erneut vorzuheißen. Die Rundfunknachrichten bestätigten, was wir schon befürchtet hatten. Der Sommer war seit 40 Jahren der schlimmste in diesen Breiten, und wie es schien, war der Frühherbst nicht viel besser.

Manches Mal verschlechterte sich das Wetter völlig überraschend. An einem frühen Nachmittag gingen wir alle unserer normalen Tätigkeit nach, als Rex plötzlich schrie so laut er konnte: »Bö!« Eine bösartig aussehende Regenwand, die ungefähr eine Meile weit weg war, rauschte auf uns zu. Darunter peitschte der Wind das Wasser zu weißen Schaumköpfen auf. Wir ließen rechtzeitig das Großsegel fallen, aber Joe und Rex kämpften noch mit dem Vorsegel, als die Böenwalze einfiel. Einen Moment dachte ich, daß der Fockmast durch die Drehbewegung aus seiner Spur gerissen würde, als das Segel wie eine zuknallende Tür herüberschlug. Ein Rattanwant brach, ebenso die Großschot, und im Nu waren auch zwei der Bambussegellatten durchgeknackt. Der Mast selbst überstand es glücklicherweise. Allerdings schlug er ungefähr fünf Sekunden hin und her und bog sich, so daß ich dachte, daß er mitsamt seiner Takelage über Bord krachen würde.

Die Bö war nur der Vorbote eines ausgewachsenen Sturms, vor dem die Meteorologen lange gewarnt hatten. Der Wind nahm stetig zu. Wir refften das fächerförmige Großsegel schrittweise, so daß zunächst noch vier, dann drei und zum Schluß nur noch zwei Felder standen. Die HSU FU hob und senkte sich auf hohen, aber noch nicht gefährlichen Seen. Durch einen Riß im Heckteil des geflochtenen Plichtsülls brach immer wieder Wasser ins Cockpit. Es drang auch durch unzählige Löcher im Plichtboden ein, wo die alte Teerschicht mehr und mehr abgenutzt war. Begleitet wurden wir nur von Sturmvögeln und winzigen Sturmschwalben, die lebhaft zwischen den Wellenkämmen herumflatterten, und von den majestätisch schwebenden, unermüdlich patroullierenden Albatrossen. Seit wir die japanische Küste verlassen hatten, hatten wir immer ein oder zwei Albatrosse in Sicht gehabt, jetzt waren es ungefähr ein halbes Dutzend. Sie nutzten gekonnt die Luftwirbel über dem durcheinanderlaufenden Seegang aus. Oft verschwand einer der Vögel im Wellental aus dem Blick, so daß man glaubte, der große Vogel müsse eine Bruchlandung im Wasser gemacht haben. Dann aber tauchte er 50 m weiter triumphierend aus dem Wellental auf, senkte einen Flügel, drehte elegant über die Flügelspitze ab und schoß dann ins nächste Tal – ein akrobatischer Triumph der Luftkünstler.

Der Sturm hielt den ganzen Tag an, hohe Seen bauten sich auf und begannen, über den Rand der Plicht zu schlagen. Eine Welle schüttete ein paar Eimer Pazifikwasser über unser Abendessen, als Joe das kochende Wasser von den japanischen Soba-Nudeln abtropfen ließ. Die kalte Seewasserdusche war weder für die Temperatur noch für den Geschmack der Nudeln besonders förderlich. Loi war wieder einmal der Unglücksrabe in der Plicht – zweimal erwischte ihn eine schwere See, als er gerade kein Ölzeug trug. Das wäre sonst nur ein Anlaß gewesen, ihn freundschaftlich zu foppen und scherzhaft zu bedauern. Aber jetzt nicht. Lois Lungeninfektion, die Joe zwei Wochen vorher festgestellt hatte, hatte nur zeitweise auf Antibiotika angesprochen. Nach wenigen Tagen war die Infektion wieder aufgeflammt und hatte den Schmerz zurückgebracht. Loi fühlte sich sehr unwohl, und Joe versuchte, die Krankheit mit einem anderen Antibiotikum zu bekämpfen. Die Pillen hatten aber eine ungünstige Wirkung auf Lois Verdauung. Fünf- oder sechsmal täglich mußte der arme Loi mit seinem Durchfall hastig sein Ölzeug ausziehen und seine warme

Kleidung samt Unterwäsche herunterziehen, einen Sicherheitsgurt anlegen und sich auf dem halb unter Wasser liegenden seitlichen Bambusrand des Floßes erleichtern, wobei die See um seinen nackten Unterleib spülte.

Glücklicherweise ließ Loi sich durch seinen aufrührerischen Magen nicht an der Bordarbeit hindern. Als eine See das Ruder so schwer traf, daß die Ruderpinne zerbrach, machten Loi und Trondur aus einem Riemenschaft eine Ersatzpinne und befestigten sie mit Takelgarn. Das ganze dauerte weniger als 10 Minuten. Die Moral der Besatzung war unerschütterlich, obwohl wir wußten, daß wir in dem Sturm kaum vorankamen. Beigedreht unter nicht mehr als zwei Feldern des Großsegels wurde das Floß 100 Meilen seitlich nach Süden versetzt, während es nur neun Meilen nach Osten vorankam, wo wir hinwollten. Die Spannungen zwischen Joe und Rex hatten sich längst in Luft aufgelöst, und die beiden waren in Hochform. Joe war der Expeditionsfotograf, der für die Standfotos verantwortlich war, wohingegen Rex gelernt hatte, unsere kleine Videokamera zu bedienen, um Material für einen Dokumentarfilm über die Reise zu sammeln. Die Aufgaben der beiden Fotografen überschnitten sich, daher arbeiteten Joe und Rex zusammen, um einige besonders eindrucksvolle Seen zu filmen, die sich auf das Floß stürzten. Joe war auf das Kajütdach geklettert, das normalerweise hoch und trocken lag, um Rex am Ruder zu filmen, als die Seen ins Cockpit brachen. Wie es kommen mußte, traf der nächste schwere Brecher das Floß ungünstig schräg. Er zerstob über Rex, der einen freudigen Schrei ausstieß. Aber der Wellenkamm rauschte dann weiter, höher als sonst, erreichte Joe oben auf dem Kajütdach und durchnäßte ihn und die Videokamera. Da war es schlagartig vorbei mit Rex' Freudenschreien. Wenige Augenblicke später kamen die beiden Fotografen geknickt an, um mir zu beichten, daß die Videokamera nicht mehr funktionierte. In ihrer Begeisterung hatten sie vergessen, die Kamera in ihr wasserdichtes Gehäuse zu stecken. Man konnte den beiden nicht böse sein. Durch Schimpfen würde die beschädigte Kamera nicht wieder heil, außerdem hatten wir eine zweite dabei. Es war mir lieber, daß Rex und Joe so gut miteinander auskamen, als sie für ihre Nachlässigkeit zu schelten und ihren Zusammenhalt zu zerstören. Am Tag vorher hatten sich die beiden Trondurs Pfeil und Bogen ausgeliehen und sich aufgeregt über das Heck des Floßes gebeugt, um zu versuchen, einen Gelbflosser zu erlegen. Trondur hatte mich von der anderen Seites des Cockpits aus mit einem wohlwollenden Augenblinzeln angesehen und halblaut gesagt: »Wie zwei Kinder!«

Als ich in dieser windigen Nacht Wache ging, die gebrochenen Rippen in der halb aufgeblasenen Rettungsweste gut abgepolstert, dachte ich bei mir, daß der gute Mannschaftsgeist wohl länger halten würde als das Floß selbst. Als Team hatten wir unseren Vorrat an gegenseitiger Toleranz und Achtung noch lange nicht aufgebraucht. Dagegen waren die Reserven der HSU FU begrenzt. Unter dem hellen Mond hoben sich die rauschenden Wellenkämme fast leuchtend von dem Indigoblau und Silber des Ozeans ab, und das Floß sah als Bauwerk sehr dünn und zerbrechlich aus. Es zehrte endlos an unserem kümmerlichen Vorrat von Tauwerk und Holz. Gestern noch hatten wir eine der Bambuslatten des Großsegels ersetzt. Sie war während der ersten Stunden des Sturms gebrochen. Danach hatten wir die zersplitterten Stücke herausgefummelt, einen Ersatzstab aus dem kleinen Bambuszaun gezogen, der die Kajütseiten schützte, die neue Latte auf Länge geschnitten und in die Lattentasche des Segels geschoben. Das Segel war wieder in Ordnung, die Crew hatte ihr Geschick und ihre Fähigkeiten bewiesen, aber die Hütten waren jetzt an einer Seite etwas schlechter vor den seitlichen Brechern geschützt. Außerdem hatten wir einen Bambusstab weniger in Reserve. Am nächsten Tag wollte ich Loi bitten, die zweite, ebenfalls beschädigte Ruderpinne zu erneuern. Das Ersatzstück sollte er aus einem Riemenschaft zuschneiden und zurechthobeln. Danach wären nur noch drei Riemen übrig, nicht zum Rudern, denn das wäre auf hoher See sinnlos, sondern als Vorrat an langfaserigem Holz. Es war absehbar, daß wir lange vor der Annäherung an die amerikanische Küste alles Material aufgebraucht haben würden.

Bei Morgengrauen war der Nordwind immer noch stark, und bis zum Horizont erstreckte sich eine konfuse See. Während der Nacht waren folgende Schäden entstanden: Zwei Risse im Großsegel, davon einer in einem Feld, das weggerefft gewesen war, ein Lieksaum am Rand des Segels hatte begonnen, aufzureißen, ein weiterer Riß war im Achterliek* entstanden. Dort war das Segel zu stramm gespannt worden und hatte dann beim Schrumpfen im Regen begonnen zu reißen. Dazu kam die gebrochene Pinne. Außerdem waren alle Bambuspfosten an der Backbordseite durch den Seeschlag schief geworden, und – was noch ernster war – einige der Leinen, mit denen die Kajüten festgezurrt waren, waren durchgescheuert oder gebrochen. Sie zu ersetzen, war die dringendste Arbeit. Sollten drei dieser Leinen auf der gleichen Seite einer Kajüte reißen, was jetzt nicht mehr ausgeschlossen schien, würde die ganze Hütte vom Floß in die See gewaschen werden, tödlich für alle, die darin schliefen. Paradoxerweise fühlten wir uns alle ausgezeichnet. Es war gut, etwas Wichtiges und Schwieriges zu tun zu haben, selbst wenn es nur darum ging, Schäden zu beheben. Das war der positive Aspekt. Man hätte soviel Bruch in nur 36 Stunden mit stürmischem Wind aber ebensogut als Schlappe ansehen können. Alle waren mit gutem Mut bei der Arbeit. Trondur stand Stunde um Stunde in seinen langen Seestiefeln am Rand des Floßes und erneuerte unermüdlich die Kajützurrungen, während die Wellen um ihn herumspülten und -gurgelten. Loi reparierte die Ruderpinne. Joe und Rex kümmerten sich um das gerissene Segel. Zum Durchnähen saß auf jeder Seite des Tuches einer von ihnen. Am frühen Nachmittag war alles außer der Reparatur des Segels erledigt, die

* Achterliek = hintere Kante des Segels

Joe und Rex zuende brachten, während Trondur Rex freiwillig den Küchendienst abnahm.

Dann justierten wir die vier Schwerter auf der Leeseite so, daß die HSU FU im Winkel von 100 Grad zum Wind lag, was sie am besten vertrug. Auf diese Weise lag sie am ruhigsten in der See, ohne sich durch die Wellenkämme übermäßig zu verbiegen oder zu verwinden. Die reparierten Segel waren sauber festgemacht, der Wind ließ nach und frischte dann wieder auf, eine Wache folgte im normalen vierstündigen Rhythmus auf die andere, das Bordleben lief wieder nach der Schwerwetterroutine, zwei Mann im Cockpit, drei Mann in den Kajüten. Am Himmel zogen schwarze Wolken, und durch ihre Zwischenräume leuchteten Mondstrahlen wie weiße Suchscheinwerfer. Drinnen hörte man das Donnern der Wellen, die über das dürftige Palmwedeldach brachen, hörte das durch die Laschungslöcher tröpfelnde Wasser und das härtere, knatternde Geräusch der in den Plichtkorb stürzenden Schaumkämme. Die Freiwache wartete geduldig auf besseres Wetter. Trondur fertigte neue Fischköder an. Dabei hatte er die Brille auf der Nasenspitze wie ein Schweizer Uhrmacher aus dem Bilderbuch. Joe lag ausgestreckt auf dem Fußboden der Hauptkajüte und las in seinem *Spanisch-leicht-gemacht*-Buch. Ich legte mir Antworten auf die Schülerfragen zurecht, die uns über Funk erreichten und nützte den starken Wind aus, durch den sich der Generator schnell drehte, um alle Batterien an Bord aufzuladen. Womit Rex und Loi in der Vorderkajüte die Zeit verbrachten, war mir ein Rätsel. Es war ihr privater Raum, in dem ich nichts zu suchen hatte. Loi schnarchte vermutlich und Rex schrieb wohl in seinen Logbüchern.

Nach seinem Rundgang am nächsten Morgen, am 60. Tag seit Shimoda, berichtete Rex, daß ein Stück Bambus dabei war, sich vom Rumpf zu lösen. Ich ging mit ihm zu der Stelle. Als ich über den Rand blickte, sah ich ein Bambusrohr lose in der See hin und her schlagen. Ein Ende war noch am Rumpf fest, wie es sein sollte, das andere wedelte lose im

Wasser. Ich sah genauer hin, langte ins Wasser, um mit der Hand zu fühlen, wie groß das lose Stück war. Es war ungefähr fünf Meter lang, und sein großer Durchmesser bedeutete, daß es zum Hauptteil des Rumpfes gehören mußte. Das lose Ende war weder zersplittert, noch gebrochen, sondern sauber bearbeitet. Offensichtlich handelte es sich bei dem Bambusstab um das Mittelstück eines von vorn nach achtern laufenden Rumpfrohrs. Ich war mir ziemlich sicher, was passiert war. Eigentlich sollte das Stück an jedem Ende mit den anderen Bambusrohren verbunden sein wie die einzelnen Abschnitte einer Angelrute und dann mit Rattan festgelascht sein. Aus irgendeinem Grund war eine dieser Verbindungen auseinandergegangen, die Rattanzurrung hatte sich gelöst, und ein Ende des Rohrs war vom Rumpf weggesprungen.

Wie Rex sagte, hatte er versucht, eine Stange durch die Spalten zwischen den Bambusrohren des Rumpfes nach unten zu schieben und dabei festgestellt, daß der lose Bambusstab kaum noch befestigt war. Er konnte ihn fast frei hin- und herbewegen wie einen Zahn, der kurz davor ist, aus dem Kiefer zu fallen. Es war der erste sichtbare Materialverlust am eigentlichen Floßrumpf, aber im Augenblick beunruhigte mich das nicht allzu sehr. Der Stab hatte sich von der exponierten und daher verwundbaren Kante des Floßes gelöst und war ohnehin nicht ganz so fest mit dem Rumpf verbunden wie die meisten anderen Röhren, weil die Stangen am Rand zwangsläufig nur nach mittschiffs oder nach oben an den daneben liegenden Stäben festgezurrt waren. Im Gegensatz dazu waren die Stäbe, die mitten im Floßrumpf steckten, nach vier Richtungen an benachbarten Stäben festgezurrt und wurden daher viel sicherer gehalten. Auch war nur eine einzige Länge Bambus verlorengegangen, was den Auftrieb des Floßes kaum beeinträchtigen würde, weil noch mindestens 200 Bambusröhren übrig waren. Loi war nach der Besichtigung des Schadens zuversichtlich. Vielleicht dachte er an den Ruf der Floßbauer von Sam Son, jedenfalls meinte er, daß der Verlust eines einzigen Stabes überhaupt nichts bedeute. Er konnte sich nicht vorstellen, daß das von so vielen Rattanzurrungen zusammengehaltene Floß auseinanderbrechen könnte.

Jeder ging wieder an seine Arbeit. In jenen Tagen hatten wir Gelegenheit, philosophisch und geduldig zu sein. Der sehr willkommene günstige Wind endete nach einer Weile mit einem strahlenden Sonnenuntergang, der dadurch noch malerischer wurde, daß ein Wal vor den orangefarbenen Wolken eine besonders hohe Fontäne aus seinem Blasloch stieß. Ungünstiger Wind begann als sanfte Brise aus Westen, machte dann aber unsere Hoffnungen zunichte, indem er nach Norden drehte und schließlich ohne Warnung in der Wettervorhersage auf Sturmstärke auffrischte und das Floß noch weiter vom gewollten Kurs abdrängte. Es regnete immer öfter und immer stärker, kein Wunder bei der vorgerückten Jahreszeit. Die alles durchdringende Feuchtigkeit regnerischer Tage und Nächte wurde zum festen Bestandteil unseres Lebens. Obendrein wurden wir immer wieder von einsteigenden Seen und Spritzwasser durchnäßt. Nichts trocknete mehr richtig, weil alles voller Salz war. Wenn man sich das Gesicht mit einem Handtuch abrieb, war es so feucht, daß man kaum sagen konnte, ob die Haut nachher nasser oder trockener war. Manchmal war die Feuchtigkeit so allgegenwärtig, daß man zusätzliche Güsse gar nicht mehr bemerkte. Als ich einmal auf Wache war und die Kapuze meiner Ölzeugjacke dummerweise nicht übergezogen hatte, kam eine See über. Ich hatte mich an die Nässe schon so gewöhnt, daß ich es gar nicht bemerkte, als das Seewasser meine Wollmütze durchnäßte. Erst als ich die Mütze eine Stunde später in der Kajüte abnahm, fiel mir auf, daß Wasser heraustropfte, und daß ich eine halbe Tasse Seewasser aus der Mütze wringen konnte. Die Tage gingen ineinander über, weil wir absichtlich ignorierten, wie langsam wir vorankamen und uns nicht darum kümmerten, wo genau wir auf der Pazifikkarte standen. Wir fanden uns damit ab, daß wir in unserer eigenen, halb überspülten Welt lebten und daß der Horizont je nach dem Wetter 20 Meilen oder hundert Meter von uns entfernt sein konnte. Wir konnten die Geschwindigkeit der Hsu Fu kaum beeinflussen, sie hing völlig von Windstärke und -richtung ab. Unsere Aufgabe war es, das Floß seetüchtig zu erhalten und unser eigenes Leben so bequem einzurichten, daß wir Kräfte sparten und immer fit und wachsam genug waren, um gut zu segeln. Ich las dreimal täglich die Position ab und übermittelte unsere genaue Länge und Breite einmal täglich mit dem Satellitenfunkgerät an unsere Freunde im Seefahrtsmuseum in Virginia. Aber ich verzichtete darauf, die Positionen in die kleinmaßstäbliche Karte des Stillen Ozeans einzutragen. Das tat ich nur alle zehn Tage oder immer dann, wenn die See so ruhig war, daß das Hantieren mit Lineal und Bleistift die Zeit zu vertreiben half. Sonst blieb die Karte in ihrer Hülle, einer Zeichenmappe aus Plastik, auf der ich beim Schlafen lag. Nur unsere allsonntägliche Teestunde, die wir eingeführt hatten, teilte die verstrichene Zeit und die zurückgelegte Distanz in Abschnitte. Diese Einrichtung ging auf Joes Idee zurück. Der Hafer-«Geburtstagskuchen«, den er für mich gemacht hatte, hatte so gut eingeschlagen, daß wir beschlossen hatten, jeden Sonntag auf ähnliche Weise zu begehen. Unser Proviantvorrat war schon so genau für die nächsten 50 oder 60 Tage bemessen, daß wir uns darauf einigten, etwas Zucker, einige Löffel Hafermehl und eine Tafel Schokolade sowie einige Erdnüsse und Rosinen abzuzweigen, um daraus jeden Sonntag ein kleines, klitschiges Korinthenbrötchen zu backen, das wir dann nachmittags in feierlicher Runde verspeisten.

Trondur und Loi, unsere Fischer, erlebten wieder einmal eine enttäuschende Zeit. Bei rauhem Wetter konnten sie ihre ersehnte Beute, unsere Begleitung von Gelbflossern, die neben dem Floß die Wellen durchschnitten, deutlich erkennen. Wenn das Floß hoch genug stieg, sahen wir, wie das Tageslicht ins Wasser eindrang und von den Fischen reflektiert wurde, so daß wir in Augenhöhe sehen konnten, wie sie kräftig mit den Flossen schlugen, um auf der Vorderseite einer Welle zu surfen. Meist war ungefähr ein halbes Dutzend Fische da, keine großen, aber groß genug, um uns das Wasser im Munde zusammenlaufen zu lassen. Aber es war unmöglich, im Seegang mit dem Haken genau genug zu zielen, um sie zu fangen. Schließlich hatten Loi und Trondur eines Tages, als Windsee und Dünung genügend nachgelassen hatten, um lohnenden Fischfang zu ermöglichen, gemeinsam die Morgenwache. Die ideale halbe Stunde für den Fischfang fiel in ihre Wache. Ich wachte durch ein Geräusch auf, das an eine Büffelherde erinnerte, die über das Kajütdach trampelte, das sich dabei bedenklich durchbog. Ich hörte Rufe und Schreie und wollte gerade herauskrabbeln, um nachzusehen, was los war, als ein kleiner Gelbflosser durch die Kajüttür hereinflog. Er peitschte flossenschlagend in einem Regen glänzender Fischschuppen in der Kajüte herum und dünstete dabei einen starken Fischgeruch aus. Ich packte das Tier und schleuderte es aus der Kajüte zurück in die Plicht, wo sofort ein zweiter Gelbflosser dazukam, als sei er vom Himmel gefallen. Dann klatschte ein dritter Fisch ins Cockpit. Ich blickte hinaus und sah Loi mit Trondur auf dem Kajütdach stehen und mit Handangeln einen gierigen Gelbflosser nach dem anderen aus der See ziehen. Die Fische hatten gerade einen Anfall von Freßgier. Die nächsten zwei Tage gab es bei jeder Mahlzeit Gelbflosser.

Abends rief ich die Besatzung zusammen, um sie daran zu erinnern, wie wichtig Pünktlichkeit beim Wachwechsel war. Wir hielten uns an ein Wachsystem, bei dem jeder Mann die ersten beiden Stunden seiner Wache in Bereitschaft war. Dabei mußte er vollständig angezogen sein, konnte sich aber im Cockpit ausruhen, während sein Mitwächter am Ruder war. Nach zwei Stunden übernahm die Bereitschaftswache dann das Ruder, während der erste Rudergänger in die Kajüte ging und ein neuer Mann Bereitschaftswache hatte. Ich hatte bemerkt, daß Joe und Rex bis zu 15 Minuten zu spät kamen, wenn sie mit der Bereitschaft an der Reihe waren. Wenn Trondur oder Loi ihre Wache beendet hatten, gingen sie nach vorn, um ihre Ablösung zu wecken, bevor sie sich in den Schlafsack verkrochen. Erst wenn Rex oder Joe sich ihr Schlechtwetterzeug angezogen hatten, was ziemlich lange dauerte, erschienen sie in der Plicht. In der Zwischenzeit war der Rudergänger allein. Das war ein nachlässiges Verhalten, sagte ich den Männern. Im Notfall konnte ein Mann allein in der Plicht mit dem Floß nicht fertig werden. Niemand sollte schlafengehen, bevor sein Ablöser voll angezogen in der Plicht erschienen war. Dieser Zeitpunkt war dann mit drei Mann an Deck auch die beste Gelegenheit zu reffen, zu wenden, die Schwerter zu justieren oder andere Manöver durchzuführen. Wie auch sonst, zögerte ich, an der wirklich ausgezeichneten Mannschaft herumzumäkeln, die nach neun Wochen auf See, zusammengepfercht in der Nässe, müde und ausgelaugt sein mußte. Ich spürte, daß man jedes unbedachte Wort falsch auffassen könnte. Zu meiner großen Erleichterung aber nahm niemand etwas übel. Alle stimmten mir zu, daß die Schlamperei beim Wachwechsel aufhören mußte. Trondur kündigte im Scherz an, daß er darauf achten würde, Joe, der für seine Langsamkeit beim Aufstehen berüchtigt war, eine halbe Stunde vor dem Wachwechsel zu wecken, damit er rechtzeitig erscheine.

Die HSU FU segelte jetzt langsam am Rand der »großen Müllkippe« entlang. Das ist ein Gebiet im Pazifik, das für große Ansammlungen von Zivilisationsmüll berüchtigt ist. Gemächlich segelten wir an Fischernetzfetzen vorbei, an weißen Styropor-Bruchstücken, die hoch auf dem Wasser schaukelten, und an schleimigen, graugrünen Plastiktüten, die dicht unter der Oberfläche schwammen. All das war in einer großen, langsam kreisenden Wassermasse nordöstlich der Hawaii-Inseln gefangen und trieb in endlosen, riesigen Kreisen auf dem Ozean herum. Ständig löste sich ein Teil des Mülls aus dem überdimensionalen Kreisverkehr und trieb danach auf die amerikanische Küste zu. Die Meeresforscher kannten diesen großen ozeanischen Müllplatz und wollten mehr darüber erfahren, was dort vorging und wie es sich auswirkte. Wir auf der HSU FU waren gebeten worden, zusätzliche Daten darüber zu beschaffen. Deshalb hatte Rex schon seit der Abreise aus Shimoda jedes Stück Treibgut, das wir sahen, mit Angaben über Größe, Form, Art und Farbe notiert und aufgeschrieben, ob es aus Holz, Plastik, Metall oder Styropor bestand. Wir waren angenehm überrascht gewesen, wie wenig Umweltschmutz wir in der Nähe Japans auf See vorgefunden hatten. Zum Beispiel hatten wir nur einmal einen treibenden Ölteppich gesehen, und diese Lache war kaum so groß wie ein Tennisplatz. Später hatten wir ein paar abgerissene Fischerbojen und eine ziemliche Menge zerfetzter Plastikfolie gesichtet, meist waren es die Reste kräftiger Plastiksäcke. Im großen und ganzen aber war es weniger Zivilisationsmüll, als wir erwartet hatten.

Das änderte sich aber jetzt auf der großen Müllkippe. Manchmal hatten wir fünf oder sechs Stücke Treibgut gleichzeitig in Sicht. Einiges konnten wir mit dem Bootshaken herausziehen und genauer betrachten. Am häufigsten sahen wir das, was wir »Bananenschwimmer« tauften – meist weiße oder gelbe Netzschwimmer in Form länglicher Pastillen, die vorher einmal wie Perlen einer Halskette am oberen Rand von Fischernetzen aufgereiht gewesen waren. Wir sahen Hunderte davon lose und weit sichtbar auf der See herumschwimmen. Ab und zu trieben uns Flaschen über den Weg. Es war immer spannend, sie an Bord zu ziehen, um darin vielleicht eine Nachricht oder einen guten Schluck zu finden. Das war aber nie der Fall. Fast alle Flaschen waren aus Glas, merkwürdigerweise sahen wir nur zwei Plastikflaschen. Alle Flaschen waren leer, manchmal konnten wir aber ein Etikett entziffern oder erraten, was in der Flasche gewesen war, meist Sake. Dann gab es noch seltsame Dinge, immer aus Plastik, von denen wir uns nicht vorstellen konnten, wie um alles in der Welt sie in den Ozean gelangt waren: eine zerbrochene Fliegenklatsche, ein Lüfterflügel von einem Automotor, eine Kinderpuppe. Ein weiteres Rätsel gaben uns die Schuhe auf. Warum waren es immer Damenslipper, niemals Herrenschuhe, und warum immer rechte Schuhe in kleinen Größen, sehr elegant, aber stark abgenutzt? Wir stellten uns zierliche Frauen vor, die auf dem Deck von Passagierschiffen mit dem rechten Fuß herumtanzten, bis ihre Schuhe durchgetreten waren, und die dann ihren rechten Slipper über Bord stießen. Wenn wir diese Schuhe auffischten, waren sie wie alles andere, das eine genügend große griffige Oberfläche hatte, mit dichten Büscheln ekelhafter, gummiartiger Entenmuscheln bewachsen.

Der große Müllplatz war bei den Seevögeln beliebt. Wahrscheinlich fanden sie hier mehr Futter als anderswo, weil sich kleine Fische und andere Meerestiere in der Nähe der größeren Treibgutstücke sammelten. Über verhedderten Netzresten, die noch immer an ihren Schwimmern hingen, schwebten ständig Seevögel, die auf eine Mahlzeit hofften. Wir erkannten zwei verschiedene Albatrosarten, vier Sturmvogelarten und eine Seeschwalbe. Eigenartigerweise ging die scheußliche Ansammlung von schwimmendem Müll mit einem reichhaltigen Tierleben einher. Die Wassertemperatur war leicht angestiegen, so daß wir einige Tage sogar hin und wieder fliegende Fische sahen. Unter der mit Abfällen gesprenkelten Wasseroberfläche schwammen auch große Raubfische. Eines Morgens hing die Haiangel, die wir fast zwei Monate ununterbrochen hinter dem Floß hergeschleppt hatten, schlaff durch. Trondur holte sie ein und stellte fest, daß die kräftige Leine glatt durchgebissen worden war. Nur sehr starke Kiefer konnten das geschafft haben. Das war unsere einzige wirklich dicke Leine, deswegen brachte Trondur eine dünnere aus. Als ich zur nächsten Morgenwache erschien, zeigte Trondur wortlos auf einen großartigen, glänzenden, silberblauen Fisch von ungefähr 1,20 m Länge, der diagonal über dem Heck lag. Trondur hatte ihn ungefähr eine Stunde vorher an Bord geholt. Der Fisch war so dick und muskulös, daß Trondur ihn fast senkrecht hinstellen konnte, als er ihn zeichnete. Es war ein weißer Thunfisch, der zur Familie der Makrelen gehört. Er muß 20 Kilo gewogen haben und hatte zwei lange, dünne Brustflossen, fast wie Flügel. Wir erklärten diesen Fisch später zum besten Fang der Reise, so gut schmeckte er. An diesem Tag machten wir zweimal frische Filets davon. An dem Tier war so viel saftiges Fleisch, daß Trondur ein breites Brett mit Filets von dem weißen Thunfisch bedeckte und die Stücke mit einer Mischung aus Zucker und Salz einstrich, um sie zu marinieren. Dann legte er das Brett erhöht auf das Vorschiff, so daß wir einen Fleischvorrat für die nächsten paar Tage hatten.

Die Luft kam uns jetzt schwül, fast tropisch, vor. Das Kajütdach fühlte sich warm und feucht an. Durch die für die Jahreszeit ungewöhnliche Windstille war die See ruhig, und die Luft war eigenartig, etwas stickig-übelriechend. Der Geruch erinnerte mich an Fäulnis und Verfall, vielleicht war das aber nur eingebildet, weil ich mir Sorgen um den Zustand des Floßes machte. Es gab jetzt nicht den leisesten Zweifel mehr, daß die Hsu Fu verfiel und an Festigkeit verlor. Das Floß war ganz und gar ausgeleiert. Alles, Rattanzurrungen, Holzverbindungen, Knoten, schlackerte und wackelte. Nichts war mehr fest und stramm. Wenn das Floß sich in der Dünung wiegte, federte die Hsu Fu nicht mehr elastisch wie eine flexible Angelrute oder ein gespannter Bogen, sondern sie schlängelte sich über die See, wobei die Bambusstäbe sich sachte aneinander rieben. Am schlimmsten war es mittschiffs am Fuß des Großmastes. Dort klapperten die Bambusröhren der oberen Lage mit jeder Welle, die unter ihnen durchzog, auf und ab und gegeneinander. Sie bewegten sich im Takt wie die Tasten eines mechanischen Klaviers, die sich wie von Geisterhand betätigt heben und senken. Es war deutlich zu erkennen, daß die Rattanzurrungen dort nicht mehr hielten. Das überraschte nicht, denn hier war beim Bau des Floßes von Anfang an nicht genug Platz gewesen, um besonders viele Laschungen anzubringen. Jetzt war die Decksfläche so beweglich, daß es schon gefährlich wurde. Es war schwierig, auf den lockeren Bambusstäben festen Stand zu behalten. Jede Leine, die an Deck fiel, wurde hier im Nu von den Spalten zwischen den Bambusrohren verschlungen. Loi und Trondur versuchten stundenlang auf den Knien in der Nässe, den Bambus neu zu befestigen. Die Arbeit war gefährlich. Sie mußten versuchen, unsere letzten übriggebliebenen Rattanstücke zwischen den Röhren durchzuschieben, dann das lose Ende aufzufischen, um den Bambusstab herumzuziehen und mit einem vernünftigen Knoten zu befestigen. Die Gefahr, die Hand zwischen den Stäben, die sich ständig verschoben, einzuklemmen, war allgegenwärtig, und die Kraft, mit der sich die Stäbe bei den Bewegungen des Floßes gegeneinanderpreßten, hätte genügt, um Knochen zu brechen.

Als die beiden Männer wieder nach achtern kamen, waren ihre Hände vom Wasser fischig weiß. Zum Glück war das Wasser warm, beinahe wie Suppe. Es enthielt so viel Plankton, daß die Farbe der See gewechselt hatte. Der Ozean zeigte jetzt ein kräftiges, mattes Grünblau, manchmal mit einem Stich ins Braune, ganz anders als das klare Marineblau der vergangenen Monate. Rex schöpfte einen Eimer Wasser auf und goß davon vorsichtig etwas in eine weiße Reisschüssel. Über dem hellen Untergrund war das Plankton, das an der Oberfläche herumwimmelte, deutlich zu sehen. Das war ein ganzes Universum fantastischer Geschöpfe – kleine, zarte Seetiere, die einzeln oder in Gruppen lebten. Einige davon waren nicht mehr als bewegungslose, durchscheinende Kleckse. Andere hatten haarfeine Fühler, die wie die dünnen Beine von Tausenfüßlern wedelten, wenn die Tiere über das Wasser krochen. Wieder andere ähnelten qualligen Geleekugeln mit einem auffallend schwarzen oder farbigen Kern aus und ähnelten Froschlaich oder künstlichen Perlen, die sich zusammenfanden, trennten und wieder vereinigten und dabei aussahen wie an einem Halsband aufgereiht. Auf dieser Brühe zischten auch kleine, 12 bis 13 mm lange Tierchen herum, die genau wie Füllhalterpatronen aussahen und sich in kurzen Stößen fortbewegten, indem sie Wasser ausstießen wie winzige Boote mit Wasserstrahlantrieb. Als ich einmal untätig ins Meer starrte, sah ich eine bestimmt 45 cm große Zusammenballung von Plankton, eine wunderschöne Kette violetter und purpurner, schwach glühender Säckchen, jedes so lang wie mein Daumen. Die Kette war dabei, sich zu krümmen, als ob sie einen Ring bilden wollte. Ich verlor die Wesen aus dem Auge, bevor sie den Kreis geschlossen hatten, aber auch so blieb bei mir der Eindruck eines prächtigen Diadems aus durchscheinenden schwimmenden Juwelen im Gedächtnis.

An diesem Abend beleuchtete die untergehende Sonne ein erstaunliches Schauspiel, ein Beispiel dafür, wie reich an Leben das Meer ist. Den ganzen Tag waren wir durch Abertausende kleiner »portugiesischer Galeeren« geglitten, das sind kleine, leuchtend blaue Quallen, nicht größer als Kaffeetassen aus hauchdünnem Porzellan. Die sachte plätschernde Bugwelle hatte so viele von ihnen auf das Vordeck geworfen, daß ein Haufen dieser Tiere am Fuß des Fockmastes gestrandet war, deren Farbe allmählich von leuchtend Blau zu Indigo wechselte. Als die Sonne noch tiefer sank, fast bis auf den Horizont, schimmerten die schräg einfallenden Strahlen auf den Segeln ihrer noch schwimmenden Artgenossen. Jedes der Tiere hatte über Wasser ein winziges Häutchen wie ein Segel zum Einfangen der Brise ausgespannt. Es müssen Millionen dieser kleinen Lebewesen gewesen sein, die Spitzen ihrer Segel glitzerten wie prasselnde Tropfen eines Regengusses, die zum Stilleben gefroren waren.

Fünf Tage, nachdem Trondur den prächtigen weißen Thun gefangen hatte, entstand unsere nächste Krise, diesmal aber nicht durch die See oder das Wetter, sondern aus der Crew heraus. Der Abend hatte ausgezeichnet angefangen. Ich war als Koch an der Reihe und wollte gerade den Rest des Weißthuns braten, der nach fünf Tagen auf dem Vordeck schon etwas angegangen war. Da erinnerte mich die Farbe und Konsistenz des Fleisches an irgendetwas. Was war es? Dann fiel es mir ein: Das luftgetrocknete Fischfleisch sah genauso aus wie feinster irischer Räucherlachs. Statt das Fleisch also zu kochen oder zu braten, schnitt ich es in Scheiben und servierte es roh. Es schmeckte sogar noch besser als Räucherlachs. Wie üblich aßen wir nach dem ersten anerkennenden Gemurmel unsere Mahlzeit schweigend. Inzwischen war dieses Schweigen ganz normal geworden. Der meiste Gesprächsstoff war uns nach acht Wochen auf See ausgegangen, so daß jeder seinen eigenen Gedanken nachhing. Wir wußten den persönlichen Freiraum zu schätzen, den gemeinsames Schweigen schaffen kann. Trotzdem hatten wir alle gemerkt, daß Loi seit einer Woche ungewöhnlich still war. Er schien ziemlich niedergeschlagen zu sein. Wir führten das darauf zurück, daß er wie wir anderen vorübergehend unter Langeweile litt, was durch den noch immer anhaltenden Lungenschmerz und seinen lästigen Durchfall noch verschlimmert wurde. Das alles hätte auch jeden anderen niedergedrückt. Kein Wunder, daß Loi bei seiner Arbeit an Bord nachgelassen hatte. Weder beim Rattanbinden noch bei der Zimmermannsarbeit war er so sorgfältig wie früher. Er ließ halbfertige Arbeiten liegen oder machte Pfusch, den Trondur nachbessern mußte. Ich hatte mich bemüht, Loi dazu zu bringen, seine Gefühle auszudrücken. Loi hatte viele Stunden damit verbracht, eine Wörterbuch-Unterhaltung vorzubereiten. Er hatte die benötigten Worte aufgeschrieben und ging dann die Liste zuerst mit mir, dann mit Joe und schließlich mit Rex durch. Es war eine etwas merkwürdige und manchmal unverständliche Aufstellung. Er hatte aus dem Wörterbuch Wendungen wie »melancholisches Gefühl«, »Schwierigkeit«, »Vertrauen« herausgesucht. Immer wieder aber kam er auf das vietnamesische Wort »quan ninh« zurück. Es bedeutete »Betrachtungsweise«. Anscheinend wollte Loi uns sein Gefühl verständlich machen, daß irgendetwas nicht in Ordnung sei, daß er sich als

Außenseiter fühle und die Dinge ganz anders sehe als wir übrigen. Wir alle hatten, jeder auf seine Weise, versucht, Loi aufzumuntern. Aber keinem von uns war die Schwere seiner Depression klar geworden.

Am Abend, als Loi mit mir zusammen die Wache begann, brach er zusammen. Wir beide hatten uns an ein kleines freundschaftliches Ritual bei Beginn unserer Wachen gewöhnt. Ich nahm jedesmal zwei Kaffeebecher und zwei Päckchen von dem löslichen Getränk, unsere Abendration. Ich hielt mich bewußt an diese unabänderliche Zeremonie, weil sie half, die persönliche Verbundenheit zwischen uns zu erhalten. Ich gab Loi immer sein Pulvergetränk, wir leerten die Tüten dann in die Becher, gossen Wasser hinzu und rührten um. Jeder von uns bot dem anderen höflich den Löffel oder das Eßstäbchen an, um zuerst umzurühren. Das ganze war so formell und bedeutungsvoll wie eine japanische Teezeremonie. Wenn wir dann unser Getränk schlürften, bot ich Loi immer die Hälfte meines einen, genau rationierten Zwiebacks an. Er nahm das Angebot an, aß das Stück und brach dann seinen Zwieback durch, um mir davon die Hälfte zu geben. Nach unserem kleinen Imbiß nahm er jedesmal die Becher und spülte sie ab – nie erlaubte er mir abzuwaschen – und danach begann freundschaftliches Schweigen zwischen uns. Das Ritual blieb immer gleich.

Diesmal aber war es völlig anders. Loi kam langsam angeschlurft, jede seiner Bewegungen sollte mich merken lassen, daß er sich unglücklich fühlte. Anstatt sich wie sonst neben mich zu setzen, blieb er auf der Plichtbank stehen und starrte traurig über die See. Ich erkannte an seinem Umriß vor dem Sternenlicht, daß er den Kopf hängen ließ. Dann nahm ich wie üblich die Becher, leuchtete mit der Taschenlampe darauf und sagte freundlich: »Loi?« Es war ein Schock für mich, daß er grob zurückblaffte: »Nein!« Ich war erschrocken, weil Loi sonst immer so höflich war. Ich zuckte die Schultern und rührte mein eigenes Getränk an. Ich hielt es für das Beste, abzuwarten, bis er sich wieder gefangen hätte. Zehn Minuten später versuchte ich erneut, mit einem freundlichen Wort eine Unterhaltung mit ihm anzufangen. Diesmal wandte er sich ab und brach in Tränen aus. Er schluchzte nicht laut, sondern weinte nur leise vor sich hin, dann und wann zog er das Handtuch, das er als Halstuch trug, heraus, um die Tränen abzuwischen. Hin und wieder murmelte er undeutlich etwas Vietnamesisches, wobei ich die Worte heraushörte: »Hongkong, Shimoda – tot (gut). Shimoda – Rex, Joe, Trondur ...« Und dann weinte er weiter. Er wiederholte, was er mir schon drei Tage vorher zu erklären versucht hatte: Daß ihm die Reise von Hongkong nach Shimoda Spaß gebracht hätte, daß er aber schon seit der Abreise aus Japan unglücklich gewesen sei. Das stimmte natürlich nicht. Die ersten 50 Tage war er in seinem Element gewesen, war zufrieden und munter gewesen, hatte hart gearbeitet und eifrig gefischt, wobei er jedesmal außer sich vor Aufregung gewesen war, wenn er einen Fisch am Haken hatte. Kurz: Es hatte ihm großartig gefallen. Erst in den letzten beiden Wochen, seit er die Lungeninfektion bekommen hatte, hatte das Elend angefangen. Diese Krankheit und die endlose, anscheinend erfolglose Behandlung hatten ihm Mut und Zuversicht genommen. Seine Traurigkeit hatte aber noch andere Ursachen: Einsamkeit, weil er nicht die Sprache seiner Bordkameraden sprach, Langeweile, weil sich die Arbeit auf dem Floß immer wiederholte, die Trennung von seiner Familie, ein Gefühl der Unzulänglichkeit, weil er krank war und nicht sein volles Arbeitspensum bewältigen konnte, Sorgen um seine zukünftige Gesundheit, ständiger Durchfall infolge der Behandlung mit Antibiotika und wahrscheinlich ein Gefühl, überflüssig zu sein, seit Trondur an Bord war, denn Trondur beherrschte all die Arbeiten und noch mehr, die sonst Lois Sache gewesen waren – Fischen, Spleißen und alle Arbeiten mit Holz oder Metall.

Aber die Sprachbarriere stand im Vordergrund. Loi konnte uns gegenüber einfach nicht seine Gedanken und Gefühle ausdrücken und fühlte sich dadurch, als gehöre er nicht zu uns. Der Graben war fast unüberwindbar. Ich fühlte mich verantwortlich und machte mir Sorgen, war aber auch ein bißchen enttäuscht. Es stimmte etwas nicht, wenn ein Crewmitglied so unglücklich war, dennoch war es äußerst schwierig, etwas dagegen zu tun, solange wir uns nicht mit ihm verständigen konnten. Als er noch immer weinte, legte ich ihm tröstend meine Hand auf die Schulter und ließ sie dort, während er weiter weinte. »Loi, Loi«, sagte ich besänftigend, »Bambus tot (das Floß ist gut), Loi tot (Loi gut), Amerika 40 oder 50 Tage.« Ich konnte nicht mehr tun, als meine Hand auf seiner Schulter liegen zu lassen und ihn wieder und wieder zu beruhigen – Bambus ist gut, Floß Okay, noch 40 oder 50 Tage nach Amerika. Nach einer halben Stunde versiegten seine Tränen, und er stand bis zum Ende der Wache wortlos da. Ich kroch in meinen Schlafsack und überlegte, wie lange seine Depression wohl dauern würde und ob man irgend etwas dagegen tun könnte.

Hsu Fu verliert Bambusstangen

Am nächsten Morgen erschien Loi verspätet zum Frühstück und saß bedrückt im Cockpit, halb von uns abgewandt, das Gesicht in seiner Ölzeugkapuze verborgen. Wie in Zeitlupe aß er traurig seine winzige Zuteilung Frühstücksflocken, um zu zeigen, wie unglücklich er war. Er ließ seinen Kaffee kalt werden und begann wieder zu weinen. Dann holte er sein selbstgemachtes Wörterbuch und seinen Sprachführer heraus. Diesmal saßen Joe und ich geduldig mit Loi zusammen, als er blätterte und auf die Worte zeigte, die er ausdrücken wollte – ein quälend langsamer Vorgang. Es waren weitgehend dieselben Gedanken wie vorher: »Betrachtungsweise«, »Einstellung«, diesmal aber fügte er hinzu »Gepäck«. Irgend jemand stehle etwas aus seinem Gepäck. Wir sollten Nachforschungen anstellen.

Ich war wie vor den Kopf gestoßen. Was glaubte er, werde

gestohlen? Die Antwort war, daß er eine Tube Zahnpasta vermisse. Damit beschuldigte er unausgesprochen Rex, die Tube genommen zu haben, denn Rex teilte mit ihm die Vorderkajüte. Natürlich war die Vermutung absurd, und vernünftigerweise sagte Rex nichts. Trondur und er waren während dieses Gesprächs auch nicht mehr in der Plicht geblieben, sondern kamen und gingen, weil sie wie jeden Vormittag damit beschäftigt waren, das Floß zu bedienen und instandzuhalten. Es war jetzt an Joe und mir, zu versuchen, Loi aus seiner seelischen Not herauszuhelfen. Die Situation war sonderbar. Wir waren mitten im Stillen Ozean auf einem Floß mit einem vietnamesischen Fischer zusammengepfercht, der unter Einsamkeit, Wahnvorstellungen und Sorgen litt, die überwiegend darauf beruhten, daß er sich mit uns nicht richtig verständigen konnte. Trotzdem war Loi fast fünf Monate ein zufriedener, tüchtiger und beliebter Bordkamerad gewesen. Ganz gleich, was ihn jetzt bedrückte, wir fünf wußten, daß wir noch immer ein ausgezeichnetes Team bildeten und bereit waren, einander nach besten Kräften zu helfen. Dieses beruhigende Wissen war eine solide Grundlage für den Versuch, Lois Schwierigkeiten auf die eine oder andere Weise zu überwinden. Ich sah keinen besseren Weg, Loi zu helfen, als ihm verständlich zu machen, wie sehr wir ihn schätzten, daß seine Besorgnisse unbegründet seien, und daß wir Amerika erreichen würden. Joe wies außerdem darauf hin, daß Loi vielleicht durch seine noch immer bestehende Infektion der Lunge entmutigt sei und vielleicht glaube, daß er nie wieder gesund würde.

Unvermittelt brach eine große Sorge aus Loi heraus: Er befürchtete, daß wir nicht genug Proviant für die ganze Reisedauer hätten, da die HSU FU doch langsamer vorankam als geplant. Er hatte seine eigenen Berechnungen über den noch vorhandenen Proviant angestellt und schon Worte nachgeschlagen, die er brauchte, um Joe, den Proviantverwalter, deswegen zur Rede zu stellen.

»Wir hatten Lebensmittel für 100 Tage, wir werden aber mindestens 120 Tage nach Amerika brauchen!«

Joe versuchte, ihn damit zu beruhigen, daß wir die Tagesrationen schon gekürzt hätten, um noch 20 Tage länger auszukommen. Aber Loi beharrte darauf, daß wir nicht genug Proviant hätten. Als er diesen Vorwurf hartnäckig wiederholte, fing Joe an, ärgerlich zu werden.

»Nein, Loi! Wir haben genug Proviant. Bitte glaube mir.« Aber Loi wiederholte es immer wieder: »Nicht genug zu essen, nicht genug zu essen.« Dann hielt er sich an dem Problemfall Kaffee fest. Er, Loi, hätte gesehen, wie andere – Rex und Trondur – sich während der Nachtwache zusätzliche Tassen Kaffee erlaubt hätten. Sie hätten sich damit unkorrekt verhalten. Er selbst hätte während der Nachtwache nie zusätzlichen Kaffee genommen. Es sei unfair. Die anderen hätten sich danebenbenommen. Es sei eine Sache der »Betrachtungsweise« oder des »Standpunkts«.

In diesem Stadium wurde klar, daß Lois Sorgen und Probleme nicht so schnell zu überwinden waren. Das Wichtigste war daher, sicherzustellen, daß seine Schwierigkeiten nicht den Schiffsbetrieb oder die Stimmung der restlichen Besatzung beeinträchtigten, was ungefähr auf dasselbe hinauslief. Glücklicherweise waren Trondur, Joe, Rex und ich keine Menschen, die durch so etwas aus der Ruhe gebracht werden, und ich hatte keine Bedenken, die anderen zu bitten, Loi so normal wie möglich zu behandeln und zu versuchen, so fröhlich und optimistisch mit ihm umzugehen, wie es die Situation erlaubte. Ich brachte dann eine halbe Stunde damit zu, die Position der HSU FU auf der Übersichtskarte des Nordpazifik einzutragen. Dann rief ich Loi in die Kajüte und zeigte ihm die Strecke, die das Floß seit Japan zurückgelegt hatte und die Reihe kleiner Kreise, die unsere zurückgelegten Tagesstrecken kennzeichneten. Ich zeigte ihm unsere gegenwärtige Position und daß es noch etwa 2000 Meilen bis zur kalifornischen Küste waren. Loi starrte auf die Karte und schien zu verstehen. Er nickte mit dem Kopf und war sehr höflich und respektvoll, seine gewohnte Haltung gegenüber dem Skipper. Aber er blieb spürbar in sich gekehrt und stand den Rest des Tages trübsinnig im Cockpit, in seinem Ölzeug versteckt, die Hände in den Taschen vergraben. Weil ich ihm etwas zu tun geben wollte, um ihn von seinen trüben Gedanken abzulenken, bat ich ihn höflich, einen Holzkasten für die Sturmlaterne zu bauen. Zum ersten Mal auf der ganzen Reise kam er einer Bitte nicht sofort nach. Er schüttelte den Kopf und murmelte: »Morgen, morgen.«

Die nächste Wache, die Loi und ich zusammen hatten, war die Friedhofswache von 4.00 bis 6.00 Uhr morgens, und zu meiner Erleichterung erschien Loi mit einem kurz angedeuteten Lächeln in der Plicht. Gott sei Dank, dachte ich bei mir, vielleicht hat er über das nachgedacht, was Joe und ich gesagt hatten, und hat seine Sorgen als unbegründet erkannt. Ich hoffte auch, daß Loi als guter Seemann einsehen würde, wie sehr es störte, wenn ein Besatzungsmitglied sich so introvertiert und mißtrauisch benahm. Während unserer ganzen zweistündigen Wache stand er still da, blickte starr über die See hinaus und weinte wieder einige Minuten lang. Wieder konnte ich nicht mehr tun, als ihm meine Hand auf die Schulter zu legen und ein paar Worte zu murmeln, daß alles wieder gut würde, daß er wichtig für uns sei und die HSU FU zufriedenstellend vorankomme. Als Trondur beim ersten Tageslicht seine Wache übernahm, hatte Loi sich etwas gefaßt. Zu dritt trimmten wir eine halbe Stunde die Segel, und als wir damit in der Morgenkälte fertig waren, fragte Loi Trondur, ob er eine Tasse Kaffee wolle. Unsere Ration bestand für jeden aus einer Tasse Kaffee pro Wache, Trondur wäre also berechtigt gewesen, das Angebot anzunehmen, es ergab sich aber, daß Trondur ablehnte. Ich sah plötzliche Freude in Lois Gesicht. Er nahm die Ablehnung als Zeichen, daß Trondur sich Lois Sorgen über den Proviantmangel und seine Klagen über zu großen Kaffeeverbrauch zu Herzen genommen hätte. Es war nur ein glücklicher

Zufall, aber Loi war wie umgewandelt. Sobald Rex und Joe zum Frühstück kamen, nahm er sie beiseite und erklärte ihnen in Zeichensprache, daß Trondur den Kaffee abgelehnt hätte! Loi selbst hatte im Gegensatz zu Trondur sogar eine Tasse getrunken. Die Rollen waren vertauscht, und Loi war überzeugt, daß eine neue Selbstdisziplin eingezogen sei. Der jähe Stimmungswandel war beunruhigend, aber es war wenigstens ein guter Anfang für den Tag.

Wir brauchten etwas Aufmunterung. Düstere, langsam ziehende Wolken verdunkelten den Himmel, und die HSU FU lag ohne Wind auf trostloser, bleigrauer See. Die Flaute bedeutete, daß wir uns um unseren Ausreißer kümmern konnten, um den Bambusstab, der sich vor fast zwei Wochen gelockert hatte. Meine gebrochenen Rippen behinderten mich noch. Deshalb erklärte sich Trondur bereit, einen Naßtauchanzug anzuziehen und baden zu gehen, um das Rohr wieder festzulaschen. Wir hatten schon vorher versucht, den Stab wieder festzubekommen, aber ohne Erfolg. Man konnte nicht weit genug unter das Floß gelangen, um eine anständige Reparatur zustandezubringen. Wir hatten den Stab nur daran hindern können, ganz wegzuschwimmen, nachdem die letzte seiner Rattanzurrungen gebrochen war. Wir waren froh, daß das Bambusrohr in ausgezeichnetem Zustand war. Die Oberfläche hatte immer noch ihre gesunde, natürliche goldene Farbe mit einigen grünen Seegrasflecken und mit nußbraunen Streifen dort, wo die Rattanlaschungen abgefallen waren. Ganz klar, der Bambus selbst war nicht verfault. Noch ermutigender war die Entdeckung, daß das Material nach fünf Monaten im Wasser noch nicht seinen Auftrieb verloren hatte. Es schwamm längsseits des Floßes und sprang frei auf dem Seegang auf und ab.

Als Trondur sich jedoch wieder an Bord zog und das Wasser aus seinem vollgesogenen Bart lief, brachte er schlimme Nachrichten. Als er den Bambusstab wieder an seinem Platz festgezurrt hatte, hatte er feststellen müssen, daß der danebenliegende Stab dabei war, sich zu lösen. Wir alle verstanden die Warnung: Die HSU FU drohte nicht zu sinken, aber auseinanderzufallen.

Als sollte uns das eingehämmert werden, brachten die nächsten 24 Stunden für den Zusammenhalt des Floßrumpfes das erdenklich schlimmste Wetter. Ein Sturm heulte von Norden heran und türmte grobe Seen auf, die der HSU FU wuchtige Schläge versetzten, die auch einem herkömmlichen Holzschiff zu schaffen gemacht hätten. Oft war die See durch die endlosen Reihen brechender Wellenkämme, die immer wieder in die Seite des Floßes krachten, weiß bis zum Horizont. Das Floß arbeitete unaufhörlich und so stark, daß beide Sprengtaue, die es an den Seiten verspannten, wieder einmal brachen. Dadurch wurde das Floß noch hilfloser. Wir spürten, wie das Wasser, das sich über die HSU FU und durch sie hindurch stürzte, den Rumpf wackeln und zittern ließ. Der Aufenthalt in der Plicht war kaum zu ertragen. Regelmäßig gischteten Wellenkämme hinein, zwischendurch stürzte auch immer wieder grünes Wasser laut krachend an Bord und spülte danach auf dem Boden des Plichtkorbs herum. Das zusätzliche Gewicht des Seewassers belastete uns bedenklich, deshalb warfen wir einige nicht unbedingt benötigte Küchengerätschaften und leere Wasserbehälter über Bord, um freien Zugang zu den Schlauchventilen zu schaffen und dafür zu sorgen, daß die Ventile nicht durch Gegenstände verstopft werden konnten, die lose in der Plicht herumschwammen. Inzwischen flog so viel Wasser durch die Luft, daß man kaum kochen konnte, ohne daß Seewasser in die Töpfe und Pfannen klatschte. Mittags erhitzten wir einen Kessel Wasser und gossen das heiße Wasser in Näpfe mit japanischen Fertignudeln, die wir dann herunterschlangen, bevor Seewasser sie überschüttet hatte. Am Abend versuchten wir gar nicht erst zu kochen, sondern aßen kalte Spaghetti, eine fürchterliche Pampe, bevor die Freiwache müde in ihre Schlafsäcke kroch. Wir waren alle naß und müde und freuten uns nicht gerade auf die langen Nachtwachen. Als ich den Windgenerator einkuppelte, um die hohe Windgeschwindigkeit auszunutzen, drehte sich der Rotor schon so schnell, daß ein heller Funke an den Kontakten entlangzischte und knisterte. Hastig unterbrach ich den Stromkreis, bevor etwas durchbrannte oder jemand einen gefährlichen Schlag bekam.

Durch Lois Verhalten fühlten wir uns noch unwohler. Trotz des grauenhaften Wetters bestand er darauf, den ganzen Tag auf einer Plichtbank zu stehen und über den Ozean ins Leere zu starren. Dabei war sein Oberkörper dem Sturm voll ausgesetzt. Der Wind peitschte ihn, die Brecher überschütteten ihn immer wieder mit dichter Gischt, so daß sein Ölzeug triefte. Aber er blieb unbeweglich stehen wie in Trance und lehnte es ab, sich hinzusetzen oder hinter der Segeltuchpersenning Schutz zu suchen, die wir angebracht hatten, um Wind und Wetter abzuhalten. Wenn irgend jemand ihn ansprach, reagierte er nicht. Als die Nacht hereinbrach, stand er in der zunehmenden Dunkelheit noch immer dort und weigerte sich, seinen Schlafplatz im Schutz der Vorderkajüte aufzusuchen. Im Cockpit war es so eng, daß er jetzt der Wache im Weg war und der Bereitschaftsmann keinen Platz hatte, um sich hinzulegen und auszuruhen. Das war unfair von Loi, deshalb befahl ich ihm, in seine Kajüte zu gehen. Als er den Befehl mißachtete, mußte ich ihn schließlich anbrüllen, bevor er gehorchte. Er ging zögernd nach vorn, statt aber in die Kajüte zu kriechen, legte er sich in Ölzeug oben auf das Kajütdach. Das war ein verrückter Schlafplatz, lebensgefährlich, wenn er von dem gebogenen Dach heruntergerollt oder über Bord gefallen wäre. Mit Sicherheit schadete es auch seiner kranken Lunge, wenn er die Nacht Wind und Gischt ausgesetzt im Freien verbrachte. Joe versuchte, ihn dazu zu bringen, in der Vorderkajüte zu schlafen, Loi widersetzte sich aber. Schließlich gelang es Trondur in den ersten Morgenstunden. Er verlor die Geduld, als er sah, daß Loi noch immer auf dem Kajütdach lag und bei der Bedienung der Segel im Weg war. Trondur beförderte Loi handgreiflich in die Kajüte.

Bald darauf weckte Trondur mich. Er war auf dem Vorschiff gewesen und hatte entdeckt, daß sich drei weitere Bambusröhren vom Rumpf gelöst hatten und lose an der Backbordseite hingen. Ich zog Ölzeug an, hangelte mich nach vorn und sah mir die Bescherung im Licht einer Taschenlampe an. Die drei Röhren standen in einem scheußlichen Winkel vom Floß ab, halb von den Wellen überspült. Es gab nichts, was wir sofort tun konnten. Die Besatzung war erschöpft, die See ging noch immer hoch, und im Dunkeln konnten wir nicht genug sehen. Ich krabbelte zurück in meinen Schlafsack und hörte dort auf die Geräusche des Sturms und der HSU FU. War da ein neuer rummsender Ton? Hieß das, daß sich noch mehr Stäbe lösten? Hatten sich die wellenförmigen Bewegungen und Aufwölbungen des Kajütfußbodens verstärkt? War das Floß dabei, auseinanderzubrechen? Der Rest der Nacht zog sich quälend in die Länge.

Beim Morgengrauen hatte der Sturm nachgelassen, und das Tageslicht zeigte uns das ganze Ausmaß des Schadens. Neben der Backbordseite des Floßes schwammen drei Stücke Bambus, die sich völlig vom Rumpf gelöst hatten. Trotz der Dunkelheit hatte Trondur es irgendwie fertiggebracht, alle drei Stäbe mit kurzen Leinen zu sichern, damit sie nicht ganz wegschwammen und verlorengingen. Zwei weitere Bambuslängen, sagte Trondur, waren in der Nacht losgebrochen und auf Nimmerwiedersehen weggetrieben. Während er noch sprach, schwamm ein sechstes, kürzeres Stück Bambus eben außerhalb unserer Reichweite am Floß vorbei. Zehn Minuten später huschte noch ein kurzes Stück vorbei und verschwand im Kielwasser der HSU FU. Während Joe und Rex skeptisch zusahen, begann ich eine genaue Inspektion des ganzen Floßes. Beim Rundgang über den Rumpf untersuchte ich Meter für Meter die Rattanzurrungen, die das Ganze zusammenhielten und sich als Schwachpunkte erwiesen hatten. Das Ergebnis war niederschmetternd. Ich lehnte mich über Bord, steckte den Arm ins

Wasser und griff unter das Floß, soweit ich konnte, um an den Rattanzurrungen zu ziehen. Die Laschungen erschienen zwar fest, mehr als die Hälfte fiel aber beim leichtesten Zupfen auseinander. Ungläubig starrte ich auf die zerrissenen Dschungelfasern. Sie waren nicht von Fischen oder Bohrwürmern angefressen, sondern offensichtlich verrottet. Sie fühlten sich weich an und ließen sich leicht biegen. Früher flexibel, waren sie jetzt wie Stroh. Manche kräftige Zurrung konnte ich nicht auseinanderreißen, aber die meisten brachen. An Deck war es nicht anders. Viele Verbindungen waren lose und hingen schlapp um die Bambusstäbe herum, die sie festhalten sollten. Sie ähnelten eher schlecht geknoteten Schnürsenkeln. Ganz vorn am stumpfen Bug des Floßes konnte ich Lücken sehen, wo in der untersten der drei Bambuslagen, aus denen der Rumpf bestand, ganze Röhren fehlten. Die restlichen Stäbe wackelten lose auf und ab. Es schien sicher, daß der Rumpf mit seinen Wellenbewegungen einige davon nach vorn ausspeien würde. Die mittlere Bambuslage war fester verbunden, machte mir aber ebenfalls Sorgen. Nur die oberste Schicht schien noch sicher zusammzuhalten, aber selbst dort rissen die Zurrungen, an die ich leicht herankam, beim Ziehen. Ich rief alle Mann in die Plicht und gab meine Schlußfolgerungen bekannt: Mit den Bambusstäben war alles in Ordnung. Sie schwammen, ihre Luftkammern waren trocken und die Stäbe hatten ihre Festigkeit behalten. Das Floß würde weder untergehen noch durchbrechen. Aber der Zustand der Rattanlaschungen bedrohte uns. Sie waren so verrottet, daß ich ernste Zweifel hatte, daß die HSU FU noch bis Amerika zusammenhalten würde. Aber es war schwierig, zu einem abschließenden Urteil zu kommen, bevor Trondur und ich Gelegenheit hatten, unter dem ganzen Floß hindurchzuschwimmen und seine Unterseite in voller Breite zu untersuchen. Bis dahin schlug ich vor, Schritt für Schritt vorzugehen: zuerst wollte ich eine Nachricht an das Seefahrtsmuseum senden, um unsere bedrängte Lage zu schildern und darum zu bitten, Kontakt mit der amerikanischen Küstenwache aufzunehmen, denn wir waren inzwischen viel näher an den Vereinigten Staaten als an Japan. Ich wollte das Museum bitten, der Coast Guard mitzuteilen, daß ich mir wegen der Festigkeit des Floßes Sorgen machte und besprechen wollte, was unternommen werden könnte, falls wir das Floß aufgeben müßten. Zunächst sollte das Museum der Küstenwache aber mitteilen, daß wir nicht in Gefahr seien und Genaueres wissen würden, sobald wir Gelegenheit gehabt hätten, schwimmend den Zustand des Floßes von unten zu begutachten. Unsere Kontaktaufnahme mit der Küstenwache war eine reine Vorsichtsmaßnahme. Als nächstes erklärte ich den Männern, daß wir drei breite gelbe Gurtbänder um das Floß binden würden, die ich genau für einen solchen Notfall gekauft hatte. Die Gurte würden zwar nicht die Festigkeit des Rumpfes erhalten, sollten aber in der Lage sein, die losen Stäbe zusammenzuhalten und daran zu hindern, wegzuschwimmen, wenn sich noch mehr Zurrungen gelöst hätten. Im übrigen würden wir normal weitersegeln und das Floß wie bisher reparieren und instandhalten, solange, bis wir die Unterwasserinspektion hinter uns hätten. Dann würden wir entscheiden können, ob wir die HSU FU aufgeben sollten oder nicht.

Meine kleine Ansprache stieß auf zustimmendes Kopfnicken. Niemand hatte dem Plan irgend etwas hinzuzufügen, und Joe sprach für alle, als er ruhig sagte: »Es wäre schade, wenn wir das Floß verlassen müßten, nachdem wir schon so weit gekommen sind.« Nach dem Frühstück war die See ruhiger geworden, so daß wir die Umfassungsgurte anbringen konnten. Es war nicht einfach, die Gurte um das Floß zu legen und dichtzuholen. Trondur leitete diese Arbeit. Ein Gutes hatte diese Notarbeit außerdem – sie holte Loi unerwartet aus seiner Melancholie heraus. Mit manischer Energie stürzte er sich darauf, die Gurte zu befestigen. Er zog sich aus und sprang über Bord, um die Bänder freizubekommen, wenn sie sich unter dem Floß verhakt hatten.

Er warf sich fieberhaft auf alle Arbeiten, zog und knotete mit enormer Tatkraft. Es war die Katharsis, die er brauchte. Anschließend zitterte er naß und erschöpft, fühlte sich aber wieder als wichtiges Mitglied des Teams und hatte offensichtlich seine Selbstachtung wiedergefunden.

Wir brauchten fast den ganzen Tag, um die Umfassungsgurte anzubringen. Dann wandten wir uns dem Cockpit zu. Es sah aus wie ein Schlachtfeld. Alle möglichen Ausrüstungsteile spülten in knöcheltiefem Wasser darin herum, die Nähte der seitlichen Schutzkleider waren durch den Anprall der See gerissen, und jeder Topf, jede Pfanne und jeder Krug stand durch die übergekommenen Seen halb voll Seewasser. Als wir das Durcheinander aufgeräumt und unsere Freunde im Seefahrtsmuseum den Empfang der Nachricht für die Küstenwache bestätigt hatten, war es dunkel. Jetzt ging es nur noch darum, Kraft zu sammeln und abzuwarten, wie sich die Odyssee der HSU FU weiterentwickeln würde.

Glücklicherweise gaben uns die nächsten 24 Stunden, der 87. Tag, etwas Gelegenheit zum Verschnaufen. Der Wind wehte stetig aus Südwesten, so daß das Floß erfreulich gut vorankam. Die mühevolle Arbeit, die wir gerade hinter uns hatten, hatte uns so ausgepumpt, daß wir die Aufgaben des Tages rein routinemäßig hinter uns brachten. An Bord herrschte eine lustlose und müde Stimmung. Alle waren merklich stiller, jeder einzelne dachte darüber nach, ob wir wohl gezwungen sein würden, das Floß zu verlassen. Auch an Loi ging die gedrückte Stimmung nicht vorbei. Joe und ich verbrachten am Nachmittag eine Stunde damit, ihn dazu zu bewegen, uns seine Sorgen genauer zu erklären. Zwischen dem vertrauten Dickicht von Wendungen wie »Betrachtungsweise« und »Schwierigkeiten« konnten wir ihn tatsächlich ein- oder zweimal lächeln sehen. Er konnte uns zu verstehen geben, wie schwer die Einsamkeit für ihn sei, und daß er sich wundere, warum er noch immer so wenig Englisch gelernt hätte. Joe und ich stellten fest, daß er nach seinem Energieausbruch am Vortag wieder in seiner Depression versank, so daß es uns nicht überraschte, als er sagte, er wolle das Floß verlassen und nach Hause. Das meinte er natürlich nicht wörtlich, denn er wußte sehr gut, daß es unmöglich war, die HSU FU mitten im Pazifik zu verlassen und sein Heimatdorf an der Küste Vietnams zu erreichen. Ich schlug ihm vor, eine Nachricht für seine Familie zu schreiben. Ich wollte versuchen, die Nachricht an Truc in Hanoi durchzugeben, der sie nach Sam Son weiterleiten sollte. Lois Gesicht hellte sich auf und er eilte in die Vorderkajüte, um Schreibzeug zu holen.

Später am Nachmittag erreichte uns ein Funkspruch vom Seefahrtsmuseum, das uns mitteilte, mit der US Coast Guard Kontakt aufgenommen zu haben, und daß durch einen glücklichen Zufall in den nächsten Tagen ein Küstenwachschiff in unserer Nähe vorbeikommen würde. Als ich schlafen ging, war ich optimistischer. Beim Aufwachen hörte ich zu meiner Freude, daß der Wind nachts durchgestanden hatte, so daß die HSU FU wieder 30 Meilen in Richtung Kalifornien geschafft hatte.

Aber die Ernüchterung ließ nicht lange auf sich warten. Beim Frühstück sahen wir ein kurzes Stück Bambus hinter dem Floß verschwinden. Es hatte sich offenbar vom Rumpf gelöst, was bedeutete, daß die gelben Gurte die Stäbe nicht so zusammenhielten, wie wir es gehofft hatten. Wir gingen schnell aufs Vorschiff. Dort sahen wir, was wirklich passierte. Durch seine ständige wellenförmige Bewegung spie das Floß kurze Bambusenden aus dem stumpfen Bug, wie ein Boxer gebrochene Zähne ausspuckt. Wir konnten diese Verluste verlangsamen, indem wir Fischernetzstücke, die wir aus der See geborgen hatten, über den platten Bug spannten. Das würde aber nur ein Provisorium sein. Früher oder später würden wir alle kurzen Bambusstücke aus dem Bug verlieren. Obwohl weder der Auftrieb, noch die Stärke des ganzen Rumpfes von diesen Stücken abhing, würden die langen, dicken Hauptrohre nach dem Verlust der Bugstücke doch stärker dem Angriff der Seen ausgesetzt sein. Kurz gesagt, die HSU FU ribbelte sich auf. Ein Trost war, daß es noch immer sehr langsam vor sich ging, darauf wies Trondur hin. Ein Einrumpffahrzeug mit so schwachen Plankenbefestigungen wie unseren Rattanzurrungen wäre längst auseinandergebrochen und versunken, unser Bambusfloß HSU FU aber fiel nur langsam in Stücke. Ein plötzliches Ende drohte nicht. Die Kernfrage war aber natürlich, wie lange diese Auflösung dauern würde. Wann würde das Floß nicht mehr sicher sein?

Lois Stimmung näherte sich wieder einem Tiefpunkt. Um auf den Besanmast zu klettern, wo er eine Leine auswechseln wollte, die so verrottet war, daß sie sich weich und schmierig wie Talg anfühlte, hatte er seine Stiefel ausgezogen. Als er wieder unten war, zog er die Stiefel verkehrt an und ließ sie wie ein bockiges Kind an den falschen Füßen. Wir brauchten anderthalb Stunden, um ihn durch behutsames Reden in bessere Stimmung zu bringen. Dabei erfuhren wir, daß er nicht uns andere meinte, wenn er von »Geisteszustand« sprach, sondern seinen eigenen seelischen Zustand. Er konnte mir verständlich machen, daß er nicht begriff, warum ein solches Gefühl von Unbehagen und Trauer ihn überwältigt hatte. Er fand die Reise an sich nicht besonders schwierig oder unbequem, warum also fühlte er sich nur so deprimiert? Er hatte mir die Nachricht für seine Familie aufgeschrieben, aber es war Vietnamesisch und seine Handschrift war so schwer zu entziffern, daß ich ihn bitten mußte, eine Reinschrift zu machen.

Nachmittags gegen 16.00 Uhr saßen wir ruhig in der Plicht, als wir zu unserer Überraschung dicht über uns das Geräusch eines großen, mehrmotorigen Flugzeugs hörten. Wir sahen nichts. Der Himmel war vollständig von dicken grauen Wolken bedeckt, deren Untergrenze kaum höher als 60 m über dem düsteren Ozean lag. Das Tageslicht war so spärlich wie an einem späten Winterabend. Fünf Minuten später war das Geräusch wieder da, diesmal erkannten wir, aus welcher Richtung es kam. Dort, südlich von uns, bot sich ein unvergeßlicher Anblick. Ein großes viermotoriges

Flugzeug kam zwischen der Wasseroberfläche und den niedrigen Wolken geradewegs auf uns zu, seine Lichter blitzten durch die Dämmerung. Es war ein großartiges Bild, ein eindrucksvolles Schauspiel moderner Technik vor dem Hintergrund einer feindseligen, stürmischen Natur. Die Luft vibrierte, als das große Flugzeug im Tiefflug über uns hinwegbrauste. Ein Motor war abgestellt, sein Propeller in Segelstellung, um Treibstoff zu sparen, und auf dem Rumpf konnten wir die Kennzeichen der amerikanischen Küstenwache erkennen. Dann stieg das Flugzeug mit Kondensstreifen hinter den Tragflächenspitzen höher und verschwand in der niedrigen Wolkendecke aus unserem Blick. Wir hörten es zurückkommen, und es flog wieder in geringer Höhe vorbei, diesmal knapp seitlich von uns. Eine Signalfackel fiel heraus, aus der grauer Rauch quoll, sobald sie das Wasser berührt hatte – ein Zeichen, daß man uns gesehen hatte. Inzwischen hatte ich das UKW-Handgerät ausgegraben und sprach mit dem Piloten.

Die Maschine war eine Orion P-3, ein Langstreckensuchflugzeug des auf Hawaii, 1100 Meilen südsüdwestlich von uns, stationierten 4. Patrouillengeschwaders der US-Küstenwache. Die Nachrichtenzentrale der Coast Guard im kalifornischen Alameda hatte bei der Führung des Geschwaders ein Flugzeug angefordert, das die HSU FU ausfindig machen sollte. Die Maschine war fast vier Stunden geflogen, um unsere zuletzt gemeldete Position zu erreichen. Die HSU FU war seit meinem letzten Gespräch mit dem Seefahrtsmuseum kaum von der Stelle gekommen, so daß die Orion uns schon beim ersten Anflug auf ihrem Radarbild hatte. Ich staunte über die Genauigkeit unseres kleinen tragbaren Satellitennavigationsgeräts, das uns ermöglicht hatte, dem Museum eine so exakte Position anzugeben. Der Pilot der Orion fragte, ob wir Hilfe bräuchten, und schien enttäuscht, als ich ihm sagte, daß an Bord alles in Ordnung sei. Man hatte ihm nicht mitgeteilt, aus welchem Grund wir mitten auf dem Ozean an Bord eines Bambusfloßes waren. Er flog deshalb eine Stunde in langsamen Kreisen herum, um sich die unwahrscheinliche Geschichte anzuhören, wie die HSU FU von Hongkong über Japan auf den Pazifik hinaus gesegelt war. Der Flieger hatte eine Mitteilung für uns: Das Langstreckenschiff JARVIS der Küstenwache war in der Nähe. Eigentlich befand sich die HSU FU weit außerhalb des Überwachungsgebietes der Coast Guard, aber gerade, als unsere Meldung auf dem Weg über das Seefahrtsmuseum die Nachrichtenzentrale der Küstenwache erreicht hatte, war die JARVIS auf der Überführungsreise von einer Streifenfahrt vor der Küste Alaskas zu ihrem Heimatstützpunkt Hawaii, ein ganz unwahrscheinlicher Zufall. Der Coast Guard-Kutter würde ganz in unserer Nähe vorbeikommen. Wie der Pilot sagte, hatte die JARVIS nur 70 Meilen von uns entfernt gestanden, als die Küstenwache unsere Meldung erhielt. Man hatte das Schiff sofort angewiesen, uns zu suchen und jede benötigte Hilfe zu leisten. Das war völlig unerwartet und sehr großzügig von der amerikanischen Küstenwache. Bald danach sahen wir im letzten Tageslicht die Aufbauten und Antennenmasten eines großen Küstenwachschiffs, das in der einbrechenden Dunkelheit mit hellen Positionslichtern auf uns zukam.

Das erste »Enterkommando« kam im Dunkeln mit einem großen motorisierten Schlauchboot von dem Küstenwachschiff herübergeflitzt. Das Kommando bestand aus einem Oberleutnant, einem Leutnant und einem Maat in leuchtend roten Overalls, die auf dem Rücken die riesigen Buchstaben »US COAST GUARD« trugen. Das Schlauchboot, das unschlüssig mal um unser merkwürdiges Fahrzeug herumtanzte, mal in der Nähe liegenblieb, wurde von einem besorgt dreinblickenden jungen Bootsführer und einem Matrosen gefahren. Ich mußte über die Ernsthaftigkeit unserer Besucher lächeln. Sie waren gründlich, höflich und geduldig. Als Geschenk brachten sie Orangen mit und Blätterteiggebäck für unser Frühstück. Außerdem hatten sie eine endlose Liste von Fragen, die wir beantworten mußten. Die

Antworten trugen sie in Formulare ein, die auf Klemmbrettern befestigt waren. Wir wurden nach unserer Nationalität gefragt, nach Namen und Adressen, Pässen, Schiffspapieren und nach genauen Angaben über unser Rettungsfloß, die Sicherheitsausrüstung, Seenotfunkbojen, Signalfackeln und so weiter. Während der Oberleutnant die Antworten niederschrieb, merkte ich, wie sich sein Urteil über die HSU FU allmählich änderte. Je länger seine Liste wurde – High-Tech-Navigationsinstrumente, aufblasbare Rettungsinsel nach den Vorschriften für Schiffe auf großer Fahrt, Spezial-Überlebensanzüge für den Fall, daß wir das Floß verlassen müßten, etc., etc. – desto mehr sah er, daß hier keine leichtsinnigen Abenteurer unterwegs waren. Wahrscheinlich war die Sicherheitsausrüstung der HSU FU sogar hochwertiger als die der Küstenwachboote. Auch die Mannschaft der HSU FU machte nicht gerade einen hilflosen Eindruck – ein Insulaner von den Färöern, der Neptun aufs Haar glich, ein vietnamesischer Floßfischer, der seinen Lebensunterhalt auf See verdient hatte, Rex mit seinen 80 000 Meilen Segelerfahrung und ich selbst auf meiner fünften Hochsee-Expedition. Mit Joe hatten wir sogar unseren eigenen Schiffsarzt, ein Luxus, den die JARVIS mit ihrer 180köpfigen Besatzung nicht vorweisen konnte.

»Brauchen Sie irgend etwas wirklich dringend?« fragte der Oberleutnant.

»Ja.« antwortete ich bestimmt: »Tauwerk und Petroleum für den Kocher!«

»Sonst noch was?«

»Na ja, wir müssen uns den Floßrumpf sehr genau von unten ansehen, sobald die See ruhig genug ist. Könnten wir uns von Ihnen vielleicht ein Paar überzählige Schwimmflossen ausleihen oder Ihnen abkaufen?«

Jetzt endlich war der Oberleutnant, er hieß Garry Lakin, sichtlich erleichtert. »Ich glaube schon. Ich habe ein Paar überzählige Schwimmflossen in meiner Kammer. Die würde ich Ihnen gern schenken.«

Das Orion-Flugzeug war weggeflogen, zurück nach Hawaii, und auch die Schlauchbootmannschaft kehrte nach einer Stunde auf die JARVIS zurück. Das Schiff wollte während der Nacht in der Nähe bleiben, am Morgen dann sollte das Tauwerk mit den anderen Sachen, um die wir gebeten hatten, zu uns herübergebracht werden. Ich war sehr dankbar, denn mir war klar, daß die Mannschaft der JARVIS nach mehreren Wochen Seedienst an der Küste Alaskas schnell in den Heimathafen wollte, um den verdienten Landurlaub anzutreten. Das Zusammentreffen mit der HSU FU würde sie alles in allem 20 Stunden Zeit kosten.

Gary Lakin und seine Bootsmannschaft kamen wie versprochen am nächsten Morgen um 7.00 Uhr mit dem Schlauchboot zurück und brachten eine riesige Rolle Tauwerk, Schwimmflossen und eine Taucherbrille mit. Sie schenkten uns auch noch mehr Proviant. Trondur setzte die Taucherbrille auf, um zum erstenmal unter das Floß zu tauchen, während ich das Schlauchboot bestieg, um zur JARVIS überzusetzen, ihren Kommandanten kennenzulernen und ihm zu danken.

Kapitän Scott Merrill war ein großgewachsener Mann mit angegrautem Haar, der ruhig und liebenswürdig wirkte. Seine größte Sorge gelte der Sicherheit der Floßbesatzung, sagte er. Das Bootskommando hätte ihm berichtet, daß wir erfahren und umsichtig seien und erstklassige Sicherheitsausrüstung hätten. Ich dankte ihm aus ganzem Herzen, daß er mit seinem Schiff gekommen sei, um nach uns zu sehen, und erklärte, daß das Auftauchen der JARVIS für uns eine großartige Überraschung gewesen sei, denn niemand hätte uns gesagt, daß ein Schiff der Küstenwache in der Nähe sei oder daß ein Flugzeug ausgeschickt würde, um uns zu suchen. Ich sagte, daß ich nur deshalb Kontakt mit der Küstenwache aufgenommen hätte, um planvolles Vorgehen für den Fall zu besprechen, daß wir das Floß verlassen müßten. Kapitän Merrill bestätigte, daß sein Schiff nur durch einen ungewöhnlichen Glücksfall so nahe bei uns gewesen sei. Die

Coast Guard hätte im Pazifik nur zwei Fahrzeuge mit der Reichweite der JARVIS, und sein Schiff sei nicht einfach auf Patrouille, sondern auf der Überfahrt. Normalerweise hätte ein Küstenwachschiff vier bis fünf Tage bis zu unserer Position gebraucht, eine Fahrt, die außer in einem echten Notfall nie genehmigt worden wäre.

Nach fünf Monaten an Bord des Floßes kam es mir sehr ungewohnt vor, in der Offiziersmesse der JARVIS auf einem normalen Stuhl an einem lackierten Holztisch zu sitzen, während ich mit dem Kapitän des Wachschiffs sprach. Ich hatte mich so an das Leben an Bord eines Bambusfloßes gewöhnt, daß ich mich in den lackierten, sauber geschrubbten und klimatisierten Räumen auf dem großen Schiff benommen fühlte. Als ich mehrere Eisenleitern nacheinander hochkletterte, um in die Offiziersräume zu kommen, war ich mit den Seestiefeln und der dicken Kleidung, die wir an Bord des Floßes meist trugen, ziemlich ungelenk. Als ich dann in die zentralbeheizte Offiziersmesse trat, kam es mir vor, als sei ich plötzlich in die Tropen versetzt worden. Ich mußte mehrere Lagen Kleidung ablegen, bis ich schließlich nur noch in Unterwäsche dasaß. Am eigenartigsten aber fühlte sich die Schiffsbewegung an. Die JARVIS rollte sachte in der Dünung. Die Messe, die sehr hoch lag, pendelte deshalb hin und her. Selbst im Sitzen mußte ich mich an der Tischkante festhalten, um nicht vom Stuhl zu fallen. Es war seltsam, daß die winzige HSU FU so viel ruhiger in der See lag als das große Hochseeschiff der Coast Guard.

Kapitän Merrill hätte nicht hilfsbereiter sein können. Er machte deutlich, daß jetzt die einzige Gelegenheit sei, die HSU FU zu verlassen, falls wir es wünschten. Mehrere Wochen oder gar Monate würde kein anderes Schiff der Küstenwache in die Nähe kommen. Ich antwortete, daß ich mich mit meiner Mannschaft beraten müßte, aber ziemlich sicher sei, daß die Männer die Reise fortsetzen wollten. In diesem Fall, sagte der Kapitän, sollten wir unsere Position unbedingt täglich an die Küstenwache in Kalifornien durchgeben. Sobald er auf Hawaii wäre, würde er dem Nachrichtenzentrum der Küstenwache ausführlich über unsere gegenwärtige Lage berichten. Jedes andere Schiff würde es sehr schwer haben, uns zu finden. Die HSU FU sei so klein und liege so niedrig im Wasser, daß selbst das Küstenwachschiff mit seinem hochentwickelten Suchradar uns erst auf acht Meilen ausgemacht hätte. Ohne die Unterstützung des Orion-Suchflugzeugs hätte die JARVIS uns möglicherweise überhaupt nicht gefunden.

Schließlich ließ Kapitän Merrill sich die Wetterkarten des Gebiets kommen und zeigte mir, daß wir uns, um schweres Wetter nach Möglichkeit zu meiden, bis 500 Meilen vor der amerikanischen Küste knapp südlich des 43. Breitengrades halten sollten, um dann auf Nordostkurs zu gehen. Aber er warnte mich auch, daß das Wetter sich mit der fortschreitenden Jahreszeit zusehends verschlechtere. Die Herbst- und Winterstürme hätten schon begonnen.

Als ich die Messe verließ, um auf die HSU FU zurückzukehren, blieb ich draußen einen Augenblick auf der Niedergangstreppe stehen. Ich stand dort hoch über dem Meeresspiegel. Zum ersten Mal hatte ich Gelegenheit, das Bambusfloß aus so einem Blickwinkel zu sehen. Die HSU FU war ungefähr eine halbe Meile entfernt und segelte über eine niedrige, graublaue Dünung langsam nach Osten. Mitten auf dem unendlichen Ozean sah das Floß winzig aus. Vor dem Seehorizont ragte die unverwechselbare scharf geschnittene Silhouette der drei eleganten Dschunkensegel auf, dunkel und scharf umrissen wie Scherenschnitte aus schwarzem Papier. Das Floß sah winzig und verwundbar aus, aber auf seine eigene Art doch sehr seetüchtig.

Als mich das Schlauchboot der JARVIS wieder zum Floß übergesetzt hatte und ich an Bord trat, hatte ich schon die Frage auf den Lippen: »Na, Trondur, was hältst du von den Rattanzurrungen unter dem Rumpf?«

Trondur war naß und müde. Er hatte sich gerade aus dem Naßtauchanzug geschält, den er zur Unterwasserbesichtigung des Floßes getragen hatte. Wie immer überlegte er, bevor er antwortete. »Vorn ist es sehr schlimm. Fast das ganze Rattan ist verrottet, ebenso an den Seiten und oben – alle Laschungen gebrochen oder schwach. Aber in der Mitte und am Heck des Floßes sieht alles gut aus.«

»Meinst du, daß das Floß zusammenhält?«

Wieder eine Pause. »Es ist bis jetzt nicht bedrohlich, und wir können versuchen, die vorderen Bambusstücke an einigen Stellen neu zu befestigen.«

Ich blickte Joe und Rex an. Ihre Gesichter sagten mir schon, was ich wissen mußte. Sie wollten die Reise fortsetzen und das Floß nicht aufgeben. Oberleutnant Gary Lakin beobachtete mich genau. Ohne daß ich es wußte, hatte er alle Besatzungsmitglieder während meiner Abwesenheit einzeln befragt, ob sie das Floß verlassen wollten. Keiner hatte es bejaht.

»Nun, ich akzeptiere Trondurs Einschätzung«, sagte ich. »Wenn auch ihr damit einverstanden seid, dann setzen wir die Reise fort.«

Joe und Rex nickten beide sofort. Es war klar, daß sie ihre Entscheidung untereinander schon besprochen hatten. Für Loi, das wußte ich, war ich als Kapitän verantwortlich. Er mußte verstanden haben, worum es ging, gab aber in keiner Weise zu erkennen, daß er das Floß wirklich verlassen wollte. Wenn er an Bord der JARVIS gegangen wäre, dann wäre es ein Alptraum an Papierkrieg geworden, ihn als vietnamesischen Staatsbürger von Hawaii nach Hanoi zurückzubringen. Ich war sicher, daß Loi lieber mit uns zusammen auf dem Floß bleiben wollte, als das Projekt aufzugeben. Ich würde die Sache später mit ihm besprechen müssen. Meine Entscheidung jedenfalls stand fest.

»Die Floßreise geht weiter«, sagte ich entschlossen.

Ich hatte Lois Haltung richtig eingeschätzt. Am folgenden Tag gab ich die Nachricht für seine Familie an Truc in Hanoi durch und bat ihn, sie nach Sam Son weiterzuleiten. Später schickte Truc eine Übersetzung von Lois vietnamesischer Mitteilung zurück. Sie lautete einfach: »Loi bat Tim, eine Nachricht nach Hause zu schicken. Am 10. Oktober sind durch starken Wind vier Bambusstäbe von der untersten Lage des Floßes abgefallen. Tim und die Mannschaft haben das Floß gesichert, so daß die Reise erfolgreich weitergehen kann.«

Die JARVIS setzte ihre Fahrt nach Hawaii fort, so daß wir in unserer amphibischen Welt wieder allein waren. Das war die Umgebung, die wir kannten und vorzogen, solange die HSU FU einigermaßen sicher war. Die JARVIS war für uns ein Bote aus einer anderen, fremden Welt gewesen, in die wir jetzt noch nicht zurückkehren wollten. Auf dem Küstenwachschiff hatte Kapitän Merrill mich gefragt, ob meine Besatzung an Bord kommen wolle, um heiß zu duschen und eine warme Mahlzeit zu essen. Als ich die anderen gefragt hatte, hatten sie höflich abgelehnt. Auf dem Floß fühlten sie sich wohler und heimischer.

Lois seelischer Zustand machte uns die meisten Sorgen. Als die JARVIS in der Nähe war, hatte er das große, moderne Schiff interessiert beobachtet, aber nicht den Wunsch geäußert, das Floß zu verlassen. Um die Sprachbarriere endlich niederzureißen, versuchte ich jetzt wieder, regelmäßige Sprachstunden abzuhalten. Ich setzte mich mit Loi im Cockpit zusammen und übte Sätze und Vokabeln. Während der ersten Stunde schien es Loi Spaß zu bringen, aber dann plötzlich, mitten in der zweiten Lektion, fing er an, gehässig zu schimpfen. Er erklärte grob, daß er Vietnamese sei und nur vietnamesisch sprechen wolle. Wir anderen sollten seinetwegen englisch untereinander sprechen. Das sei normal. Er sei bereit, noch 40 oder 50 Tage lang Wache zu gehen und zu steuern oder solange es nötig wäre. Das sei sein Wunsch und seine Pflicht. Er würde immer auf dem Posten sein, ohne Schlaf oder Ablösung zu brauchen. Er würde ununterbrochen auf Wache sein. Er war völlig verwirrt, blätterte mit zitternden Händen in seinem vietnamesisch-englischen Wörterbuch und las wahllos Worte daraus vor. Dann stellte er sich wieder auf die Plichtbank, starrte über die See und begann, auf vietnamesisch zu sich selbst zu sprechen. Wir anderen ließen ihn in Ruhe, es war besser, daß er überhaupt mit jemandem redete, sei es auch nur mit sich selbst.

Joe war zu der Ansicht gekommen, daß sich Lois psychischer Zustand wohl nicht bessern würde, daß seine Stimmungsumschwünge entweder weitergehen würden, oder daß er sich noch weiter in sich zurückziehen und ganz untätig – oder im schlimmsten Fall gewalttätig – würde. Das letzte konnte ich mir nicht vorstellen. Loi war in seinem Wesen sehr sanft und friedlich, obwohl es mich schmerzte, ihn vor sich hin brabbeln zu sehen, wobei er – unfähig zur Verständigung mit uns – immer dieselben Worte wiederholte, und daß wir uns so schwer damit taten, seine Gedanken zu verstehen. Ich bat Joe und Rex, sich nicht zu sehr mit Lois schlimmer Lage herumzuquälen, und sagte, daß wir weitermachen sollten wie bisher, solange Loi als Mitglied der Mannschaft funktioniere.

Das zusätzliche Tauwerk, das wir von der JARVIS geschenkt bekommen hatten, sorgte für Ablenkung. Von dem Küstenwachschiff hatten wir mehrere Enden Reserve-Schleppleine bekommen. Daraus schnitten wir jetzt zusätzliche Wanten zu und brachten sie an den Masten an, damit sie nicht über Bord gingen, falls die allmählich verrottenden Rattanwanten brechen sollten. Die Arbeit war anstrengend und ermüdend. Wir mußten Segel bergen und wieder setzen und Trondur, unseren besten Arbeiter, auf den Mast ziehen, wo er die Augen der neuen Wanten über den Masttopp streifte. Dann mußten die neuen Wanten richtig durchgesetzt werden. Aber immerhin hatte Loi dadurch etwas zu tun, und die ganze Crew arbeitete gut zusammen. Auf den kurzen Zeitraum mit ruhigem Wetter folgte eine Reihe schwerer Regenschauer mit wechselndem Wind, der nachts beinahe Sturmstärke erreichte und sich im Morgengrauen des nächsten Tages zur leichten Brise abschwächte. Wir kümmerten uns nicht um die Wetteränderungen und konzentrierten uns auf unsere alltägliche Arbeit. Dabei konnten wir uns mit großen Portionen Schinken, frischem Brot, Eiern und Gemüse stärken, die wir von der JARVIS bekommen hatten. Wir hatten nicht nur Heißhunger auf Frischverpflegung, sondern wußten auch, daß wir sie aufessen mußten, bevor sie schlecht wurde. Am 24. Oktober, dem 82. Reisetag, ging es mit unserer gewohnten Diät aus getrocknetem Fisch und Dosenfisch, Reis und Nudeln weiter. Jetzt konnten wir aber kochen, ohne Angst zu haben, daß uns der Brennstoff ausgehen könnte. Die JARVIS hatte kein Petroleum an Bord gehabt, aber es hatte sich herausgestellt, daß die Dochte unserer einfachen Kocher aus Hanoi auch den Motorenbrennstoff des Küstenwachschiffs vertrugen. Wir hatten davon 40 Liter bekommen, genug für alle absehbare Zeit.

Zwei oder drei Tage später war der Besuch des großen Schiffs nur noch eine blasse Erinnerung aus ferner Vergangenheit. Unser gewohntes Bordleben hatte uns wieder so im Griff, daß uns nichts anderes interessierte als das Leben im Ozean um uns herum und die kleinen Dinge unseres Alltags. So feierten wir es, als die silbrig-goldenen Doraden kurz zurückkamen und für ein paar leckere Mahlzeiten sorgten, bevor sich keiner dieser Fische mehr sehen ließ. Wir gingen auch wieder zweimal täglich auf »Schamfielpatrouille«. Joe begann, an Mundgeschwüren zu leiden. Unsere Taschenlampen für die Nachtwache gaben allmählich den Geist auf. Nach Monaten auf See waren die Kontakte verrostet, so daß die Lampen unangenehm flackerten. Die Kontakte der Taschenlampenbatterien, die wir täglich wieder aufluden, rosteten innerhalb von 12 Stunden. Der bärenstarke Trondur, den sonst nichts umwerfen konnte, bekam Rückenschmerzen und mußte sich bisweilen mittags auf der Cockpitbank ausruhen.

Man konnte die Augen nicht davor verschließen, daß die Mannschaft ebenso mitgenommen war wie das Floß. Die Ermüdung ging schleichend vor sich. Ich steckte mittendrin, so daß ich die Entwicklung nie bemerkt hätte, wenn wir nicht die kleine Videokamera gehabt hätten, mit der wir einen Dokumentarfilm von der Reise drehten. Wenn ich durch das winzige Okular der Kamera blickte, um mir die Videobänder anzusehen, war ich in der Position eines außenstehenden Beobachters, der das Leben auf dem Floß von weitem sieht. Ich bemerkte plötzlich, wie abgekämpft die Mannschaft aussah. Ich sah eingefallene Gesichter, tiefliegende Augen, eingegrabene Falten und hörte eine langsamere, beinahe verwaschene Sprache. Das waren Anzeichen für die alles durchdringende Müdigkeit. Rex war am schwierigsten zu beurteilen, denn seine Gesichtszüge verbargen sich meist hinter der Brille, dem roten Bart und der Kapuze seines roten Overalls. Aber seine Augen sahen müde aus, wenn er die Brille abnahm. Trondur war sehr blaß, seine Augen rot gerändert, und trotz des wuchernden Barts sah man seine eingefallenen Wangen. Seepocken hatten seine Hände beim Festbinden lockerer Bambusstäbe zerschunden und zerschnitten. Lois Gesichtsausdruck war in sich gekehrt und leicht abwesend. Auf den Videobändern bemerkte ich auch, daß er langsamer als früher erfaßte, was um ihn herum vorging, nichts war mehr vom früheren Eifer und der alten Reaktionsschnelligkeit da. Am stärksten hatte Joe sich verändert. Bei Beginn der Reise hatte er sehr jung ausgesehen, kaum älter als Anfang Zwanzig. Jetzt schien er ein ganzes Jahrzehnt gealtert zu sein. Das begeisterte, jungenhafte Verhalten war von ihm abgefallen, er sah jetzt ruhiger und selbstbewußter, aber auch ausgelaugt aus. Durch eine Reihe von Sturmwarnungen kam zu der schleichenden Erschöpfung Anspannung hinzu. Wir alle waren so müde, daß wir einen Sturm zwar nicht direkt fürchteten, aber doch alles andere als herbeisehnten. Am 25. und 26. Oktober lag das Floß die meiste Zeit unter einem Gewitterhimmel, der Wind wechselte ständig Richtung und Stärke. Nachts grollte der Donner, und zwischen den schwarzen Wolken, die im Mondschein am Südhorizont standen, blitzte Wetterleuchten auf.

Plötzlich erhob sich eine durcheinanderlaufende Dünung, das Zeichen für einen nicht allzuweit entfernten Sturm. Die steile, kurze Dünung lief schnell aus verschiedenen Richtungen heran und ließ das Floß torkeln, als segelte es, obwohl wir alle drei Segel geborgen und festgemacht hatten, um Schamfielen und das Geklapper der Großsegellatten zu vermeiden. Als die Dünung sich gelegt hatte und die Morgensonne herauskam, war mir klar, daß ich die Gelegenheit nutzen mußte, selbst den Rumpf von unten zu untersuchen. Meine Rippen waren so weit verheilt, daß ich unter Wasser langsam herumschwimmen konnte. Auch konnte ich Trondur nicht mehr allein die Verantwortung aufbürden, den Zustand des Rumpfes zu überwachen. Die Aufgabe gefiel mir gar nicht, aber ich schlüpfte in den klammen Naßtauchanzug, zog Gary Lakins Flossen an und ließ mich mit einer Sicherheitsleine am Brustgurt, deren anderes Ende Rex hielt, zaghaft ins Wasser rutschen.

Ich tauchte in eine helle, klare, blaue Welt ein. Das Wasser war ziemlich warm und so durchsichtig, als sei ich in ein Aquarium gefallen. Dort neben mir, fast mit der Hand zu greifen, schwammen die Begleiter des Floßes. Es waren weder Gelbflosser noch Doraden, sondern acht oder zehn der harmlosen, plumpen, grauen Fische von bis zu 40 cm Länge, die im Schatten unter dem Floß gemächlich ihre Bahn zogen und dabei Planktonteilchen schluckten, die mit der Strömung langsam heranwirbelten. Mein plötzliches Erscheinen erschreckte die Fische nur vorübergehend, nach einer Weile beruhigten sie sich wieder. Bei den etwa zwei Dutzend schwarzweißen Pilotfischen war deutlich ein aufgeregtes Beben und Zittern zu bemerken. Sie schossen dicht unter dem Floß herum und versteckten sich manchmal zwischen den Bambusstäben. Aber bald wagten sie sich wieder hervor und setzten ihre huschenden Ausfälle fort, um kleine Futterkrümel zu begutachten. Ich sah hinab, das Wasser war so klar, daß ich direkt unter meinen Füssen, vielleicht neun Meter tiefer, die fahlen Umrisse eines Hais erkannte, der träge mit dem Floß Schritt hielt. Es war nur ein kleiner Hai – ungefähr 90 cm lang –, so daß ich mich nicht um ihn kümmerte und mit der Untersuchung des Floßes begann.

Wie elegant, aber auch von der Reise mitgenommen der über meinem Kopf schwebende Floßrumpf aussah! Sauber aufgereiht lag ein Bambusstab neben dem anderen, und der Boden des Floßes war noch immer an beiden Seiten hochgebogen wie vom Konstrukteur entworfen. Aus der Unterseite des Floßes ragten von vorn bis achtern acht Steckschwerter wie steife Flossen heraus. Die Spitzen der Schwerter waren von Seepocken verkrustet. Die Farben waren das intensive Blau der See um mich herum, der graue Seepockenbewuchs und hier und da das natürliche Honiggold des Bambus. Während ich mich an einer Seite des Floßes entlangarbeitete, folgte mir Rex mit der Sicherheitsleine auf dem Seitendeck, als führte er einen Hund aus. Das setzte sich auf der anderen Rumpfseite fort. Auch dort tauchte ich jeden Meter einmal kurz unter das Floß, um den Bambus zu überprüfen und an den Rattanlaschungen zu zupfen. Unter dem vorderen Drittel des Floßes hing ein kurzer, dunkler Bart. Das waren Dutzende gebrochener Rattanenden, die wie Stoppeln herabbaumelten. Die meisten Rattanzurrungen, die ich zwischen den Bambusstäben erreichen konnte, fühlten sich weich und schwach an und brachen mir beim Ziehen in der Hand. Weiter hinten wurde es besser. Dort hingen weniger gebrochene Rattanstücke herunter, und als ich eine Laschung untersuchte, schien sie zu halten. Allerdings vermied ich es, allzu kräftig zu ziehen. Ich arbeitete mich um das Heck herum, wo Trondur und Loi vor kurzem die Steuerruder neu gezurrt hatten, dann an der Backbordseite entlang. Dort war es dasselbe: Mittel- und Heckteil des Floßes waren in annehmbarem Zustand, aber das vordere Drittel war ernsthaft beschädigt. Zwischen dem zweiten und dritten Schwertpaar fand ich zwei Rohre, deren Zurrungen alle gebrochen waren. Diese Stäbe hielten sich nur noch durch den eigenen Auftrieb an ihrem Platz. Ich konnte sie mühelos hin- und herbewegen. Ich konnte mir nicht vorstellen, wie man sie wieder festzurren könnte, also schwamm ich weiter zum Bug hin. Dort konnte ich die

Lücken zählen, insgesamt fünf, wo sich ganze Bambusabschnitte herausgearbeitet hatten und weggeschwommen waren. In einige Lücken griff ich hinein und befühlte die Laschungen der mittleren Bambusschicht. Auch hier brachen einige der Zurrungen wie verfaulter Zwirn beim leisesten Zupfen. Andere schienen noch ungefähr die Hälfte ihrer ursprünglichen Festigkeit zu haben. Auch hier wagte ich aber nicht, zu kräftig zu ziehen, weil ich Angst hatte, das Floß aufzuribbeln.

Ich kletterte wieder an Bord. Rex und Joe sahen mich besorgt an. Trondur war mit einer Taucherbrille mehrmals unter den Seiten des Floßes entlanggeschwommen, war aber noch nie ganz unter dem Rumpf gewesen. Er sah weniger sorgenvoll aus.

»Es ist nicht so schlimm, wie ich befürchtet hatte«, sagte ich. »Ich glaube, der Rumpf ist noch fest genug, um noch mindestens ein paar Wochen durchzuhalten.«

»Kann das Floß noch vier oder fünf weitere Stürme aushalten?« fragte Joe.

»Ja, ich glaube«, antwortete ich. »Ich bin sicher, daß wir das Floß noch nicht verlassen müssen.«

Auch meine Hände bluteten jetzt, weil ich mich an Seepocken geschnitten hatte wie Trondur. Als ich den Tauchanzug auszog, überdachte ich unsere Lage. Hatte ich vor vielen Monaten beim Bau des Floßes in Vietnam einen Fehler gemacht? Unter dem Rumpf war mir aufgefallen, daß die Zurrungen aus rundem, ungespaltenem Rattan besser gehalten hatten als die aus halbrundem, gespaltenem Rattan. Hätte ich für alle Verbindungen rundes Rattan vorsehen sollen? Wäre die HSU FU dann jetzt in besserem Zustand? Man konnte es nicht sagen. Es blieb uns nichts anderes übrig, als weiterzusegeln, den Rumpf jedesmal genau zu überprüfen, wenn die See ruhig genug war, um unter das Floß zu tauchen, und auf günstigen Wind zu hoffen. Eins aber stand fest: Ich mußte mich davor hüten, die Fahrt zur fixen Idee werden zu lassen und die Augen vor den Gefahren zu verschließen. Die Reise der HSU FU sollte ein Experiment sein, keine Unternehmung auf Leben und Tod. Auf der HSU FU zu bleiben oder das Floß zu verlassen, diese Entscheidung sollte täglich neu überdacht werden. Das Leben der Besatzung stand für mich im Vordergrund.

Noch tausend Meilen

Der Mörderwalbulle hatte sich nicht angekündigt. Rex und ich standen am Bug des Floßes und waren völlig in ein Gespräch über die Steckschwerter vertieft, als das Tier neben uns auftauchte. Nicht einmal der Tricktechniker eines Abenteuerfilms hätte diesen spektakulären Auftritt besser inszenieren können. Rex und ich saßen entspannt am Floßrand und unterhielten uns in aller Ruhe, die See neben uns war glatt und leer. Im nächsten Moment schob sich nur zwei oder drei Meter von uns entfernt eine große, schwarze, säbelförmige Flosse aus dem Wasser, gleichmäßig und lautlos wie von einem Hydraulikstempel hochgeschoben. Die glänzende Flosse war so groß wie wir, und daß sie so völlig geräuschlos auftauchte, machte das Erlebnis umso atemberaubender. Einen Augenblick lang glotzten Rex und ich mit offenem Mund, dann verschwand Rex in der Kajüte, um seine Kamera zu holen. Aber es war zu spät. Der Mörderwal hatte sich in Bewegung gesetzt und umschwamm das Floß langsam, um es genauer zu untersuchen. Das Wasser gurgelte über seinen mächtigen Rücken, wirbelte und strudelte an der Hinterkante der großen Rückenflosse, während der massige Körper sich gemächlich voranschob. Der Wal war gut neun Meter lang, halb so lang wie die HSU FU, und muß ungefähr sieben Tonnen gewogen haben. Wenn er es gewollt hätte, hätte der Wal das Floß mit seinem Gewicht umwerfen können, wie es die Mörderwale tun, die in den Eisfeldern Robben fressen. Dort kippen die Wale absichtlich Eisschollen um, so daß die Robben ins Wasser und direkt zwischen die Kiefer der Angreifer rutschen. Kein Zweifel, unser Wal war neugierig. Wir befanden uns noch immer am Rande des großen pazifischen Müllplatzes, und der Wal gehörte zu den größeren Räubern, die sich in diesem belebten Gebiet von Fischen und Delphinen ernähren. Das Tier war absichtlich direkt auf das Floß zugekommen und hatte uns ein oder zwei Minuten lang genau in Augenschein genommen. Was das Untier sah, schien aber nicht seinen Appetit zu wecken, denn es tauchte unter dem Heck der HSU FU flach ab, schwamm unter uns hindurch, beschleunigte dann und rauschte in nordwestlicher Richtung davon. Dabei blieb der Wal dicht an der Oberfläche, tauchte immer wieder ein und auf, so daß sein schwarzweiß gezeichneter Körper deutlich zu erkennen war. Daß wir so dicht neben dem gewaltigen Tier gestanden hatten, die Füße neben ihm im Wasser, und praktisch zur selben amphibischen Welt gehörten, das hatte die Begegnung so unmittelbar gemacht.

Trondur, Joe und Loi waren zu uns gekommen, um den Mörderwal bei seinem Inspektionsbesuch zu beobachten.

»Sehr groß. Muß ein Bulle sein«, bemerkte Trondur. »Läuft jetzt mindestens 15 Knoten«, fügte Rex hinzu, als sich das Riesentier schnell entfernte. Sie zeigten kühles, fachmännisches Interesse, das zu der sachlichen Art paßte, in der sie mit der schwierigen Lage unseres nach und nach verfallenden schwimmenden Heims fertig wurden. Am Mittag des vorigen Tages waren wir gerade in der Plicht beim Essen gewesen, als ich wieder ein Stück Bambus, ungefähr drei Meter lang, im Kielwasser verschwinden sah. Es war vielleicht das zehnte Rohr, das ich wegtreiben sah, seit das Floß begonnen hatte, auseinanderzugehen.

»Bambus!« rief ich und zeigte nach achtern. Die anderen hoben nur die Köpfe, um sich Länge und Durchmesser des verlorenen Stabs anzusehen, und aßen dann in aller Ruhe weiter.

»Kommt wahrscheinlich aus der untersten Lage, irgendwo zwischen dem zweiten und dritten Schwertpaar«, sagte Rex. Das war der einzige Kommentar, den ich hörte. Es schien, als hätten die Männer ihr ganzes Leben 1000 Meilen vom Land entfernt auf 4000 m Wassertiefe an Bord eines langsam in Stücke gehenden Bambusfloßes verbracht.

Wir vertrauten gelassen auf unsere inzwischen gewonnene Erfahrung. Trotz unserer Erschöpfung wußten wir, daß wir dem Floß noch immer helfen konnten, und ich als Skipper zweifelte nicht an den Fähigkeiten der Besatzung. Sie waren so findig, wie Seeleute auf großer Fahrt es immer gewesen sind, wenn sie mit Materialmangel fertig werden mußten. Selbst nach 5½ Monaten an Bord fiel ihnen noch immer etwas Neues ein, um das Floß zu reparieren und zu verbessern. Sie nahmen dazu jetzt Treibholz, alte Dosen und Ketchupflaschen aus Plastik, sogar aus der See gefischte Netzfetzen. Trotz seines Kummers arbeitete Loi stundenlang mit Hammer und Stechbeitel, um neue Arretierstifte für die Schwerter zu machen und baute ein formschönes neues pagodenförmiges Schutzdach für den Platz des Rudergängers. Dazu nahm er Latten, die er aus einem Bambusrohr gespalten hatte, das sich vom Rumpf gelöst hatte und das wir nicht wieder an seinen Platz zurren konnten. Trondur war dabei, einen zweiten Fischfangbogen zu entwerfen. Sein erster Bogen verlor allmählich die Federkraft. Deshalb schnitt Trondur jetzt die Teile für eine Armbrust zu.

Ende Oktober erinnerte uns etwas grell leuchtend daran, daß wir uns unserem Ziel näherten. Abends um halb zehn ging ich Wache und war als einziger an Bord wach. Loi, der Bereitschaftsmann, döste neben mir auf der Cockpitbank. Die Nacht war klar und kühl, die Sterne funkelten hell. Da erschien plötzlich ein strahlender Lichtfleck am südlichen Himmel. Das Licht war zu niedrig und zu hell für einen künstlichen Satelliten auf seiner Umlaufbahn und viel zu schnell für ein hochfliegendes Flugzeug. Für einen Kometen wiederum war es zu langsam und hatte eine zu flache Flugbahn. Während sich der helle Fleck weiterbewegte, begann er, eine Leuchtspur über den Nachthimmel zu ziehen.

Mir wurde klar, worum es sich handelte: ein Raumschiff, das bei der Rückkehr zur Erde in die Atmosphäre eintauchte. Ich hatte dabei einen Logenplatz. Keine Großstadtlichter schwächten das Schauspiel ab, weder Luftverschmutzung noch Wolken verdunkelten die faszinierende Bahn des niedergehenden Raumschiffs. Ich konnte seine Flugbahn genau verfolgen, während es weiterzog und immer tiefer ging, bis es schließlich hinter dem Horizont verschwunden war. Die glühende Spur, die es hinter sich gelassen hatte, stand noch mindestens zwei Minuten wie eingeätzt am Himmel. Ich sagte mir, daß die Raumfähre wahrscheinlich auf dem Weg zur Landung in den Vereinigten Staaten war. In wenigen Sekunden hatte sie eine Entfernung zurückgelegt, für die die HSU FU mindestens 30 Tage brauchen würde, wenn alles gutging. Selbst dann aber war keineswegs sicher, daß unser wie vor 2000 Jahren gebautes Fahrzeug die Strecke schaffen würde. Wo wäre ich lieber? Eingeschlossen in einer Raumkapsel, der Technik völlig ausgeliefert, unfähig, den Lauf der Dinge zu beeinflussen, oder hier zusammen mit meinen Gefährten auf einem langsam vorankriechenden Floß, auf dem wir unser Geschick mit eigenen Kräften beeinflussen konnten? Meine Wahl stand fest – ich zog das Floß vor. 15 Minuten später stellte ich das Radio an, um Nachrichten zu empfangen, und hörte den Bericht, daß die Raumfähre COLUMBIA mit einer Besatzung von sieben Astronauten, die ein medizinisches Testprogramm durchgeführt hatten, sicher gelandet war.

Der November begann mit schlimmen Warnungen vor einem »sich entwickelnden Sturm«, auf den wir uns so gut wie möglich vorbereiteten. Trondur und Rex waren den ganzen Tag damit beschäftigt, die aufgeweichten und allmählich verrottenden Leinen, die die Kajütkörbe am Rumpf hielten, genau zu überprüfen und zu verspleißen. Loi tat sein Bestes, das halbe Dutzend loser Bambusstäbe zu sichern, die begonnen hatten, seitwärts unter der Kante des Floßes herauszurutschen. Trondur arbeitete an der Hauptkajüte und stand dabei auf dem Floßrand oft knietief im Wasser, wenn die See auf das Floß und darüber hinweg klatschte, während Rex und ich uns die Vorderkajüte vorgenommen hatten.

»Kann ich etwas von dem neuen Tauwerk dafür nehmen?« fragte Rex mit einem Blick auf die verhedderten Reste der Manilaleinen, die noch 24 Stunden vorher die Vorderkajüte gehalten hatten. Er bat mich um Erlaubnis, neues Tauwerk zu benutzen, weil das Naturfasertauwerk furchtbar knapp geworden war. In den Fässern mit Ersatzmaterial waren nur noch wenige Meter davon, und wir hatten wochenlang jedes Stück und jedes Kardeel* von dem alten Tauwerk aufbewahrt, zusammengeknotet und -gespleißt, um unsere Vorräte zu strecken.

»Nimm nur, Rex«, antwortete ich, er nahm, was er brauchte, und ich dachte nicht mehr darüber nach. 24 Stunden später stand in meinem Tagebuch:

»Letzte Nacht durch anhaltend starke südliche Winde 30 Meilen nach Norden vertrieben. Joe bemerkte, daß ich in den letzten paar Tagen sehr nachdenklich und ruhig gewesen bin. Ich muß müde sein, wie wir alle. Falls chinesische Seefahrer diese Reise im Altertum unternommen haben, müssen sie bei der Ankunft im vorkolumbianischen Amerika so erschöpft gewesen sein, daß sie auf Knien an Land gekrochen sein müssen.

*Wie vorhergesagt entwickelte sich unser Sturm wirklich! In der Abenddämmerung frischte der Wind auf 40 Knoten auf und kam aus Südost. Die Seen waren neun Meter hoch und liefen kreuz und quer durcheinander. Sie rauschten hierhin und dorthin, und wenn die Wellenkämme zusammenklatschten, schoß das Wasser in die Höhe. Anderswo türmten sich Brecher zu gewaltigen Wasserwänden auf, die mit langen, überstürzenden Kämmen schäumend auf uns zu rollten. Anfangs führten wir noch zwei Felder des Großsegels, um 23.30 Uhr drehte der Wind aber um 45 Grad und nahm auf 45 Knoten** zu. Nach*

* Kardeele = Stränge, aus denen das Tauwerk geschlagen (zusammengedreht) ist. (Anm. d. Übers.)

** 45 Knoten = Windstärke 9 (Anm. d. Übers.)

zehn Minuten ließ er wieder nach und drehte in die alte Richtung zurück. Während dieser kritischen zehn Minuten befürchtete ich, daß der Winddruck den Großmast umreißen würde. Loi hatte mit mir zusammen Wache, deshalb brüllte ich ihn an ›Runter! Runter damit!‹ Dabei zeigte ich auf das Großsegel. Er kletterte nach vorn, löste die Leinen und warf sich mit seinem Gewicht auf das Segel, um es herunterzuholen. Die Fallen wehten mit dem Wind waagerecht aus, es war keine Zeit gewesen, sie zu sichern. Meine Rufe ›Runter! Runter damit!‹ alarmierten Joe und Trondur, die beide Freiwache hatten, aber in der Kajüte bei dem Gebrüll der See, dem Rauschen des durchspülenden Wassers und dem Heulen des Windes nicht schlafen konnten. Sie stürzten durch die Segeltuchtüren heraus und halfen Loi, das Großsegel festzumachen. Dann trieben wir unter nackten Masten seitwärts, während um uns herum unter dem Dreiviertelmond der Sturm tobte und die See in Fetzen riß. Die Hsu Fu *stieg und fiel auf den Seen, die jetzt am Floß vorbeijagten. Ab und zu holte es über und krängte an einem Wellenkamm so weit, daß man dachte: ›Kentert es jetzt?‹ Aber am schlimmsten war der Anprall, wenn eine See genau in dem Moment brach und überkippte, wenn sie das Floß erreicht hatte. Dann riß sich der Wellenkamm los und krachte gegen die Seite des Floßes, während der untere Teil der Welle unter dem Rumpf durchzog. Der Seeschlag ließ das ganze Floß wackeln und zittern. Besonders deutlich spürte man das in der wackeligen Bambuskajüte, die durch die Wucht erzitterte und sich verbog. ›Wie ein Geschoßeinschlag‹, beschrieb es Joe, als Tonnen von Wasser geradewegs über die Hütten rauschten und sie vollständig eindeckten. Wenn es am schlimmsten war, knackte und ächzte das aus leichten zusammengebundenen Hölzern bestehende Gerippe der Kajüte. Manchmal brach sogar etwas mit einem grauenhaften Krachen. Die Kajüten bogen, beulten und verzogen sich unter dem Gewicht des Wassers. Jeder dachte dasselbe: ›Werden die Bambus-Palmblatthütten das aushalten, oder werden sie weggespült werden, wenn ihre Halteleinen brechen? Oder werden sie einfach zusammenklappen und die Insassen einschließen?‹«*

Das war genau das schwere Wetter, das ich befürchtet hatte, als ich in Japan die Verzurrung der Hütten am Floßrumpf verstärkt hatte. Die ganze Nacht stellte ich mir den furchtbaren Augenblick vor, wenn sich die Hütten und der Plichtkorb losreißen würden. Am nächsten Morgen war der Wind noch immer so stark, daß eine 8 bis 10 cm dicke Nebelschicht den Ozean zu bedecken schien. In Wirklichkeit war es ein feiner Gischtschleier, den der Sturm noch immer vom Wasser wegriß. Wir sahen, daß das Cockpit durch die Gewalt des Wassers im ganzen seitlich verrutscht war, und daß die Vorderkajüte durch die Seen verschoben worden war, so daß sie jetzt deutlich schräg auf dem Deck des Floßes ruhte. Ich fragte Trondur, ob er noch einmal die Verzurrungen der Kajüte überprüfen und sichern könnte. Zu meiner Bestürzung bekam Trondur einen Wutausbruch. Mit seinem wild vorstehenden Bart und den zornig zusammengezogenen Augenbrauen sah er furchteinflößend aus.

Er brüllte: »Ich arbeite den ganzen Tag mit verrottetem Tauwerk, mache mir Hände kaputt, den ganzen Tag im Wasser. Jetzt gibst du mir kein gutes Tauwerk. Aber wenn du die Vorderkajüte festbindest, nimmst du vielleicht drei Meter gutes Tau. Wie kann ich arbeiten, wenn du mir nicht gutes Tauwerk gibst?«

Ich war wie vor den Kopf gestoßen, dann fiel mir ein, daß ich Rex am Vorabend erlaubt hatte, ein kurzes Ende von dem neuen Tauwerk zu verwenden.

Ich hatte den normalerweise so ruhigen Trondur selten so wütend gesehen und wollte auf keinen Fall, daß unser bester Seemann und einer meiner ältesten Freunde die Mitarbeit verweigerte.

»Trondur, ich vertraue auf dein Urteilsvermögen«, sagte ich. »Nimm das beste Tauwerk, wo du es brauchst.«

»Tauwerk, Tauwerk! Immer dasselbe mit dem Tauwerk!« donnerte Trondur zurück. Ich merkte, daß auch an ihm die Überlastung nicht spurlos vorübergegangen war, und wenn

Trondur Pattursson zornig wurde, dann stand es wirklich schlimm.

Trondur regte sich bald wieder ab und machte sich mit Rex daran, die Kabinen neu zu verzurren, wofür er das letzte gute Tauwerk aufbrauchte. Loi, den die Notwendigkeit dringender Reparaturen neu belebt hatte, saß auf dem Dach der Vorderkajüte und erneuerte Rattanzurrungen, die gerissen waren. Joe und ich versuchten, die schwere Nylonschlepptrosse, die wir von der JARVIS bekommen hatten, auseinanderzudrehen, um dünnere Leinen und Bändsel daraus zu machen. Es gelang uns nicht. Die dünnen, weißen Nylonfasern waren so glatt und weich, daß sie auseinanderrutschten und nicht zusammenhielten. »Engelshaar« nannte Joe das Zeug. In einer Arbeitspause stellte ich den kleinen Handnavigator an, um festzustellen, wo wir waren. Die HSU FU stand 999 Meilen vor Kap Mendocino in Kalifornien. Ohne es zu merken, hatten wir den letzten gedachten Meilenstein passiert, den wir uns gesetzt hatten.

Ich war auf das Dach der Vorderkajüte geklettert, um Loi zu helfen. Wir beide ersetzten eine gebrochene Zurrung, als mich ein Geräusch von brechendem Wasser in Luv warnte. Eine besonders hohe Welle stürmte auf das Floß zu. Sie schoß unter ihm hindurch und spülte durch den Rumpf. Der wuchtige Wellenkamm wurde plötzlich gestoppt, als er breitseits gegen die Aufbauten krachte. Die Kraft des Wassers schleuderte Joe, der am Ruder war, quer durch die Plicht und setzte ihn erst einmal außer Gefecht. Glücklicherweise arbeitete Trondur in Lee der Hauptkajüte und war dadurch vor der anstürmenden See geschützt. Ich hatte keine Ahnung, wo Rex war, denn das Wasser lief quer über das Dach der Vorderkajüte und drohte, Loi und mich in den Ozean zu spülen. Loi packte mit beiden Händen eine Querstrebe und hielt sich daran fest. Mir selbst blieb nur die Zeit, wie ein Lemur auf den Baum des Vorsegels zu springen und Arme und Beine darum zu schlingen, während das Wasser vorbeilief.

Joe, den es umgeworfen hatte, hatte sich wieder aufgerappelt und reckte den Hals, um nach uns zu sehen. »Ich war sicher«, sagte er, »daß es dich und Loi über Bord gewaschen hat.« Fünf Stunden später bestätigten uns die Wettermeldungen, daß wir 50 Knoten Windgeschwindigkeit gehabt hatten, volle zehn Windstärken. Aber da waren wir schon zu beschäftigt, um uns darüber Gedanken zu machen: Wir waren dabei, das vordere Ende des Floßes vollständig neu zusammenzubauen, eine Arbeit, die ich fünf Monate vorher nicht für möglich gehalten hätte.

Loi hatte mich gerufen, um mir etwas in der Vorderkajüte zu zeigen. Er rollte den Bambuslattenfußboden weg, damit ich den geflochtenen Boden der Hütte sehen konnte. Was ich sah, war furchtbar. Eine große Schwellung beulte sich von unten hoch wie eine riesige Blase kurz vor dem Platzen. Wenn sie tatsächlich platzen würde, wäre der Kajütboden gerissen, und die See würde hineinströmen. Irgendetwas drückte von unten so kräftig gegen den Hüttenboden, daß durch den Druck schon die 7,5 cm dicken Fußbodenträger gebrochen waren. Ihre zersplitterten Enden ragten schräg nach oben. Wir hatten keine Ahnung, was da so von unten drückte. Wir mußten die Ursache des Schadens unter der Hütte feststellen und ihn schleunigst beheben. Aber das Unterteil der Kajüte war auf dem Floßrumpf festgebunden, und Wasser, das zwischen den Bambusstäben hochschoß, spülte dagegen. Die einzige Möglichkeit, um an den Schaden heranzukommen, war, die Kajüte mitten auf See vom Deck zu lösen und anzuheben, um nachzusehen, was sich darunter tat. Es schien verrückt, das zu versuchen, aber wir hatten keine Wahl. Mitten auf dem Stillen Ozean begannen wir damit, unser Heim zu zerlegen. Zuerst lösten wir die Leinen und Rattanstränge, mit denen die Vorderkajüte an Deck befestigt war. Mehrere der Leinen waren stark angescheuert, und die ursprünglichen Rattanzurrungen, die die Kajüte auf dem Floß festhalten sollten, waren allesamt verrottet und nutzlos. Ich konnte sie durch einen leichten Zug mit der Hand lösen, obwohl sie vierfach um die Bambusrohre geschlungen waren. Ich warf die vergammelten Rattanstränge über Bord. Nachdem alle Haltezurrungen entfernt waren, holten wir an einer Seite eine Leine unter dem Kajütkorb durch, und während Joe und ich an einem Ende und Loi und Rex am anderen Ende hochzogen, arbeitete Trondur mit einem starken Bambusstab, den er als Hebel unter den Rand der Hütte geschoben hatte. Unterstützt durch die Bewegungen und Verwindungen des Floßes hoben wir die Kabine von ihrer Unterlage ab. Wir rissen sie buchstäblich vom Deck ab, wobei der klebrige Teer, der damals in Sam Son aufgetragen worden war, in Fladen abriß und Fäden zog. Zentimeterweise kippten wir die Hütte auf die Seite, bis sie schräg lag. Unsere mitgenommene Vorderkajüte sah jetzt aus wie der Planenaufbau eines altersschwachen Lastwagens, der irgendwo in einem Dritte-Welt-Land zur Reparatur aufgebockt wurde. Aber wir waren nicht im afrikanischen Busch oder in den tibetanischen Bergen, sondern wir hatten die Kajüte mitten auf dem Pazifik auf die Seite gekippt. Als die Hütte so hoch lag, daß man darunter kriechen konnte, schoben wir ein Steckschwert darunter, damit sie nicht wieder herabfiel, und kauerten uns unter den Kajütboden, um uns die Bescherung anzusehen. Die Ursache des Schadens war sofort zu erkennen: Die Befestigungen eines der »Drachen«, so hießen die schweren Hölzer, die längsschiffs verliefen, waren gebrochen. Dadurch schob sich das Holz hoch und drückte gegen den Kajütboden. Trondur und ich sahen uns den Schaden besorgt an. Es war eine ernste Sache.

»Wir könnten den Drachen ganz und gar herausschneiden und über Bord werfen«, sagte ich. »Ich habe eine bessere Idee«, sagte Trondur. »Warum schneiden wir den Drachen nicht los, schieben ihn nach hinten unter die Hütte und zurren ihn dort wieder fest? Das wird helfen, das Floß zu verstärken. Das Holz wird dann nicht mehr hochfedern, sondern zumindest eine bessere Unterlage für die Kajüte sein.

Und mit dem Drachen auf der anderen Seite müssen wir dasselbe machen. Er wird auch bald brechen.«

Sechs lange Stunden hockten Trondur und Loi zusammengekrümmt in dem engen Zwischenraum unter der klebrigen, schräg hochgebockten Unterseite der Vorderkajüte und zurrten die beiden Drachen in ihrer neuen Lage fest. Dabei klatschten ihnen die Wellen ins Gesicht und um die Knie. Ich staunte, wie sie es schafften, unter so schwierigen Umständen zu arbeiten. Halb unter Wasser banden sie buchstäblich das Floß wieder zusammen. Sie bekamen langsam sehr viel Übung darin.

Um die Gelegenheit auszunutzen, daß die Kajüte jetzt angehoben war, bat ich Joe und Rex, Segeltuchflicken über die schlimmsten Löcher des Flechtbodens zu nähen. An zwei Stellen waren die Löcher so groß, daß man die Faust hindurchschieben konnte. Joe sah jetzt zum ersten Mal, wie dürftig die geflochtene Unterseite der Kajüten war, nicht kräftiger als ein guter Flechtkorb, wie man ihn in Gartenbedarfsgeschäften kaufen kann.

»Mein Gott«, bemerkte er. »Man stelle sich vor, daß ich die ganze Zeit in einer so dünnen, schwachen Schale auf dem Ozean gewohnt und geschlafen habe.«

Das feuchte, graue und stürmische Wetter zehrte weiter am Floß und seiner Besatzung. Die nächsten fünf Tage ließ es uns keine Atempause. Manchmal war es so elend feucht, daß uns kaum etwas anderes blieb, als uns in die leckenden Kajüten zu verkriechen, wo sich jeder mit seiner eigenen Arbeit beschäftigte: Trondur holte Stifte und Aquarellfarben heraus, um zu malen und zu zeichnen; Rex führte sein Naturtagebuch weiter; Joe schrieb Listen seiner Fotos und überprüfte die medizinische Ausrüstung. Die feuchte Luft verschlimmerte Lois latente Lungeninfektion, er klagte wieder über Schmerzen in der Brust. Aber Joe konnte wenig tun, um Loi zu helfen. Er hatte ihm die Antibiotika, die wir an Bord hatten, in jeder erdenklichen Zusammenstellung gegeben, jetzt wurden die Tabletten knapp. Glücklicherweise war Lois Stimmung dabei, sich zu verbessern. Er war ruhig, aber nicht niedergeschlagen, und seine Weinanfälle waren vorbei. Dann und wann begann er, auf Vietnamesisch zu uns zu sprechen. Wir hatten nichts dagegen, denn das Sprechen tat ihm bestimmt gut, selbst wenn die Zuhörer ihn nicht richtig verstanden. Wir hörten heraus, daß er meist über den ersten Abschnitt der Reise von Hongkong nach Japan sprach und über seinen Besuch in Tokio, an den er glücklich zurückdachte. Aufgaben zu haben war die beste Medizin für Lois Schwierigkeiten. Er führte seine Arbeiten jetzt besser und fachmännischer aus als auf dem Tiefpunkt seiner Depression. Aufwärts gegangen war es mit ihm, seit er eine Nachricht von seiner Familie in Sam Son erhalten hatte. Aus der Nachricht, die Truc weitergegeben hatte, ergab sich, daß in Lois Familie alle gesund waren, und daß seine Familie stolz auf ihn war. Die Mitteilung kam auf Englisch an, ich hatte Mühe, sie für Loi ins Vietnamesische zu übersetzen, damit er sie verstand. Er kannte das Wort nicht, das im englisch-vietnamesichen Wörterbuch für »stolz« stand. Ich fragte Joe um Rat.

»Warum sagst du nicht, daß Lois Familie ihm ›applaudiert‹«, schlug er vor. Ich versuchte es damit, und schon strahlte Loi vor Freude.

Loi hatte während der Reise eigene Aufzeichnungen gemacht. In ein Notizbuch, das ich ihm in Hongkong gegeben hatte, hatte er Einzelheiten über das Floß und dessen Zustand notiert. Nach seiner Heimkehr würde er mit Hilfe dieser Notizen den anderen Floßbauern in Sam Son sagen können, wie ihr Werk sich auf einer größeren Ozeanreise gehalten hatte. Am 8. November, dem 87. Reisetag, hatte er alle Seiten des Notizbuchs vollgeschrieben und fragte mich, ob ich noch etwas Papier für ihn hätte. Er zeigte mir die letzten Eintragungen in seinem Tagebuch, wobei er mit den Fingern auf die Tage deutete, an denen er Bambusstäbe vom Floß wegtreiben sehen hatte: 2. November, 4. November, 6. November, 7. November – »Bambus bye-bye, Bambus bye-bye«, wiederholte er ziemlich munter.

Das war der erste Teil unseres Dilemmas: Das schwere Wetter rüttelte die HSU FU auseinander. Die Tag um Tag anhaltenden harten Seen schlugen und schüttelten das Floß, so daß der Rumpf langsam und unaufhörlich Bambus abwarf, wenn die geschwächten Rattanzurrungen nicht mehr hielten. Wir konnten sogar voraussehen, wann lose Bambusstäbe unter dem Floß hervorrollen würden: Es passierte immer, wenn wir mit dem Floß nach einem Zeitraum mit starkem Wind auf den anderen Bug gingen. Solange die HSU FU stetig im selben Winkel zu Wind und Seegang lag, blieben lose Bambusstäbe unter dem Rumpf an ihrem Platz eingeklemmt. Sobald wir aber den Kurs zum Wind wechselten, legte sich das Floß leicht zur anderen Seite über. Dadurch lösten sich die eingeklemmten Bambusstäbe und tauchten anklagend luvwärts des Floßes aus dem Wasser auf. Wäre das Wetter ruhiger gewesen, der Wind beständiger oder die See ruhiger, hätte das Floß besser zusammengehalten. Aber man konnte so spät im Jahr kein gutes Wetter erwarten. Wir hatten normale spätherbstliche Bedingungen. So kämpften wir uns also weiter, versuchten abzuschätzen, wie schnell das Floß auseinanderbrach, und taten unser Möglichstes, lose Bambusstäbe zu bergen, um sie wieder an Ort und Stelle festzubinden, bevor sie ganz verlorengingen.

Mißlich war unsere Lage aber auch aus einem weiteren Grund: Der Wind stand gegen uns. Das war Pech. Im Spätherbst hätten wir normalerweise Winde aus verschiedenen Richtungen erwarten können oder sogar einen großen Anteil westlicher, für uns günstiger Winde. Stattdessen hatten wir tagelang Gegenwind oder sogar stürmischen Gegenwind, so daß wir nichts anderes tun konnten, als uns hilflos treiben zu lassen, ohne viel voranzukommen. Das Ergebnis war, daß die HSU FU langsam im Kreis herumtrieb. Am 92. Tag hatten wir die imaginäre Linie 1 000 Meilen vor Kalifornien überquert. Zwei Tage später hatten wir nur noch 925 Meilen vor uns. Dann drehte der Wind aber, wurde stürmisch, und am 96. Tag waren wir wieder hinter die 1000-Meilen-Linie zurückgeworfen.

Über dieses Zurücktreiben mußte ich als Skipper und Navigator nachdenken, als ich nachts in der Bambushütte lag und um mich herum das Konzert ächzender, knarrender und knackender Bambusstäbe und Hölzer hörte. Als wir die 1000-Meilen-Marke überquert hatten, hatte ich den Fehler gemacht, mich auf das Ende der Reise wie auf einen feststehenden Zeitpunkt zu freuen – etwa den 27. oder 29. November –, statt mich, wie ich es den anderen immer wieder geraten hatte, auf die Nahziele zu konzentrieren und das Fernziel auszublenden. Jetzt mußte ich meine Einstellung überdenken, und das war in dieser immer unwirtlicher werdenden Umgebung alles andere als leicht.

Inzwischen war alles in der Kajüte sehr feucht, die Kleidung, die Schlafsäcke, sogar das Schreibpapier meines Tagebuchs war so durchnäßt, daß es mehr wie Löschpapier wirkte. Normale Tinte verlief, und die Bleistiftspitze oder Kugelschreibermine zog eine Furche in die aufgeweichte Oberfläche. Ich ging dazu über, ein besonderes, wasserfestes Papier zu benutzen, von dem ich auch Loi abgab. Ich schrieb meine Notizen mitten in dem Mief nasser Socken und feuchter Pullover. Das Flechtwerk des Kajütbodens unter mir hatte jetzt so viele kleine Löcher, daß man das Wasser jedesmal in kleinen Fontänen eindringen hörte, wenn eine schwere See unter dem Floß durchrollte und gegen das Unterteil der Kajüte drückte. Ab und zu, wenn eine ungewöhnlich große Welle unter uns durchgelaufen war, knipste ich meine Taschenlampe an, krabbelte herum, wobei ich versuchte, die anderen nicht zu stören, und leuchtete mit der Lampe durch den Bambuslattenfußboden nach unten. Dort sah ich das glitzernde Wasser unter dem Fußboden in der Kajüte herumgurgeln. Wenn die Welle übergekommen war, leuchtete ich mit der Lampe nach oben und strahlte die hölzernen Pfosten der Hütte an, um zu sehen, ob neue Risse entstanden waren, oder ich versuchte, mit dem Lichtstrahl festzustellen, woher es tropfte. Ich machte mir Sorgen darüber, daß der sogenannte »Trockenbereich« in der Mitte der Kajüte unter der Zeltplane kleiner und kleiner wurde, weil heruntertröpfelndes und -triefendes Wasser nach und nach in diese letzte trockene Zone eindrang. Der »Trockenbereich« war nicht nur für die Bequemlichkeit wichtig, sondern auch für die Sicherheit. Hier mußte ich mit der elektrischen Ausrüstung hantieren, Batterien für die Taschenlampen oder das Funkgerät aufladen und den Laptop bedienen, der unsere Nachrichten in die Außenwelt schickte. Mir war bewußt, daß wir bei Ausfall des Radios oder des Computers von der Außenwelt abgeschnitten wären und daß so etwas tödliche Folgen haben konnte. Im Notfall konnte ich immer noch die Seenotfunkboje anstellen. Dann hätten wir aber keine Möglichkeit gehabt, zu erfahren, ob ihr Signal gehört worden war, und ob Hilfe möglich oder auf dem Weg war. Solange das Radio funktionierte, konnten wir nach wie vor unsere täglichen Positionsmeldungen senden, Wetterberichte empfangen und im Falle, daß wir das Floß verlassen müßten, planvoll an die Evakuierung herangehen.

Es kam uns beruhigend, aber auch etwas sonderbar vor, daß wir während des Kampfes mit dem schweren Wetter unseren täglichen Funkkontakt mit den Schulkindern weit weg in Virginia aufrechterhalten konnten, die verfolgten, wie wir vorankamen. Während sich das Floß in der See wälzte, die Gischt über uns hinwegspritzte und wir uns abmühten, das Fahrzeug zusammenzuhalten, schrieb ich jeden Tag einen kurzen Bericht über unsere Tätigkeit, schickte die Worte auf dem Weg über den Satelliten hinaus, empfing die Fragen und beantwortete sie, ganz so, als seien wir sicher an Land. Die Kinder hörten gespannt von dem Mörderwal, fragten, ob es uns nicht über geworden sei, so viel Fisch zu essen, und wollten wissen, was wir mit unserer freien Zeit anfingen. Auf diese Frage antwortete ich, daß wir inzwischen immer weniger Freizeit hätten, weil die Hsu Fu immer mehr Arbeit und Instandhaltung verlangte, weil die Reise sich in die Länge gezogen hatte und das Floß immer schneller zerfiel. Wenn wir freie Zeit hatten, lernte Joe Spanisch, Loi döste oder fischte, Trondur fischte oder las das einzige Buch in dänischer Sprache, das er mithatte. Rex döste oder las, und ich hörte mit einem Kurzwellenradio im Westentaschenformat Nachrichten. Wo würden wir gern sein, wenn wir an Land sein könnten, fragte ein Schüler. In unseren Häusern oder Wohnungen, jeder in seinem Heimatland, antwortete ich; Trondur auf den Färöern, Rex und Joe in London und Südostengland, Loi in seinem vietnamesischen Dorf, wo seine Frau mit etwas Geld, das ich ihrem Mann geliehen hatte, einen kleinen Laden betrieb, und ich selbst in dem kleinen Dorf an der Küste der Grafschaft Cork in Südwestirland, wo ich aus dem Fenster meines Arbeitszimmers die Reiher beobachten konnte, die am Ufer der Flußmündung herumstaksten. Die Schüler und Schülerinnen müssen unsere Tagespositionen auf der Karte eingetragen haben, denn am 98. Tag kam die Frage: »Ist es frustrierend, wenn das Floß so langsam vorankommt?« Dieser Frage war die schlimmste Nacht der Reise vorangegangen. Der Himmel war so vollständig von Sturmwolken bedeckt, daß es schon um 17.00 Uhr dunkel war. Auf dem schwarzen Ozean um uns herum leuchteten nur die weißen Wellenkämme auf, als grinsten sie irrsinnig. Müde wie ich war, hatte ich den Eindruck, als warte dort auf der wogenden Tiefe eine aberwitzige, zerstörerische Gewalt mit grenzenloser Kraft nur darauf, das Floß zu vernichten. Um das Gefühl der Bedrohung abzuschütteln, mußte ich mich auf die äußeren Erscheinungen und die dahinterstehenden Zahlen konzentrieren, an den Luftdruckgradienten, die Windgeschwindigkeit und die Wellenhöhe denken, um irgendeinen Sinn in dieser anhaltend feindlichen Umwelt zu sehen. Ich hatte den Verdacht, daß ich mit meinen Sorgen fast allein stand. Rex schienen Gefahr und Unbequemlichkeit wie üblich nichts anhaben zu können; Loi und Trondur schienen auf dem Ozean zu Hause zu sein, selbst wenn er aufgewühlt war. Soweit ich wußte, neigte nur Joe dazu, sich sorgenvolle Gedanken zu machen. Die letzten fünf Tage, seit das Wetter sich verschlechtert hatte, war er sehr bedrückt gewesen, wie er mir gestand.

Ich hatte meine Wache beendet und war in der Kajüte in meinen Schlafsack gekrochen, als es einen fürchterlichen Krach gab, und ich Wasser über den Kopf bekam, als seien mehrere Eimer Wasser durch den Kajüteingang geschleudert worden. Zum erstenmal war eine See tatsächlich in die Kajüte eingedrungen. Die Welle war durch die aufrollbare Segeltuchtür hereingestürzt. Mein erster Gedanke war: *Die Plicht steht unter Wasser!* Der zweite Gedanke: *Die Elektrik!* Wasser rieselte auf mich, während ich nach einer Taschenlampe suchte. Als sie leuchtete, sah ich überall im hinteren Teil der Kajüte triefendes Chaos – unsere Kleidung, die Plastikbrotdosen, in denen die wichtige elektrische Ausrüstung war, alles glitzerte und triefte vor Wasser. Ganz eindeutig: Das war auf der ganzen Reise bis dahin die schlimmste einsteigende See gewesen. Ich kroch auf allen vieren zur Kajüttür und schlug die tropfende Segeltuchklappe hoch.

»Alles klar?« rief ich sorgenvoll der Cockpitwache zu. Auch draußen spülte Wasser herum. Ich konnte Trondurs schwarz schimmernde lange Seestiefel und seinen wasserglitzernden robusten gelben Ölzeugmantel sehen. Rex sah verdutzt aus. Er hatte unter dem Schutzdach gesessen, das Loi neu geflochten hatte, als die schwere See sich in die Plicht ergoß. Das ganze Schutzdach hatte sich heruntergebogen und auf Rex' Kopf gedrückt, wodurch er in die Knie gegangen war. Dann war das Dach wie durch ein Wunder in seine alte Krümmung zurückgesprungen, so daß Rex sich wieder aufrichten konnte. Die Gewalt des Wassers hatte das Mattendach der Hauptkajüte auf der Seite, die die See getroffen hatte, hochgerissen. Bambussplitter ragten in merkwürdigen Winkeln heraus. Schlimmer noch, das ganze Cockpit schien seitwärts verrutscht zu sein. Trondur, ruhig wie immer, wollte gerade aus der Plicht klettern, um auf dem

Seitendeck des Floßes, bis zu den Oberschenkeln im Wasser stehend, zusätzliche Zurrleinen für den Fall anzubringen, daß das Cockpit ganz weggespült zu werden drohte. Mit nassem Kopf und nassen Schultern kehrte ich in meinen feuchten Schlafsack zurück und überlegte, wie lange das Floß wohl solche Schläge aushalten konnte.

Das Tageslicht zeigte, daß die Schäden teilweise doch nicht so schlimm waren, wie befürchtet – die Plicht war durch die Kraft der See nur aus der Form gedrückt worden und nicht auf ihrer Unterlage verrutscht. Das Cockpitschutzkleid – die Segeltuchbahn, die ausgespannt war, um Wind und Gischt abzuhalten – war durch die Welle aufgerissen worden, sie ließ sich wieder zusammennähen. Das Kajütdach konnte repariert werden, auch wenn wir es mit Rattan-Resten flicken mußten, die wir aus den verrottenden Wanten gewonnen hatten, denn Loi hatte seine ganze Rattanreserve aufgebraucht. Als Trondur und ich uns auf dem Vorschiff bei der Besichtigung des Schadens trafen, waren wir beide zum selben Schluß gekommen. Das Floß konnte solche wütenden Schläge nicht mehr länger verkraften. Es ging allmählich in Stücke und konnte allenfalls noch zwei oder drei Stürme aushalten, wenn sie nicht allzu lange dauerten. Ein längerer Sturm von drei oder vier Tagen würde dem Floß aber sehr wahrscheinlich den Rest geben. Die Gefahr lag nicht so sehr darin, daß wir nach und nach die Bambusstäbe des Rumpfes verloren – die HSU FU konnte noch viele Tage einzelne Bambusrohre verlieren, ohne zu sinken. Die wirkliche Sorge bestand darin, daß die letzten Rattanverbindungen, die die Hauptquerbalken mit den Bambusstäben verbanden, sich lösen könnten. Wenn diese Querriegel und die Rohre sich voneinander lösten, dann würde das Floß völlig aus der Form gehen. Es wäre dann nicht mehr als ein lose zusammengehaltenes Bambusbündel. Das wäre das Ende. Bald danach würden die einzelnen Rohre sich davonmachen. Der Rumpf wäre dann so formlos, daß er einfach kentern und auf dem Kopf liegenbleiben könnte.

Weil zwei Drittel des Decks unzugänglich unter den Kajüten und dem Cockpitkorb lagen, konnten wir die äußerst wichtigen Zurrungen der Querbalken nicht überprüfen. Aber ungefähr die Hälfte der Laschungen, die wir untersuchen konnten, war schon gebrochen.

Ich war der Ansicht, daß wir ohne besseres Wetter das Land nicht erreichen würden. Aber inzwischen hatten wir die erste Novemberwoche, und weitere Stürme waren angesagt. Ich persönlich schätzte die Chancen der HSU FU nicht besser als fifty-fifty ein, sagte der Mannschaft aber nichts davon. Das Beste, was wir tun konnten, war, das Floß voranzuknüppeln, sobald der Wind günstiger wurde, auf gutes Wetter zu hoffen, um näher an die Küste zu kommen, damit wir nicht so weit vom Land wären, falls wir das Floß verlassen müßten.

Wir verbrachten einen ruhigen Nachmittag und Abend, weil der Wind allmählich nachließ. Jeder von uns wußte, daß die Lage immer schwieriger wurde. Es war keine Mutlosigkeit, aber wir mußten uns einfach sachlich damit abfinden, daß wir nicht in Richtung Amerika vorankamen und das Floß unter uns langsam seinen Geist aufgab. Unsere nachdenkliche Stimmung wurde auch dadurch deutlich, wie wir auf das Auftauchen eines großen Mondfischs reagierten, der neben dem Floß schwamm. Sein scheibenförmiger Körper von 1,20 m bis 1,50 m Durchmesser war deutlich zu sehen, und die grünlich-graue Oberflosse wedelte zehn Minuten lang dicht neben uns in Wurfweite der Harpune herum. Vorher hätten wir daran gedacht, den Mondfisch wegen seiner Leber zu fangen, aber die Erinnerung an den letzten Mondfisch, von dem wir nur so wenig herunterbekommen hatten, und der Gedanke daran, daß wir vielleicht nicht mehr viel Proviant brauchen würden, hinderten uns daran, ihn zu fangen. Wir saßen einfach auf dem Kajütdach und sahen dem Tier in aller Ruhe zu, wie es neben uns schwamm. Dann drehte der Mondfisch ab und verschwand in den Wellen.

Wie auch sonst war unter diesen schwierigen Bedingungen Trondur der Tatkräftigste und Einfallsreichste. Er suchte ein paar Stücke Holz zusammen und brachte den Rest des Nachmittags mit Klopfholz, Stechbeitel und Messer damit zu, eine altmodische Spinnwirtel zu machen. Er erklärte, daß auf dem Bauernhof seiner Familie auf den Färöern ein besonders weiches Tauwerk aus Schafswolle gesponnen werde. Diese wollenen Stricke benutze man, um den Schafen die Beine zusammenzubinden, wenn sie mit Booten auf kleine vorgelagerte Inseln gebracht werden, wo sie den Sommer über weiden. Nur Stricke aus Schurwolle seien weich und gleichzeitig stark genug, um den Schafen die Beine zusammenzubinden, ohne sie zu verletzen. Auf den Färöern ist das Spinnen der Wolle anscheinend Männerarbeit, natürlich konnte Trondur von Hand spinnen und wußte auch, welche Größe die Wirtel haben mußte. Mit der selbstgemachten Spinnwirtel wollte er jetzt das »Engelshaar«, die Nylonfasern der Schlepptrosse, neu verspinnen und kurze Bändsel daraus machen.

Wie es für Rex typisch war, entdeckte er schon wieder ein merkwürdiges Zusammentreffen in unserem Logbuch. »Noch 999 Meilen am 99. Tag«, sagte er beim Frühstück, verschwieg aber taktvoll, daß wir die »Noch-Tausend-Meilen-Marke« schon zum zweitenmal passiert hatten. Am darauffolgenden Abend schien das Wetter perfekt: Die ganze Nacht wehte eine schöne Segelbrise, der Morgen darauf war hell und klar, wenn auch kühl. Das Problem war nur, daß der Wind noch immer aus der falschen Richtung kam, so daß die HSU FU zwar ganz gute Fahrt durchs Wasser machte, aber nicht in die richtige Richtung. Der Abstand zwischen uns und Kalifornien verringerte sich nicht. Wir verschwendeten Zeit, was wir uns am allerwenigsten leisten konnten. Es ging nicht einfach um das Warten auf die Winddrehung, sondern die Verzögerung hatte eine ganze Woche der begrenzten Restlebensdauer des Floßes verbraucht, von der jetzt nicht mehr viel übrig war. Nach unserem üblichen kargen Frühstück aus einer Handvoll Haferflocken und Trockenobst begann ich mit meinem täglichen Rundgang über das Floß. Mir war bewußt, daß die zurückliegenden 24 Stunden das Fahrzeug nicht allzu sehr beansprucht hatten. Die See war noch zu unruhig, um unter das Floß zu tauchen und es gründlich zu besichtigen, aber der Seegang war mäßig, und wir hatten nur ein- oder zweimal gewendet. Daher war es umso besorgniserregender, daß ich sogar nach diesem verhältnismäßig ruhigen Tag feststellen mußte, daß sich noch ein großer Bambusstab an der Steuerbordseite losgearbeitet hatte und daß mehrere Stäbe aus dem Bug herauswanderten, von denen einer so lang und dick war, daß es sich um einen großen Hauptstab aus dem Rumpf handeln mußte. Wir hatten auch eine ernsthafte Schwierigkeit mit dem starken Bambusrohr, das an der Steuerbordseite wie eine Fußreling oder ein Dollbord von vorn nach achtern verlief. Das war ein wichtiges Bauteil, weil daran die Wanten befestigt waren, die die drei Masten hielten. Dieser Stab war der Länge nach aus zwei ausgesuchten Stücken zusammengesetzt. Jetzt war die Verbindung der beiden Längen auseinandergegangen und die Bambusreling geknickt. Das war ein Zeichen, daß die HSU FU dabei war, sich das Rückgrat zu brechen. Sobald wie möglich mußte ich wieder unter das Floß tauchen, um den wirklichen Zustand des Rumpfes zu untersuchen. Aber schon jetzt hatte ich deutlich das ungute Gefühl, daß die HSU FU schlapper und weicher geworden war.

Abschied von der HSU FU

Nach 100 Seetagen seit der Abreise aus Japan sah die HSU FU aus wie eine behelfsmäßige Reepschlägerei oder Seilerei. An diesem Nachmittag zeigte Trondur Joe und Rex, wie man mit der Spindel arbeitet. Die beiden spannen dann eifrig drei-kardeelige Nylonbändsel aus dem »Engelshaar«. Überall im Cockpit lagen weiße Nylonstränge herum. Kaum hatte die Spinngruppe ein Ende fertiggestellt, holten Loi und Trondur es auch schon ab, um es zum Festlaschen des wichtigen Bambusstabs zu benutzen, der als Fußreling diente und die Wanten hielt. Die Atmosphäre an Bord war voller Tatkraft und Zufriedenheit, weil wir eine Herausforderung vor uns hatten. Es tat gut, etwas Positives und Nützliches zu tun. Der letzte Sturm, ein Namenloser, war nach Süden abgedreht. Wir wußten, daß wir mit ihm mehr Glück gehabt hatten als ein anderes Fahrzeug, über das er hinweggezogen war. Über Funk erfuhren wir von dem Notsignal eines in Schwierigkeiten geratenen unbekannten Schiffs etwa 500 Meilen südlich von uns. Obwohl der Wind noch immer stetig und kräftig von Osten blies und die HSU FU immer weiter von Kalifornien wegtrieb, hatten die Tage an Bord einen neuen Inhalt und Rhythmus bekommen. Wir konzentrierten uns darauf, so schnell und gut wie möglich zu spinnen, bis wir nur noch 20 Minuten brauchten, um ein zwei bis drei Meter langes Bändsel herzustellen, und weitere fünf Minuten, um die Enden zu verschmelzen, damit es sich nicht wieder aufdrehte, und es den »Zurrern« zu bringen.

Das Allerdringendste war jetzt, den gebrochenen Seitenstab zu sichern. Das war aber nicht das größte Problem. Wir hatten noch immer nicht herausgefunden, wie wir die Bambusrohre des Rumpfes daran hindern konnten, sich zu lösen und wegzuschwimmen. Wir mußten eine Möglichkeit finden, die HSU FU auf See zusammenzunähen, hatten aber sehr wenig Zeit, eine Lösung zu erfinden. Am Morgen des 101. Tages waren wieder zwei Rumpfbambusrohre unter dem Floß herausgekommen und hingen lose neben einer Seite des Floßes.

Joe zog seine Öljacke und sein Hemd aus, lehnte sich außenbords und legte eine Leine um eines der losen Rohre. Das Bambusstück hing nur noch an einer Laschung, deswegen holten wir das triefende Rohr an Deck, um seinen Zustand zu untersuchen. Wir stellten fest, daß es zu den dicksten Rohren gehörte, offensichtlich ein Stück aus dem Mittelteil des Rumpfes. Abschnitt für Abschnitt suchten wir es nach Rissen oder Schäden ab. Die meisten der einzelnen Luftkammern, die durch Querwände voneinander getrennt sind, waren in Ordnung. Wir beklopften sie mit Lois Machete und hörten am Ton befriedigt, daß sie dicht waren. Nur eine Kammer gab ein kurzes, dumpfes »Klunk« von sich, einen Ton, als sei sie voll Wasser. Wir brachen den Abschnitt auf und stellten fest, daß die Kammer einen Riß hatte, so daß Seewasser eingedrungen war, das dann brackig geworden war und jetzt nach faulen Eiern roch. Aber im großen und ganzen war der Bambusstab in Ordnung. Er war noch immer stark und schwimmfähig genug, um seine Aufgabe als Teil des Rumpfes zu erfüllen. Als wir am Ende des Rohrs angekommen waren, fanden wir an den letzten drei Abschnitten etwas neues: Bohrwürmer.

Das war die Plage, vor der uns viele erfahrene Segler und Seeleute gewarnt hatten. Sie waren sicher gewesen, daß der Teredo oder Schiffsbohrwurm sich schon in den ersten paar Wochen unserer Reise auf den Bambus des Floßrumpfes stürzen und ihn vollständig zerfressen würde. Dennoch hatten wir erst jetzt, sechs Monate später, die ersten sicheren Anzeichen von Bohrwurmbefall entdeckt. Da waren die unverwechselbaren kleinen Löcher, die zeigten, wo die schwimmenden Larven des Teredo sich am Bambus festgesetzt und hineingebohrt hatten. Joe nahm die Machete und brach den befallenen Bambusabschnitt auf. Innerhalb der Außenwandung des Rohrs verliefen die hohlen Gänge, die Fraßspuren der Larven, wo sie die Bambusfasern aufgefressen hatten. Am Ende eines jeden Fraßgangs saß der Bohrwurm, der den Schaden angerichtet hatte. Die schneckenähnlichen, rosa und weiß gefärbten Larven waren irgendwie widerlich anzusehen, aber man konnte nur darüber staunen, wie großartig die Natur sie entworfen hatte. Jeder dicke, kleine Wurm war eine vollkommene Bohrmaschine. Der Kopf trug eine Reihe von Schneiden, die die Fasern zerkauten und in den Verdauungstrakt des Tiers beförderten. Der Bohrwurm ist eine der zerstörerischsten Arten im Ozean, diese winzigen Tiere haben im Laufe der Seefahrtsgeschichte mehr hölzerne Schiffe versenkt als alle Kanonenkugeln zusammen. Eigenartigerweise bedrohten sie die HSU FU aber nicht besonders. Ein ernsthafter Bohrwurmbefall hätte ein normales Schiff mit geschlossenem Rumpf versenkt, aber unser Floß hatte noch immer den Auftrieb von fast 200 Bambusrohren. Erst wenn der größere Teil davon stark zerfressen wäre, könnte das Floß sinken. Verglichen mit dem Problem der verrotteten Laschungen machte der gefürchtete Bohrwurm uns kaum Sorgen.

Trondur und ich hatten beide über dieselbe wichtige Frage nachgedacht: Wir hatten einen Weg gefunden, durch Spinnen mit Bordmitteln mehr Tauwerk herzustellen, aber wie konnten wir die Bambusstäbe des Floßes damit zusammennähen? Vor fast einem Jahr hatten die Floßbauer in Sam Son den Rumpf an Land zusammengebunden. Sie hatten dabei paarweise gearbeitet, ein Mann oben, ein Mann unten, während das Floß erhöht auf einer Bauhelling lag. Hier draußen, mitten auf dem Pazifik, kamen wir nur an eine Seite des Floßes heran, an die Oberseite. Die Unterseite lag unter Wasser. Wir mußten ein System ausklügeln, die neuen Leinen irgendwie zwischen den Bambusstäben durch das Floß nach unten zu schieben, unter mehreren Stäben durchzuziehen, das Ende dann durch einen anderen Spalt wieder nach oben zu holen und die beiden Enden dann oben zu verknoten. Das alles mußte geschehen, während das Floß sich durchs Wasser bewegte und die See durch den durchlässigen Rumpf spülte.

Mit den losen Rohren ganz am Rand des Floßes wurden wir leicht fertig. Die Arbeit war hier zwar naß und unbequem, aber wenigstens einfach. Irgendjemand, meist Trondur oder ich selbst, lehnte sich über den Rand des Floßes, holte tief Luft und tauchte dann mit Kopf und Schultern unter. Er langte dann so weit unter das Floß, wie er konnte, und fummelte nach einem steifen Draht, den der oben arbeitende Mann inzwischen durch die schmale Lücke zwischen zwei Bambusstäben nach unten durchgesteckt hatte. Der Draht hatte eine Schlinge am Ende. Der Unterwasserarbeiter werkelte solange herum, bis er das Ende des Perlonbändsels durch die Drahtschlinge gesteckt hatte. Dann kam er aus dem Wasser, gab dem zweiten Mann ein Zeichen, und dieser zog dann den Draht – hoffentlich mit der Nylonleine – nach oben heraus. Die Nylonleine wurde dann dichtgeholt und fest verknotet, die seitlichen Bambusrohre wurden dadurch an ihrem Platz gehalten. Diese Arbeitsweise funktionierte aber nur so weit, wie der Unterwassermann reichen konnte, etwa unter drei oder vier Stäben hindurch. Mit dem ganzen breiten Mittelteil des Floßes, 29 oder 30 Stäbe nebeneinander, wurden wir auf diese Weise nicht fertig. Es war unmöglich, unter das Floß zu tauchen und dort für diese Arbeit lange genug zu bleiben. Der Taucher könnte nicht lange genug den Atem anhalten. Außerdem war die See selten so ruhig, daß man überhaupt unter den Rumpf tauchen konnte. Auch war die Unterseite des Floßes voller scharfkantiger Seepocken, die die Hände des Tauchers zerschunden hätten.

Zuerst versuchten wir, den Wasserstrom unter dem Rumpf auszunutzen, um das Perlonbändsel dorthin zu bringen, wo wir es brauchten. Wir steckten das Ende durch einen Spalt zwischen den Bambusstäben in der Mitte des Floßes nach unten, weiteten einen danebenliegenden Spalt mit Keilen auf, warteten, bis das Wasser das Bändsel zur Seite trieb, und fischten es dann, sobald wir es sahen, mit unserem steifen Draht auf. Dadurch konnten wir eine Reihe weiterer Bambusstäbe zusammenzurren, aber es reichte nicht. Wir mußten einen Weg finden, die Bändsel dort um die Bambusrohre zu ziehen, wo sie am meisten nützten. Endlich kamen wir auf eine Lösung: Trondur bog zwei Eimergriffe gerade, verband sie mit den Enden und bog ein Ende zu einem Haken. Das Ganze sah aus wie eine überdimensionale Häkelnadel. Ein Mann schob dieses Werkzeug dann durch eine Ritze zwischen den Rumpfrohren nach unten, so daß der Haken unter dem Floß in den Ozean ragte. Währenddessen hatten zwei andere Männer die Nylonleine genommen und an den Enden zweier 1,80 m langer Stangen befestigt. Sie brachten die Leine dann vor dem Bug des Floßes ins Wasser, jeder der Männer ging an einer Floßseite mit seiner Bambusstange nach hinten. Dabei spannten sie die Leine zwischen ihren Stangen quer unter dem Floß wie eine Art umgedrehte Wäscheleine und gingen damit nach achtern, bis die Leine den unter dem Floß herausragenden Drahthaken berührte. Der Mann mit der Häkelnadel spürte es, wenn die Leine an den Haken kam. Dann zog er den Haken hoch und hatte mit etwas Glück die Leine zwischen den Bambusstäben des Rumpfes hindurch nach oben geholt, wo er sie zu einem Auge verknotete. Während die beiden anderen Männer die Leine noch immer stramm hielten, konnte er mit dem Haken durch die benachbarte Ritze zwischen den Stäben nach unten langen, die Leine dort zum zweiten Mal hochziehen und das Ganze oben fest verknoten. Wenn ein Fremder diese Aktion gesehen hätte, hätte er die beiden Männer mit den Bambusstangen für verrückt gehalten. Sie wären ihm vorgekommen wie ein paar irre gewordene Landvermesser oder Leute, die versuchten, den Grund des Stillen Ozeans mit Lotstangen zu erreichen.

Mit dieser merkwürdigen Plackerei mühten wir uns den ganzen 13. und 14. November ab. Es war jedesmal ein kleiner Triumph, wenn wir die Leine mit dem Haken erwischt und nach oben durchgezogen hatten, um einige Bambusstäbe zusammenzuzurren, meist Bündel von drei oder neun Rohren auf einmal. Wir konzentrierten uns auf das Vorschiff, denn dort kamen wir am besten an den Rumpf heran, und dort waren die Rattanzurrungen unter Wasser auch am schlimmsten verfault.

Aber die Arbeit war sehr ermüdend. Durch das ständige Balancieren auf dem glitschigen, seegrasbewachsenen Floßrand und gleichzeitige Hantieren mit den Bambusstangen oder das Knien auf dem Vordeck, um mit dem Haken zwischen den Rohren hindurchzufummeln, waren wir erschöpft. Am Abend war selbst Trondur völlig fertig und litt unter Rückenschmerzen. Aber wir weigerten uns, aufzugeben. Wir mußten herausfinden, ob wir das Material und das Geschick hatten, das Floß zu reparieren, um uns Alternativen offenzuhalten. Wenn wir nichts tun konnten, um das Floß zusammenzuflicken, dann würden wir ganz einfach gezwungen sein, das auseinanderfallende Gefährt zu verlassen und die Niederlage einzugestehen. Wenn wir dagegen Mittel und Wege fänden, das Floß zusammenzuhalten, dann wäre es unsere eigene Entscheidung, ob wir es verlassen oder an Bord bleiben wollten. Wir wollten uns nicht so leicht damit abfinden, daß wir keine Wahl mehr hatten.

Wahlmöglichkeiten zu behalten bedeutete auch, daß wir uns darauf einrichten mußten, die Reise so lange fortzusetzen, wie sie bis zur Küste dauern würde, vielleicht noch 20 oder 30 Tage. Daher kündigte Joe am 14. November mittags unsere neue Diät an. Er nannte sie die »Spezialschlankheitsdiät«. Sie bestand aus drei Tassen Kaffee pro Mann und Tag, einer halben Zwiebel täglich für alle fünf und zwei einfachen Mahlzeiten mit unserer bewährten Kompositon aus Reis oder Nudeln mit getrocknetem Bonito oder Dosenthunfisch. Mit diesen Rationen, so hatte Joe ausgerechnet, würden wir bis zur Ankunft an der amerikanischen Küste auskommen, wenn das Floß so lange mitmachte.

Aber würde die HSU FU lange genug zusammenhalten, um die letzten 1000 Meilen zu schaffen? Würde das geschwächte Floß diesen letzten Abschnitt der Reise durchhalten, wenn wir es schonend behandelten?

Das war die Frage, von der alles andere abhing. Um die Antwort zu finden, konnten wir nur im Auge behalten, wie schnell das Floß verfiel, und so genau wie möglich abschätzen, wie wirksam unsere Gegenmaßnahmen waren.

Deshalb nutzte ich am 14. November, dem 103. Tag, die einigermaßen ruhige See, um den Naßtauchanzug anzuziehen und noch einmal unter das Floß zu tauchen. Ich hatte vor, den Zustand des Rumpfes mit dem zu vergleichen, was ich zwei Wochen zuvor nach dem Besuch der JARVIS gesehen hatte. Damals war ich zu dem Urteil gekommen, daß die HSU FU verfiel, aber noch sicher genug für uns war.

Jetzt fand ich etwas Neues. Mein erster Eindruck war ganz subjektiv und gefühlsmäßig: Die begleitenden Fische waren weg! Ich sah nur fünf oder sechs der schläfrigen, plumpen, grauen Fische und nur zwei oder drei kleine, grauweiß gestreifte Pilotfische statt des früheren Schwarms von 20 oder 30 Doraden. Gelbflosser oder Haie fehlten völlig. Die See war fast leer, und die HSU FU sah seltsam nackt und einsam aus. *Unsere Fischeskorte wußte etwas*, dachte ich bei mir ganz irrational. *Sie verlassen uns*. Ich blickte am Rumpf entlang und fühlte mich schon besser. Von unten sah die breite, leicht gekrümmte Plattform des Rumpfs unverändert aus. Sie hielt noch immer ihre Form, und die Schwerter ragten noch immer wie steife Flossen unten heraus, wie es sein sollte. Ich tauchte wieder auf, holte tief Luft und tauchte wieder unter das Floß. Dabei zog ich mich unter dem Floßboden entlang zum Vorschiff. Dort konnte ich Tronders neue, weiße Perlonlaschungen erkennen, die an den richtigen Stellen um mehrere Bambusstäbe gezogen waren. Das Häkelnadelsystem hatte ausgezeichnet funktioniert. Aber es fehlte etwas. Schon wurde mir klar, was es war. Als ich zwei Wochen vorher unter das Floß getaucht war, starrte der ganze Vorderteil des Rumpfes von kurzen Rattanenden gebrochener Laschungen, die im Wasser baumelten. Jetzt waren sie weg. Die Bambusstäbe lagen nackt und bloß nebeneinander, nur von kleinen Seepocken gesprenkelt und mit einem leichten Schleier aus feinem Seemoos bewachsen. Es lag auf der Hand, daß die gebrochenen Rattanenden so verfault waren, daß sie einfach weggespült worden waren. An Steuerbord sah ich mindestens sechs Lücken in den Bambusreihen, wo sich einzelne Bambusstäbe gelöst hatten und weggeschwommen waren.

Als ich mich zum Heck hinbewegte, traf mich ein unangenehmer Schock. Zwei Wochen vorher war der ganze Mittel-

und Heckteil des Rumpfes noch sauber verzurrt gewesen. Jetzt hing dort genau derselbe Bart aus gebrochenem Rattan, der die bevorstehende Auflösung des Bugteils angekündigt hatte. Die Festigkeit des Rumpfes war total hinüber.

Die See wogte etwas, so daß ich Schwierigkeiten hatte, mich unter dem Floß sicher zu bewegen, auch begann ich zu frieren. Deshalb kletterte ich wieder an Bord und beschrieb den anderen, die in der Plicht versammelt waren, was ich festgestellt hatte. Ich wies darauf hin, daß wir jetzt ungefähr 1200 Meilen vom Land entfernt waren, und daß wir noch mindestens 25 Tage brauchen würden, um den nächstgelegenen Punkt auf dem amerikanischen Kontinent zu erreichen. Ich fragte alle nach ihrer Ansicht, und wie sie sich das weitere Vorgehen vorstellten. Dabei betonte ich die Vorläufigkeit der Diskussion, weil mir die Bedingungen unter dem Floß keine gründliche Untersuchung erlaubt hatten, und weil ich wollte, daß jeder einzelne Zeit genug hätte, darüber nachzudenken, was er in unserer Lage für richtig hielt. Als Schiffsführer wußte ich nur zu gut, daß wir ein gutes Team waren. Jeder einzelne verdiente daher, daß die anderen seine Meinung anhörten und beachteten.

Als erfahrenster Seemann ergriff Trondur zuerst das Wort. Wie üblich drückte er sich kurz und bündig aus. Er sagte, daß es ihm sehr leid tun würde, das Floß zu verlassen, weil es so ein schönes, einzigartiges Fahrzeug sei und uns auf See durch dick und dünn nicht im Stich gelassen hätte. Er könne nicht entscheiden, ob wir das Floß aufgeben oder an Bord bleiben sollten. Im Augenblick konnte er nur sagen, daß die Bambusstäbe im Mittel- und Heckteil des Floßes, wenn sie erst einmal angefangen hätten, loszubrechen, immer schneller nacheinander verlorengehen würden, und daß es unmöglich wäre, die Stäbe dort mit unserer Häkeltechnik wieder festzuzurren, weil die Aufbauten den Zugang von oben versperrten. Er bezweifelte auch, daß wir genug Nylontrossen hätten, um daraus ausreichend Bändsel zu spinnen.

Joe sagte, daß es schade wäre, das Floß zu verlassen, nachdem wir soweit gekommen seien, und daß er lieber noch eine weitere Schlechtwetterperiode durchmachen wolle, um zu sehen, wie der Floßrumpf damit fertig würde. Rex stimmte ihm zu. Er meinte, daß wir versuchen sollten, weiterzusegeln, solange die Segeleigenschaften der HSU FU nicht beeinträchtigt wären. Loi hatte zugehört und offensichtlich verstanden, worüber wir diskutierten. Ich entfaltete die Karte des Nordpazifik und zeigte ihm, wie Gegenwind und Stürme die HSU FU in den letzten zehn Tagen im Kreis getrieben hatten, und daß wir noch mindestens drei Wochen, vielleicht einen Monat brauchen würden, um die Küste zu erreichen. Er verstand, nickte heftig, sagte aber nichts dazu.

Ich sagte, daß es nicht nötig sei, noch am selben Tag einen Entschluß zu fassen. Jeder von uns sollte das Gehörte in Ruhe überdenken. Als Organisator der Reise war ich mit dem, was wir schon erreicht hatten, mehr als zufrieden. Soweit ich wußte, hatten wir eine der längsten Floßreisen der Neuzeit geschafft und dabei wahrscheinlich einen Rekord für Floßreisen in nördlichen Gewässern in neuerer Zeit aufgestellt. Unser Experiment auf dem Gebiet der Meeresarchäologie und der Langfahrten mit historischen Fahrzeugen war abgeschlossen, nachdem wir die HSU FU mit den überlieferten Materialien, die wir zur Hand hatten, soweit vorangebracht hatten, wie wir konnten. Wir hatten kein Naturfasertauwerk mehr, und auch das Rattan war uns ausgegangen. Um weiterzumachen, wären wir gezwungen, das Floß mit Zurrbändseln aus neuzeitlichem Nylontauwerk zusammenzuflicken. Der Beweggrund der Reise hätte sich dann geändert. Wir würden nicht mehr ein Bambussegelfloß ausprobieren, wie es vor 2000 Jahren existiert haben könnte, sondern lediglich unsere Seemannschaft und unser Durchhaltevermögen auf die Probe stellen.

In der bevorstehenden Nacht würde die Crew während der Wachen Gelegenheit haben, untereinander das zu besprechen, worüber wir am späten Nachmittag geredet hatten, und die Gedanken zu ordnen. Während der langen ruhigen Nachtstunden würde auch ich ihre Meinungen abwägen können.

Trondur übernahm die erste Ruderwache. Was er mir an jenem Abend sagte, berührte mich sehr. Trondur erläuterte mir die Wechselwirkungen zwischen seiner Liebe zur See und seinem künstlerischen Einfühlungsvermögen. Die amerikanische Küste zu erreichen bedeute ihm gar nichts, es sei völlig unwichtig. Wichtig für ihn sei das Erlebnis der See gewesen, und daß die Reise ihm Spaß gemacht hätte. Die Fahrt sei sehr gut gewesen. Er sei zufrieden. Zusätzlich zu den Skizzen und Bildern, die er schon fertiggestellt hätte, hätte er Inspirationen und innere Bilder angesammelt, die er zuhause in Zeichnungen, Lithografien, Hinterglasbilder und Aquarelle umsetzen würde. Leid tun würde es ihm nur, das Floß zu verlassen. Aber, so sagte er, es sei immer ein trauriger Augenblick, nach einer langen Reise von Bord zu gehen, selbst im Zielhafen. Ein Boot, das noch schwimmt, auf hoher See zu verlassen, sei noch trauriger. Trondur gab mir noch etwas zu bedenken. Elf Wochen vorher, am Tag, als wir den Mondfisch harpuniert hatten, hatte er mit der Machete zwei Marken in die Querbalken des Bugs geritzt, um zu kennzeichnen, wie hoch das Wasser damals stand. Jetzt stand des Wasser 5 cm über dieser Markierung. Bei einem gewöhnlichen Boot hätte das nicht viel zu bedeuten, aber für ein Floß, das kaum Freibord hatte, zeigte das einen bedenklichen Auftriebsverlust. Die HSU FU war offensichtlich dabei, abzusacken.

Joe, der die erste Hälfte meiner Wache mit mir zusammen war, hatte inzwischen seine Absicht, noch eine weitere Schlechtwetterperiode mit dem Floß durchzumachen, überdacht. Er sagte, daß er noch immer bereit sei, auf dem Floß zu bleiben, räumte aber ein, daß er am wenigsten See-Erfahrung hätte, um eine solche Entscheidung zu treffen. Wenn die erfahreneren Besatzungsmitglieder meinten, daß das Floß unvermeidlich aufgegeben werden müsse, dann wäre es besser, die Evakuierung so schnell wie möglich hinter uns zu bringen. Er konnte keinen Sinn darin sehen, noch länger an Bord zu bleiben.

Rex hatte die Angelegenheit mit Loi in der Vorderkajüte durchgesprochen. Loi hoffte zuversichtlich, daß das Floß noch einen Monat zusammenhalten würde, und Rex war ohne weiteres bereit, die Fahrt fortzusetzen, vorausgesetzt, die Segeleigenschaften des Floßes blieben ausreichend und die Lebensumstände sowie die Sicherheitsmaßnahmen seien angemessen. Ich lächelte innerlich, daß Rex die angemessenen Lebensumstände erwähnte. Von uns allen ertrug Rex Nässe, Kälte und Unbequemlichkeit am besten. Trondur hatte mir gegenüber einmal bemerkt, daß es Rex anscheinend sogar Spaß mache, durchnäßt zu sein. Rex würde die Lebensbedingungen also erst unerträglich finden, wenn die HSU FU ein gutes Stück unter Wasser wäre.

Die Nacht war ruhig, leichter Nebel umhüllte das Floß und verbarg die Sterne, als das erste Morgengrauen die Dunkelheit verdrängte. Ich hörte es mehrmals nacheinander in dem ruhigen Wasser um uns herum laut klatschen. Die Geräusche hielten ungefähr zehn Minuten an. Es war ein Schwarm von Delphinen, die immer wieder an die Oberfläche kamen und abtauchten. Dabei umkreisten und beäugten sie das Floß. Seit Oktober hatten wir keine Delphine gesehen, und ich dachte ganz gefühlsmäßig: *Sie kommen, um sich zu verabschieden.*

Als das Tageslicht heller wurde, pumpten Joe und Rex das kleine Schlauchboot auf und paddelten so weit weg, wie es die Sicherheitsleine erlaubte. Sie wollten die HSU FU von weitem fotografieren und filmen, solange noch Gelegenheit dazu war. Wir alle hatten schon das unausgesprochene Gefühl, daß wir das Floß sehr wahrscheinlich aufgeben würden, und viele Dinge mußten in letzter Minute erledigt werden. Viele Punkte auf unserer Arbeitsliste waren noch nicht abgehakt, Fotos mußten noch gemacht, Skizzen gezeichnet, Notizen aufgeschrieben und Messungen vorgenommen werden. Es kam uns beinahe so vor, als hätten wir einen nahen Termin vor uns.

Nach dem Frühstück tauchte ich wieder unter das Floß, diesmal mit Handschuhen, um meine Hände zu schützen. Jetzt war die See fast glatt, so daß ich mir den Zustand des Rumpfes genauer ansehen konnte. Was ich sah, bestätigte meine Eindrücke vom vorangegangenen Tag. Auf keine der Zurrungen des Rumpfes war noch Verlaß. Ich schwamm an der Steuerbordseite des Floßes entlang und tauchte einmal pro Meter, um die Lücken zu zählen, wo Bambusstäbe fehlten. Jedesmal, wenn ich zum Luftholen hochkam, rief ich Rex die Lage und Länge der Lücke zu, der darüber eine Strichliste führte. Dann arbeitete ich mich an der Backbordseite entlang. Im Ganzen zählte ich, daß von der untersten Bambuslage etwa ein Viertel fehlte. Das war an sich noch keine Katastrophe. Es machte weniger als zehn Prozent aller Bambusstäbe des Rumpfes aus. Die meisten dieser Stäbe fehlten im Vorderteil oder an den Seiten des Floßes. Aber jedesmal, wenn ich untergetaucht war und eine Lücke gefunden hatte, zog ich mich dorthin, um mit meiner behandschuhten Hand hineinzufassen. Ich fummelte dort herum und griff mit den Fingern um die Rattanzurrungen, die die mittlere Bambuslage zusammenhielten. Das Rattan fühlte sich spröde und körnig an wie abgestorbene Schilfhalme im Winter. Jedesmal, wenn ich an einer Laschung zog, fiel sie sofort auseinander. Wenn ich nach oben blickte, sah ich eine kleine Wolke von Krümeln und zerrissenen Fasern in der Strömung wegtreiben.

Nach 45 Minuten kletterte ich auf die HSU FU zurück und sah Trondur hinter dem Heck im Schlauchboot sitzen und zeichnen. Als er mit seinen Skizzen fertig war, konnte ich das Bötchen nehmen und damit eine bedächtige Inspektionsrunde um das Floß paddeln. Aus der Entfernung sah die HSU FU noch genauso schmuck und markant aus wie damals, als ich sie von den hohen Aufbauten des Küstenwachschiffs aus betrachten konnte. Mit seinen drei Masten war das Floß noch immer eines der ungewöhnlichsten Wasserfahrzeuge, ein verblüffendes Bild, wie sich die drei Dschunkensegel direkt aus dem Wasser zu erheben schienen, ohne daß man viel vom Rumpf sah. Aber aus der Nähe betrachtet sah es ganz anders aus, fast traurig. Alles war abgenutzt und schäbig. Die Segel waren ausgeblichen und zerfetzt. Überall sah man behelfsmäßige Laschungen und zusammengeknotete Leinen. Die Hölzer waren verwittert, krumm und schief. Der Bug war nicht mehr flott hochgebogen, sondern hing auf den Wellen. Die Seitenansicht des Fahrzeugs hatte sich vollständig verändert. Das einstmals kraftvoll geschwungene Profil war jetzt formlos, schlapp und buckelig. Jedesmal wenn eine lange, flache Dünung unter dem Rumpf durchzog, federte die HSU FU nicht mehr in ihre Form zurück, wenn die Welle vorbei war, sondern schlängelte sich schlapp und ausgeleiert über die See. Die HSU FU sah völlig erledigt aus.

Als ich wieder an Bord war, skizzierte ich den Rumpf aus der Fischperspektive und markierte auf der Skizze, welche Stäbe aus der unteren Bambuslage fehlten. Als ich diese Zeichnung nach dem Mittagessen der Mannschaft zeigte, zog Trondur ohne viele Worte eine Skizze des Floßdecks heraus, die er selbst gezeichnet hatte. Praktisch wie immer war er auf dem Floß herumgegangen und hatte vermerkt, an welchen Stellen wir neue Laschungen anbringen könnten. Er hatte auch überschlagen, wieviel Tauwerk wir dazu brauchen würden. Unsere beiden Zeichnungen und unsere Berechnungen stimmten überein. Wir schätzten, daß nur 40 Prozent des Floßrumpfes zugänglich waren und mit der Häkelnadelmethode repariert werden konnten. Der Rest des Floßes mußte bleiben, wie er war, weil uns dort die Kajüten und das Cockpit hinderten, den Drahthaken zwischen die Bambusrohre zu schieben. Trondur hatte berechnet, daß wir ungefähr zwei Wochen ununterbrochen arbeiten müßten, um die zugänglichen Bereiche neu zu verzurren. Dazu würden zwei Mann Nylon spinnen und drei Mann die Stäbe festzurren müssen. Wir hatten gerade noch genug »Engelshaar«, um die nötigen Bändsel daraus herzustellen, wären für die Reparaturen aber auf viele aufeinanderfolgende Schönwettertage mit ruhiger See angewiesen. Ich blickte die nachdenklich dasitzenden Männer reihum an. Trondurs Angaben und meine eigene Beschreibung des Rumpfzustandes, das waren die Tatsachen, auf deren Grundlage wir eine Entscheidung fällen mußten, ob wir an Bord bleiben oder die HSU FU wegen der Gefahr verlassen sollten. Das Gespräch führte ungefähr zu denselben Ergebnissen wie die Diskussion am Tag zuvor.

»Joe«, fragte ich, »was meinst du?«

»Wir alle müssen Trondur helfen«, antwortete er. »Wir können nicht erwarten, daß er den Löwenanteil der Reparaturarbeit auf sich nimmt.«

»Das versteht sich«, antwortete ich. »Wir können alle die Arbeitstechniken lernen, die Knoten schlagen und mithelfen. Ich möchte von euch hören, ob ihr meint, daß wir die HSU FU jetzt in einer geordneten Aktion verlassen sollten oder ein paar Tage weitersegeln und sehen, was beim nächsten schweren Wetter passiert, oder ob wir auf Biegen und Brechen versuchen sollten, Land zu erreichen.«

Joe sah ratlos aus. »Ich weiß es einfach nicht«, sagte er. »Ich schließe mich dem an, was ihr alle entscheidet.« Nach einer Pause fuhr er fort: »Tim, ich meine, daß dir die Entscheidung zukommt. Es ist dein Projekt, und wir sind an Bord, um dich zu unterstützen. Wir haben alle unsere eigene Meinung, aber ich glaube, wir sollten deinen Entschluß annehmen.«

»Das meine ich auch«, fügte Rex hinzu. »Ich denke, daß wir solange weitermachen können, wie das Floß noch segelt und die Lebensbedingungen nicht zu ungemütlich werden. Aber es ist deine Entscheidung, Tim.«

»Trondur?« fragte ich.

Er nickte. »Du entscheidest.« »Gib mir eine halbe Stunde Bedenkzeit«, sagte ich.

Während die anderen wieder an ihre Arbeit gingen, begab ich mich auf einen Rundgang über das Floß. Dabei krabbelte ich auf der außenliegenden Fußreling rundherum und versuchte, das Fahrzeug sachlich zu betrachten. Ich sah die gebrochene Fußreling, bemerkte, daß der Rand des Floßrumpfes jetzt kaum noch 3 cm über Wasser war, sah, daß jede Leine geflickt und zusammengeknotet war, sah die Zurrungen, nichts als verknotete Bindfäden. Eine nicht einmal besonders hohe See spülte über das Vorschiff. Mir fielen die Risse und Flickstellen an den Hölzern und an den Bambuspfosten der Aufbauten ins Auge. Noch eine Welle, diesmal etwas größer, wusch über das Vordeck, und ich sah, wie sie an der Segeltuchtür der Vorderkajüte halb emporstieg, in der Rex und Loi schliefen, schutzlos der Gewalt des Pazifik ausgesetzt, der über das Vorschiff brandete. Dann fiel mir auf, daß die Vorderkajüte nicht mehr gerade auf dem Floß stand. Ich erinnerte mich, was Colin Mudie gesagt hatte: »Flöße sind für ihre große Anfangsstabilität bekannt, aber wenn sie einen bestimmten Krängungswinkel erreicht haben, kentern sie plötzlich.« Je tiefer die HSU FU im Wasser lag, desto geringer wurde ihre Stabilität. Loi und Rex schliefen in dieser Hütte, welche Chance hätten sie wohl, falls ein Sturm das Floß umwerfen, oder wenn eine überkommende See die Halteleinen ihrer Kajüte zerreißen sollte? Diese Leinen hielten die Hütte zwar an den Querbalken fest, aber selbst die waren nicht mehr sicher an den darunterliegenden Bambusrohren befestigt. Ihre Rattanzurrungen waren weggefault. Ich wußte, daß wir uns weiter vorankämpfen und das Floß über Wasser halten konnten. Aber wozu? Um Amerika mit einem Fahrzeug zu erreichen, das mit Kardeelen einer neuzeitlichen Nylontrosse verzurrt war? Das hätte den Sinn unseres Experiments zerstört.

Ich kam zurück ins Cockpit. »Als ihr euch entschlossen habt, mit mir als Expeditionsleiter auf diese Forschungsreise zu gehen, wußtet ihr, daß ich sorgfältig und vorsichtig bin und keine unnötigen Risiken eingehe. Ihr wußtet, daß ich bei all meinen früheren Unternehmungen die Mannschaft heil nach Hause gebracht habe. Als ich das jetzige Vorhaben in Angriff nahm, war es nicht mein Ziel, Amerika mit einem Bambusfloß zu erreichen, so wie ein Bergsteiger zum Gipfel gelangen will. Der Zweck der Expedition China war die Reise selbst – die Forschung, der Bau eines Bambusfloßes und die Fahrt damit, das unmittelbare Kennenlernen der Bedingungen, die die Floßfahrer des Altertums erlebt haben müssen, die Vertrautheit mit dem Leben auf hoher See und all dieses so gut wie möglich festzuhalten. Deshalb haben wir einen Maler, einen Fotografen und jetzt, nachdem Rex das Handwerk gelernt hat, auch einen Video-Kameramann an Bord. Abgesehen von den Schlußszenen habt ihr eure Arbeit vollständig und gut erledigt. Ich weiß, daß Trondurs Zeichnungen gelingen werden, daß aus den Videoaufnahmen, die Rex gemacht hat, ein erstklassiger Dokumentarfilm werden wird, und Joe, deine Fotos werden ausgezeichnet sein. Für mich wäre die Ankunft an der amerikanischen Küste ein großer Augenblick, würde aber kaum mehr bringen, als was wir bis jetzt geschafft haben. Wir sind mit einem Segelfloß bis hierher gekommen und haben erforscht, ob Kulturaustausch zwischen Asien und Amerika im Altertum mit Fahrzeugen dieses Typs möglich war. Das Wissen, das wir über Langstreckenfahrten mit Segelflößen zusammengetragen haben, ist das, was zählt, und ich möchte den Menschen, die unseren Bericht lesen oder unseren Film sehen, das Urteil überlassen, ob Pazifiküberquerungen mit solchen Flößen möglich waren. Ich meine nicht, daß die Risiken einer Fortsetzung der Reise zu rechtfertigen sind. Als Schiffsführer bin ich für eure Sicherheit verantwortlich. Zwar ist jeder einzelne von euch bereit, weiterzumachen, ich aber habe entschieden, daß wir das Floß verlassen und dabei unsere Notizen, Zeichnungen und Videobänder mitnehmen. Ich würde es gern sehen, wenn die Evakuierung so professionell ablaufen könnte wie möglich.«

Meine Stimme hatte begonnen zu beben. Ich versuchte,

sachlich zu bleiben und die Lage übersichtlich zusammenzufassen, aber Tränen traten mir in die Augen. Es war die richtige Entscheidung, die HSU FU aufzugeben. Daher überraschte es mich, daß der Gedanke daran so heftig auf meine Gefühle wirkte. Schon seit dem Tag, an dem ich begonnen hatte, die Expedition zu planen, hatte ich mich darauf eingestellt und darauf vorbereitet, irgendwann das Floß verlassen zu müssen. Warum es mich jetzt so berührte, diese Entscheidung zu treffen, verstand ich nicht gleich. Vielleicht war der Grund, daß das Projekt ein so beispielloses Erlebnis war, angefangen mit der Suche nach Bambus in den vietnamesischen Bergen, über den Bau des Floßes am Strand von Sam Son bis zum Leben auf hoher See und unzähligen weiteren Erfahrungen. So, wie die Unternehmung mein Leben schließlich total beherrschte, mußte das Ende der Reise mich stark berühren. Auch beeindruckte mich, wie geschlossen die Mannschaft hinter mir stand. Ich war tief berührt, daß sie ihr Leben und ihre Arbeit ohne zu zögern meinem Urteilsvermögen anvertraut hatten.

Trondur, der älteste in der Crew, antwortete. Nach einer langen Pause sagte er: »Ich bin sicher, daß du recht hast, Tim. Es ist immer sehr traurig, ein Schiff auf See zu verlassen, aber es ist eine gute Reise gewesen. Ich habe die Zeit auf dem Ozean genossen.«

Ich begann, Loi meine Entscheidung zu erläutern. Aber das war nicht nötig. Er hatte von unseren Gesichtern abgelesen, was vor sich ging. Er war untröstlich und sagte: »*Bon!* Traurig! Traurig! Nicht Amerika.« Ihn traf der Entschluß vielleicht am härtesten. Er würde nach Sam Son zurückkehren und den Männern, die die HSU FU gebaut hatten, erklären müssen, daß ihr Floß Amerika nicht erreicht hätte, daß ihre mühsame Arbeit vergebens gewesen sei. »Bon, bon«, wiederholte er.

Die Bitterkeit der Situation kehrte sich bald ins Lächerlich-Absurde. Auf dem Laptop tippte ich eine Nachricht an das Nachrichtenzentrum der US-Küstenwache im kalifornischen Alameda. Ich gab unsere genaue Position an und erklärte, daß ich das Floß nicht mehr für sicher hielt, so daß ich beschlossen hätte, uns abbergen zu lassen. Ich fragte, ob die Coast Guard uns einen vernünftigen Weg für eine geordnete Evakuierung empfehlen könnte. Ich funkte die Nachricht zweimal, einmal direkt an die Küstenwache und einmal an unsere Freunde im Seefahrtsmuseum, die ich zur Sicherheit ebenfalls bat, die Mitteilung an die Küstenwache weiterzugeben. Einige Zeit danach bekam ich Antwort aus dem Museum, daß beide Nachrichten empfangen worden seien, daß das Nachrichtenzentrum der Küstenwache aber technische Schwierigkeiten hätte, direkten Funkkontakt mit dem Floß herzustellen. Die Nachrichtenzentrale hatte dafür nicht die richtigen Geräte in Betrieb. Sie konnte sich nur auf dem Umweg über das Museum mit uns verständigen. So entstand die komische Situation, daß die Nachrichtenzentrale in Kalifornien mit ihren enormen technischen Möglichkeiten darauf angewiesen war, das Museumspersonal in Virginia anzurufen und darum zu bitten, ihre Mitteilungen an uns weiterzuleiten. Der aktentaschengroße Computer auf einem Bambusfloß erreichte die Küstenwache indessen ohne Schwierigkeiten direkt.

Auch der Amtsschimmel wieherte recht vernehmlich. Die erste Frage der Küstenwache war, ob ich einen Seenotfall melden wolle. Das verneinte ich und antwortete, daß es kein Seenotfall wäre und keine unmittelbare Lebensgefahr bestünde. Die HSU FU würde sich noch tage- oder sogar wochenlang über Wasser halten, es sei aber mein Wunsch, die Abbergung so zu organisieren, daß niemand unnötige Umstände damit hätte. Prompt kam die bürokratische Antwort, daß die Küstenwache nicht eingreifen könne, solange ich keinen Seenotfall meldete. Ich funkte die Antwort, die auf der Hand lag: »Bis jetzt haben wir keinen Seenotfall, aber wenn nicht irgend etwas unternommen wird, wird es einer.« Das hatte die gewünschte Wirkung. Das Museum übermittelte uns die Nachricht, daß die Küstenwache überprüfen wolle, ob ein Handelsschiff in unserem Seegebiet einen Abstecher machen könnte, um uns aufzunehmen.

Vier Stunden später hörten wir, daß das Containerschiff CALIFORNIA GALAXY, das einer japanischen Reederei gehörte, zugesagt hätte, uns zu helfen, und in acht bis neun Stunden bei uns sein könnte. Dieses Hin und Her von Funksprüchen hatte bis in den 16. November hinein gedauert, dem 105. Reisetag. Die Stimmung auf dem Floß war bemerkenswert munter geblieben. Ich bestand darauf, daß alle drei Segel gesetzt bleiben sollten. Die HSU FU sollte noch in Fahrt sein, wenn die Hilfe uns erreichte. Joe als Proviantverwalter genehmigte es, daß wir eine Dose Kakao öffneten, die wir als eiserne Reserve zurückbehalten hatten, so daß die Nachtwache heißen Kakao trinken konnte, ein unerhörter Luxus. Dann ging es nur noch darum, die Bergung der wichtigsten Sachen vorzubereiten, die Videobänder, Buchnotizen und Zeichnungen wasserdicht zu verpacken und zu entscheiden, welche wenigen persönlichen Dinge mitgenommen werden sollten. Wir wußten, daß wir nur das Allernötigste mitnehmen konnten. Man hatte uns gesagt, daß die CALIFORNIA GALAXY ein Motorrettungsboot hätte, das zu Wasser gebracht würde, um uns abzuholen. Im Boot würde nicht viel Platz sein. Die Frage war: Würde das Rettungsschiff uns bei Tageslicht erreichen, so daß es noch hell genug für eine geordnete Abbergung wäre?

Als wir noch dabei waren, die letzten Sachen zusammenzupacken, rief Rex: »Schiff in Sicht!« Und wirklich, keine zwei Meilen entfernt kam das Containerschiff, dessen Lichter in der Abendsonne strahlten, geradewegs auf uns zu. Der zweite Offizier meldete sich über UKW und sagte, daß es nicht möglich sei, uns mit dem Rettungsboot abzuholen. Sie wollten versuchen, das große Schiff längsseits zu bringen und uns direkt an Bord zu nehmen. Trondur schüttelte den Kopf und blickte mich bedeutungsvoll an. »Wie auf einen Berg zu klettern«, sagte er. Die Lage hatte sich vollständig geändert. Statt eines einfachen Umsteigemanövers würde die Abbergung selbst der gefährlichste Augenblick der ganzen Reise werden. Jede Sekunde, die unser kleines Floß mitten auf dem Ozean längsseits eines großen Schiffes lag, vergrößerte das Risiko, über Bord geschleudert oder zerquetscht zu werden. Die geringste Dünung würde unser gebrechliches Floß gegen das stählerne Schiff werfen und in tausend Stücke schlagen. Glücklicherweise war der Seegang so schwach wie seit Wochen nicht. Trondur, durch und durch Seemann bis zum bitteren Ende, begann, Fässer als Fender an der Bordseite des Floßes zu verzurren. Aber das war kaum mehr als eine symbolische Handlung.

Schon nach wenigen Augenblicken, so schien es uns jedenfalls, stand die riesige schwarze Bordwand des Containerschiffs turmhoch neben uns. Die Gestalten, die hinter dem Schanzkleid standen und zu uns herunterblickten, schienen winzig. »Legt bitte Leinen klar, um das Gepäck hochzuhieven«, hatte ich über Sprechfunk gebeten. Aber es kamen keine Leinen. Stattdessen warf jemand vom Mittelschiff aus eine Wurfleine. Ich hatte über Funk darum gebeten, von dem Containerschiff eine starke Trosse herabzufieren, an der wir das Floß festmachen könnten, um es längsseits an das große Schiff heranklappen zu lassen. Aber von der CALIFORNIA GALAXY hatte man die Wurfleine vom Mittelschiff aus geworfen – das war die falsche Stelle. Die Schlepptrosse war zu weit hinten, so daß die HSU FU unter das riesenhohe Heck des gewaltigen Schiffs geriet. Wir waren in einer grauenhaften Lage. Das Heck des Frachtschiffs stieg und fiel neben uns in der Dünung, und direkt neben uns war die Schraube. Wenn das Heck auf die HSU FU krachte, wären wir Kleinholz. Bis jetzt schleuderte das große schwarze Heck nur jedesmal, wenn es herunterklatschte, eine Unmenge Wasser seitwärts über das Floß. »Leinen! Leinen!« schrien wir zu den Seeleuten hinauf, die auf uns herunterstarrten. Niemand schien es zu verstehen. »Leine! Leine!« schrie ich verzweifelt. Dann hob ich ein Stück Tauwerk vom Floß hoch und zeigte darauf. Jemand begriff, und wenigstens eine Leine wurde heruntergschleudert. Loi und Joe banden in fieberhafter Eile vier Seesäcke daran – Kameras, Filme, Videobänder, Zeichenmappen – egal, wie oder in welcher Reihenfolge, aber diese Aufzeichnungen verkörperten unsere Reise. Sie mußten unbedingt in Sicherheit gebracht werden. »Heißt auf! Heißt auf!« schrien wir, und ich machte das weltweit bekannte Handzeichen der Hafenarbeiter zum Aufhieven. Die Männer oben verstanden es und holten die Leine ein. Das Bündel von Säcken war im Nu vom Deck des Floßes verschwunden, prallte wie eine Weintraube gegen das Heck der CALIFORNIA GALAXY und entschwebte dann. »Leine! Leine!« riefen wir wieder. Wieder kam eine Leine herunter, und daran wurde eine weitere Lieferung hochgezogen, bis wir sie nicht mehr sahen.

Die HSU FU rieb sich an dieser riesigen, stählernen Steilküste, die Bambusstäbe ächzten und knackten herzzerreißend. »Leine! Leine!« Jetzt war der Großmast gegen die CALIFORNIA GALAXY geschlagen und hatte sich an einer Reling verhakt. Als die See dann die HSU FU anhob, brachen einige der Rattanwanten mit beängstigenden Geräuschen, der Mast schwankte und knarrte. »Aufpassen!« Loi, Rex, Joe und ich verschwanden in der Plicht und blickten am Mast hoch. Er ächzte und wackelte, blieb aber stehen. »Leine! Leine!« Das gewaltige Heck des Containerschiffs klatschte neben uns mit hohlem Krachen in die See und deckte das Floß mit Gischt ein. Wir waren entschieden zu dicht dran. Jetzt hatte sich das Großsegel in den Schiffsaufbauten verfangen und wurde verdreht und verwunden wie zur Folter. Ich blickte nach vorn. Eine Lotsentreppe (Strickleiter) baumelte in der Nähe Trondurs, der mit der Vorleine hantierte. Es war sein Fluchtweg.

Rumms! Das turmhohe Heck donnerte wieder herunter.

»Alle Säcke oben!« sagte Joe. Er war vor Schreck kreidebleich, machte seine Sache aber ausgezeichnet.

»Loi! Rex! Ab mit euch!« Inzwischen war eine zweite Lotsentreppe vom Heck aus heruntergeworfen worden, Loi und Rex kletterten mit ihren gelben Überlebensanzügen schwerfällig daran hoch. Rumms! Wieder klatschte dieses schwarze Heck, das uns alle zermalmen konnte, herunter.

»Joe! Mach, daß du hochkommst!« Schon war er auf dem Kajütdach und ergriff eine Leitersprosse. Aus irgendeinem Grund aber fiel ihm das Klettern sehr schwer. Quälend langsam zog er sich hoch. Ich sah ihm angstvoll zu und befürchtete einen Unfall. Die Leiter hing ganz nahe beim Mast der HSU FU, der am stählernen Heck des großen Frachters schabte und jeden Kletterer zum Krüppel schlagen oder in die See stoßen konnte. Wenn jemand zwischen das Containerschiff und das Floß gefallen wäre, hätte er keine Chance gehabt. Ich sah noch einmal nach vorn. Trondur war an seiner über dem Wasser baumelnden Leiter bis zur halben Höhe gekommen. Es war auch für mich höchste Zeit, wegzukommen. Ich nahm die Machete aus ihrer in der Plicht angebrachten Scheide und kletterte mit dem Haumesser in der Hand Sprosse um Sprosse hoch. Ich konnte der HSU FU, die an die zerstörerische Bordwand unseres Rettungsschiffs gefesselt war, einen letzten Dienst erweisen. Man half mir über die Reling.

»Alle in Sicherheit?« fragte ich Rex.

»Ja, wir sind jetzt zu fünft auf dem Achterdeck.«

»Losschneiden!« Ich wollte die HSU FU befreien, damit sie weitersegelte. Deshalb hatte ich darauf bestanden, alle Segel zu setzen, bevor wir von Bord gingen. Die Achterleine wurde losgeworfen. Jetzt war nur noch die Vorleine fest. Ein Seemann nahm mir die Machete aus der Hand. Ich stand neben ihm, als er damit ausholte und die dicke Trosse kappte. Jetzt hielt nichts mehr die HSU FU an dem großen Schiff.

Ich trat wieder an die Heckreling und sah 12 m hinab. Ich konnte das, was sechs Monate lang unser Heim gewesen war, aus der Vogelperspektive sehen. Alles lag deutlich vor meinen Augen, das Cockpit, die zwei Bambushütten, und mein Fernglas lag noch auf dem Dach der Hauptkajüte, wo ich es bei dem hektischen Abbergemanöver vergessen hatte.

Ich konnte die losen Bambusrohre sehen, die an der Steuerbordseite unter Wasser herausragten. Ein Seemann hatte einen Handscheinwerfer geholt und leuchtete damit nach unten. Das Licht glitzerte auf dem Wasser, das zwischen den Bambusstäben des durchlässigen Rumpfes der HSU FU herumplatschte. Ich sah, wie sich der müde Rumpf schlapp über die Dünung bog. Aber die drei Masten standen noch, und trotz der fürchterlichen Prügel, die das Floß eingesteckt hatte, war es noch so intakt wie es kein normales Boot nach einer solchen Mißhandlung gewesen wäre. Nachgiebig und federnd wie immer steckte es die Schläge ein und überstand alles.

Ich erwartete, daß die CALIFORNIA GALAXY jetzt, nachdem wir an Bord waren, Fahrt aufnehmen würde. Aber nein! Der Mann mit dem Handscheinwerfer sprach über sein Walkie-talkie mit der Brücke. Er wartete darauf, daß das Floß freitrieb. Erst dann sollte die riesige Schraube des Frachters wieder anlaufen. Die Segel der HSU FU füllten sich und das Floß schmiegte sich dicht an das gefährliche Heck des Frachters. »Los, weg! Weg!« sagte ich zu mir selbst, als das Containerschiff noch ein paar Bambusstäbe zerquetschte. Wir waren alle in Sicherheit, jetzt war es Zeit für das Floß, sich davonzumachen. Endlich zitterte das Deck unter meinen Füßen, als die Schraube anlief. Das Schraubenwasser kochte schneeweiß im Scheinwerferkegel und spülte die HSU FU fort. Die CALIFORNIA GALAXY nahm allmählich Fahrt auf, die HSU FU entfernte sich langsam aus dem Scheinwerferlicht und verschwand in der Dunkelheit. Inzwischen standen alle drei Segel voll Wind und zogen das Floß sachte voran. Es segelte auf Steuerbordbug, die Ruder mittschiffs und hielt noch immer auf Amerika zu. Jetzt, da wir alle fünf mit heiler Haut auf das Containerschiff gekommen waren, wußte ich, daß die Entscheidung, das Floß zu verlassen, richtig gewesen war, aber es war ein furchtbar trauriger Augenblick. Die HSU FU hatte uns 5500 Meilen weit treu gedient. Jetzt würde sie ohne uns weitersegeln. Ihr

Umriß wurde allmählich von der Dunkelheit verschluckt. Der abgenutzte, schäbige Zustand war nicht mehr zu erkennen. Nur die schnittige Form ihrer drei Segel, die Fischflossen mit Stachelstrahlen glichen, war noch schwach vor dem schwarzen Himmel zu sehen. Wie lange würde sie allein weitersegeln? Würde sie für immer in dem großen Strudel kreisen, den die alten Chinesen im östlichen Ozean vermuteten? Oder würde sie zu dem anderen Treibgut auf dem großen pazifischen Müllplatz stoßen? In Stücke brechen oder von Bohrwürmern aufgefressen werden? Vielleicht würde der Strom das Floß auch weitertragen, bis es eines Tages an der amerikanischen Küste angespült würde.

Nachwort

Das Containerschiff bewältigte die Fahrt nach Tokio in neun Tagen, eine Strecke, für die unser Floß 105 Tage gebraucht hatte. Es war ein merkwürdiges Gefühl, auf unserer Reiseroute mit solcher Geschwindigkeit zurückzufahren. Wenn ich von der über 12 m hohen Kommandobrücke auf den Ozean herabsah, war ich einerseits erleichtert, andererseits bedrückt, daß wir so völlig von dem Element getrennt waren, das wir so kennen- und schätzengelernt hatten. Das Schiff, das durch seine mahlende Schraube mit scheinbar unverantwortlicher Fahrt vorangetrieben wurde, war gut geführt. Auf der Brücke stand immer ein aufmerksamer Ausguck, Instrumente zeigten die Windgeschwindigkeit, die Maschinenleistung und jede noch so kleine Kursänderung an. Aber die Wirklichkeit der See war weit weg. Keine menschliche Hand war am Ruder. Computer steuerten die CALIFORNIA GALAXY nach Satellitenpositionen. Die Brükkenwache arbeitete in Hemdsärmeln und beugte sich über glasbelegte Kartentische. Dies war eine ganz andere Welt, abgeschirmt und geschützt durch Panzerglas. Selbst wenn man die schwere wasserdichte Stahltür des Brückenhauses öffnete und auf die offene Brückennock trat, fühlte man sich noch immer nicht richtig auf See, wie wir es auf der HSU FU empfunden hatten. Das Containerschiff machte sich seinen Wind selbst. Der Fahrtwind war so stark, daß der natürliche, der wahre Wind, dessen Drehungen und Launen ein halbes Jahr lang unser Leben beherrscht hatten, kaum spürbar war. Es fiel sehr schwer, sich vorzustellen, wie es uns jetzt dort unten auf der Wasseroberfläche als beinahe amphibischen Bewohnern der See ergehen würde. Von der

Brücke des Frachters aus hätte unser Floß ausgesehen wie ein voll Wasser gesogenes Stück Treibgut. Aber Kapitän Nagata von der CALIFORNIA GALAXY wußte, daß mit dem Wetter im Nordpazifik nicht zu spaßen war. Sein Schiff pendelte mit der Regelmäßigkeit eines Eisenbahnzugs im 14tägigen Rhythmus über den Stillen Ozean. Aber die Winterroute und die Sommerroute des Schiffs unterschieden sich mit Rücksicht auf die unterschiedliche Sturmhäufigkeit, und auch ein 30000-Tonner wie sein Schiff mußte die gefährlichen Taifune meiden.

Für die Mannschaft der HSU FU war das Containerschiff so etwas wie die Dekompressionskammer für den Taucher, ein unschätzbares Zwischenstadium zwischen unserem seltsamen, vom Ozean durchnäßten Leben und der normalen Welt, in die wir bald zurückkehren würden. Man hatte uns freie Mannschaftskammern zugewiesen, wo sich keiner von uns langweilte. Trondurs Kabine sah bald aus wie ein Künstlerstudio. Überall an den Wänden hatte er mit Klebestreifen Arbeitsskizzen befestigt und begann, seine Floßzeichnungen fertigzustellen, die als Lithografien herausgegeben oder auf Kunstaustellungen in Skandinavien gezeigt werden sollten. Joc und Rex verbrachten viele Stunden damit, ihre Fotos und Videoaufnahmen der Reise zu katalogisieren. Ich vergrub mich in meiner Kammer und begann mit der mühsamen Verarbeitung meiner handgeschriebenen Reisenotizen. Loi schlief wie ein Toter. Für ihn war das Umsteigen auf die CALIFORNIA GALAXY eine seltsam betäubende Erlösung. Es war, als hätte man seine innere Maschinerie vollständig abgeschaltet, sobald er an Bord des großen Schiffes war. Er teilte seine Kammer mit Rex. Wenn Rex in die Kammer kam, schlief Loi meistens tief und fest, selbst gegen Mittag noch, und war nur schwer aufzuwecken, ganz wie ein verletztes Tier während der Genesung. Loi schlief und schlief, stand nur zum Essen und abends einige Stunden lang auf. Wenn er wach war, saß er still und teilnahmslos mit leeren Augen da, bis er sich zum Glück mit Besatzungsmitgliedern des Frachtschiffs anfreundete.

Von den Decksleuten bis zu den mittleren Offizieren bestand die Besatzung der CALIFORNIA GALAXY aus Philippinos. Nur die vier höchsten Offiziere waren Japaner. Die Philippinos waren lebhaft, warmherzig und gastfreundlich. Besonders zwei von ihnen brachten Loi dazu, sich in dem kleinen Freizeitraum, in dem die Mannschaft ihre freien Abende verbrachte, wie zu Hause zu fühlen. Dort knüpfte Loi wie immer mit Lächeln und Zeichensprache Kontakte, er war dort unter Menschen, denen er sich in seiner unkomplizierten Art mitteilen konnte. Als die CALIFORNIA GALAXY in Tokio anlegte, war Lois frühere Lebhaftigkeit fast wieder da. Er war beinahe wieder der alte, wenn auch ruhiger, ernster und selbstbewußter.

In Tokio feierten wir eine Abschiedsparty, nicht in einem Restaurant oder einer Bar, sondern in dem kleinen Haus, in dem Nina zur Miete wohnte. Dort saßen wir alle im Schneidersitz um den niedrigen japanischen Tisch herum. In dem kleinen Zimmer im Obergeschoß saßen wir so dicht gedrängt wie damals im Cockpit der HSU FU. Nur Geoffrey, den sein Geschäft in Hongkong in Anspruch nahm, und Mark, der inzwischen mit seiner japanischen Freundin nach Hongkong zurückgekehrt war, fehlten. Wir anderen wechselten uns beim Kochen ab, jeder bereitete etwas anderes zu, nicht nur ein einziges Gericht, wie wir es vom Floß gewohnt waren. Es war ein besinnlicher, tief empfundener Abschied, denn wir wußten, daß einige von uns sich wahrscheinlich nie wiedersehen würden. Loi würde in sein Dorf zurückkehren, die anderen nach Europa. Die Rückflüge hatten unsere Sponsoren bei der DHL, die sich mit dem Ergebnis unserer Fahrt sehr zufrieden zeigten, großzügig übernommen. Das DHL-Büro in Hongkong hatte unsere täglichen Berichte mit Spannung verfolgt, und jedermann dort war erleichtert, daß wir unser Abenteuer heil überstanden hatten. Sie schickten uns die Karte, auf der sie die Tagespositionen des Floßes eingezeichnet hatten. Die Pünktchen krochen über das Karopapier, bis sie dort in einem verrückten kleinen Kringel endeten, wo Gegenwinde die Hsu Fu im Kreis getrieben hatten, bevor wir das Floß aufgegeben hatten.

Am nächsten Tag brach die Gruppe auf. Joe brachte Loi zum Flugplatz von Tokio, um dafür zu sorgen, daß er das richtige Flugzeug nahm. Joe berichtete anschließend, daß Loi, der Dörfler aus Sam Son, der vorher noch nicht einmal bis nach Hanoi gekommen war, weggeschlendert sei, als hätte er sein Leben lang interkontinentale Flüge unternommen. Joe gab ihm einen Arztbericht und eine schriftliche Bitte an jeden vietnamesischen Arzt mit: Ein Arzt möchte Loi bitte im Krankenhaus gründlich untersuchen, weil Verdacht auf eine tiefsitzende Infektion bestehe. Einige Wochen später benachrichtigte Truc mich, daß Loi vom Arzt für gesund befunden und als Held in sein Heimatdorf zurückgekehrt sei.

Sobald die anderen sicher auf dem Heimweg waren, flog auch ich nach Hause. Als die Maschine vom Tokioter Flughafen aus aufstieg und vom Pazifik wegschwenkte, fragte ich mich, ob ich die Expedition China bei sich bietender Gelegenheit noch einmal unternehmen würde. Die Antwort lautete: nein. Die Fahrt war so gut gewesen, hatte so viel Spaß gemacht und war mir in so guter Erinnerung geblieben, daß keine Wiederholung an sie heranreichen könnte. Wir hatten 80 Prozent der Entfernung zwischen dem asiatischen und dem amerikanischen Festland über den Ozean zurückgelegt und damit das wichtigste Forschungsziel des Vorhabens erreicht. Wir hatten sehr viel über das Segeln mit Bambusflößen auf dem Nordpazifik gelernt und gezeigt, daß sich ein Bambussegelfloß durchaus für Ozeanüberquerungen eignete. Wenn wir auch noch die letzten 1000 Meilen geschafft hätten, hätte das nichts Wesentliches am Ergebnis der Expedition geändert. Trotzdem mußte ich darüber nachdenken, welche Änderungen ich am Floß vornehmen würde, wenn ich die Reise je noch einmal unternehmen sollte, Änderungen, die dem Fahrzeug eine bessere Chance geben würden, den Ozean ganz zu überqueren. Vielleicht, dachte ich bei mir, hätte die HSU FU länger gehalten, wenn das Floß mit rundem anstelle von gespaltenem Rattan verzurrt gewesen wäre. Vielleicht hätte es auch besser gehalten, wenn wir die Laschungen zum Schutz geteert hätten. Und natürlich überlegte ich auch, ob das Floß die amerikanische Küste erreicht hätte, wenn wir uns entschlossen hätten, um jeden Preis an Bord zu bleiben, auch als das Floß schon verfiel.

Die Antwort war, daß die HSU FU wahrscheinlich die Küste erreicht hätte, wenn uns sehr schweres Wetter erspart geblieben wäre. Aber ich war noch immer sicher, daß es keine Rechtfertigung für die damit verbundene Lebensgefahr gegeben hätte. Und was wäre gewesen, wenn wir uns entschlossen hätten, in Japan zu überwintern, nachdem wir in der ersten Saison von Hongkong aus dort hingekommen waren? Wir hätten das Floß in Shimoda austrocknen lassen, überholen und die Zurrungen überprüfen können und hätten dann im folgenden Frühsommer die Pazifiküberquerung in Angriff nehmen können, um die günstigere Jahreszeit zum Segeln auszunutzen. So hätten es die ersten Entdecker wie Hsu Fu mit seinen Siedlern halten können, wenn sie sich entschlossen hätten, nach Osten weiterzufahren. Oder wie hätte es sich ausgewirkt, wenn wir unsere Reise nicht in Hongkong, sondern weiter nördlich in China angetreten hätten? Das hätte die Gesamtdistanz verringert, so daß wir mit den 5500 Meilen, die wir tatsächlich zurückgelegt hatten, bis nach Amerika gekommen wären. Mit kürzerer Reisestrecke, einer Überwinterung in Japan und geteerten Verbindungen hätten wir wahrscheinlich das amerikanische Festland erreicht. Aber das alles waren Spekulationen. Nach sechs Monaten auf dem Floß hielt ich etwas anderes für wichtiger. Falls ich die gleiche Reise ein zweites Mal unternehmen sollte, dann könnte ich den Ozean nicht wieder mit so unvoreingenommenen, empfänglichen Augen sehen. Und wo sollte ich wohl jemals wieder eine so erstklassige, zufriedene Mannschaft finden, ein so großartiges Team? Meinetwegen sollten andere die letzten 1000 Meilen in ihren eigenen Nachbauten historischer Fahrzeuge zurücklegen, wenn sie wollten. Meine Crew und ich waren völlig zufrieden mit dem, was wir vollbracht hatten, und würden die Erinnerung daran immer hochhalten.

In welchem Licht aber erschien jetzt die Theorie von Beziehungen über den Pazifik hinweg, der Gedanke, der überhaupt erst zu unserem Vorhaben geführt hatte? Die einfache Antwort war, daß wir die Möglichkeit solcher Floßfahrten demonstriert hatten, und daß ein anständiges Floß bei einigermaßen brauchbarem Wetter die Überfahrt schaffen könnte. Wir hatten auch gezeigt, daß Menschen auf See in diesen Breiten auf Flößen überleben konnten, selbst wenn es sich um Zufallsreisende handelte, Seefahrer, die von Stürmen oder ungünstigen Meeresströmungen hinausgetrieben worden waren. Aber gleichzeitig hatten wir gezeigt, wie schwierig und anstrengend die Fahrt war und daß die Überlebenden solcher Pazifiküberquerungen, wenn sie denn vor 2000 Jahren stattgefunden haben sollten, in einem bedauernswerten Zustand an Land gekommen sein müssen. Könnte ihre Ankunft die einheimischen Hochkulturen Amerikas beeinflußt haben? Vielleicht, aber nur in gewissen, eng begrenzten Gebieten. Jetzt, da wir die Reise hinter uns hatten, begriff ich, daß mitgeführte Dinge aus Asien die harten Bedingungen einer Ozeanreise möglicherweise nicht überstanden haben könnten – so könnten z.B. die Körner der »fünf Saaten«, die Hsu Fu auf seiner Siedlerflotte mitführte, alle verdorben sein. Kaum mehr als eine Handvoll Flöße dürfte die Reise geschafft haben, und auch auf denen wird die Mehrzahl der Reisenden gestorben sein, so daß kaum Handwerker oder geschickte Bauern übrig gewesen sein können, zu wenige für eine erfolgreiche Besiedlung oder als Lehrmeister der amerikanischen Eingeborenen. Sehr viel wahrscheinlicher, so dachte ich mir, waren die asiatischen Seefahrer, die Amerika erreicht hatten, aus Versehen dorthin gekommen: Zufallsreisende, die von Stürmen oder starken Strömungen verschlagen worden waren. Solche Ankömmlinge, selbst wenn sie lebendig an Land gekommen wären, hätten sicherlich wenig mehr zu bieten gehabt, als das, was sie im Kopf hatten, also ihre seemännischen Kenntnisse und Fertigkeiten. Vielleicht war also die einfallsreiche Erfindung der Schwerter zum Segeln, die im Altertum auf beiden Seiten des Stillen Ozeans bekannt waren, für den amerikanischen Doppelkontinent ein echter Import. Auch einige der Gedanken, die mit der Navigation zu tun hatten, könnten über das Meer nach Amerika gekommen sein – die Kenntnis der Sterne, Kalender usw. Aber all das könnte zu den schon damals hochentwickelten amerikanischen Kulturen nur wenig beigetragen haben, kaum mehr als ein paar I-Tüpfelchen. Man kommt zu dem Schluß, daß alle frühen Pazifiküberquerungen nur geringe Bedeutung gehabt haben können.

Wo aber war die HSU FU selbst? Diese Frage wurde mir in den nächsten Monaten immer wieder gestellt. Am letzten Nachmittag, als die CALIFORNIA GALAXY in Sicht kam, hatte ich noch die Zeit gefunden, mehrere Bögen des praktisch unzerstörbaren speziellen Notizpapiers aus meinem Logbuch zu nehmen und darauf mit wasserfester Tinte mehrfach eine Mitteilung zu schreiben, die Rex dann an verschiedenen Teilen des Floßes befestigte, bevor wir die HSU FU endgültig verließen. Die Beschriftung lautete:

Dies ist das Bambussegelfloß HSU FU,
am 16. November 1993 auf Position 31 Grad 41 Minuten Nord, 148 Grad 27 Minuten West, 1 000 Meilen vor der amerikanischen Küste nach einer 5 500 Meilen langen Reise von Hongkong aus aufgegeben.
Die Besatzung ist in Sicherheit.
Jeder Finder des Floßes wird gebeten, das Seefahrtsmuseum in Newport News, Virginia, USA, zu benachrichtigen und Fundort sowie Fundzeit anzugeben.

Notizen oder Fotos über den Zustand des Floßes wären wünschenswert.
Vielen Dank für Ihre Hilfe.
Tim Severin, Leiter der Expedition China.

Danach hat niemand mehr etwas von dem Floß gehört.

Danksagungen

Die Floßexpedition wurde von Freunden und Gönnern in so vielen Ländern großzügig unterstützt, daß es sich anbietet, meine Danksagungen geographisch zu ordnen. All diesen Freunden, ganz gleich wo sie leben, möchten meine Crew und ich für ihre freundliche Hilfe danken, ohne die unsere Reise nicht annähernd so gut verlaufen wäre. Ich freue mich, sie alle hier wegen ihrer Förderung der Expedition erwähnen zu können:

In Irland: Susie Pope, Tom Kitt T.D., Tony O'Connor und Bill Harpur (RTE), Sean McCarthy und Michael Hegarty (Hyperion), John Kenny und Laura Donnelly (Portable Software Solutions).

In Großbritannien: Sarah Waters, Julian Grant und Helen Knight (Trimble Navigation), Cecilia Lawrence (DHL), Cecil Coleman (Arthur Beale Ltd), Familie Strzelecki (Henri Lloyd), Dr. Stephen Bell und Kenneth Parker (Firdell), George Durrant (Lumic/Ampair), Gordon Head (Zodiac), Paul Alder (Portable Software Solutions), Paul Moxham und Nigel Owens (Husky Computers), Henry Hopkins und Brian Kane (Sony Broadcast), David Monkhouse (Vinten Broadcast), Philippa Scott, Max Malavasi (Aquaman/Pelican Cases), Amanda Hill (Jordans), Clare Stephens (Lyons Waddell).

In Vietnam: Herr Tran Hoan – Minister für Kultur, Information und Sport, Herr Vuong Thinh – Direktor der Abteilung für Internationale Beziehungen, Duong Duc Hong – Leiter des Internationalen Pressebüros, Do Thi Hoang vom Außenministerium, die Provinzverwaltung Qang Ninh, William Ong (DHL), Judy Rapp (Britische Botschaft).

In Hongkong: W.T. Lee, Georges Beau, Herman Fung, Daisy Poon, Allen Yau, Ho Si Man, Peter Yau, Jane Leung (alle DHL), Raymond Fong, Pollyanna Li, Judy Lau, Martha Lo Ho Yin (alle Hong Kong Telecom), Phil Weaver (SARC), Mark Houghton (Leadgate Industries), Royal Hong Kong Yacht Club, Arne Dimblad, Trish Harwood und Laura Weston (Rowland Company), Jill Kluge und Julie Amman (Mandarin Hotels), Aberdeen Boat Club, hier besonders David Watts, Nanette McClintock, Laurie Gilbert, Wayne Moran.

In Taiwan: Dr. Chin-Ming Lu und Dr. Chi-Chuag Cheng vom taiwanesischen Waldbau-Forschungsinstitut, Taiwanesischer Segelverband.

In Japan: Akira Yagiu, Roy Igareshi, Keiko Atsumi, Keiko Akatani, Teiko Homma (alle Mediahouse Inc.), Allan Morrison, Masamichi Kashiwabara (DHL), Mike Lee (Cable & Wireless), Dave O'Gorman (Barclays Bank), Hidetoshi Ito (Shimoda Boat Service), Herr Shimoji, Herr Yamamoto, Herr Sumi, Frau Motoko Slevin, Clint George (alle Stadt Shingu), Liam English, American Computer Services auf Okinawa.

In den Vereinigten Staaten: William Wilkinson, Linda Kelsey und Mary Dykas (alle The Mariners' Museum), Brian Sullivan und Lisa Burt (Watermaker), Bill Graves und Mike Davis (National Geographic Society), Betty Meggers (Smithsonian), Wayne Brandt (Trimble).

In Singapur: Ian Lloyd.

In Deutschland: Eike Schmitz und Lars-Peter Barthel (Atlantis Film).

In Kanada: Grant Keddie (Royal British Columbia Museum).

In Australien: Tom Vosmer, Bill McGrath.

Natürlich gibt es einige Einzelpersonen, die für unsere Unternehmung besonders wichtig waren und ganz besonderen Dank verdient haben: David Allen OBE, Aufsichtsratsvorsitzender der DHL Worldwide Express, war einer der ersten, mit dem ich über die Idee der Expedition sprach. Er unterstützte das Vorhaben von Beginn an unerschütterlich. Peter Tilby aus Hongkong – ebenfalls DHL –, dessen Büro unsere Nachrichtenverbindungen mit der Außenwelt organisierte, verband ruhige Kompetenz mit guter Laune, während das Personal der DHL unschätzbare praktische Hilfe leistete. Auch Chris und Karen Jaques, ebenfalls in Hongkong, würde ich gern dafür danken, daß ich mich dort in ihrem Heim wie ein Familienmitglied fühlen durfte. In Taiwan gab Michael Garvey praktische Unterstützung und führte mich in den wunderbaren Kreis irischer Geschäftsleute ein, die rund um den Pazifik ansässig sind. In Japan war mein wichtigster Mentor Hiroshi Iwai, dessen Rat und dessen rücksichtsvolle Aufmerksamkeit mich tief beeindruckt haben. Und schließlich gab es niemanden an Land, der mehr für uns getan hat, während wir auf dem Nordpazifik segelten, als Ray Foster. Unterstützt vom Personal des Seefahrtsmuseums in Newport News unterhielt er die Satellitenfunkverbindung, die nicht nur den Schülern und Schülerinnen über das schulinterne Computer-Netzwerk Tag für Tag unsere Erlebnisse übermittelte, sondern unserem Abenteuer auch zu einem sicheren Abschluß verhalf.

Ihnen allen möchte ich sagen … vielen, vielen Dank für alles, was ihr so freigiebig für das Bambus-Segelfloß Hsu Fu und seine Besatzung getan habt.

Tim Severin
Irland

Tim Severin

Der weiße Gott der Meere

Auf der Suche nach dem legendären Moby Dick

287 Seiten. Gebunden
Mit 2 Karten, 31 farbigen und 3 s/w Abbildungen
ISBN 3-352-00630-X

Moby Dick, der legendäre Weiße Wal, hat wie kaum ein anderes Geschöpf der Meere die Phantasie unzähliger Generationen von Seefahrern, Landratten und Lesern beflügelt. Der Weiße Wal wurde zum ultimativen Symbol für die fixe Idee, für den Dämon in uns, der uns quält und beherrscht, bis wir ihn austreiben – koste es, was es wolle.

In seinem großartigen Abenteuerbericht »Der weiße Gott der Meere« erzählt Tim Severin von seiner Suche nach Moby Dick, die ihn auf den Spuren von Kapitän Ahab und Herman Melville kreuz und quer über den Pazifik führt. Er bleibt dem mysthischen Geschöpf auf der Spur, auch wenn es sich ihm immer wieder im letzten Moment zu entziehen scheint – bis er ihm plötzlich begegnet …

R & L

Rütten & Loening

Per Holm

Der Untergang
der Estonia

Roman

Aus dem Dänischen
von Knut Krüger

356 Seiten
Band 1639
ISBN 3-7466-1639-5

Am 28. September 1994 gerät die Fähre »Estonia« auf dem Weg von Tallinn nach Stockholm in ein Unwetter und sinkt. Es ist neben dem Untergang der »Titanic« eine der größten und rätselhaftesten Schiffskatastrophen der modernen Seefahrt. Über 850 Menschen finden den Tod.

Per Holm hat die Katastrophe in seinem Roman nachgezeichnet. Eindringlich schildert er die Vorgänge an Bord – den Kapitän, der keine Verspätung zulassen will, die ahnungslosen Touristen sowie die dunklen Machenschaften, die unter Deck vor sich gehen. Mitten in dunkler Nacht erreicht ein Funkspruch das Schiff. Unter keinen Umständen darf eine gewisse Ladung den schwedischen Hafen erreichen.

Nichts ist packender als die Wirklichkeit – ein Thriller, der Licht in das Dunkel einer großen Katastrophe bringt.

AtV

Aufbau Taschenbuch Verlag

»La Marca Unica«
Alltag und Mythos der kubanischen Zigarre

Feature von Thomas Erbach
Mit Hellmut Lange

1 CD mit Booklet (16 Seiten)
58 min. 9 Tracks
ISBN 3-89813-019-3

An dem Geschmack der besten Zigarren erinnert man sich ein Leben lang. Das Verhältnis zur Havanna ist erotisch, spirituell, existentiell – eine Lebensphilosophie, eine ganze Zigarrenkultur. In Kuba rauchen Frauen wie Männer: hier gilt das Zigarrendrehen als Kunsthandwerk und das Proberauchen in den Geschmackslaboren der Fabriken als Zeremoniell.

Autor Thomas Erbach spürte Zigarrenlegenden um Che Guevara und Fidel Castro nach, besuchte Fabriken und Tabakplantagen und lernte aus erster Hand, eine Zigarre nach allen Regeln der Kunst zu paffen. Und während sich der Himmel über Havana rot färbt, beschreibt Hellmut Lange den Genuß, der sich Zentimeter für Zentimeter beim Rauchen einstellt.

Ein Fest für die Sinne; ein Feature, das genau eine Zigarrenlänge enhält.

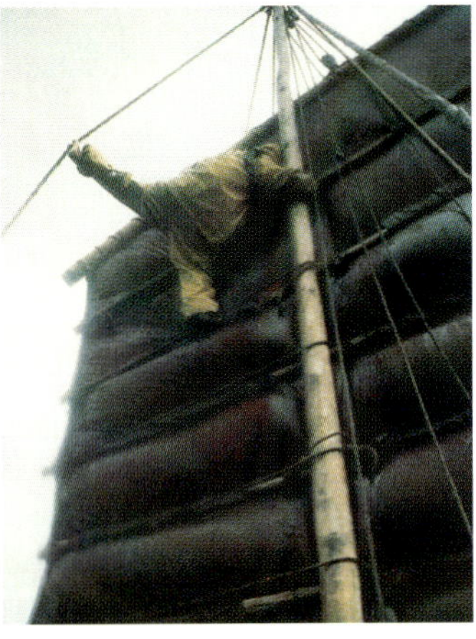

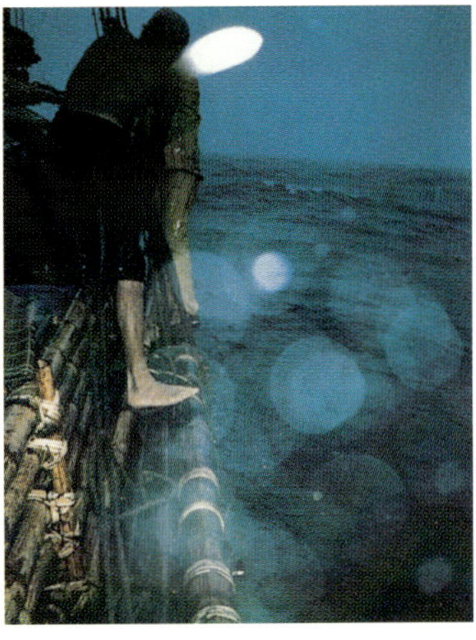

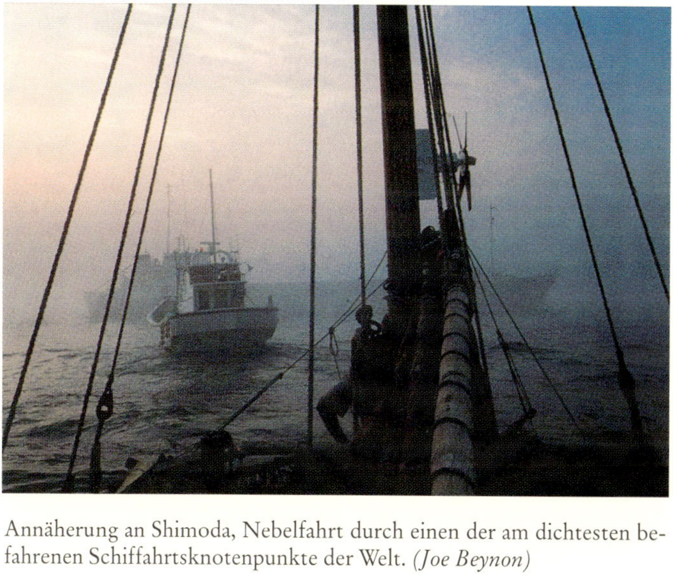

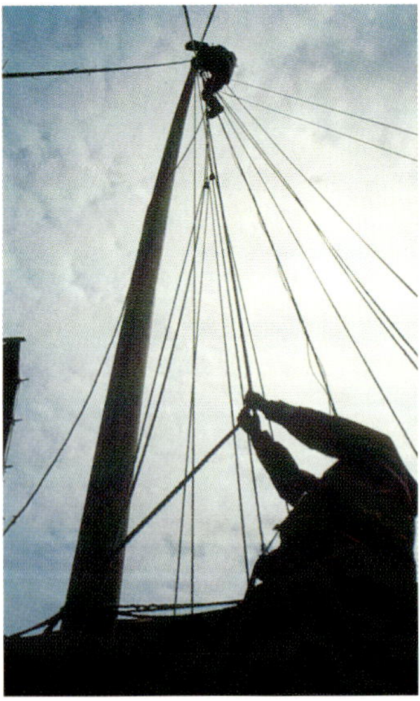

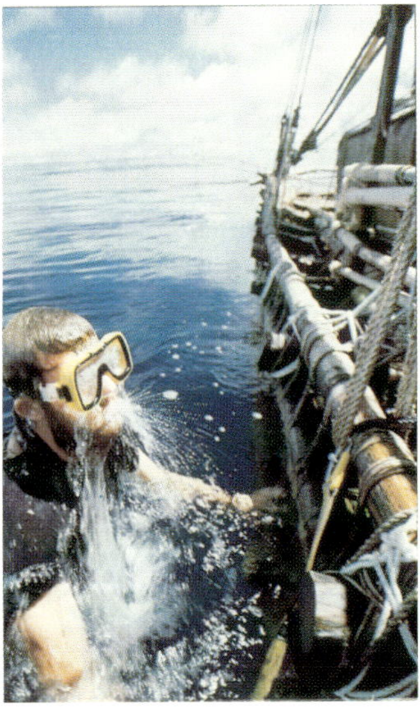

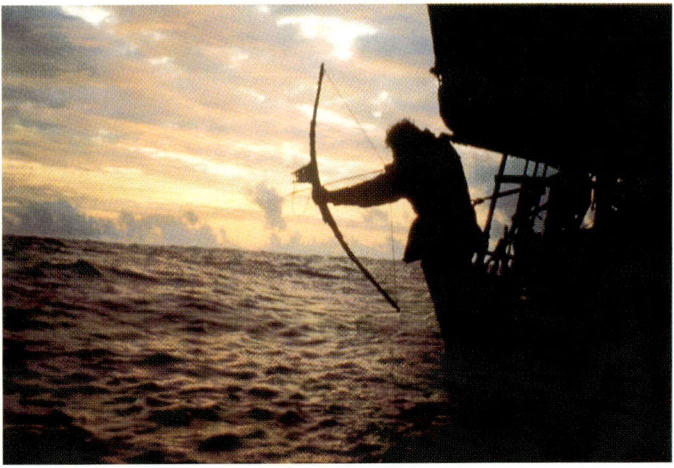

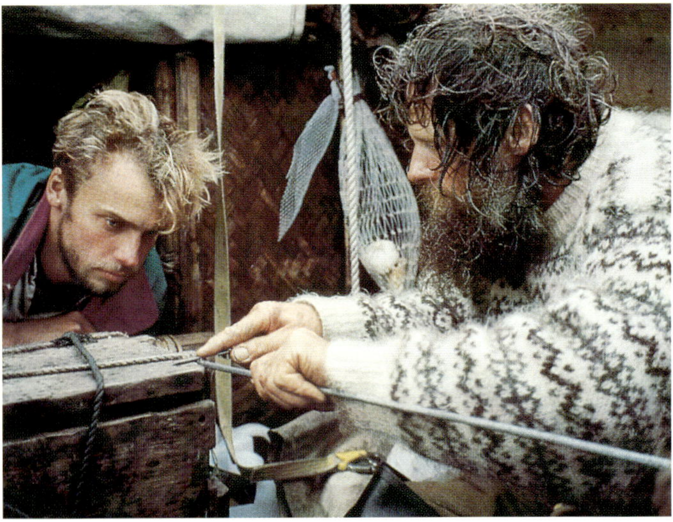

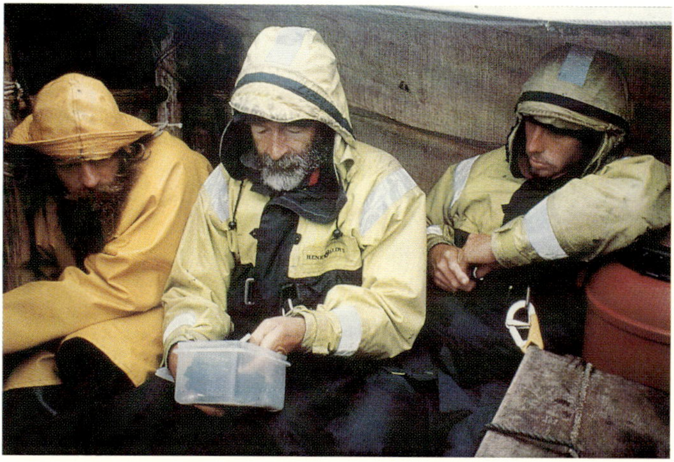

D>A<V

Der Audio Verlag